"博学而笃志,切问而近思。"
(《论语》)

博晓古今,可立一家之说;
学贯中西,或成经国之才。

复旦博学·复旦博学·复旦博学·复旦博学·复旦博学·复旦博学·复旦博学

主编简介

萧鸣政，教授，博士，具有数学、教育学、心理学、人力资源开发与管理、劳动经济学、行政管理学等多学科的教学与研究背景。现任北京大学政府管理学院行政管理系主任，博士生导师，北京大学人力资源开发与管理研究中心主任。

先后任教于中国人民大学劳动人事学院、清华大学经济管理学院、北京大学政府管理学院，访问过美国哈佛大学、哥伦比亚大学、沃顿商学院、Rutgers大学、URUC、英国杜伦大学、牛津大学、曼彻斯特大学、日本法政大学与新加坡国立大学。先后为60多家企业、事业单位与政府机构完成过管理咨询项目与选拔高级管理人才。担任过国家"2010—2020年中长期人才规划"人才评价战略专题研究课题组组长，国际人力资源开发研究会第6届亚洲年会执行主席。

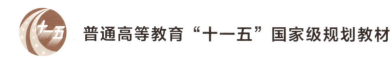

普通高等教育"十一五"国家级规划教材

复旦博学

21世纪人力资源管理丛书

人员测评与选拔

（第四版）

萧鸣政　主编

本丛书荣获
第六届高等教育
国家级教学成果奖

复旦大学出版社

内容提要

本书是目前国内关于人员测评与选拔方面为数不多的、理论与实践相结合的系统性教材。全书共九章,分为四个部分。第一部分为理论篇,包括第一、二章,主要阐述人员素质测评的基本概念、类型、功用、原理、历史发展与量化理论。第二部分为对象篇,包括第三章,主要阐述素质测评的内容及其标准化过程。第三部分为方法篇,包括第四至七章,主要阐述素质测评的各种方法。在这一部分中,首先是比较全面与概要地阐述了目前国内外各种人员素质测评与选拔的方法,然后再按照知识、品德与能力等主要测评对象的分类,具体阐述各种素质测评方法。第四部分为技术篇,包括第八、九章,主要阐述素质测评结果分析、报告、应用以及测评选拔过程中涉及的技术与数据表。

作为"复旦博学·21世纪人力资源管理丛书"之一,本书适合大学人力资源管理专业及相关经济管理专业师生作为教材使用,也可作为企业人力资源主管的参考书。

丛书编辑委员会

主　任　曾湘泉

委　员（按姓氏笔画排序）

文跃然　孙健敏　刘子馨　刘尔铎　萧鸣政
苏荣刚　郑功成　徐惠平　彭剑锋

总策划

文跃然　苏荣刚

第四版前言

人才资源是当前经济社会发展的第一资源，是小康社会与和谐社会建设中的战略资源，是中国和平崛起的关键资源。只有建立一种有效的人才评价新机制，才能高效地选拔人才、合理地配置人才、客观地评价人才、正确地引导与开发人才，才能形成我国的人才新优势，推动人才强国战略的全面实现。

人才评价活动可追溯到原始社会时期，凡是存在人才选拔与考核需要的地方都有人才评价的活动。基于人事管理并且有文字记载的人才评价工作，我国西周以前就存在了。采用的评价方法是"辩论"，"论定，然后官之、爵之，位定然后禄之"[1]。《人物志》是我国古代第一部涉及人才评价问题的专著。但是，科学的人才评价则到20世纪40年代后才出现。传统的科举考试制度是现代人才评价的基础和前身。

国内外的人才评价发展分为四个阶段：① 萌芽期，大约在公元前165年以前[2]；② 初创期，大约在公元前165年至公元627年，主要以中国汉代的察举制度、三国时期的九品中正制与隋代的科举制度为代表；③ 成熟期，大约在公元627年至公元1940年，主要以中国唐代的科举制度为代表[3]；④ 科学发展期，1940年至今，主要以西方心理测验、面试与评价中心技术的综合应用为代表，以评价的专业化、多元化与广泛应用为标志。

人员测评与选拔是人才评价的科学手段，是人才评价方法的现代化形

---

[1] 毛礼锐，沈灌群.中国教育通史（第一卷）[M].济南：山东教育出版社，1985：88.
[2] 毛礼锐，沈灌群.中国教育通史（第二卷）[M].济南：山东教育出版社，1985：129.
[3] 毛礼锐，沈灌群.中国教育通史（第二卷）[M].济南：山东教育出版社，1985：496.

式。《人员测评与选拔》（第四版）是在第三版近五年的教学基础上，广泛听取北京大学、中国人民大学与其他兄弟院校教材使用者的建议后修订完成的。本书力求全面吸取《现代人员素质测评》《人员测评理论与方法》《人员素质测评》及 Personnel Selection 等中外同类著作与教材的精华，并考虑不同专业与学科的教学时数需要。为了尽量与以前出版的教材与著作区别开来，本书在章节结构上做了不同的设计。以前的著作与教材主要按照心理测验、面试与评价中心技术等测评方法展开编写，本书是按照知识、品德、能力等测评对象展开阐述的。这样做的目的，主要是为了与全国人才工作会议的精神保持一致，即不唯学历、不唯职称、不唯资历、不唯身份，不拘一格选人才，把品德、知识、能力和业绩作为衡量人才的主要标准。

全书共九章，分为四个部分。第一部分为理论篇，包括第一、二章，主要阐述人员素质测评的基本概念、类型、功用、原理、历史发展与量化理论。第二部分为对象篇，包括第三章，主要阐述素质测评的内容及其标准化过程。第三部分为方法篇，包括第四至七章，主要阐述素质测评的各种方法。在这一部分中，首先是比较全面与概要地阐述了目前国内外各种人员素质测评与选拔的方法，然后再按照知识、品德与能力等主要测评对象的分类，具体阐述各种素质测评方法。第四部分为技术篇，包括第八、九章，主要阐述素质测评结果分析、报告、应用以及测评选拔过程中涉及的技术与数据表。

全书由概念解释导入，以理论与方法研究为主体，以对测评结果的分析、报告与运用结束。全书围绕人员测评与选拔是什么、人员素质能否测评、人员素质主要测评什么、如何测评与选拔以及如何在管理中运用测评结果五个问题而展开。

第一章侧重回答人员素质测评是什么，并分别从内涵与外延、作用与功能四个方面作了认真的研究。第二章侧重回答为什么人员素质测评是可能的、人员测评与选拔的基础是什么等问题。

知道了什么是人员测评与选拔、为什么人员素质测评是可能的之后，接着的问题是人员素质测评主要测评什么以及怎样测评与选拔，第三章不仅回答了测评测什么与选拔看什么的问题，而且回答了如何把要测评的对象与选拔中考察的内容进行标准化,变成具体可把握的东西的问题。第四至七章都是回答怎么测与如何选的问题,回答了可用什么方法测与选的问题。在这些章节中,对每种测评与选拔方法的理论基础都作了认真的探讨。

运用各种人员测评与选拔方法获得结果之后,我们应确保测评与选拔结果的科学性、可靠性与有效性,因此所遇到的问题是:测评与选拔的结果可靠吗?有效吗?合适吗?要回答类似问题,即成了第八章的任务。第八章从测评与选拔结果分析的角度,来解释与阐述信度、效度与区分度等内容,给这些概念赋予新的意义。第九章具体介绍了对人员测评与选拔的结果进行分析、报告与运用的方法和技术。

本书的特点是力求兼顾人员测评与选拔的基础理论、方法技术与实际应用三个方面,既注重通过系统的理论教学培养学生的专业素养,又有较多的方法技术介绍,强调量化分析与应用操作,是一本经过多年实践探索并具有一定中国特色的专著性教材。本书适合人力资源管理专业以及经济管理、公共管理类相关专业的师生作为教材使用,也可以作为企事业组织、党政机关与公共部门的高层管理者的参考书。

本版修订的内容比较多,删减了近10万字,将原本50多万字的规模浓缩成40万字,且更新了3万字的内容,与第三版相比,第四版主要在以下几个方面做了修改:

(1) 简化理论与学术性内容,使之更加适合教学与应用。针对广大用户的反映,本书把第三版的十二章简化为九章,删除了之前的第二章、第四章与第七章。简化后的每章都针对所须教学的内容进行了练习题的补充,包括填空题、单选题与多选题,每种题型增加3—5题。做完题目的同学若想比照答案,可扫描相关位置的二维码。

(2) 更新与补充了相关内容。把第三版每章后的"进一步阅读的文献"进行了更新与补充。

(3) 更新了第三版中的大部分案例,并修改为电子扫码的配套内容。

我们修改的原则是能改该改的一定改，可改可不改的暂时不改。因此，这次修订继续保持了第三版的内容风格，主要删减了学术与理论方面的部分内容，增强了体系的简练性、理论的基础性、操作的实用性与教学的实践性。

在这次修订中帮助我收集资料与提供帮助的人员主要有李梅杰等，在此表示感谢！同时，我仍然要感谢参加第一版、第二版与第三版修改的各位同人们，因为本次修订是以前三版为基础的。

由于水平有限，书中不当之处，请广大读者批评指正！

联系方式：010-62767925

电子信箱：xmingzh@pku.edu.cn

北京大学人力资源开发与管理研究中心

北京大学政府管理学院人才与人力资源研究所

萧鸣政

2021年9月6日于北京大学

目 录

001 第一章 人员测评与选拔导论

- 002 第一节 人员测评与选拔的基本概念
- 008 第二节 素质测评的主要类型
- 016 第三节 素质测评的主要功用
- 018 第四节 人员测评与选拔的作用与发挥
- 022 本章小结
- 023 复习思考题
- 026 案例 企业中层管理人员素质测评指标体系的应用
- 029 进一步阅读的文献

030 第二章 人员测评与选拔的原理与基础

- 031 第一节 人员测评的原理
- 037 第二节 人员测评操作中的原理与基本原则
- 040 第三节 人员测评与选拔的工作基础
- 044 本章小结
- 045 复习思考题
- 047 案例 某集团新员工招聘
- 049 进一步阅读的文献

050 第三章 人员测评与选拔的标准体系设计

- 051 第一节 人员测评与选拔标准体系概述
- 057 第二节 人员测评与选拔标准体系设计的基本问题
- 060 第三节 人员测评与选拔标准体系设计步骤

068　第四节　胜任能力模型理论
086　第五节　人员测评与选拔标准体系设计案例
096　本章小结
097　复习思考题
100　案例一　JK公司监理人员测评指标体系
104　案例二　企业营销人员素质测评标准
106　进一步阅读的文献

107　第四章　人员测评与选拔的主要方法

108　第一节　心理测验法
120　第二节　面试法
129　第三节　评价中心技术
144　第四节　履历档案分析
150　本章小结
151　复习思考题
155　案例一　G公司的测评方式组合运用
159　案例二　MJ公司的招聘面试
161　进一步阅读的文献

162　第五章　知识测评

163　第一节　知识测评概述
168　第二节　常用试题的编制方法
179　第三节　测评试卷的组织
181　本章小结
183　复习思考题
186　案例　一题多卷考试试卷编制问题
189　进一步阅读的文献

191　第六章　品德测评

- 192　第一节　品德的概念及品德测评的含义
- 196　第二节　品德测评的理论依据与量化
- 205　第三节　品德测评的方法
- 217　本章小结
- 218　复习思考题
- 221　案例一　汉能控股集团的人力资源实践
- 224　案例二　品德测评在企业招聘中的应用
- 227　案例三　两败俱伤问题如何解决
- 228　进一步阅读的文献

229　第七章　能力测评

- 230　第一节　能力的概念
- 233　第二节　一般能力测评
- 237　第三节　特殊能力测评
- 241　第四节　创造力测评
- 242　第五节　学习能力测评
- 244　第六节　职业能力倾向测评
- 250　第七节　领导能力测评
- 265　本章小结
- 266　复习思考题
- 270　案例一　江苏城乡建设职业学院的 KOMET 职业能力测评
- 273　案例二　能力测验的困境与出路
- 275　进一步阅读的文献

276　第八章　人员测评与选拔质量检验与分析

- 277　第一节　人员测评与选拔结果的可靠性分析

284　第二节　人员测评与选拔结果的有效性分析

292　第三节　人员测评与选拔项目的质量分析

298　第四节　其他质量指标的分析

299　本章小结

300　复习思考题

304　案例　低碳物流人才意识特质测评量表质量的分析

310　进一步阅读的文献

311　第九章　人员测评与选拔结果的报告与运用

312　第一节　测评与选拔结果报告

321　第二节　测评与选拔结果的运用

323　第三节　测评与选拔结果的跟踪分析

325　本章小结

326　复习思考题

330　案例　北京某移动通信运营商中层管理人员选拔测评

332　进一步阅读的文献

333　参考文献

335　第一版后记

第一章

人员测评与选拔导论

【本章提要】

通过本章学习,应该掌握以下内容:

1. 素质的概念、素质的结构与素质的特点;
2. 人员素质测评的概念及其各种类型的特点与操作;
3. 人员选拔、人才素质测评与人员素质测评的异同之处;
4. 人员素质测评的功能、作用以及有效发挥的条件因素。

人力资源在知识经济中的作用与地位,决定了人力资源管理与开发在现代组织管理中具有关键的作用。人员测评与选拔是人力资源管理的一种基本技术,在人力资源管理与开发实践中的作用日趋突出,掌握人员测评与选拔的基本理论与方法,成为现代企事业组织管理人员不可缺少的基本功。在第一章,我们先来明确一下人员测评与选拔的基本概念及其作用。

第一节 人员测评与选拔的基本概念

人员测评与选拔,是现代人力资源管理与开发学科体系中的一门新兴课程。为了理解与交流的方便起见,我们不妨先来约定一下有关人员测评与选拔的四个基本术语。

一、素质

在现代社会中,"素质"一词比比皆是。素质教育、民族素质、企业素质、个人素质、身体素质、心理素质,"北方人的素质高""南方人的素质好""这方面的素质你比我强",诸如此类的口头语与书面语,应有尽有。然而,当我们深究什么是素质时,却又说不清楚。我们在这里探讨的是人员素质测评,素质是我们测评的基本对象,对象不清楚我们又何以进行测评呢?因此,必须先对"素质"这一对象作一番探讨,然后再从测评研究的角度加以界定。

1. 素质的概念

所谓素质,不同学科、不同学者从不同的角度对其有着不同的解释。

"素"字小篆作"𩇾",意为生帛,引为"白""无色""原""本"与"真",也指构成事物的基本成分或带根本性的物质。

"质"字意为"独立于人的意识以外的客观存在",是"底子"、"物类的本体"和"禀性"。

"素"与"质"联合为"素质"一词,其意不解自明,可以将其理解为人或事物本来的特点或性质。《文选·张华·励志诗》中有"虽劳朴斲,终负素质"之说,意为"本质"。事物叫本质,个人称素质。

"素质"一词,还多见于心理学。心理学把"素质"解释为人的先天的解剖生理特点,主要是感觉器官和神经系统方面的特点。素质是人的心理发展的生理条件,但不能决定人的心理内容与发展水平。显然,心理学把"素质"的解释限于遗传素质。这种解释放在人员素质测评中是不够的。人的素质,"不是人的胡子、血液、抽象的肉体和本性,而是人的社会特质"①,"实际上,它是一切社会关系的总和"②。

参照上述有关分析、其他学者的解释和人员素质本身的特点,我们把素质限定在个体范围内,指个体完成一定活动与任务所具备的基本条件和基本特点,是行为的基础与根本因素,包括生理素质与心理素质两个方面。它对一个人的身心发展、工作潜力发展和工作成就的提高起着根本的决定作用。

素质是个体完成任务、形成绩效及继续发展的前提。任何一个有成就有发展的个体,都离不开其优良的素质。观察发现,世界上较为著名的企业家与政治家,都有喜欢冒险、精神饱满、乐观自信、健谈开朗、心雄志壮等共同的素质。

素质对个体的行为与发展具有基础性的作用。例如,直觉情感型的人更容易成为一个出色的诗人、音乐家或剧作家,富有理性思维的人更容易成为一个数学家或科学家。

然而,良好的素质只是日后发展与事业成功的一种可能性。具备了良好素质,只是事业成功、发展顺利的静态条件,还需要动态条件的保证,这就是素质功能发挥的过程及其制约因素的积极影响。因此,素质与绩效、素质与发展都是互为表里的。素质是绩效与发展的内在条件,而绩效与发展是素质的外在表现。

2. 素质的特性

由上述素质概念的分析不难看出,素质的第一个特性便是它的原有基础作用性。它对个体行为发展与事业成功仅是必要条件但非充分条件。换句话说,在现代企事业管理与人力资源的配置开发中,我们不能不提出素质的基本要求,但有了良好的素质也并非就能保证它是"万能"的。

素质的第二个特性是它的稳定性。素质是作为高度统一的个体行为与特点系统中稳定的结构因素。这种稳定的结构因素,并不是存在于一时一事中,而是体现于个体活动的全部时空中。素质表现为一个人某种经常性的和一贯性的特点。在个体活动的全部时间与空间中,素质的表现在时间上虽然偶尔间断,但总体却是持续的;素质的表现在空间上虽然有时相异,但总体上却是一致的。素质表现出的这种持续性与一致性,就总括为素质的稳定性。

素质的第三个特性是它的可塑性。个体的素质是在遗传、外界影响与个体能动性三个因素共同作用下形成和发展的,并非天生不变的,因而具有一定的可塑性。不健全的素质可以健全起来;成熟了的素质也许会退化萎缩;缺乏的素质可以通过实践和学习获得不同程度的补偿;一般性的素质可以训练成为特长素质。

素质的第四个特性是它的内在性。素质虽然是任何个体身上的一种客观实在,却是看不见、摸不着、说不清的东西,具有隐蔽性与抽象性。

---

① 马克思,恩格斯. 马克思恩格斯全集(第1卷)[M]. 中共中央马克思恩格斯列宁斯大林著作编译局,译. 北京:人民出版社,1956:270.
② 马克思,恩格斯. 马克思恩格斯全集(第3卷)[M]. 中共中央马克思恩格斯列宁斯大林著作编译局,译. 北京:人民出版社,1960:5.

素质的第五个特性是它的表出性。素质虽然是内在的与隐蔽的,但它会通过一定的形式表现出来。行为方式、工作绩效与行为结果(包括工作产品在内)是素质表现的主要媒介与途径。个体的内在素质与外在的行为方式、工作绩效以及行为产品,构成一个耗散结构系统,内外具有统一性。就个别素质与个别行为来说,不一定具有一一对应的关系,但就总体来说,特定个体的特定素质会以特定的形式表现,而特定的表现形式也反映特定个体的特定素质。所谓"人心不同,各如其面"是也。个体素质的表出性,也体现为素质表现的实在性与具体性。个体的每种素质一般都表现在具体而实在的行为方式、行为产品与工作绩效之中。

素质的第六个特性是它的差异性。个体间的素质是存在差异的。这种差异表现于每个人的行为方式、行为产品与工作绩效之中。有人活泼好动,有人沉静安详;有人快人快语,有人木讷寡言;有人思维敏捷,有人反应迟钝;一般人只能分辨出两至三种蓝色的色度,专门从事染织的工人却能分辨出蓝色几百种不同的色度。容貌有美丑,体质有强弱,能力有大小,品德有好坏。无论是同一个体的各种素质比较,还是不同个体的同一素质比较,真是"横看成岭侧成峰,远近高低各不同"。

素质的第七个特性是它的综合性。同一个体的各种素质、同一素质的各种成分,都是作为高度统一的有机体存在于个体之中,它们相互联系、难分难割,统一地作用于行为方式、行为产品与工作绩效之上。素质的综合性还表现在素质对行为辐射的共同性、普遍性与全时空性。因此,对任何一个人与任何一种素质的测评,都不应该凭一事一时断言,而应该依据所有的行为表现进行综合评判。

素质的第八个特性是它的可分解性。素质对个体行为辐射的综合性与全时空性,并不排斥我们认识上对它的可分解性。任何个体的素质都不是单一的,它是一个复杂的系统。我们要想在特定空间去同时把握所有的素质,十分困难,甚至是不可能的。但是,我们可以先从素质表现的媒介中逐一地去认识单个的素质,然后再去把握整体的素质。

素质的第九个特性是它的层次性与相对性。每个人的素质具有不同的结构层次,有核心素质、基本素质与生成素质等不同层次的区分。核心素质是基本素质的基础,基本素质是生成素质的基础。

此外,在素质结构中,素质是与水平相区别的。素质的优劣表现为水平高低,而水平又不能等同于是素质。基本能力的水平高低,直接决定了实际能力的大小。

3. 素质的构成

素质的构成是指素质结构的基本划分,包括基本成分、因素与层次。不同的学科与不同的人有不同的划分。

这里暂且把个体素质划分为身体素质与心理素质两大类。身体素质是指个体的体质、体力和精力的总和。良好的身体素质是其他一切素质发展与事业成功的生理基础;心理素质包括智能素质、品德素质、文化素质等。心理素质是个体发展与事业成功的关键因素。美国著名心理学家特尔曼曾对800名男性成人进行过绩效考评与心理测验,发现在成就最大的20%与成就最小的20%两组人之间，最明显的差别是他们的品德素质差异。成就最大组在兴趣、谨慎、自信、开拓进取、不屈不挠和坚持性方面明显地高于成就最小组。因此，品德素质测评应成为素质测评的重点。

心理素质中的智能素质包括知识、智力、技能与才能。技能是技术水平与操作经验，才能是指专长，即在兴趣、天赋上所形成的高水平的能力，也包括创新能力。

品德素质包括政治品质、思想品质、道德品质、创新意识与其他个性品质。

文化素质包括文化的广度、深度以及工作与生活的经验。

心理健康素质是衡量一个人身心发展的综合素质指标内容，在未来社会的人员素质测评中将居于重要地位。

上述素质构成体系如图1-1所示。

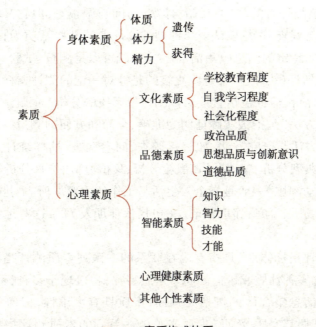

图1-1 素质构成体系

也有人把个体素质划分为德、识、才、学、体五种要素。唐代刘知几提出"史有三长"，即才、学、识；宋代司马光说："唯德才兼具者贤士也。"毛泽东同志提倡要德、智、体全面发展。故人们把它们综合为德、才、学、识、体五种素质或德、智、体三种素质。

二、素质测评

素质测评是课程中最为重要的一个概念，有必要加以专门界定。

1. 基本界定

素质测评是指测评主体采用科学的方法，收集被测评者在主要活动领域中的表征信息，针对某一素质测评指标体系作出量值或价值的判断过程，或者直接从所收集的表征信息中引发与推断某些素质特征的过程。

例如,企业在人员的招聘与录用中,一般是采用情况登记、面试甚至试用等测评技术,收集应聘人员的行为事实,然后针对岗位所需要的素质,作出有或无、多或少、高与低、优与劣以及可以录用与不录用等一系列的综合判断。

2. 相关解释

素质测评由两部分组成:其一,测评主体采用科学的方法,收集被测评者在主要活动领域中的(行为事实)表征信息";其二,采用科学的方法针对某一素质测评指标体系作出量值与价值判断,或者直接从所收集的表征信息引发与推断某些素质特性的过程。显然,前一部分主要是"测"的工作,而后一部分主要是"评"的工作。

第一,"测"包括测评者的耳闻、目睹、体察、访问与调查等,但它又不同于一般意义上的耳闻、目睹、体察与调查,它是以认识与评判被测评者的某些素质为目的,以科学的测量与评价工具为手段的特定的信息收集活动。"测"既可以是测量、试验,也可以是探测与观测。这里的"评"包括评论、评价、评定。更多的是针对一定的测评指标体系对品德表征信息的质、量、值进行评价,但也包括直接对被测评者素质的分析与评论。

第二,"科学的方法"是指被实践证明为准确、全面和方便的测量手段、评价方法,也包括一切可用的调查方法与研究方法,如直接调查、问卷调查、抽样统计、比较分类、因果关系分析、因素分析、典型分析、理论分析、黑箱分析、移植分析、仿真分析等。

第三,"主要活动领域"一般是指个人生活与工作的主要场所。对员工来说,他们的主要活动领域是工作场所、家庭、邻里和亲友(包括伙伴朋友)群,这些地方组成了素质特征信息的密集域。

第四,"素质测评指标体系"是指有内在联系的一系列素质测评指标。同一种行为的事实信息,可能包含多种性质或价值。同一素质特征,将表现于多种行为之中。素质是相对于一个行为特征信息集合体的概括与判断,素质具有多维性,任何单方面的判断与衡量,都难以真实地把握其实质,因此,素质必须由一系列的素质测评指标组成一个具有多向结构的指标"坐标系"来确定。

第五,"引发"与"推断"是指测评者的"归纳""概括"或"抽象",是一种能动的思维活动,是一种"升华"现象。这种活动既是主观的又是客观的。因为"引发"与"推断"不是测评者任意地引发与推断,而是要根据所收集的特征信息来引发与推断。它是对客观的特征信息的概括,而不是凭主观想象的概括。然而,这种"引发"与"推断"又是一种主观能动性的体现与发挥,不是对现有行为事实或特征信息的简单总和。它既以现有的行为事实为基础,又超出现有的行为事实。已经把现实行为与某种素质结构相联系,并把现实的行为事实看作素质结构的例证。当然,这种思维活动也可以通过计算机进行模拟,从而减少主观随意性。

第六,"测评主体"既指个体,又指集体;既可以是他人,也可以是自我;既可以是上级,也可以是同级,还可以是下级。

3. 与其他概念的区别

素质测评虽然离不开素质的测量与评价，但并不是素质测量与素质评价的机械相加，而是指一种建立在对素质特征信息"测"与"量"基础上的分析判断。在测评过程中，测评者通过"测"与"量"的活动，获得所要搜集的素质特征信息。然后，将它们与确定为标准的指标进行比较性的认识。这里的认识不是仅凭测评主体的感性经验，而是积极地借助于一定的测量工具，把最终的比较与判断建立在客观的行为事实与特征信息的搜集、测量与分析上，并且采用符号、语言或分数的形式，把分析判断的结果进行定性或定量的转化与解释，由此反映被测评者素质的客观情况。数量化只是素质测评过程中采取的一种基本手段。素质测评要力求以尽可能少的人力和物力花费，获得尽可能准确而全面的素质测评信息；要力求公正、客观、准确、迅速地鉴别人员素质，为人力资源开发与人事决策提供依据。

素质测评虽然以一个个的行为事实为依据，但并非仅凭单个的行为事实就作出评价，而是要在综合大量行为事实群的基础上进行整体评价。素质主体的能动性虽然可以使其外显行为与内在素质存在不一致的现象，但是大范围、多方位的整体行为分析，可以帮助我们把握素质的高低。在某些局部范围内，行为事实与素质行为高低不一致的偶然现象，并不能否定素质测评整体把握的必然性。此外，素质测评与心理测评、教育测评有所不同。心理测评包括对心理过程中任何心理现象的测评。教育测评侧重教学能力与教学成就的测评。

三、人员素质测评与人才素质测评

人员素质测评与人才素质测评相比，只有一字之差，大同小异。相异的地方是测评所指向的范围不同。人员素质测评是指对16岁以上具有正常劳动能力个体素质的测评；人才素质测评是指对具有一定才能的个体素质的测评，包括某些儿童测评、学生测评与人员素质测评。人员与人才具有交叉关系，因此，人员素质测评与人才素质测评的指向范围具有交叉关系，它们在测评理论、测评方法与测评技术上却是相同的。

人才素质测评具有广义与狭义之分。狭义的人才素质测评，是指通过量表对人才品德、智力、技能、知识、经验的一种评价活动，如智力测验、气质测定、品德测验等都是通过问卷量表的形式来测评被测者的有关素质。广义的人才素质测评，则是通过量表、面试、评价中心技术、观察评定、业绩考评等多种手段，综合测评人才素质的一种活动。例如，我们想与某人交朋友，真交之前，很想了解对方是否可靠，讲信用，值得自己交，因此想与他见见面，看他的言谈举止，与他合作干点事情，试探他的为人处世，问问他的周围知情人，了解他的过去，这一切都属于考察评价活动，历时较长。如果把这些考察评价活动浓缩、提炼并加以规范化、科学化与标准化，在短时间内完成，就成为人才素质测评了。

四、人员测评与人员选拔

所谓人员选拔,就是挑选合适的人到某个特定的岗位上发挥作用的过程。它与人员测评的含义有很大不同。人员测评主要是指测评者采用科学的方法,收集被测评者在主要活动领域中的表征信息,针对人才素质测评标准体系作出量值或价值判断的过程,或者从表征信息中引发与推断某些素质特征的过程。从这一定义上可看出人员测评是一种方法技术,它是人员选拔的一种手段与方式而已。除人员测评外,人员选拔还有其他方式,如竞赛、评比与评选等。人员选拔如果是目的,人员测评就是达到这种目的的一种手段。应该说,人员测评是人员选拔的主要方法与技术。那么,是不是做好了人员测评就做好了人员选拔工作呢?这要从两个方面看:首先,即使通过人员测评对一个人作出最全面、最正确的评价,但这个人仍有可能不适合这个岗位,那人员选拔的工作就没有完成,还需要进行下去;其次,如果一个岗位对人的要求并不明确,人员测评的结果对人员选拔就毫无用处,因为人们并不知道该根据哪些因素与要求来选人。所以,人员测评用得是否合适,结果是否良好,都会影响最后的选拔效果。

人力资源管理工作的核心是个人与岗位的匹配,这种匹配要求把个人特征同工作岗位的特征有机地结合起来,从而获得理想的人力资源效果。工作岗位是复杂的,人则更为复杂。建立在完善工作分析基础上的人员选拔方式,都应该可以根据具体的岗位要求(能力和品德方面)选出较合适的人。以企业人员选拔为例,在企业横向人员配置的问题上,选拔方式选择的好坏影响并不明显。因为大部分现代企业用的都是人员测评的方式,只是会根据岗位的具体要求,在专业技术和个人素质方面作些具体规定。但是,在企业纵向人员配置的问题上,因为每个岗位的能级权限不同,决策好坏对企业产生的影响有着天壤之别,对选拔方式的选择就很必要了。这时,我们要考虑的方面包括成本、有效性、收益率等。选拔方法与技术的选择,实践中将作为一种策略,直接影响到组织的日常运行及未来的发展。任何一个组织都可以分为三个大的层次,即领导者(组织的核心人物)、中高层管理人员和基层工作人员。针对每一层的人员选拔,应该有不同的方法,应该综合考虑成本、利润、有效性等因素,才能对选拔的方法与技术作出较正确的决策,为组织引进优秀的人才,为其今后产生良好的工作业绩,以及由此促进组织将来的发展做好铺垫。所以,科学合理的人员测评与选拔理论,以及行之有效的人员选拔方法与技术,是做好组织管理工作的第一要务。

第二节 素质测评的主要类型

第一节通过概念解释揭示了素质测评的内涵,本节将通过类型这一形式,揭示人员素质测评的外延形式。

人员素质测评的类型，按不同的标准有不同的划分。

按测评标准划分，有无目标测评、常模参照性测评与效标参照性测评。晋升测评一般属常模参照性测评，人员录用与招聘也多属这种测评。飞行员的选拔与录用属于效标参照性测评。述职、小结与访谈等写实性测评属于无目标测评。

按测评范围划分，可分为单项测评与综合测评。企业诊断与人员培训过程中的测评，一般需要单项测评。人员选拔与绩效考评中的测评，大多数是综合测评。

按照测评技术与手段划分，有定性测评与定量测评以及包括模糊综合测评在内的中性测评；按测评主体划分，有自我测评、他人测评、个人测评、群体测评、上级测评、同级测评与下级测评；按测评时间划分，有日常测评、期中测评与期末测评、定期测评与不定期测评；按测评结果划分，有分数测评、评语测评、等级测评及符号测评；按测评目的与用途划分，有选拔性测评、配置性测评、开发性测评、诊断性测评与考核性测评。

还可以按测评活动分为动态测评与静态测评；按测评客体分为领导干部测评、中层管理人员测评、一般人员测评等。

本书主要按照测评目的与用途进行划分。

一、选拔性素质测评

选拔性素质测评是一种以选拔优秀人员为目的的素质测评。这是人力资源管理活动中经常使用的一种素质测评。许多待遇优厚、工作舒适的职位，常常有众多的求职者申请。尽管我们采取一定的形式删除了许多不合格的求职者，但最后仍然存在许多可供选择的合格者，此时，需要实施选拔性素质测评。

选拔性素质测评的操作流程如图 1-2 所示。

选拔性素质测评与其他类型的测评相比，有以下五个特点。

第一，整个测评特别强调测评的区分功用。选拔优秀求职者，实际上是"高个之中选高个"或"矮个之中拔高个"，是一种相对性的测评，特别需要测评能够把最优秀的求职者与一般性的合格者区分开来，便于雇主录用。

第二，测评标准的刚性最强。选拔性测评的目的是要把最优秀的求职者与一般性的合格者区分开来，人们对它的要求自然就非常严格，非常精确。因此，测评的标准无论合理不合理，一旦实施决不允许有丝毫变动。否则，所选拔出的"优秀者"就难以取信于民。

第三，测评过程特别强调客观性。选拔性测评方法的改革过程实际上就是使其测评过程不断客观化的过程。这种客观化的明显标志就是对测评方法的信度的追求，表现为对数量化与计算机化的追求。

第四，测评指标具有选择性。一般来说，其他测评类型的指标都是从素质测评目标的分解直接制定，是测评标准的具体体现，而选拔性测评类型的指标允许具有一定的选择性，以客观、便于操作与相关性为前提，甚至可以是一些表面上看与测评标准风马牛不相

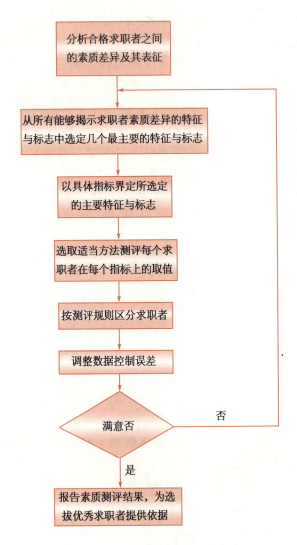

图 1-2　选拔性素质测评操作流程图

及的测评指标。

第五,选拔性测评的结果是分数或等级。这一点较之其他测评类型特别明显。评语式的测评结果无助于区分功用的发挥。

选拔性测评操作与运用的基本原则是公平性、公正性、差异性、准确性与可比性。

- 所谓公平性原则,即要求整个素质测评过程对于每个被测评者的有利性相对平等,不是对某些人特别有利而对其他人不利。这是保证选拔性测评结果被公众接受的前提之一。

- 所谓公正性原则,即整个素质测评过程对于每个被测评者的要求都是一致的。不是对某些人特别严格而对另一些人却随便。要求测评者按统一的标准进行客观的测评。这是保证人们认为选拔结果有效的前提。

- 所谓差异性原则,即要求素质测评既要以差异为依据,又要能够反映求职者素质的真实差异。这是保证选拔结果正确性的前提。

- 所谓准确性原则，即要求素质测评对求职者素质差异的反映要尽可能精确，限于允许误差范围之内。这是保证人们对素质测评选拔结果信任的前提。
- 所谓可比性原则，即要求素质测评对求职者素质测评的结果具有纵向的可比性。一般要求采取量化形式，不但可比，而且还可以与其他测评结果相加。这是保证选拔结果在选拔人员过程中发挥实际作用的前提。

二、配置性素质测评

配置性素质测评是人力资源管理中常见的另一种素质测评。它以人事合理配置为目的。现代企业的劳动人事管理要求以人为中心，使人力资源进入最佳发挥状态。人力资源最佳发挥的前提是人事相匹配，人适其事、事得其人、人尽其才、才尽其用、用显其效。实践表明，每种工作职位对其任职者都有一定的基本要求，当任职者现有的素质符合职位要求时，个体的人力资源就能主动发挥，创造出高水平的绩效。否则，个体的人力资源就处于被动状态，甚至费尽九牛二虎之力也无济于事，低能低效。因此，在人事配置中经常需要运用配置性的素质测评。

配置性素质测评操作与运用流程如图1-3所示。

配置性测评与其他类型的素质测评相比，它具有针对性、客观性、严格性、适切性、准备性等特点。

- 配置性测评的针对性特点，体现在整个测评的组织实施与目的上。配置性测评的目的是以所配置的（工作）职位要求为依据，寻找合适的申请者。整个测评活动都是围绕这一目的进行的。适用于甲职位的配置性素质测评，不一定适用于乙职位的配置。换句话说，针对甲职位的配置性测评结果不能运用到乙职位的人事配置上去，除非甲、乙两种职位要求相同。
- 配置性测评的客观性特点，体现在测评的标准上。其他类型的测评标准虚一点、实一点，好像都可接受，但配置性测评的标准必须是实实在在的，必须以职位的客观要求为标准，不能主观随意制定。
- 配置性测评的严格性特点，既体现在测评的标准上，又体现在测评活动的组织与实施中。有些工作例如飞行员的驾驶工作，绝不能因为一时找不到合格的人员而降低要求。但是，这绝不意味着标准越高越好。实验表明，让一个大学毕业生从事看门工作的业绩，远远不如高中毕业生。为了保证人事配置的适切性，不但对测评标准要求严格，对测评方法、测评实施及整个测评过程都十分严格，而且还需要考虑人员配置的环境要求与合格人群的整体情况，否则，保证不了最后测评结果的准确性与人事配置的适切性。
- 配置性测评的准备性特点，主要体现在劳动人事管理过程的开端性上。依据配置性测评结果所作的人事配置，只是保证工作效率与效果的一种必要条件，是一种可能性，

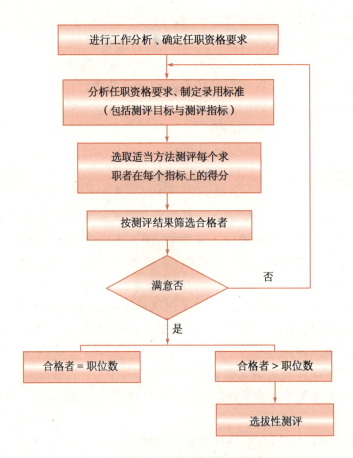

图1-3 配置性素质测评操作与运用流程图

是一种准备。随着工作要求与人员素质的变化,配置之后还要进行适当的调配,不要一配定终身。

三、开发性测评

开发性测评是一种以开发素质潜能与组织人力资源为目的的测评。人的素质具有可塑性与潜在性。从当前现状来看,有些人也许并不具备某方面的素质,但他可能具有发展这方面素质的潜力。如何发现这些人的潜力呢?显然有必要实施开发性测评。此外,人力资源的开发应该具有针对性。在每个企事业组织中,存在着不同类型的人力资源。有的人专注于技术运用,有的人热心于技术革新,有的人擅长于技术传播,这些人具备不同的人力资源形态,应该对他们分别采取不同的开发策略,以最大限度地发挥他们的作用。对于"运用型"的人,应把他们培养为"生产冠军";对于"革新型"的人,应让他们有机会接触更多的技术资料,并对他们的失败抱着宽容的态度,鼓励他们的创新精神;对于"传播型"的人,应让他们横向发展,允许职位轮换流动。要明确不同形态的人力资源,就必须实施开发性的素质测评。

开发性素质测评也称为勘探性素质测评,主要是为人力资源开发提供科学性与可行性依据。它的操作与运用流程如图1-4所示。

图1-4 开发性素质测评操作与运用流程图

与其他测评类型相比,开发性测评具有勘探性、配合性、促进性等特点。

- 所谓勘探性,是指开发性测评对人力资源带有调查性,主要了解总体素质结构中,哪些是优势素质,哪些是短缺素质,哪些是显性素质,哪些是潜在素质,哪些素质有开发价值等。
- 所谓配合性,是指开发性素质测评一般是与素质潜能开发或组织人力资源开发相配合而进行的,是为开发服务的。
- 所谓促进性,是指开发性素质测评的主要目的不在于评定哪种素质好,哪种素质不好;哪种素质有,哪种素质无,而在于通过测评激励与促进各种素质的和谐发展与进一步提高。

四、诊断性素质测评

诊断性素质测评是指那种以服务于了解素质现状或组织诊断问题为目的的素质测评。在组织管理中,常常遇到这样或那样的问题,需要从人员素质测评方面查找原因,这就需要实施诊断性测评。

诊断性测评的操作流程如图1-5所示。

诊断性测评与其他测评类型相比,主要有以下特点。

- 测评内容或者十分精细,或者全面广泛。诊断性测评的目的是查找问题的原因,因此,测评时就像医生问病情一样,任何细节也不放过,测评内容十分精细与深入。如果是了解现状,其测评的内容就十分广泛。
- 诊断性测评的过程是寻根究底。测评者的测评一般是由现象观察出发,层层深入分析,步步综合,直到找到答案。

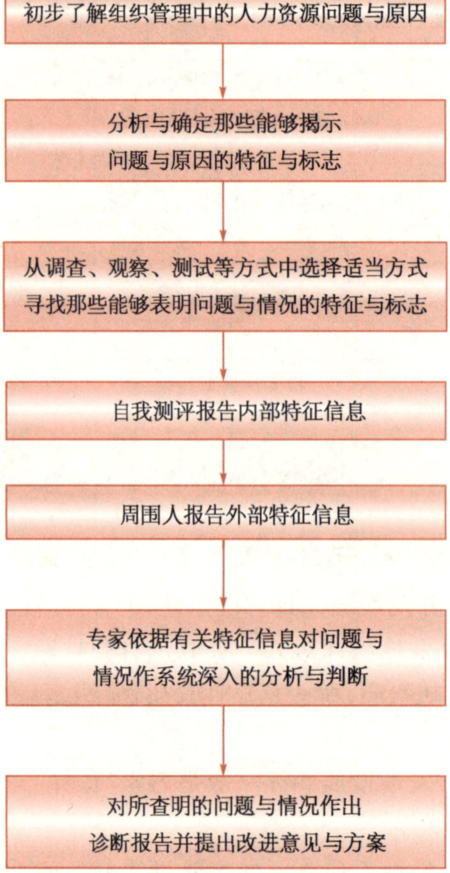

```
初步了解组织管理中的人力资源问题与原因
            ↓
分析与确定那些能够揭示
问题与原因的特征与标志
            ↓
从调查、观察、测试等方式中选择适当方式
寻找那些能够表明问题与情况的特征与标志
            ↓
自我测评报告内部特征信息
            ↓
周围人报告外部特征信息
            ↓
专家依据有关特征信息对问题与
情况作系统深入的分析与判断
            ↓
对所查明的问题与情况作出
诊断报告并提出改进意见与方案
```

图1-5　诊断性测评操作流程图

- 测评结果不公开。其他各种类型的素质测评结果一般都向有关人员公开，而诊断性测评的结果只供内部掌握与参考。
- 测评具有较强的系统性。诊断性测评要求从表面特征与标志观察搜寻入手，继而深入分析问题与原因，诊断症状，并由此提出改进对策。

五、考核性素质测评

考核性素质测评又称鉴定性测评，是以鉴定与验证某种(些)素质是否具备或者具备程度大小为目的的素质测评。考核性测评经常穿插在选拔性测评与配置性测评之中。

考核性素质测评的操作流程如图1-6所示。

考核性素质测评与其他类型相比，有以下四个特点。

（1）考核性素质测评的测评结果主要是给想了解求职者素质结构与水平的人或雇主提供依据或证明，是对求职者素质结构与水平的鉴定，而其他类型的测评结果并非

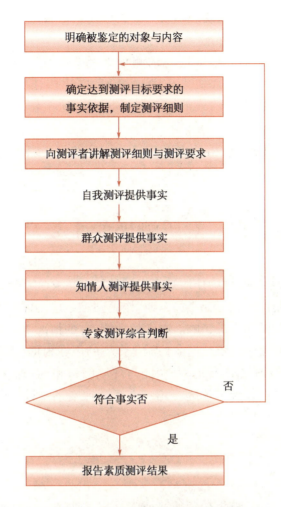

图1-6 考核性素质测评操作流程图

如此。

（2）考核性测评侧重求职者现有素质的价值与功用，比较注重素质的现有差异，而不是素质发展的原有基础或者发展过程的差异。

（3）考核性素质测评的范围比较广泛，涉及素质表现的各个方面，是一种总结性的测评，而其他类型的测评更明显的特点则是具体性。

（4）考核性素质测评要求测评结果具有较高的信度与效度。也就是说，更要求所作的评定结论有据可查，而且充分全面，要求所作的评定结论能够验证有关的结果。

在操作与运用考核性素质测评时应注意以下四个原则。

- 全面性原则。要求测评的范围尽可能遍及纵向时间的跨度与横向空间的场所，尽可能遍及素质形成的全过程以及素质结构中的所有因素。这样，才能突出考核性素质测评的概括性特征。
- 充足性原则。所作的每一个测评结论都要有充足的依据，是事实本身的反映而不是事实的主观推论。这种充足性应体现在测评依据与测评信息的搜集与选择上。

- 可信性原则。测评的结果既令本人信服又令他人信服,这就要求素质测评的方法科学客观,素质测评的指标具体可验。
- 权威性或公众性原则。权威性要求测评者是有一定影响的权威人士或专家。公众性要求在测评者本人并非权威人士的前提下,应该多让一些有代表性的群众参加。权威性从质上保证了测评结果的有效性,公众性则从量上保证了测评结果的有效性。

上述五种测评类型的划分是相对的,实际上它们往往是交织在一起的。运用时,既要综合发挥,又要有所侧重。

第三节　素质测评的主要功用

素质测评的功能与素质测评的作用是不相同的两个概念。功能是素质测评活动本身固有的一种稳定机制,是一种相对独立的东西,作用则是素质测评活动外在影响的一种具体表现,它会受到各种偶然因素的影响。同样的功能,有的情况下是正向发展表现功能的属性,在另外的情况下却可能起反作用。功能是作用的内在根据,而环境因素则是作用产生的外在条件。作用是素质测评活动中,功能与环境因素相结合而产生的实际效用。作用、功能与素质测评活动是连为一体的。相对素质测评活动来说,功能是潜在的机制,作用是外在的效应。

一、评　定

在人员素质测评活动中,最为显著的特征就是把被测评者的特征行为与某种标准进行比较,以确定其素质构成与成熟水平。用来比较的标准有两种形式:一种是存在于测评对象之外的客观要求,如任职资格标准;另一种是存在于测评对象之中的常模标准,如干部选拔测评中所依据的标准,常常需要在"高个之中拔高个"。前一个"高个"便成了选拔测评中的准常模。无论采用哪种标准,通过比较(直接或间接),任何人的素质都被确定在一个相应的位置上,以表明素质结构的优劣与水平高低。如果素质测评缺乏评定功能,素质测评就纯属一般的调查与了解。

素质测评评定功能的正向发挥,在人力资源管理中首先表现为促进与形成作用。社会心理学研究发现,自我评价、他人评价与群体评价是衡量一个人素质高低的三个重要参数。通过自我测评与群体测评,使一个人有了对他人与对自己的认识标准。一个人的行为基本上是按照这个标准进行调整与安排的。调整的需要好像是在无意识中产生的。个体仿佛自动地调整自己的行动去适应所确认的素质测评标准,以提高自己在这些标准上的测评分值。

马克思曾经说过,人来到这个世间没有带着镜子,他总是习惯于拿社会群体当作镜子来照,在他掌握了这种社会知觉的方法之后,他便把镜子挪到自我的内部。因此,通过他人测评、自我测评与群体中互相测评,每个人都能够认识:自己的优势素质是什么,短缺素质是什么,亟待改进的素质是什么;社会与工作需要的是什么素质,不需要的是什么素质;什么是良好的素质,什么是低劣的素质。因而会由此激发与产生改善自身素质,加强自我修养的愿望与行为。

素质测评中,既有对良好素质的肯定,又有对低劣素质的认识;既有热情的希望与鼓励,又有真诚的批评与悔改。因此,素质测评可以把人力资源管理者的开发期望与被测评者的自我修养有机地结合起来,促进个体素质的进一步提高。

其次,素质测评的评定功能还表现出激励与强化的作用。每个人都有自我尊重与超越上进的愿望,希望自己在测评中取得好成绩、好结果。获得肯定性评价的行为将会趋于高频率出现,获得否定评价的行为会趋于低频率出现。素质测评是促使个体素质的培养与修养行为向着社会所要求的方向发展的强化手段。它是从外部激发个体的内部动机,使培养者与修养者的动机处于积极向上的激活心态,从而产生动力、压力与活力,激励他们素质开发(培养与修养)的行为更加自觉、更加积极地去接受并维护社会的测评标准,促进与提高所测评的素质水平。

再次,评定功能的正向发挥还表现出导向作用。测评实践表明:测评过程中哪种素质的权重或分值越大,哪种素质就备受人们重视;哪种素质的权重小,哪种素质就会被人们轻视;哪种素质不测评,人们就会逐渐忽视它。这种现象在鉴定性、选拔性测评中表现得尤为明显。因此,在人力资源开发中应注意到素质测评导向作用的正向发挥。

二、诊断反馈

素质测评活动的另一个特征,是它搜集素质特征信息的广泛性与科学性。任何素质测评都必须广泛而系统地搜集各种素质特性信息。在充分占有材料的基础上作出分析。因此,无论是在搜集素质特征信息的过程中,还是在作出评价的时候,测评者都要涉及素质形成、人力资源管理与开发的方方面面,有些问题甚至要深入根源深处才能有结果。这样,经过测评,测评者对于人力资源管理的全过程,对于人力资源开发的效率与效果就会有全面而细致的了解。加上测评是根据统一的标准按一定的方法进行的,因此,对于效果好坏,素质高低,决定因素在哪里,均能一目了然。如果测评者把所有这些信息予以整理记录,转达给测评主体或第三者,就是反馈了。它可以让测评者或第三者了解与掌握人力资源开发的不足与问题,并了解与掌握人力资源开发的进程及素质形成的情况。

诊断反馈功能的正向发挥,首先表现出咨询的作用。一般来说,进行素质测评活动之后,对于诸如以下问题:人力资源管理的目标制定得是否合理科学? 人力资源的配置是否合理? 人力资源开发的方式选择是否得当? 均能一一作出有根据的回答。

其次，素质测评的诊断反馈功能表现为对人力资源开发方案的制订与选择、对开发工作的计划与改进，起着重要的参考作用。

在素质测评过程中，由于测评者系统而全面地掌握了素质形成的过程，找到了一些素质问题的原因所在，明确了每个被测评者素质的优劣，因此，能有的放矢地在众多的开发方案与开发工作计划中选择出一个最为有效的方案，能抓住素质形成与发展的关键点进行优化开发。

再次，诊断反馈功能的正向发挥表现出调节与控制的作用。从控制论的角度来看，素质培养与开发实际上也是一个调节与优化个体思想行为发展的过程。这种调节与优化的作用，在相当程度上要由素质测评来实现。

三、预测

素质测评，尤其是心理素质测评，是在对素质现在及过去大量表现行为全面了解与概括（或总和）的基础上，判断素质表征行为运动群的特征和倾向的过程。换句话说，我们并不是根据单个的特征行为测评素质，而是根据大量的特征行为测评素质的，这些大量的特征行为对素质的揭示具有一定的必然性，因此，人们可以依据素质表征行为发展的历史轨迹及其趋向，对被测者的素质发展进行某种预测。这种预测的有效性取决于素质特征的稳定性程度。

预测功能的正向发挥表现为选拔作用。素质测评的评定功能单独发挥时，仅表现为激励作用，当它与预测功能结合发挥时，就表现为选拔作用了。

素质在数量与质量上的差异，是区别不同素质结构与水平差异的重要依据。测评的预测功能使素质测评的结果具有一定的后效性。换句话说，个体素质的差异会具有一定的延续性。这样，我们就可以根据各个被测评者目前的素质差异了解他将来的发展差异。

第四节 人员测评与选拔的作用与发挥

在人力资源开发中，要正确认识人员测评与选拔在人力资源开发实践中的作用，并且把握相关的运用原则。

一、基本作用

1. 人员测评与选拔是人力资源开发的基础

人力资源开发过程，包括对人力资源的勘探分析、目标计划、组织实施、效果评估等系统环节。人力资源开发的目的在于社会生产力的提高与劳动者的自身发展。人员测评与选拔不但有助于人力资源开发目的的实现,而且有助于人力资源开发过程的优化。在人力资源开发之前,进行人员测评与选拔,有助于人力资源正确的勘探与分析,寻找到适当的人力开发点,制订科学可行的开发目标与计划,提高人力资源开发的针对性与综合性。在人力资源开发实施中进行人员测评与选拔,有助于开发工作的动态调控,提高开发的效率与效果。用人之长与优势互补是进行组织人力资源开发应遵循的一个原则。在人力资源开发告一阶段之后,进行人员素质测评,则有助于正确而科学地评估人力资源开发所取得的效果。

2. 人员测评与选拔是人力资源开发的重要手段

人员测评与选拔具有导向作用。人员测评与选拔对人力资源开发的作用表现为测评与开发相结合,以测评促改进,以测评促发展。

此外,人员测评与选拔本身就是一种人力资源开发的有效手段。评价中心本身既是一种对管理能力测评的手段,又是训练管理者技能的一种有效方式。

3. 人员测评与选拔是人力资源开发效果检验的"尺度"

从人力资源的结构上来看,人员素质是人力资源的内核与基底。因此,对于人力资源开发效果的检验,也就只有通过人员素质测评来衡量;从人力资源开发评估的标准上来看,人力资源开发效果的好坏,不仅要看社会生产能力或个体劳动能力的提高程度如何,还要看劳动者自身各方面的素质发展如何。现代企事业的管理要求以人为中心。如果人力资源开发的结果仅表现为劳动能力的发展而没有劳动者自身的发展与满足,这种人力资源开发是不能算高水平的。人员素质测评既有助于对劳动能力的测评,又有助于对劳动者自身发展的了解。

4. 建立促成性素质测评模式,可以提高人力资源开发的效果

实践表明,建立促成性素质测评的模式,能够大大提高人力资源目标开发的效率与效果。

所谓促成性素质测评,是指人员素质测评实施的目的,不在于评定哪种素质好,哪种素质差;哪种素质有,哪种素质无,而在于通过测评活动激励与促进各种素质向既定的目标形成与发展。不难看出,这种促成性素质测评模式,实际上是一种以人力资源开发为目的,以素质测评为主导,联合各种管理活动为一体的综合开发模式。因此,它对人力资源开发的效率与效果必然大大高于一般的人力资源开发形式。

二、运用原则

1. 全面测评与择优开发

所谓全面测评与择优开发,即要对全体人员进行测评,对所有素质进行测评,然后选

择其中的优势人力资源开发,选择其中的特长素质进行开发。

自古以来就有两种人力资源开发观点:一种是选用人之长,不计人之短;另一种是苛求人无过,不看人之长。前一种是不拘一格地开发人力,后一种则是求全责备,压抑人力。在人力资源开发中,应择优开发:一是要选择个体身上的特长素质优先开发;二是要在群体中选择那些优秀人才优先开发。

2. 发现不足与整体协调

所谓发现不足与整体协调,是要通过人员素质测评,真正认识每个劳动者的不足之处,善于整体协调,取长补短,实现群体上的优劣互补,优劣相长。

众所周知,人力资源具有社会性和可塑性,人力资源既来源于社会又服务于社会,它们会在群体劳动中互相影响、互相增强、互相促进。日本著名企业家松下正治招聘员工时,十分重视整体协调开发的功效,他把员工的性格作风划分为善于思考的"文人型"、富于进取的"武士型"与勇于拼搏的"运动员型"三种类型,并让他们在整个公司的员工比例中各占1/3,以达到公司人力资源整体协调开发的目的。

3. 分项诊断与综合开发

所谓分项诊断与综合开发,是指人员素质的测评与问题诊断可以分项进行,以提高测评的精确性。但是,在人力资源开发中却要做到综合平衡。人力是由人员多方面素质综合而成的,各种素质无法互相替代,必须同时具备,不可偏废,因此,必须坚持全面开发的观点,长期单纯地追求某一方面素质的发展或人力资源开发,必然会造成人力资源的畸形发展。

4. 统一标准与量才开发

所谓统一标准与量才开发,是指人员测评与选拔的标准应根据开发目标统一要求,但要根据测评结果的情况进行切合实际的开发。

量才开发的关键是通过对被测者长处、短处的科学分析,对每个人员委派适合的工作,制订适当的开发目标与计划。王安石曾经说过:"使大者小者、长者短者、强者弱者无不适其所任者焉。其如是,则士之愚鄙陋者,皆能奋其所知以效小事,况其贤能智力卓越者乎?"这就是说,凡是给人安排了最能发挥其优势的工作,这个人工作起来也就最起劲、最能有所成就,而在获得成就的过程中他的优势素质又会在更高水平上有所发展。

量材开发还要做到宜"栋"则"栋",宜"椽"则"椽"。

量材开发不但要人尽其材,还要做到材尽其用,既不要小材大用,也不要大材小用。小材大用要误事,大材小用同样会误事。

5. 自我测评与外部强化

所谓自我测评与外部强化,是指在人力资源开发过程中要进行自我测评,要通过自我测评使被开发者对应达到的目标有所认识,有所追求,把外在的开发目标内化为自我奋斗的目标。还要在自我测评的基础上进行外部强化,如果一种良好的素质得不到重用与发挥,得不到肯定与鼓励,这种素质就难以迅速地成长起来。因此,在人力资源开发过程中应制定一些行政鼓励措施、人事任用措施、奖惩督导制度,以强化那些优秀的人力资源得到进一步的发展。

6. 他人测评与自我激励

所谓他人测评与自我激励,是指在人力资源开发过程中,不但要自我测评,而且要在自我测评的基础上进行他人测评,让周围的同事、上级主管以及有关专家参与素质测评,保证测评的客观性、公正性与科学性。这种客观、公正与科学的测评结果,要让被测评者自我认识、自我接受,并在此基础上进行自我激励。如果光有外部强化,没有自我激励机制,人力资源的开发就难以取得预期的效果。

7. 模糊测评与精心指导

所谓模糊测评与精心指导,是指在人力资源开发过程中,所进行的人员素质测评应具有一定的弹性,不一定要按规定的要求严格核定。可以从鼓励的角度,适当放宽标准,只要被测评者处于发展状态中,比以前有进步,就应予以肯定与强化。在开发指导上,要求精益求精、细心策划,要针对每个人的具体情况与优缺点,进行有针对性的和具体的指导,使被开发者明确方向,清楚要求,心领神会,少走弯路。

8. 相互比较与职业发展

职业发展也叫职业生涯的自我设计,它是一个计划、一个方案、一个过程。它使被开发者有机会评估自己的知识、技能、智力、态度、品德与体质、发展潜力与事业进展等情况,从而为个人事业目标的实现与调整制定具体的步骤。这一原则要求人力资源开发者,一方面要善于引导被开发者有效地利用人员测评与选拔的结果,把自己置于群体中互相比较,不要孤立地自我测评,这样才能正确地明确自己的长处与短处,拟订有效的职业发展计划。要善于引导被开发者对自己不同阶段的职业发展进行相互比较,及时地调整自己的步骤。另一方面,还要引导被开发者进行自我开发。人力资源开发不光是主管对下属的开发,更重要的是要引导下属自我开发。因此,要通过对职业发展计划拟订的指导与目标,引导被开发者主动自觉地进行开发自我,形成内外一致的开发合力与效果。

本 章 小 结

本章主要介绍了素质和素质测评的基本情况,包括素质的概念、特征和构成,人员测评与选拔的基本类型及主要功用。

素质是指一个人完成一定活动与任务所具备的基本条件和基本特点,是行为的基础与根本因素。个体素质有基础作用性、稳定性、可塑性、内在性、表出性、差异性、综合性、可分解性、层次性与相对性等特性。

任何一个有成就的人,都离不开其优良的素质。但是,作为完成任务、形成绩效及继续发展的前提,素质只是一种可能性、一种静态条件,这种静态条件能否真正发挥作用,还需要动态条件的保证,这就是素质功能发挥的过程及其制约因素的影响。因此,素质与绩效、素质与发展是互为表里的。素质是绩效与发展的内在条件,绩效与发展是素质的外在表现。

从构成上看,个体的素质可以划为身体素质与心理素质两大类。身体素质指个体体质、体力和精力的总和。心理素质包括心理健康、智能素质、品德素质、文化素质、创新意识和其他个性素质等。心理素质是个体发展与事业成功的关键因素,因此,心理素质测评往往是素质测评的重点。

人员素质测评主体根据测评目的与标准体系,采用科学的方法收集被测评者的相关信息,在短时间内对素质作出量值或价值的评判活动。人员素质测评的类型,按不同的标准有多种不同类型的划分。其中,实用性较强的,是按测评目的与用途将素质测评分为选拔性测评、诊断性测评、配置性测评、考核性测评与开发性测评,这五种测评类型的划分只是相对的,现实中它们往往交织在一起,运用时既要综合发挥又要有所侧重。

选拔性测评是一种以选拔优秀人才为目的的素质测评,是人力资源管理活动中经常使用的一种素质测评;配置性测评则以合理人事配置、人尽其才、才得其用的目的进行;开发性测评的主要目的是开发人员素质,有针对性地挖掘人的潜力、发挥人的特长,从长远的角度启发和引导员工发展;诊断性测评是以了解素质现状和素质开发问题为目的的测评,从测评方面找出相关原因,帮助企业解决现实问题;考核性测评又称鉴定性测评,是以鉴定与验证某种(些)素质是否具备或者具备程度为目的的素质测评,经常穿插在选拔性测评与配置性测评之中。

素质测评的功用是其功能与作用的统称,这两者是相通又不相同的两个概念,相对素质测评活动来说,功能是潜在的机制,而作用是外在的效应。

素质测评的主要功用有评定功用、诊断功用和预测功用。

素质测评在人力资源开发实践中有着特定的作用与运用的原则。

复习思考题

一、填空题

1. 素质作为行为的基础和根本因素，分为_____和_____两个方面。
2. 素质的特性包括_____、_____、_____、_____、_____、_____、_____、_____。
3. 素质测评的过程是由收集被测评者在主要活动领域中的_____和针对某一些素质测评指标体系作出_____，或者直接从所收集的表征信息引发与推断某些素质特性的过程所组成的。
4. 选拔性测评操作与运用的基本原则是_____。
5. 配置性测评与其他类型的素质测评相比，它具有_____。
6. 开发性测评与其他类型的素质测评相比，它具有_____。
7. 诊断性测评与其他类型的素质测评相比，它具有_____。
8. 在操作与运用鉴定性测评时应注意的原则有_____。
9. 素质测评的功能是测评活动_____，素质测评的作用是_____，是不同的两个概念。
10. 衡量一个人素质高低的三个重要参数为_____。

二、单选题

1. 人员素质测评是指对(　　)具有正常劳动能力个体素质的测评。
   A. 14岁以上　　　B. 15岁以上　　　C. 16岁以上　　　D. 18岁以上
2. 智能素质不包括(　　)。
   A. 知识　　　　　B. 智力　　　　　C. 能力　　　　　D. 技能
3. 素质测评指标体系是指有(　　)的一系列素质测评指标。
   A. 各个维度　　　B. 独立　　　　　C. 全面的　　　　D. 内在联系
4. 一般的晋升测评属于(　　)测评类型。
   A. 无目标测评　　B. 常模参照性测评　C. 校标参照性测评　D. 综合测评
5. 促成性素质测评模式是一种以人力资源开发为目的，以(　　)为主导、联合各种管理活动为一体的综合开发模式。
   A. 人员测评　　　B. 素质测评　　　C. 人才测评　　　D. 管理能力测评
6. (　　)是一种对管理能力测评的手段，又是训练管理者技能的一种有效方式。

A. 素质测评　　　　B. 人力开发　　　　C. 评价中心　　　　D. 人员测评
7. 分项诊断与综合开发的目的在于提高测评的(　　)。
   A. 公平性　　　　B. 公正性　　　　C. 精确性　　　　D. 系统性
8. 素质测评的重点在于(　　)。
   A. 能力测评　　　　B. 等级测评　　　　C. 绩效测评　　　　D. 心理测评
9. 人员测评是(　　)的主要方法与技术。
   A. 人力开发　　　　B. 人事管理　　　　C. 人员选拔　　　　D. 资格甄别
10. 职业发展是通过评估自身情况,从而为(　　)的实现与调整制定具体的步骤。
    A. 自我开发　　　　B. 生涯目标　　　　C. 社会贡献　　　　D. 个人事业目标
11. 素质测评是指一种建立在对素质特征信息"测"与"量"基础上的(　　)。
    A. 分析判断　　　　B. 综合相加　　　　C. 直观判断　　　　D. 集中体现
12. 人员素质测评与人才素质测评的不同之处在于(　　)。
    A. 测评理论　　　　B. 测评方法　　　　C. 测评技术　　　　D. 测评范围
13. 人力资源管理工作的核心是个人与(　　)的匹配。
    A. 岗位　　　　B. 工作环境　　　　C. 工作内容　　　　D. 考核方法
14. 诊断性素质测评的结果(　　)。
    A. 公开　　　　B. 不公开　　　　C. 部分公开　　　　D. 视情况而定

三、多选题

1. 素质对一个人的(　　)起着根本的决定作用。
   A. 身心发展　　　　B. 工作潜力发展　　　　C. 工作成就的提高　　　　D. 自我价值实现
2. 文化素质包含(　　)。
   A. 学校教育程度　　　　B. 自我学习程度　　　　C. 社会化程度　　　　D. 家庭教育程度
3. 心理素质涵盖(　　)。
   A. 文化素质　　　　B. 品德素质　　　　C. 智能素质　　　　D. 心理健康素质
   E. 其他个性素质
4. 在素质测评中,"科学的方法"具体可以是(　　)。
   A. 问卷调查　　　　B. 抽样统计　　　　C. 典型分析　　　　D. 访谈调查
   E. 典型分析
5. 按照测评目的与用途划分,素质测评的类型分为(　　)。
   A. 选拔性测评　　　　B. 诊断性测评　　　　C. 配置性测评　　　　D. 考核性测评
   E. 开发性测评
6. 按照测评结果划分,素质测评的类型分为(　　)。
   A. 资格测评　　　　B. 评语测评　　　　C. 等级测评　　　　D. 符号测评
   E. 分数测评

7. 选拔性素质测评与其他类型的测评相比,其特点有( )。
   A. 区分功用 B. 刚性最强 C. 客观性 D. 选择性
   E. 结果分数或等级化
8. 素质测评的主要功用有( )。
   A. 决定功用 B. 评定功用 C. 诊断功用 D. 预测功用
9. 按照测评技术与手段划分,素质测评的类型分为( )。
   A. 群体测评 B. 定量测评 C. 定性测评 D. 中性测评
   E. 定期测评
10. 选拔性素质测评操作与运用的基本原则不包括( )。
    A. 差异性 B. 可比性 C. 主观性 D. 配合性
11. 与其他测评类型相比,开发性素质测评具有( )。
    A. 勘探性 B. 配合性 C. 促进性 D. 配置性
12. 素质测评评定功能的正向发挥,在人力资源管理中表现出( )作用。
    A. 促进与形成 B. 激励与强化 C. 决定 D. 导向

四、简答与论述题

1. 素质与绩效、发展的关系如何?
2. 什么是人员测评与选拔?其分类情况如何?
3. 怎样看待选拔性测评在企业实践中的应用?
4. 为什么说"如果素质测评缺乏评定功用,素质测评就纯属一般的调查与了解"?

本章复习思考题的答案,可通过扫描如下二维码获得。

案例　企业中层管理人员素质测评指标体系的应用

一、A 企业简介

A 企业是一家房屋建筑施工总承包二级资质企业,现有员工 300 多人,专业技术人员 80 余人,主要从事工业与民用建筑、市政工程建筑。企业于 2008 年顺利改制为 Z 市建工建筑集团公司,集团公司包括 Z 市建工建筑工程有限公司(总公司)和 8 个分公司。在新时代背景下,A 企业在追求经济效益的同时,以博大的胸怀与胆识,真诚地服务社会,回报社会,肩负起企业的社会责任。

A 企业中层管理人员岗位设置及人数分布情况如表 1-1 所示。

表1-1　A 企业中层管理人员岗位设置及人数分布

岗位性质	中层管理人员												
职务名称	审监部经理	行管中心主任	人事部经理	财务部经理	成本合约部经理	预算部经理	营销部经理		客户服务部经理		项目公司综合部经理	规划技术部经理	工程管理部经理
							正职	副职	正职	副职			
人数	1	1	1	1	1	1	1	1	1	1	1	1	1

二、A 企业中层管理人员素质测评方面的问题

A 企业对中层管理人员相关测评工作仅仅是在年末绩效考核和需要晋升时开展,平时并不注重在招聘、培训和调配等方面进行,而且,测评工作比较随意,不具备专业要求。

1. 企业测评理念落后。第一,在开展中层管理人员测评时,测评人员易受到人际关系的影响,难以做到公平公正。导致测评结果的信度大大降低,使测评工作流于形式。第二,对于中层管理人员的评价往往把业绩等同于管理能力,不能全面地考察中层管理人员的综合素质。

2. 测评方法和技术不科学。第一,A 公司现有的中层管理人员测评体系,大部分都是从别的单位借鉴过来的,并没有根据本公司的实际情况和中层管理人员的特点而精心设计,这样的测评体系难以符合企业的发展。第二,定性测评多,定量测评少。由于测评数据收集比较传统,测评结果往往依靠测评人员的主观经验进行评判而给出,不具有科学性。

3. 缺乏专业测评人员,测评质量低。A 企业对中层管理人员的测评一般由人力资源部策划,然后组织企业内部相关人员开展测评,并没有引进专业测评人员。有些测评人员对人员素质测评概念和方法技术了解甚少,仅仅在测评工作开始前对其进行短期培训,由这样的测评人员负责测评工作,可见测评质量一般。

4. 缺乏测评反馈。在测评结束后,测评结果仅仅提供给高层管理人员进行参考,而没有反馈给测评对象,使得测评结果变得很神秘。这就导致部分中层管理人员不清楚自己的优势和劣势所在,也不知道是否需要改进或如何改进,不利于其职业发展。

三、A 企业构建中层管理人员素质测评体系的必要性

构建中层管理人素质测评体系,有利于企业合理任用人才,提升企业竞争力。因此,A 企业只有构建科学合理的中层管理人员测评体系,优化中层管理人员结构,不断提高中层管理人员素质,充分发挥其能力,才能提高企业发展竞争力。

一方面,企业增强外部竞争力的需要。近几年来,受到环保政策的影响,企业在生产过程中要使用更加环保的原材料,而且还要购买相应的设备对污染进行控制,从而导致企业经营成本上升。要想在竞争激烈的市场中取得优势地位,A 企业必须培养一批高素质的中层管理人员,为企业的发展提供强有力的人力资源保障;另一方面,A 企业自身发展的需要。由于 A 企业是由事业单位转制而成,其管理人员观念亟待转变,素质亟待提升。A 企业的下属单位由于疏于管理,人员组织结构松散,责任意识不强,竞争力不足。面对这样的内部情况,A 企业的高层管理人员需要进行一系列改革,优化人员结构和配置。而优化中层管理人员结构,提升其整体素质水平,直接关系到企业的发展和稳定,因此,要对企业内的所有中层管理人员开展测评,重新进行人员配置。

四、A 企业中层管理人员素质测评体系构建的方法及内容

结合 A 企业现状及中层管理人员工作情况,采取以下方法构建测评体系。

1. 查阅文件档案法。通过查阅关于中层管理人员的相关文献,同时结合 A 企业发展状况,收集 A 企业中层管理人员测评所需要的内容,包括企业发展历程、企业战略与文化、企业组织结构与人员构成、业务范围以及中层管理人员测评文档。

2. 采用访谈法。访谈相关人员,包括企业部分领导、中层管理人员以及基层管理人员和普通员工,听取他们对开展测评工作的意见和看法,了解他们对中层管理人员素质测评指标选取方面的建议。通过对不同层次人员的走访调查,可以更清楚地了解中层管理人员所需要测评的内容。

3. 问卷调查法。为了确保构建的测评指标体系能够真实全面地反映中层管理人员的客观状况,使测评工作更加科学,测评结果更加可靠有效,设计测评指标筛选调查问卷,邀请相关人员进行填写,并由测评小组对调查结果进行总结和分析。

通过以上方法,收集到关于 A 企业中层管理人员测评体系中的指标要素,然后结合人力资源部门的意见,最终形成一级、二级和三级测评指标,如表 1-2 所示。

表 1-2　A 企业中层管理人员测评指标体系

一级指标	二级指标	三级指标
基本素质	知识	受教育水平
		管理知识
		公司知识
	身体状况	
	从业年限	
能力	工作业绩	
	管理能力	
	激励能力	
	沟通能力	
心理素质	企业荣誉	
	情商	情绪管理
		个人意志
	心理承受能力	
发展指标	工作态度	
	事业心	
	忠诚度	
	个人品质	
	创新	

明确构建各级测评指标体系之后,还需要确定各指标的权重和分值,以便测评人员进行打分。A 企业中层管理人员测评体系量化的一级指标包括基本素质、能力、心理素质、发展指标等方向内容,再结合二级、三级指标和评分标准进行评分。

资料来源:陶永奎.新时代企业中层管理人员素质测评体系探究——以 A 企业为例[J].现代营销(下旬刊),2019(03):204-205.

讨论题:

1. 你是如何看待人员测评与选拔作用的?结合本案例谈谈你的认识与想法。

2. 结合自己的了解与实际情况,谈谈目前人员测评与选拔实践中所存在的问题,如何发挥人员测评与选拔在人力资源管理过程中的作用?

进一步阅读的文献

[1] 萧鸣政,张湘姝.新时代人才评价机制建设与实施[J].前线,2018(10):64-67.

[2] 陶永奎.新时代企业中层管理人员素质测评体系探究——以 A 企业为例[J].现代营销(下旬刊),2019(03):204-205.

[3] 阳彩频.浅析人才测评在企事业单位招聘中的应用[J].经济师,2019(10):248-250+253.

[4] 李志,谢思捷,赵小迪.游戏化测评技术在人才选拔中的应用[J].改革,2019(04):149-159.

[5] 刘淑英,王垚.领导干部测评的立体化分析[J].领导科学,2019(03):92-94.

[6] 柴雪.基于人力资源管理5p模型的人员测评分析——以 N 航空公司为例[J].时代金融,2018(30):228-229.

[7] 刘明红.人员素质测评在企业人力资源优化中的运用[J].全国流通经济,2018(06):39-40.

[8] 曹晓岚.人才素质测评与现代人力资源管理的应用分析[J].企业改革与管理,2018(05):90+92.

[9] 杨杰.人事管理中人员测评误差分析[J].中外企业家,2017(32):197-198.

[10] 萧鸣政.现代人员素质测评[M].北京:北京语言学院出版社,1995(5):29-92.

第二章

人员测评与选拔的原理与基础

【本章提要】

通过本章学习,应该掌握以下内容:
1. 人员测评的必要性与可能性;
2. 人员测评的学科基础与实践中的原理;
3. 工作分析对人员测评与选拔的基础性作用及其应用;
4. 胜任特征模型对人员测评与选拔的基础性作用及其应用。

第一节　人员测评的原理

每一门学科的发展都有自己的假设前提和理论基础。理论假设是对学科存在、研究、发展前提的抽象,也为研究和运用提供了最为基本的范围界定。人员测评作为一门学科的发展历史并不太远。在自身的发展中,理论都在寻求更基础的理论支撑,以保持其更长远和广阔的发展。测评的原理是指进行人员测评时所依据的前提假设和基本理论,也涉及人员测评操作中起支撑作用的理论框架。

一、人员测评的客观基础

理论是来源于实践的。人员测评的实践有着悠久的历史,早在几千年前,古人就已经根据生产和生活的经验选拔合适的人才来从事那些具有重要影响力的工作。当人员测评实践在人力资源学科中具有支撑作用的时候,就要求有相应的理论来总结人员测评的原理和原则,并用科学的方法发展这些知识以指导和促进实践的发展,这也就是理论服务于实践。人员测评的理论研究就是要总结、规范人员测评的经验与知识,以指导人员测评的实践。

任何理论与方法的存在,都会有它存在的基础,那么,人员测评的客观基础是什么呢?我们有必要进行探讨。

1. 人员测评所依赖的两个基本前提

(1) 人的差异。

人员测评的对象是人的素质。只有人的素质存在而且具有区别时,人员测评才具有现实的客观基础。如果没有差别,千人一面,那就不需要测评了。人员测评最基本的假设就是人的素质是有差别的,那人的素质是否真的存在差别?让我们从最简单的分类——人的性别分类来看。男女的差异来自染色体的不同,体现在激素分泌的差异等方面,导致了男女在身体特征上的差异,进而影响到人们的行为。据科学测算,男性的肺活量平均约为 4 100 毫升,女性约为 2 870 毫升。女性力量的平均水平是男性的 2/3,速度为男性的 4/5。身体素质在两性之间的差异,就决定了有的工作由男性来做会比女性更适合,如矿工、水手等职业。男女在心理上也是有差距的。在对男女大学生进行的心理焦虑测试中发现,女大学生的焦虑明显高于男大学生,特别是在考试的紧张感方面高于男大学生。测验结果显示,女大学生比男大学生更注重考试的结果,男大学生比女大学生更讨厌考试,对考试更持批评态度[①]。差异不仅存在于两性这种大的群体分类之间,个体之间也是存在

---

① 费英秋.素质的透视与测评[M].北京:中国物资出版社,1994:59.

差异的。就连个体在不同的年龄阶段都具有不一样的素质。根据心理学家麦尔斯的研究，各年龄段的知觉、记忆、动作反应速度的平均水平是有差异的。知觉能力随年龄段的增长而呈下降趋势。记忆力和动作反应速度在18—29岁这一年龄段达到最高水平，以后呈下降趋势。另外，智商也是一个很受关注的因素。暂且不论高智商是否能有高成就，只是从智商测验来看，不同的人就有着不同的表现。人们认为凡是智商高于100的，表示其智力水平正常；凡是智商低于100的，表示智力水平较低；智商超过140的，认为智力超常。从现实生活中观察，人们在素质的多个方面是存在着差别的，如对机械的理解能力、空间思维的能力、对色彩的敏感程度、动作的协调性等。心理学、教育学、管理学的理论研究也从多个角度在验证着一个判断：不同人的素质是有差异的。

本书所要讨论的素质是与个体完成一定的任务相联系的素质。具体说，就是与工作任务相联系的素质。人的素质是不一样的，从人们完成工作的效率和效果就可以看出。对于同样的工作，不同的人去做会有不同的效率。在运动会上，在短短100米内大家就已分出了差别。同一个班上的学生，由同样的老师教授，学习相同的课程，学习成绩却会有巨大的差异。搬动同样30公斤重的箱子，有的人是搬不动的，能搬动的人也会有不同的速度极限。在外汇市场上面对同样的信息，不同的操盘手会作出不同的决策，有的决定买入，有的决定卖出，这是他们的认识和倾向不同造成的，他们对风险有着不一样的规避意愿。以上所讨论到的既有先天的素质影响，也有经过训练的素质影响。就算是先天素质和接受教育相同的个人，面对同样的任务时也会作出不同的反应，得出不同的结果。

综上所述，人员测评的基本假设认为：人的素质是有差异的。这种差异是客观存在的，是不为意志所转移的。造成人们素质差异的因素是多方面的，既有先天的因素，也有后天的自然、社会因素。具体到与工作相联系的素质，不同的人做相同的工作有着不同的效果和效率。这也从一个角度说明了人的素质是存在差异的。

（2）工作的差异性。

人员测评的另一个假设是：不同的职位具有差异性。首先是工作任务的差异，也就是工作内容的差异。社会分工是驱动社会发展的一个重要因素，正是由于社会分工合作的不断改进，人类的生产力在不断地提升，促进了整个人类社会生产和文明的发展。亚当·斯密认为，制针工厂通过劳动分工使制针的生产效率得到成倍的提高，其中，抽丝工人和打磨工人所做的事情肯定是不一样的。大学教师和大学校长所做的工作显然存在着巨大的差别。企业中不同层级的管理者都属于管理者，但他们也有着不同的工作任务，至少工作的重点不一样。这些都是由社会分工所决定的。还有就是工作权责的差异，它是指一个职位所具有的决策权力和决策影响力的大小。前面说到的企业中不同层级的管理者就有着不同的决策权力，他们的决策对企业发展的影响程度不同。高层领导者的战略决策直接影响着企业下一步的走向，从而影响到下面各层管理者的工作重心。这样的权与责是由组织赋予的，由组织的结构决定，从根本上说还是由社会分工决定的。

由于工作、责任的不同，就会对完成这些任务的人有着不同的要求。并不是每个人都具有驾驶战斗机所需要的身体素质,也并不是每个人都能把大学英语课程讲授得清楚。要是建筑商随便找个人来设计一幢住房,即使这个人能把房子按照图纸盖起来而不使它倒掉,那也不会有几个人敢住到那房子里面去,正所谓术业有专攻,人类知识的大量积累使一个有着有限精力的人只能在某些方面掌握高质量完成工作所需要的素质。不同的工作就要拥有相应素质的人来承担。这是社会发展的需要。从另一个角度来看,人的个性和兴趣是不一样的。每个人适合做和喜欢做的工作是不一样的。正是有了千差万别的工作种类,人们才有了挑选的余地,才可以去寻找能发挥自己特长的、展现自己实力的工作。

就拿大学内的工作岗位来说,教师的工作主要就是将各自专业领域的知识教授给学生;管理人员的工作就是为教学工作的正常进行提供各种条件和保障,如分配教室、管理教具、学生的生活管理等;校长的工作则是为学校的发展争取各种有利资源。因此,对教师来说,最重要的要求就是掌握并能讲授本专业领域的系统知识;对管理人员来说,最基本的要求就是要就有规划能力和服务意识;对校长来说,最重要的则应具有开拓精神,具有良好的人际关系能力。这些只是举例简单说明,要了解各岗位对任职者的素质要求可通过工作分析来进行。这里只是想说明,工作分工使各岗位所要完成的任务是不一样的,不一样的任务就要求具有不同素质的人去完成。

2. 人员测评的必要性

人员测评的两个基本前提,是人的素质存在差异和工作之间存在差异。正是由于这两个差异,才有进行人员测评实践和理论研究的必要。要是所有人都一样,就没有进行人员测评的需要,随便找个愿意的人来从事某项工作就可以了。如果世界是那么简单,我们就会发现在街上问问有没有谁愿意做某大学校长,要是他(或她)愿意,就可以让他(或她)上任了。要是很多人都愿意,那又怎么办呢?是抽签还是排队呢?正是由于人的差异,才有必要从所有候选人中找出能把某项工作做得最符合标准的人。因为并不是每个人都能把某项特定的工作完成得同样出色。所以,需要针对每个具体的工作岗位要求,通过人员测评来选择具备完成工作要求素质的人员,通过人员测评可以提高不同工作的工作效率。

人员测评之所以必要,除了以上分析的原因外,还有一些其他的原因。首先是从组织的角度看。组织在选择人员从事某项工作的时候,资源是有限的。既包括时间资源,又包括资金和机会成本。如果是让每一个愿意从事该工作的人都试着做一段时间,那等选出合适人选时,这个组织是否还能存在也是个未知数。

人员测评对于人力资源开发与管理的价值是十分明显的。例如,某航空公司的培训部分析发现,飞行工作对飞行员的速度、灵活性、准确性要求极高,仅飞机着陆短短 5 分钟的时间内,飞行员必须做出 100 多个操作动作。他们依据素质测评的结果,以快速飞行员的素质标准挑选飞行员,结果使飞行员的淘汰率从 2/3 降到 1/3[①]。

---

① 萧鸣政,库克.人员素质测评[M].北京:高等教育出版社,2003:65.

另外，从个人的角度看，不同的人通过人员测评可以进一步了解自己的职业倾向、兴趣方向等，为自己的职业规划和发展提供一个可观的依据。让人去从事一件不适合自己的工作，可能是得不到高绩效的。现代有关绩效和工作满意度的研究在某种程度上说明了，并不一定是高的工作满意度导致高绩效，而是高绩效会产生高的工作满意度。从这个意义上说，从事不适合的工作很难得到高的绩效和高的工作满意度，从而影响到个人的生活质量。

总之，人员测评对于开发人力资源、提高工作生产效率、提高产品服务质量，从而提高整个社会的劳动生产率都具有积极的意义。人员测评的必要性是由人的客观差异、工作的客观差异以及其他一些因素共同决定的。

二、人员测评的可能性

客观因素决定了人员测评是必要的，下面就来讨论一下人员测评的可行性。人员测评是否可行，首先要看其测评对象的可测出性。要是测评的对象——人员素质不能通过一定的方法来表征、区别出差异，人员测评就是不可行的。认知理论与实践是人员素质测评可能性的基础。根据辩证唯物主义，人类对世界上任何事物的认识都是可能的，因而对于特定对象的素质的认识也是可能的。先秦时期已有"八观六验"。孔子提出了"视以""观由""察安"的方法。这些是人们在长期实践中经验的积累和总结。个人的很多素质特征是隐性的，这些特征虽然不能实实在在地触到，但它却影响着一个人的行为和工作业绩。近现代认知心理学的发展为人员测评理论的建立和发展提供了现实的理论基础。心理学的研究表明，人的素质是可以通过一定的测评手段和测评方法表现出来的。

人既有生物性，又有社会性。人首先是生物的，人是生物进化发展的高级阶段。而人的本质属性就在于社会性。人的本质力量就是人得以确立自己的主体地位的力量，人类通过劳动这种社会活动，不仅改造了客观世界，也改造了自身。具有隐性的人员素质，正是通过各种劳动、活动、关系表现出来。对于人所具有的生物性的特征，在某一时点上是客观存在并且确定的，而且可以通过一定的标准化工具进行确切的测量，如身高、体重、四肢比例、手掌面积等。一些体力上的素质也可通过跑、跳、走、投等活动来进行测量。从这里可以看出，一些简单和外显的素质特征可以通过标准化了的物理测量工具来进行区分。测评的可行性就是要通过一定的标准或工具来区分出不同人所具有的不同素质特征。要注意的是，测评是否可行在于是否对不同人的素质差异作出区分，而不是在于是否得出一个绝对性的数值或结果。在测评中出现的数值或结果只是一种具有相对意义的表达方式，是用来记录或表达作出了区分，其数值本身不具有直接意义。

从这里引申开来，对于那些具有隐性的素质特征，也只需要有一些标准化的工具或手段来区分出差异，对隐性的素质的测评就是可行的。我们所讨论的素质是与完成一定的活动和任务相关的,从而可以用一些与任务或工作相关指标来表征一个人的素质状况。完成任务和工作的过程、结果的区别就是最直接的素质区别,也是最有效的区别。不同的人在完成工作时是会存在效率和效果上的差别的,这正是由素质的不同造成的。换句话说,就是素质的外化。所以,用任务完成过程和情况表征、区别素质的差异是最直接的。因此,在前面假设人的素质存在差异的基础上就可以看到,通过对工作任务完成的过程和结果的比较可以对人的素质差异作出区分,也就是人的素质差异是可以被测评的。

从现实来看,有的工作任务指标要在长期的工作生活中才能被观察和衡量,而有的任务事关重大、造价高昂,是不能随便进行重复也不能随意找个人就可以试试身手的。比如,要寻找人来担任航天飞机的驾驶员,即使没有现成的可参照的航天员素质要求,也不能用实际操作的方法来测评所需人员的素质。对于人员的素质测评,是有时间、空间和成本上的限制的。因此,人员素质测评的理论研究就要开发具有较好信度和效度的工具来实施素质测评。在有限的时间、空间范围内,在一定成本的控制下,尽可能反映出真实素质的差异。现代的教育学理论和心理学理论都在研究开发能实现这一目的的工具。在现实实践中,已经有多种测评工具,如日本对 GATB 修订后制定的《一般职业适应性检查》、美国的明尼苏达操作速度检测、我国在进行公务员招考时的职业能力倾向测试等。

三、人员测评的理论基石——学科基础

人员测评作为一门应用型的理论,有着支持其存在发展的理论基石,这就是一些更为基础的学科。宽广学科基础支持了人员测评发展出一套自身的理论和方法。这些基础学科包括哲学、心理学、组织行为学、统计学、人力资源管理、社会学等。

哲学是系统的世界观、价值观,是对事物发展规律、社会运行规律、思维发展规律的总结,对其他学科具有指导作用。人员测评的理论形成和发展离不开哲学的指导。在进行理论研究和实践操作过程中,人们都会有一整套的世界观作为最基本的假设,也会有价值观在指导价值的判断。只有认为人员素质的差异是客观存在的,才会认为进行人员测评是必要的。同样,只有以辩证唯物主义为指导,坚持可知论,才会通过不断的探索和研究去开发出能进行测评的工具并不断地改进素质测评工作。哲学为科学发展总结的规律和原则同样适用于人员测评,指导着人员测评的研究和实践。以什么样的哲学理论为基础和指导,直接影响着理论研究的方向和方法。在研究人员测评的工作中,应坚持辩证唯物主义和历史唯物主义。

到目前为止,心理学是人员测评理论与实践最重要的基础。也可以说,人员测评的理论方法是心理学的理论和技术的应用。为了较深入地了解人员素质测评的理论和方法,必须掌握相关的心理学的知识。人的高级神经活动类型,被理解为作为完整的人体其神经类型特征是以神经系统的整体活动表现出来的,它直接影响人的心理过程(包括认知、

情感、意志等)、行为方式以及个性心理的形成和发展。所以,神经类型与人的认知能力水平、行为方式特点和个性心理特征(包括气质、能力、性格)有着十分密切的关系。再进一步说,人的个性心理特征影响着个人对事物的看法以及对外界的反应方式、行为方式。心理学从基础上支撑着人员测评,心理学的研究成果被应用于人员测评。正是从心理学的理论出发,人员测评的理论认为通过对人的个性心理特征的区分,可以预测人员在不同方面的表现,从而可以在较短时间内、在较小成本下,从现实的个性心理特征预测未来的工作表现。这也正是人员测评所要解决的问题。怎样更准确和有效地区分人的心理特征的差异,则是心理学所要解决的问题。心理学既研究个性心理与外显表现之间的联系,内隐的和外显的变量之间是否有着联系、有着怎样的联系,在多大程度上发生作用;心理学还研究通过怎样的工具可以发现和区分出人的个性心理特征。人员测评的很多测试就是在心理学的理论指导下进行的,使用的很多工具也是心理学研究的成果。现代心理学的发展推动着人员测评的理论与实践的发展。人的素质要分类进行测评,构建测评的指标体系等工作都需要心理学的直接指导和支持。

进一步来说,心理学运用于工业方面,延伸到组织内部,都直接影响了组织行为学的产生发展。组织行为学是人员测评最直接的基础。组织行为学研究个体、群体和结构对组织内部行为的影响,目的在于使组织运作得更有效。组织行为学对人的研究是把人放在工作之中、组织之中的研究,是人与工作相关联的。组织行为学的研究直接面向工作中出现的问题,它的研究成果是在一定的工作环境中产生,对人力资源管理和人员测评都有着最直接的指导意义。组织行为学通过对行为的系统研究,可以对行为作出合理准确的预测。这种预测建立在大量系统研究的基础上,代替了对个人行为的直觉分析。组织行为学在个人层面对个性、认知、学习、压力等方面的研究,都显示出个体特性与工作业绩的关系,目的就是要找到能促进人们提高工作效率的途径。组织行为学为分析人员的行为提供了一个框架和方法,并寻求从已知行为到未知特性的联系,从而预测未来在一定外界刺激下的反应。这正是人员测评在有限时间和成本条件下所要达到的目的。比如,组织行为学中对个性的结构研究从多个维度来分析人的个性特征,"大五"个性要素就是其中的一种框架。对个性的结构分析使人员素质测评可以分类来对个性进行分析,从而细化对人的素质这一复杂综合体的认识,使人员测评的研究可以在理论的支持下深化到下一个层面——对个性要素的测评,预测其对工作的影响。可以说,组织行为学是人员测评最为直接的学科基础。

统计学运用数理的方法分析客观事物数量的关系和数量特征。人员测评中要大量运用到统计方法。通过将测评量化,有利于以简洁的形式表述测评的结果,也有利于通过数理的方法研究过程,修正结果。这种分析过程需要有统计工具的支持和辅助。在统计理论的指导下进行测评方式的设计和运用,会使测评的过程和结果更加易于监控和分析。运用统计手段对结果进行分析又会得出不同于人们直觉所认识的结果。统计学是一种手段和工具,为我们认识事物的规律提供了途径。统计工具的发展促进了人员测评实践与理论的科学化和规范化。

人员测评通常被理解为人力资源管理活动的一个重要部分，但并不是说人员测评就只是属于人力资源管理。人员测评有着悠久的历史和广泛的实践，有其自身的一些规律和手段，是相对独立的一个部分。当我们把人员测评放到人力资源管理中去理解，就应该时刻注意到人员测评与其他人力资源管理模块的协调和配合。人力资源管理工作由一系列模块和流程构成，人员测评在其中是基础性的部分，用于支持其他工作的进行。当然，也要求人力资源管理的其他部分与人员测评相协调，比如工作分析就为人员测评提供了基础和平台，指出了测评所要面向的内容和要求，是最直接的基础。人员测评工作应该围绕工作分析和研究来展开。人员测评的结果又为人员选拔提供了参考依据。人员测评不光运用于人员的选拔，它还是人力资源规划、人力资源发展的重要依据。人力资源管理的方法、内容在人员测评中有着很多的体现。人力资源管理要服从、支持战略。这样的思想要体现和渗透到人力资源管理的每一个环节中，包括人员测评。人力资源战略直接影响着人员测评的取向和方法，人力资源管理的技术直接决定了人员测评的有效性。人员测评的科学开展和运用需要人力资源其他方面的有效支持。

社会学与人员测评有着密切的联系。心理学、组织行为学、人力资源管理都需要社会学这个基础性学科的支持。社会学研究社会、民族的发展演变规律，研究社会中群体的运动等，这些都是从人的社会性方面来进行的研究。只要是与人有关的研究，就不能忘记人的社会属性，这是人的根本属性。要把人作为社会人来理解，从人的需要来考虑问题，最终是为了人自身的发展，这样的思想要贯穿整个与人有关的研究之中。研究是为了提高工作效率，而研究应该在社会的、伦理的、道德的框架下进行。社会学的角度帮助我们去理解、认识社会人，指导人员测评从各方面去研究、分析复杂的社会人。

第二节 人员测评操作中的原理与基本原则

上面已经讨论了人员测评在理论上的前提和基础原理，下面就人员测评实践操作中的原理进行阐述。人员测评在实际操作中一般都通过某种工具或形式来进行测试。之所以通过这些工具能够把人员的素质特征外显出来，并且以能够识别和区分的形式来表达，是因为这些工具及其操作后面具有科学的原理。本节主要对其中的两种主要原理进行阐述，并讨论原理运用中应注意的一些问题。

一、人员测评实践中的原理[1]

人员测评实践中的原理，就是在进行人员测评实践操作时其背后隐含的原理性机制。根据心理学和组织行为学的研究，下面两个原理可以认为是其中的原理性机制。

---

[1] 萧鸣政,库克.人员素质测评[M].北京:高等教育出版社,2003:67.

原理一：个人的每一个行为（先天性的条件反射行为除外）表现，都是其相应的心理素质在特定环境中的特定表征。用一个简化公式表示就是：

$$B = f(Q, E)$$

式中，B 代表行为；f 表示表征方式与机制；Q 代表素质；E 代表环境。举例来说，一个人当看到同事很忙，下班时还不能完成工作，就愿意主动上前去协助完成。在这里表现出的行为 B 就是去协助完成工作，f 是看到、主动，环境 E 是单位、快下班时，而个人的素质 Q 就是具有协作精神、热情。

原理二：素质是一种相对稳定的组织系统，各个体不尽相同，它可以综合不同环境中的刺激，使个体对这些不同的刺激作出一致的反应行为。用公式表示就是：

$$Q = \int B \times dE$$

式中，Q 表示素质；$\int$ 是积分符号，表示总和；B 表示行为；dE 表示不同环境下的环境刺激变量。

原理二是在原理一的基础上更进一步说明人的素质是一个触不到的复杂体系，要通过多方面的研究与观察才能把握住其中真正的部分。另外，两个原理都表达了这样的一个假设：人的素质是会通过行为反应表现出来的，通过人的行为可以了解人的素质状况。原理一体现了素质测评的可能性，原理二则说明人员测评的可行性。

二、人员测评中的基本原则

1. 静态测评与动态测评相结合的原则

在人员测评中应该把静态测评与动态测评结合起来，这是由多个方面决定的。从测评的目的看，不同的测评目的需要不同的测评方法。静态测评便于横向比较，区分出同一类别素质的差异，可用于选拔和储备人员的目的；动态测评从发展的角度看待人的素质发展，可用于激励和开发人力资源。再从测评的要素上看，在某一时间点上，人员的素质状态是稳定的，对人员测评的要素也是静态的；但静止是相对的，各类人员的测评要素随着时间的和条件的变化而不断更新，人员素质本身就具有动态性和过程性，而深入准确地把握人员的素质更是一个渐进的动态过程。这就要求测评工作要在变化的过程中进行，在一系列事件的空间和情境中来实施。在方法上也要动态与静态相结合。例如，用一些标准的心理量表一般就是静态的方法，而评价中心、面试与观察评定则具有动态性。用动态与静态结合的方法全面地了解各种人员的素质。测评的标准体系也是一个动静结合的过程，有的标准需要通过大量的实验研究得出常模，这样的标准才具有标杆意义，才能被推广到各种人群。有的测评表准则要随着时代进步而不断更新，用几年前的老眼光看待新事物是会出问题的。以前在测评人员素质时，不会用到计算机这样的手段，更不会去考察应聘营销类岗位的人员运用网络手段进行促销的意识和能力。静态与动态相结合，就是要用发展的眼光看问题。不光有从发展的角度看标准、看要素、看方法,更要从发展的角度看待人员的素质。

2. 客观测评与主观测评相结合的原则

这主要是从人员测评的手段和方法上来说的。所谓客观测评,就是在测评过程中尽量采用客观的工具进行测量、评定,减少人为主观因素的干扰;主观测评就是凭借人的专业知识与经验,通过人的观察作出主观评定。人员素质测评的发展过程实际上就是不断追求客观化的过程,从理论到方法再到操作,都在追求着客观化。用量化的方法、统一化地实施都是客观化的表现。在追求客观的过程中,也要发挥好测评主体主观能动性的作用,让客观与主观优势互补,而不是简单地对立。人是有思想意识的,人本身就是主观的。在追求客观化的过程中,也要从人的主观方面来考量。人员测评所使用的很多工具只是对人的经验的一种总结和固化。人的复杂的行为素质,只有万物之灵的人才能理解和准确把握。在测评工具的选取方面,在测评过程中都应该充分发挥人的主观性。人的经验和对文化价值态度的敏锐感受是很多工具不能测量出来的。但是,这种发挥也是和客观的工具相辅相成的。只有这两方面结合起来,才能更全面和深入地认识人的素质特征。

3. 分项素质测评与综合素质测评相结合的原则

人的素质是一个复杂的整体,是一个系统,每一个外显的行为都是多方面素质共同作用的表现。整体由每一个分项组成,而且高于部分之和,因为各个部分在整个体制中发生着多种联系。每个素质分项又有其独特的表现形式,可以通过一定的方法进行测评。在进行测评时应对此有足够的认识。把这个系统分解开来,逐项测评有助于人们深入认识人的素质状况,有助于研究的细化,目标是提高测评的准确性。各个分项的深入研究推动着实践的发展,提高了实践的效率。但要注意在进行人员分项素质测评时,不能只将某种行为反应视为某一分项要素的体现,而应视为多项素质特征的表征。在某项测评中只不过是把这项素质提取出来进行单独测评。对人的素质的认识应该从整体上进行,不可把一个单项的结果推及个人素质特征的整体。所以,分析认识人的分项素质和认识人的整体素质应该结合起来。

此外,还应该利用新理论发现新方法。人员测评理论是对人员测评规律原则的总结。发展理论最终是为了运用于实践,推动实践的发展。人员测评的原理是人员测评中所依据的基础假设和理论。人员测评的实践者不仅仅包括人力资源管理者,在进行人员测评的实践中,测评有必要学习相关的理论,特别是一些新理论。学习理论有助于测评主体系统地认识人员测评,也有助于提高实践水平,特别是对新理论的学习和研究,对人员测评的实践有着极强的意义。新理论被运用于实践可以进一步检验和修正理论存在的局限性。新理论为实践者提供的新思路是实践者从另一个角度寻求问题的解决办法。新的视角再加上实践的经验可以为测评主体带来开创性的思路,获得更佳的工作效果。

从另一个层面来说,人员测评的研究者也要不断学习基础学科和追踪相关学科的理论进展,把一些理论的创新融入人员测评的理论和实践中来,从其他基础性学科那里找到人员测评不断发展和前进的助推剂。心理学、组织行为学的新的研究成果都可以作为人员测评发展的来源。既要用发展的眼光看人员素质,又要用发展的眼光看待人员测评自身的理论和实践发展。

第三节 人员测评与选拔的工作基础

就一个现代型组织而言,人力资源管理从流程上讲,首先要在合理制定人力资源计划的基础上,运用相关手段和方法选拔合适的人员到合适的岗位上去,实现组织岗位与员工的合理匹配,以保证组织目标的实现。所谓员工与岗位的合理匹配或人力资源的选拔,说到底也就是人—岗的匹配问题,要真正能够做到这一点,前提是必须对岗位(工作)和人这两个方面的要素都进行全面而彻底的分析,因而这两个方面就构成了人员测评与选拔的工作基础。

一、工作分析理论

工作分析,简单点说就是在短时间内用以了解有关工作信息与情况的一种科学手段。具体来说,工作分析就是采用科学的手段与技术,直接收集、比较、综合有关工作的信息,为组织特定的发展战略、组织规划、人力资源管理以及其他管理行为服务的一种管理活动或过程。工作分析的实质就是要从不同的个人职业生涯与职业活动的调查入手,顺次分析工作者、职务、职位、职责、任务与要素的过程,并由此确定组织中工作岗位的定位、目标、工作内容、职责权限、工作关系、业绩标准、人员要求等。

工作分析是人员测评和人员选拔乃至整个人力资源管理与开发的基础,在人力资源开发与管理中起着不可或缺的作用。对于人员测评和人员选拔,工作分析的作用也是至关重要的,人员测评与选拔的目的是选择合适的人到一定的岗位上去,这就必须:首先,对这个工作岗位有充分的了解;其次,对这个工作岗位对人的要求有清楚的认识。这两点恰恰是工作分析的结果,如果没有工作分析,就没有对工作岗位的了解,也就没有对工作岗位对人的要求,这时候进行人员测评或选拔就没有客观的依据,因而也就失去其科学性及其意义。

1. 工作分析的相关概念

(1)工作分析的内容。

一般来说,工作分析要调查七个方面的问题,进行四个方面的信息分析。

七个问题的调查包括:①用谁(who);②做什么(what),主要是要完成工作目标所必须做一些体力与脑力劳动以及具体的事情;③何时做(when);④在什么地方做(where),主要是工作过程中工作者处于什么样的环境下;⑤怎么做(how),即工作方法,工作中用到哪些工具设备、原材料及仪器,遵循什么样的程序、标准及惯例,需要做出哪些决定或决议;⑥为什么做(why),即每项工作的目的是什么,它与其他工作有什么样的联系及它与整个工作有什么样的联系;⑦为谁做(for whom),即向谁负责。

对四个方面的信息分析包括:①工作岗位本身特征分析,主要是工作名称的选择与概括以及工作任务、工作责任、工作关系与工作强度的分析,这些分析主要是让人对这个工作岗位有一个清楚的认识,并作为资格分析的基础。②工作环境及危险性分析,主要包括物理环境分析、安全环境分析及社会环境分析,以明确本工作岗位的特定的外部环境。工作环境不能由工作人员自由支配,并且工作环境会影响到工作人员的体力或脑力健康,所以,工作环境的特定性将会决定工作岗位所需要的人员条件。③资格分析,主要是岗位对人的要求的分析,包括必备的知识、必备的经验、必备的技能及必备的心理素质,这些都是为了找出成功从事这个工作岗位工作的个人特征,这为测评和选拔提供了基本标准。④其他相关信息的分析,如培训经历及优先权的条件、非工作行为条件、一些特殊行业上的岗位的一些特殊信息。

(2) 工作分析的结果。

以上问题与信息分析完成后,要把分析结果以一定的形式表现出来,一般说来其结果有以下四种形式。

- 工作描述。这是对工作结构的概要描述,必须包括有助于使该工作区别于其他工作的公共属性信息。工作描述的内容主要包括工作名称,工作目的,工作的行为活动、工作任务、工作使用的物品和材料、工作方法和环境。工作描述的显著特征在于,它以一种概括而简明的形式向人们直接描述了工作是什么、为什么做、怎样做以及在哪里做等基本信息。工作描述在人力资源的选择及测评中有很多用途,可以据此制定相关的工具与标准等。

- 工作说明书,又叫职位描述。在使用上这个词有多重含义。①作为工作描述的同义词。②指对一个工作族中的各种工作的划分,属于一个工作族的各工作在有关工作执行和组织中的位置应有相似性,但也有区别。在这种情况下,工作说明书把工作当作一个组织角色来描述其总体特征以备使用,涵盖了各组工作的区分信息。③指对一个类或子类中个人的工作描述,这是上述第二种用法的扩展,从组织层次扩展到个人层次。④指从事某一工作的员工的预期效果或其他收益。这种情况下工作说明书便不再涵盖有关任务和其他工作因素的信息,它成为管理者与其下属在一定时间范围内的双向沟通的基础。

- 资格说明书,也称工作规范。它是工作分析结果的另一种表述形式,以人为中心,主要说明任职者需要具备什么样的资格条件及相关素质才能胜任某一岗位的工作,这里的资格条件及相关素质要求是最低要求。资格说明书作为工作分析的结果可以直接作为人员测评与选拔的标准或依据。

- 职务说明书。这是工作分析结果中最为完整的一种形式,它包括工作说明书、资格说明书中所有甚至更多的内容。一般来说,职务说明书包括工作状况、工作概要、工作关系、工作任务与责任、工作权限、考评标准、工作过程与方法、工作环境、任职资格条件、福利待遇及其他说明。

以上四种工作分析结果的形式中,工作描述是最直接、最原始的形式,其他三种都是在此基础上衍生出来的。

(3) 工作分析的方法。

- 观察分析法。一般是由有经验的人通过直接观察,记录某一时期内工作的内容、形式和方法,并在此基础上分析有关工作因素,达到分析目的的一种方法。观察的形式有公开性的观察与隐蔽性的观察、他人观察和自我观察等。一般来说,观察分析比较适合短时期外显行为特征的分析,适合比较简单、不断重复又容易观察的工作分析,而不适合隐蔽的心理素质的分析,不适合没有时间规律与表现规律的工作。

- 主管人员分析法。它是由主管人员通过日常的管理权力来记录与分析所管辖人员的工作任务、责任与要求等因素的一种方法。这种方法的理论依据是,主管人员对这些工作有相当深刻的了解。许多主管人员以前也曾做过这些工作,因此他们对被分析的工作有双重的理解,对职位所要求的工作技能的鉴别与确定非常内行。

- 访谈分析法。就是通过对与工作岗位相关的人员进行访谈来收集与工作相关信息的一种方法,一般来说包括对个人的访谈、对做同种工作的群体访谈和对主管人员的访谈。访谈法适用于短时间或长时间的心理特征分析,其最大优点在于对被分析工作的任务和责任的详细掌握。

- 问卷调查分析法。就是通过让被调查人员填写问卷来获取工作分析有关的信息,进而实现工作分析目的的一种方法。这种方法能够快速全面地从员工那里获取信息,但这些信息的质量将取决于问卷设计是否合理,也受到被调查者的文化水平高低、填写时的诚意、兴趣、态度等因素的影响。

另外,还有纪实分析法、工作实践分析法及文献资料分析法等。

(4) 工作分析的流程。

工作分析有岗位导向型、人员导向型与过程导向型三种类型的流程选择。岗位导向型是指从岗位工作任务调查入手进行的工作分析活动;人员导向型是指从人员工作行为调查入手进行的工作分析活动;过程导向型是指从产品或服务的生产环节调查入手进行的工作分析活动。

一般来说,整个工作分析的过程包括计划、设计、信息分析、结果表述与指导运用五个环节。

2. 工作分析的应用流程

工作分析的目的就是进行人员测评与选拔,因此,在计划这一步骤时要确定的就是所分析的信息的内容与方式、预算安排及组建分析小组。

- 设计。主要是确定分析的客体与主体,即选择分析样本、选择分析方法与分析人员,并做好时间安排与分析标准,同时要选择好信息的来源(工作者本人、主管、顾客、文献等)。
- 信息分析。主要是对工作信息的调查收集、记录描述、分解、比较、衡量、综合归纳与分类,重点应该放在对资格条件的分析上。
- 结果表述。以上面提到的四种形式中的一种或几种表述,主要是工作说明书与资格说明书。
- 指导运用。主要是对运用范围、原则与方法的规定。

根据以上的分析,可以用图 2-1 来表示这些流程。

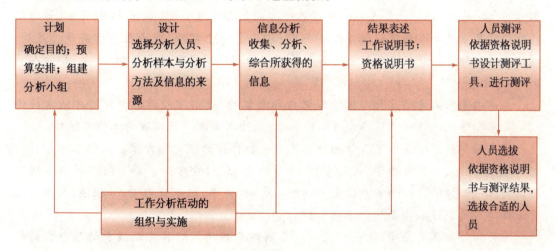

图 2-1　工作分析的应用流程

二、人员分析理论

如前所说,人力资源管理的核心是要解决职位与人之间的动态匹配关系。这也衍生出基于工作职位的人力资源管理与基于胜任能力的人力资源管理两条思路。前者是此领域的传统路径,到目前为止已经形成了较为完整的方法与流程,包括信息收集的方法、处理数据的工具、职位说明书的模板等。随着人日益成为企业经营管理的核心,对人内在素质(包括知识、技能、行为、个性趋向、内驱力等因素)与工作绩效之间的联系的研究日益深入,基于人员素质的人力资源管理越来越受到人们的关注,这就是人员分析理论。

人员分析对人员测评与选拔的基础性作用也是不言而喻的,它为人员测评与选拔提供了一个更为深层次的标准依据,它从工作与人的分析(尤其是对人的分析)出发,找出了导致员工高绩效的内在驱动因素,这使得人员测评与选拔的效度更高。

本章小结

本章主要介绍了人员测评与选拔的基本原理与基础,包括人员测评的必要性与可能性、学科基础及在实践中的原理,以及工作分析与胜任特征模型对人员测评与选拔的基础性作用。

人员测评之所以必要,是因为:①人是有差异的;②工作岗位是有差异的。在日常工作与生活中,一般认为每个人之间在各个方面是存在差异的,心理学、教育学、管理学的理论研究也从多个角度验证了这一判断;理论来源于实践,理论服务于实践。另外,通过人员测评可以提高工作的效率。人员测评的理论发展就是要总结、规范、指导人员测评的实践。

正是由于人的素质是可以通过外化指标表征的,我们才能通过测评的方法来评价人的素质。通过测评可以区分出人的素质差别,为人员测评提供理论上的可能性。

宽广的学科基础支持了人员测评发展出一套自身的理论和方法。这些基础学科包括哲学、心理学、组织行为学、统计学、人力资源管理、社会学等。每一门学科从不同的侧面为人员测评的理论和实践发展都奠定了基础,其中,组织行为学、心理学、人力资源管理是与人员测评联系最为紧密的学科。

人员测评实践的原理,就是在进行人员测评实践操作时其背后隐含的原理性的机制。本章介绍了两个原理:一个是把行为视作相应心理素质在特定环境中的反应;第二个原理则在第一个原理的基础上把素质视为一个复杂的整体,在综合条件下来认识和表征人的素质,并对人员素质测评原理中需要注意的几个问题作了讨论。

工作分析是人力资源管理中的一项基础性工作,它对于人员测评与选拔也起着基础性的作用。它从分析工作内容与工作责任及工作环境入手,将从事此岗位的任职资格明确,从而为人员测评与选拔提供标准与依据。工作分析在人员测评与选拔中的应用流程一般分以下几个步骤:计划、设计、信息分析、结果表述与指导运用。在这个过程中可以采用以下几种方法来进行工作分析:观察分析法、主管人员分析法、访谈分析法、问卷调查分析法、纪实分析法、工作实践分析法、文献资料分析法等。分析完成之后一般会形成以下几种形式的结果:工作描述、工作说明书、资格说明书或职务说明书。一般以资格说明书来进行人员测评和选拔。

人员分析是当前人力资源管理中关注的一个重点,它是基于人员素质的人力资源管理的基础。它着重从分析人的内在素质入手,分析导致员工高绩效的内在驱动因素,从而指导人力资源管理的各项工作。对于人员测评和人员选拔,它也提供了标准与依据,而且是更深层次的。

复习思考题

一、填空题

1. 人具有双重属性,既有_____,又有_____。
2. 人员测评的理论方法是_____。
3. 统计学用来分析客观事物数量的_____。
4. 人员测评实践中的原理认为,个人的每一个行为表现,都是其_____在_____中的_____。
5. 素质是一种相对稳定的_____,个体不尽相同,可以综合不同环境中的刺激,使得作出一致的_____。
6. 静态的测评便于_____,区分出_____,可用于选拔和储备人员的目的。
7. 客观测评就是采用客观的工具进行_____、_____减少_____的干扰。
8. 工作分析就是采用_____,直接收集、比较、综合有关工作的信息,为组织的_____、_____、_____以及其他管理行为服务的一种管理活动或过程。
9. 工作分析在用于测评与选拔时的流程大致分为_____、_____、_____、_____。
10. 当前人力资源管理衍生出了_____和_____。

二、单选题

1. 由于人员测评的基本前提等综合因素导致其产生( )。
   A. 必要性　　　B. 客观性　　　C. 联系性　　　D. 综合性
2. 动态的测评可以用于( )。
   A. 人力资源统筹　B. 人力资源规划　C. 职业生涯规划　D. 人力资源开发
3. ( )的特征是凭借人的专业知识与经验,通过人的观察作出评定。
   A. 静态测评　　B. 主观测评　　C. 动态测评　　D. 综合测评
4. 以下属于工作岗位特征分析的内容为( )。
   A. 工作技能　　B. 工作任务　　C. 工作环境　　D. 工作绩效
5. 岗位导向型的工作分析是指从( )调查入手进行的工作分析活动。
   A. 工作绩效　　B. 工作环境　　C. 工作任务　　D. 工作技能
6. 人员导向型工作分析是指从( )调查入手进行的工作分析活动。

A. 员工素质　　　B. 工作行为　　　C. 工作氛围　　　D. 工作态度
7. 工作分析中,资格分析主要是(　　)的要求的分析。
　　A. 上级对下级　　B. 综合　　　C. 岗位对人　　　D. 组织对人
8. 工作分析中,环境分析包括物理环境分析、(　　)与社会环境分析。
　　A. 安全环境分析　B. 工作环境分析　C. 组织环境分析　D. 化学环境分析
9. 工作说明书把工作当作一个(　　)来描述其总体特征以备使用。
　　A. 组织协调者　　B. 社会人　　　C. 工作者　　　D. 组织角色
10. 工作分析的结果中,最为完整的形式为(　　)。
　　A. 职务说明书　　B. 资格说明书　　C. 工作说明书　　D. 工作描述

三、多选题

1. 人员测评的两个基本前提为(　　)和(　　)。
　　A. 体力差异　　B. 素质差异　　C. 人的差异　　D. 工作的差异
2. 支持人员测评的基础学科包括(　　)。
　　A. 哲学　　　B. 统计学　　　C. 社会学　　　D. 心理学
　　E. 组织行为学
3. 在研究人员测评的工作中,应坚持(　　)观念。
　　A. 辩证唯物主义　B. 朴素唯物主义　C. 机械唯物主义　D. 历史唯物主义
4. 人员测评不仅用于人员选拔,而且作为(　　)的重要依据。
　　A. 人力资源发展　B. 职业生涯开发　C. 职位晋升　　D. 人力资源规划
5. 统计学用来分析客观事物数量的(　　)。
　　A. 关系　　　B. 范围　　　C. 特征　　　D. 趋势
6. 以下属于动态测评的方法为(　　)。
　　A. 心理量表　　B. 评价中心　　C. 面试　　　D. 观察评定
7. 工作分析的信息分析方面包括(　　)。
　　A. 相关分析　　B. 特征分析　　C. 环境分析　　D. 资格分析
　　E. 素质分析
8. 工作分析的结果形式为(　　)。
　　A. 工作分析表　B. 工作说明书　C. 资格说明书　D. 职务说明书
　　E. 工作描述
9. 工作分析的方法包括(　　)。
　　A. 访谈分析法　B. 主管人员分析法　C. 观测分析法　D. 专家分析法
　　E. 问卷调查分析法
10. 工作分析的流程选择有(　　)。
　　A. 系统导向型　B. 结果导向型　C. 岗位导向型　D. 人员导向型

E. 过程导向型

四、简答与论述题

1. 试述人员测评的必要性和可能性。
2. 人员测评在实践中的原理有哪些？
3. 人员测评过程中应注意哪些问题？
4. 试述工作分析对人员测评与选拔的作用。
5. 结合人员分析技术谈谈测评与选拔指标的设计。

本章复习思考题的答案，可通过扫描如下二维码获得。

案例　某集团新员工招聘

一、背景资料

某汽车销售、零配件供应集团急需招聘新员工 26 人，招聘岗位包括总经理、总经理助理、部门经理、财会人员、销售员、门市接待员、仓库保管员等 20 余个岗位。定于 2004 年 12 月 9—10 日两天招聘。

二、测评内容

岗位分基层员工、中层管理、高层管理三层。

基层员工主要考核个性特征、基本潜能、职业倾向、职业适合性等。

中层管理主要考核个性特征、语言理解能力、判断推理能力、管理潜能、管理常识、公文能力、观察能力、合作精神、组织能力、应变能力、创新意识、尽职能力、适应能力。

高层管理主要考核预测性、主动性、影响力、灵活性、管理理念、尽职能力、决策能力、计划能力、组织协调能力、开拓能力、统筹能力。

三、测评工具及时间

基层员工：

采用人机对话方式测评，16PF个性测试、职业适应性、人员综合素质测评。（90分钟）

中层管理：

（1）采用人机对话方式测评，16PF个性测试、职业适应性、管理人员综合素质测评；（90分钟）

（2）半结构化面试；（30分钟）

（3）无领导小组讨论。（50分钟）

高层管理：

（1）采用人机对话方式测评，16PF个性测试、职业性格、管理人员综合素质测评、领导能力结果测评；（120分钟）

（2）半结构化面试；（30分钟）

（3）无领导小组讨论。（50分钟）

四、测评方式及步骤

12月9日，进行第一轮测评，测评专家组对100余名应聘者经过人机对话（16PF个性测试、职业适应性、人员综合素质测评），由测评专家组综合评估测评报告和履历分析后，确定仓库保管员、门市部接待员等基层人员20人，并选拔出中、高层管理人员候选人30人；10日上午，测评专家组对参加中、高层管理人员候选人进行半结构化面试，从中选拔出16人参加高层总经理的角逐；10日下午，测评专家组对角逐高层总经理的16人分两组进行无领导小组讨论，最后确定了总经理人选。

五、测评结果与影响

被淘汰者看着科学量化的评估报告，心服口服。被录用的人员经过"过五关、斩六将"的测评后感到这个职务得来不易，非常珍惜。目前，被录用的人员仍在岗位工作的有85%，用人单位反映经过人才测评技术选拔出来的人才比较稳定，工作尽职勤奋，上手快，容易沟通。

讨论题：

1. 如果你是公司人力资源部的负责人，请从人员测评与选拔的原理与基础角度评价这次测评活动的优点与不足，如何改进？

2. 在这次测评活动的设计中体现了哪些测评和选拔原理？请具体分析。

进一步阅读的文献

[1] 戴忠恒.关于心理测量的几个问题[J].心理科学通讯,1984(02):27-32.
[2] 肖鸣政.品德测评量化中的若干理论问题[J].教育评论,1993(04):38-47.
[3] 吴静.CTT、IRT 和 GT 三种测验理论之比较[J].黑龙江教育学院学报,2008(12):77-78.
[4] 付海宾,陈英.浅析人才测评体系的理论基础[J].管理科学文摘,2007(04):83-84.
[5] 萧鸣政.现代人员素质测评[M].北京:北京语言学院出版社,1995:29-92.

第三章 人员测评与选拔的标准体系设计

【本章提要】

通过本章学习,应该掌握以下内容:
1. 人员测评与选拔标准体系的基本概念;
2. 人员测评与选拔标准体系的基本结构与设计;
3. 人员测评与选拔标准体系设计的基本程序与方法。

前面两章论述什么是人员测评与选拔,人员测评与选拔的理论、量化等其他问题都是由此引发出的。本章论述的主要问题是测评与选拔内容的标准化,即把抽象与广泛的测评内容转化为具体可操作的标准体系。

第一节　人员测评与选拔标准体系概述

人员测评与选拔标准体系设计是人员测评与选拔活动的中心与纽带。它把测评与选拔主体、客体、对象、方法和结果连为一体,成为整个测评与选拔工作指向的中心,在测评与选拔过程中具有重要的作用和意义。

一、人员测评与选拔标准体系的作用

1. 有利于促进人员与工作岗位的物化连接

作为测评与选拔客体的人员与工作岗位是客观的实体,作为测评与选拔对象的素质、绩效与工作因素却是抽象与无形的存在。同样,作为测评与选拔主体的人也是客观的实体,作为测评与选拔主体依据的考评价值标准与选择的考评内容却是抽象与无形的主观形式。物理测量以物量物,具体可行,而测评与选拔是以主观度无形,以观念评抽象,不可操作。测评与选拔指标体系把对象物化为测评内容、目标和指标,再把测评指标具体化为标准、标度与标记,使对象和测评与选拔标准体系连接起来,得以比较与评定。

2. 有利于提高测评与选拔的科学性、客观性

人员的测评与选拔工作是很复杂的工作。测评因素众多,内容非常广泛,如果不建立标准体系,测评与选拔主体难免东寻西找,盲目行事,毫无重点,眉毛胡子一把抓。而且,传统的人员测评与选拔往往不设指标,这样,每个人都从自己的印象与价值观出发评定。由于每个人的价值观各自不同,印象也相互有别,因此,测评与选拔起来就难免智者见智,仁者见仁,导致不同的测评与选拔主体对同一对象的评定结果相差甚远。建立测评与选拔标准体系,按指标进行测评,就可能保障测评与选拔主体全面地、重点突出地进行测评,并有效地克服测评与选拔主体的主观随意性。

3. 有利于统一观点、深化认识

测评与选拔主体制定与熟悉每一条指标的过程,是统一观点的过程。每当提出或理解一条指标时,都要对它的标准、标度与权重进行充分讨论,取得一致意见后,才能付诸实施,这一过程的实质也就是把测评与选拔主体各自的价值观点与分析观点统一化与客观化的过程,使大家的观点统一凝聚在测评与选拔标准体系之中。

测评与选拔标准体系的建立还有利于测评与选拔主体深化对于人员和工作的认识。无论人还是事都是一个复杂的系统，对这一系统不加分解就想获得全面认识是比较困难的，在制定与熟悉测评与选拔标准体系的过程中，测评与选拔主体必须根据工作分析，按照岗位需求把测评与选拔对象的各种素质和行为中每一个可以独立出来的因素，单独加以特别的认识与理解，并给予权重分析，因此，对于对象和工作岗位的认识在程度上进一步深化了。

二、人员测评与选拔标准体系的构成

测评与选拔标准体系设计分为横向结构和纵向结构两个方面。横向结构是指将需要测评的人员素质的要素进行分解，并列出相应的项目；纵向结构是指将每一项素质用规范化的行为特征或表征进行描述与规定，并按层次细分。横向结构是基础，纵向结构是对横向结构各项素质的层层分解和推向可操作化。将横向的各项素质从测评内容细分到测评目标、测评指标，就意味着完成了测评与选拔标准体系的设计。

横向结构注重测评素质的完备性、明确性和独立性等，纵向结构注重测评要素的针对性、表达简练性和可操作性等。

形成测评指标体系之后，再根据测评目标设计合理的标度和计量方法。

测评标准体系的基本模型如图3-1所示。

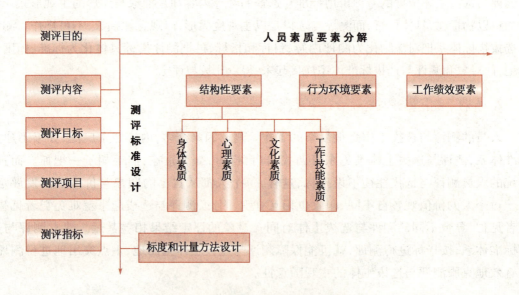

图3-1 测评标准体系的基本模型

1. 测评与选拔标准体系的横向结构

人员的素质是由多种要素耦合而成的。前面已经探讨了素质的概念、特征及构成问题。在测评与选拔标准体系的设计中，可以概括为结构性要素、行为环境要素和工作绩效要素三个方面①。这三个方面分别从静态和动态的角度比较全面地构成了人员素质测评要素体系的基本模式。

（1）结构性要素。

这是从静态的角度来反映人员素质及其功能行为的构成。它包括以下两方面。

① 身体素质。人员的身体素质主要包括生理方面的健康状况和体力状况两方面。健康状况是指人身体的生理机能的运转状况，体力状况表现为人的意识支配下的肌肉活动。健康子系统维持人自身技能的运转，体力子系统承担人对外做功的功能，这是两种不同类型的身体素质。

② 心理素质。心理素质主要包括智能素质、品德素质、文化素质，这三个方面互相作用，共同形成内在的精神动力，控制和调节着人员能力的发挥、发挥程度与发挥效率。

（2）行为环境要素。

这是从动态角度来反映人员素质及其功能行为特性。主要考察人员的实际工作表现及所处的环境条件，人生活于一定的环境之中，必然受环境因素的影响，一个人能力的形成与发展，能力的发挥程度与发挥效果，往往受内外环境因素的影响和制约。内部环境指个人自身所具备的素质，它直接影响个人能力的发挥。外部环境指外界客观存在的间接影响个体行为表现的环境条件，包括工作性质和组织背景两方面。

工作性质指工作难度、工作责任、工作周期、工作范围、工作地位等。组织背景包括人际关系、群体素质、领导因素、组织状况等。在进行人员素质测评指标要素的设计时，可以考虑行为环境要素与人员素质及功能行为的关系，通过建立行为环境指标体系来全面反映人员素质及功能行为特征。

（3）工作绩效要素。

个性与环境的相互作用结果，形成一定的工作绩效。工作绩效是一个人的素质与能力水平的综合表现，通过对工作绩效要素的考察，可以对人员素质及其功能行为作出恰如其分的评价。工作绩效要素主要包括一个人的工作数量、工作质量、工作效率、工作成果、群众威信、人才培养等。

2. 测评与选拔标准体系的纵向结构

在测评与选拔标准体系中，一般根据测评目的来规定测评内容，在测评内容下设置测评目标，测评目标下设测评指标。

（1）测评内容。

任何一种素质测评都有明确的目的，任何测评目的的实现，都离不开具体的测评内容。测评内容的正确选择与规定，是实现测评目的的重要手段。

测评内容是指测评所指向的具体对象与范围，它具有相对性。例如，干部素质测评中的"德"与"才"，面试中的"仪表""口才""科研能力与水平"，测评中规定的"近5年以来

---

① 杨体仁,祁光华.劳动与人力资源管理总览[M].北京:中国人民大学出版社,1999:619.

发表的研究成果",公务员录用考试中的"数学""语文""英语"等。相对"数学能力与数学知识"来说,相关考试用书上所列具体章、节、目则是测评内容。

测评内容的确定步骤一般是先分析被测评对象的结构,找出所有值得测评的因素,然后根据测评目的与职位要求进行筛选。内容分析最好借助于内容分析表进行。内容分析表的设计,纵向可以列出被测客体的结构因素,横向可以列出每个结构因素的不同层次或不同方面,在中间表体内则可以具体列出测评的内容点。表3-1、表3-2列示了两种测评内容分析表。

表3-1 个体素质测评内容分析表

	知识	能力	思维形式	操作行为	日常表现	绩效表现
德						
智						
体						

表3-2 岗位知识测评内容分析表

	记忆	理解	评价与运用
基础知识			
专业知识			
相关知识			

(2)测评目标。

测评目标是对测评内容筛选综合后的产物。有的测评目标是测评内容点的直接筛选结果,有的则是测评内容点的综合。测评目标是素质测评中直接指向的内容点。如品德中的"诚实""正直""谦虚",管理能力中的"号召能力""协调能力""决策能力",知识中的"基础知识""专业知识"等。显然,素质测评内容与测评目标具有相对性与转换性。管理能力在这里是作为测评内容,而它相对"才能"来说又可能是一个测评目标。测评目标确定主要依据测评的目的与工作职位的要求。不同的测评目的决定着不同的测评目标,但相同的测评目的却不一定有相同的测评目标。同一测评目的依据不同的工作职位的要求可以有不同的测评目标。

测评目标是测评内容点的一种代表。这种代表的选择要通过定性定量的方法来实现,不能任意指定。一般采取德尔菲咨询、问卷调查与层次分析、多元分析相结合的方法进行选择。

(3)测评指标。

测评指标在这里并非完全同义于统计学中的指标,它是素质测评目标操作化的表现形式。室外温度是测评地区气候的一个目标,但温度是一个不便直接测评的东西,人们通过温度计把它操作化地表现出来。温度计内的水银柱长短即是温度这个气候测评目标的测评指标。

测评指标的编制包括对测评目标内涵与外延的分析,包括对揭示目标内涵与外延标志的寻找。一个测评目标可能要用几个指标来揭示,几个目标也可能共用一个指标。

例如,纪律性这一目标的测评指标可以从以下方面来拟定:对一些常规记忆的程度、生活学习中的计划性与规律性、作业书写规范程度、迟到早退的次数、听父母话的情况、失约次数、业余时间安排的情况等。因此,对纪律性的测评可以选上述某一指标作为代表,并以每个人在该指标上的得分多少评判他的纪律性;也可以选择几个指标为代表,以每个人在这几个指标上的总分为依据测评他的纪律性。

测评内容、测评目标与测评指标共同构成测评与选拔标准体系的纵向结构。因此,测评内容、测评目标与测评指标是测评与选拔标准体系的不同层次。测评内容是测评所指向的具体对象与范围,测评目标是对测评内容的明确规定,测评指标则是对测评目标的具体分解。

三、人员测评与选拔标准体系要素

测评与选拔标准体系对测评对象的数量与质量的测评起着"标尺"作用,素质只有通过标准体系,或者把它投影到测评标准体系中,才能表现它的相对水平与内在价值。在测评与选拔过程中,测评与选拔标准体系及其分数等级、评语充当一种价值等价物的作用,它一般由标准、标度和标记三个要素组成。

1. 标准

所谓标准,就是指测评标准体系的内在规定性,常常表现为各种素质规范化行为特征或表征的描述与规定。

标准的形式多种多样,从它揭示的内涵来看,有客观标准、主观标准、半客观半主观标准三种。例如,在岗位考评指标中,诸如打字的数量、时间、来回取活的次数、耗氧量等均属于客观指标,工作难度、重要性、喜欢程度等属于主观指标,而能力测验分数、抽样调查的数据、试验中确定的工作平均时间等则属于半客观半主观指标,因为这些指标所反映的内容与结果,既受客观因素影响又受主观因素影响。

如果从标志表示的形式来看,则有评语短句式、设问提示式与方向指示式三种。

(1) 评语短句式。例如,在面试中,语言表达能力的测评指标之一是"用词准确性"。对于这一测评指标的测评标准,可以用如下组评语短句来揭示:"没有用词不当的情形""偶有用词不当的情形"和"多次出现用词不当的情形"。

评语短句式的标志,是一种对所测评的要素作出了优劣、好坏、是非、大小、高低等判断与评论的句子。主要是描述句、叙述句、议论句,句中含有一个以上的变量词。例如,上面"用词不当"前面的"没有""偶有""多次"就是一个变量词。显然,这是一种模糊变量词。因为如何算是"偶有"、如何算是"多次",本身是没有界限的,各人的理解可以不一致。但是,人们大体可以把握,在一定范围内会趋于一致。

（2）设问提示式。这种指标是以问题形式提示测评主体来把握测评指标的特征。

（3）方向指示式。在这种测评标志中，只规定了从哪些方面去测评，并没有具体规定测评的标志与标度，而是让测评主体自己把握。

如果根据测评指标操作的方式来划分，则有测定式与评定式。

（1）测定式。它是指利用各种测评工具或测量仪器仪表，可以直接测出或计量出有关考评标志规定的内容，如岗位考评中的体力劳动强度、有效工时利用率、人员考评中的产品数量、产值等。

（2）评定式。它是指目前无法用仪器、仪表与测量工具测出或计量出有关标志的精确数据，只能根据现场观察、了解和对有关资料的分析，由测评主体根据有关标准直接评定出结果的标志，如岗位考评中的劳动责任、工作难度等指标中的标志以及人员考评中的品德素质指标中的标志等均属于评定式标准。

2. 标度

所谓标度，即对标准的外在形式划分，常常表现为对素质行为特征或表现的范围、强度和频率的规定。从目前现实中的考评指标分析来看，考评指标的标度大致有量词式、等级式、数量式、数轴式、图表式、定义式、综合式等。

（1）量词式标度。这种标度是用一些带有程度差异的形容词、副词、名词等修饰的词组刻画与揭示有关考评标志状态、水平变化与分布的情形，如"多""较多""一般""较少""少"等。

（2）等级式标度。这种标度是用一些等级顺序明确的字词、字母或数字揭示考评标志状态、水平变化的刻度形式，如"优""良""中""差"、"甲""乙""丙""丁"、"A""B""C""D"以及"1""2""3""4"等。

等级与等级之间的级差应该具有顺序关系，最好还要有等距关系。等级之间的距离要适当。太大了，有可能犯"省略过度"的错误，考评结果太粗，区分度差；太小了，有可能使考评操作烦琐，判断过细，不好把握与操作。研究表明：等级数超过9，人们难以把握评判；等级数在5以内，考评效果最佳。

（3）数量式标度。这种标度是以分数来揭示考评标志水平变化的一种刻度。它有连续区间型与离散点标式两种。

（4）定义式标度。这种标度是用许多字词规定各个标度的范围与级别差异。

（5）综合式标度。这种标度一般是综合上述两种或更多的标度形式来揭示测评标志不同状态与水平变化的情况。

3. 标记

所谓标记，即对应于不同标度（范围、强度和频率）的符号表示，通常用字母（A，B，C等）、汉字（甲，乙，丙等）或数字（1，2，3等）来表示，它可以出现在标准体系中，也可以直接说明标准。标记没有独立意义，只有当它们与相应强度或频率的标度相联系时才有意义。

以"感召力"这个指标为例,其测评标准、标度和标记如表 3-3 的感召力测评指标设计范例所示。

表 3-3　感召力测评指标设计举例[①]

测评指标	测评标准	测评标度和标记
感召力	1. 擅长说服,善于赢得支持	A 精通　B 善于　C 尚可　D 一般　E 很差
	2. 能调整表情,以吸引听众	A 精通　B 善于　C 尚可　D 一般　E 很差
	3. 能运用间接影响等复杂手段,以造声势、兴舆论,努力赢得他人支持	A 精通　B 善于　C 尚可　D 一般　E 很差
	4. 能策划引人注目的事件,以说明问题的要点	A 精通　B 善于　C 尚可　D 一般　E 很差

四、人员测评与选拔标准体系类型

1. 效标参照性标准体系

这种体系是依据测评内容与测评目的而形成的测评标准体系,一般是对测评对象内涵的直接描述或诠释。例如,飞行员选拔标准来自对飞机驾驶工作的直接描述,这种选拔标准就是效标参照测评标准。

2. 常模参照性指标体系

这种体系是对测评客体外延的比较而形成的测评标准体系。效标参照性标准体系与测评客体无关,常模参照性指标体系则与测评客体直接相关。干部选拔标准属于常模参照性标准,这里的选拔标准不是客观的、绝对的,而是主观的、相对的,是由参加干部选拔的所有候选人的"一般"水平决定。高于"一般"水平的人被提拔,而低于"一般"水平的人被淘汰。

第二节　人员测评与选拔标准体系设计的基本问题

一、人员测评与选拔标准体系设计原则

1. 针对性与普遍性的统一

测评与选拔标准体系应该根据具体的人员素质测评的目的、对象、情境,设计不同类

[①] 唐宁玉. 人事测评理论与方法[M]. 大连:东北财经大学出版社,2002:52.

型的指标体系和不同复杂程度的计量方法。测评与选拔都是针对某一岗位或职位进行的,并且在特定的情境下为一定目的服务的,如人员选拔、人员晋升等。目的不同、岗位不同、情境不同,选择的测评与选拔标准体系也不同。同时,指标的内容和形式要能够适合所有对象,要有足够的代表性,不能仅仅适用或反映某个对象,这就需要选择那些共性特征作为指标的内容。

因此,测评与选拔标准体系要坚持针对性与普遍性的统一,设计出的测评与选拔指标必须既符合特定岗位的要求和测评的情境、目的,又有代表性,能够反映出特定岗位的普遍特征。

2. 择要性与完整性的统一

每一种岗位都对人员素质有多方面的要求,在测评与选拔中不可能也没有必要对每一要求的素质特征都作出测评,而只是选择其中几个对工作影响较大的有一定代表性的指标特征进行测评,也即坚持择要性。完整性则是指处于同一个标准体系中的各种标准相互配合,在总体上能够全面地反映工作岗位所需具备的素质及功能的主要特征,使整个测评对象包含在评价标准体系内容之中。

测评与选拔标准体系的设计要善于从众多的"候选要素"中选择代表性与完整性相结合的要素体系。一般说来,在保证测评与选拔质量的前提下,应尽量减少体系中指标的数目,做到择要性与完整性的统一。

3. 明确性与独立性的统一

测评与选拔标准体系中的每一个指标应该具有明确的定义,使用让人不会产生误解的词语,以免由于模棱两可而造成测评目的和测评结果不一致,无法得到被测人员的真实信息。例如,工作量这项指标就会使人产生两种理解,即工作质量和工作数量。无论是从哪一个角度进行描述,都不能完整地表达被测人员的实际情况,使测评结果出现较大的偏差。因此,通常要用工作质量和工作数量这两个指标来加以区分,以满足指标定义唯一性的原则。独立性是指设立的评价标准在同一层次上应该相互独立,没有交叉。同一层级上的 A 指标与 B 指标不能存在重叠和因果关系。

测评与选拔标准体系的设计只有坚持明确性与独立性的统一,才是规范严谨的标准体系。

4. 主观性与客观性的统一

在为每个指标确定测评标度时,能用数量化的形式就尽可能地用数量化表示,采用客观性的数据与结果,其目的是使每个要素的评判都易于操作化和客观化,尽量避免主观评判标准的不一致。对于主观性测评指标,为了使测评人便于掌握和运用统一的判分标准,通常为每一个测评指标设计定量的等级判断的参照标准,称为标度。对于既没有客观性的数据与结果,也没有可参考的量化标准的测评指标,则要求测评者在调查研究的基础上进行定性分析,然后根据自己以往的经验和当前的实际来确定测评对象在该指标上的等级水平并给以相应的分数。这种情况下应该借助模糊数学的方法对多个测评者的评分进行计量,使测评结果客观化。

要求测评与选拔标准体系完全能够进行客观的测量和评价是不现实的,量化和客观是相对的,是精确与模糊的结合,是主观性与客观性的统一。

二、人员测评与选拔标准体系设计中的问题

1. 素质结构指标和绩效指标相互补充

人员能力是由人员素质的内在结构决定的,素质结构指标所反映的主要是能力之间的协调关系,即能力的潜在形态。绩效指标所反映的则主要是能力的实现形态。在反映人员的一般抽象能力时,通常以素质结构指标为主,以绩效指标为辅。在反映人员的实践工作能力时,则应以绩效指标为主,以素质结构指标为辅。由于人员能力系统是一个有层次的复杂结构,因而在不同层次上的能力具有不同的特点。一般来说,人员能力层次越高,越便于采用绩效指标,而不便于采用素质结构指标表示。这是因为层次越高的能力,其综合性就越强,其效果和效率越容易计量,因此涉及人员素质结构的内容也越复杂。

2. 某一测评指标可能同时反映其他素质与功能特性

人员素质与功能要素存在相互影响、相互作用的复杂关系,因而某一测评指标既能反映这一素质与功能特性,也可能反映其他素质与功能特性。测评指标与所要反映的素质与功能特性并不一定是相互对应的关系。因此,在确定测评指标时,一方面,要以指标所反映的主要方面为依据;另一方面,要适当增加指标以排除其他素质与功能要素所产生的影响。

3. 综合指标与局部指标相互补充

根据人员测评与选拔内容范围的大小,可以把测评指标分为综合指标和局部指标。一般来说,综合指标能够综合地反映人员素质及功能各个方面的主要内容,是测评指标的主体;同时,综合指标所反映的素质与功能特性又比较模糊,因而需要用局部指标来补充。例如,管理水平是一项综合指标,为了更准确地反映一个人的管理能力,还需要用决策水平、管理效率、协调能力等局部指标加以补充。

4. 指标应具有一定的行业特点和时间性

测评与选拔标准体系的指标要素是和人员某一方面的具体活动相联系的。不同行业、不同职业、不同岗位对人的素质会提出不同的要求,测评与选拔对象的测评指标特征,首先应取决于他们的工作性质,其指标的设计要体现不同人员的工作特征,如生产工作者的测评指标与科技工作者、管理工作者的测评指标体系就应该反映出各自的特点。

从时间角度看，随着社会经济、文化背景的改变，不同时期对人的素质提出不同的要求，人员素质及其功能的内容和表现形式也会发生相应变化，需要不断地根据社会需要增加、减少或修订指标。

三、人员测评与选拔标准体系设计工作环节

1. 工作分析

工作分析包括两个方面的内容：对工作作出规定和描述；确定胜任该项工作所需要的人员素质。工作描述包括职务名称、工作程序、工作任务、同相关工作的关系、工作环境与设备等。工作分析是测评与选拔工作的起点，也是设计测评与选拔标准体系的客观依据和头道工序。工作分析的具体内容第二章已经涉及，这里不再赘述。

2. 理论建模

在工作分析的基础上产生的测评与选拔标准体系模型，仅是测评要素的雏形，还必须基于有关学科的知识上进行理论推导，建立一个理论与实践相结合的测评与选拔标准体系模型。这一模型应具有严密性、简明性、准确性，并符合测评与选拔标准体系设计的各项原则。

3. 专家论证

为了使设计出来的测评与选拔标准体系模型更加完善，更具有实用性和操作性，往往还需要经过专家论证、修改、补充。专家通常包括上级管理者、直接管理者、富有经验的人事干部和现场工作人员。专家论证可以采用个别访问、座谈讨论、问卷征询等多种形式。

4. 预试修订

测评与选拔标准体系初步设计出来以后，必须连同测评标准和计量方法在小范围内试验。预试后应仔细分析测评结果，对设计的测评与选拔标准体系及时进行修订，或增减、或调整，使体系更加完善。

上述四道程序循序渐进、环环相扣，它们功能各异、联系紧密，缺一不可。

第三节 人员测评与选拔标准体系设计步骤

上一节介绍了测评与选拔标准体系设计的四个工作环节，本节则集中于第二个环节——理论建模，即测评与选拔标准体系的设计展开论述。测评与选拔标准体系设计包括以下七个步骤。

一、明确测评与选拔的客体和目的

测评与选拔标准体系的建立,首先必须要求以一定的客体为对象,以一定的目的为根据。客体的特点不同,测评与选拔标准体系就不同。即使是同一客体,若目的不同,所制定的标准体系也不尽相同。

测评与选拔客体的特点一般由行业性质和职位特点决定。企业一般员工和企业高级管理人员的测评与选拔标准体系显然完全不同。测评目的为选拔型的测评标准体系显然有别于配置型的测评标准体系。

二、确定测评与选拔的项目或参考因素

根据测评与选拔的客体和目的确定了测评内容之后,需要将测评的内容标准化,把它们变成可操作的测评项目。工作分析是测评内容标准化的重要手段。工作分析在测评内容标准化过程中又具体表现为以下三种形式。

(1) 工作目标因素分析法。运用工作分析方法对职位的工作目标进行分解,即进行目标分解。所谓目标分解,就是把一个工作目标分解为几个相互联系的子系统。子系统中的元素一般称为项目。每个子系统又继续分解为下一层次的若干子系统,直至每个具体测评项目都能满足可测性的要求为止。满足可测性要求的因素一般称为指标。分解工作目标必须要有整体观念,从整体上把握各个子系统中元素所表现的一般性质、特点和功能。

由于素质结构的复杂性,对工作目标的一次分解可能难以满足可测性要求,一般要进行多层分解。每个测评项目既可用一个具体指标来反映,也可用一群具体指标来反映,因此,具体分解多少次要由实际需要来决定。

(2) 工作内容因素分析法。这种方法是把工作分析法运用于工作内容的结构分析。把每个职位工作的活动按内容归类,确定出几个主要方面,并由此决定素质测评的项目。

(3) 工作行为特征分析法。这种方法是把工作分析法直接运用于分析每个职位工作行为的特征,从行为特征中找出素质测评的主要项目。

三、确定测评与选拔标准体系的结构

在测评内容标准化的过程中,工作分析是按一定的层次进行的,作为工作分析结果的素质测评标准体系也具有一定的层次结构:第一分析层次的各个项目称为一级指标(测评目标),表示测评对象的总体特征;第二分析层次的各个项目称为二级指标(测评项目),反映一级指标的具体特征;第三分析层次的各个项目称为三级指标(测评指标),说明二级指标的具体内容。无论哪一级指标都是反映或说明测评对象的特征,只不过具体反映与

说明的程度有所不同。

值得注意的是,指标在这里是指用来反映测评与选拔对象的品质特征或数量特征的名称,这与社会经济和统计学中的指标概念有所不同。

四、筛选与表述测评与选拔指标

对每一个测评与选拔指标,都必须认真分析研究,界定其内涵与外延,并给以清楚、准确的表述,使测评者、被测评者以及第三者均能明确测评与选拔指标的含义。指标的表述特别要注意保证不要引起测评者产生不同的理解并由此对标准掌握不一而产生误差。此外,还要分析测评与选拔指标体系的整个内涵,把那些内容上有重复的指标删除掉。同时,根据方便可测性的要求,反复斟酌,用较简便可测的指标去代替看似精确但可测性较差的指标。

如何来筛选那些优良的测评与选拔指标呢?一般是依据下列两个问题逐个检核指标:①这个指标是否具有实际价值;②这个指标是否切实可行。

如果某个指标虽然具有实际价值但并不切实可行;或者虽有可行的条件但实际价值不大,这种指标就应筛选掉,而另行设计符合实际的测评指标。假如对上述两个问题的回答都是肯定的,就需要进一步检核:这个测评指标是否比其他指标更为合理。

怎样检验一个测评与选拔指标的使用价值与可行性呢?第一步就是要对这个测评指标陈述一个明确的理由与用途,说明为什么要制定这个测评指标,以及所得结果将如何使用。做到了这一点也就回答了这个测评指标的潜在价值。假如某一个测评指标保留的必要性与潜在价值得到了肯定,就要考虑它的可行性与现实性。这可以针对下面四个问题进行检核:①保留这个测评指标并进行测评,这在逻辑上是否可行?②所需要的数据结果及行为表现是否可以从这个测评指标中得到?或者测评者与被测评者双方经过合理的努力之后是否能够得到?③实施这个测评指标的条件是否具备?④这个测评指标的保留有无充分的价值,并保证有理由使用其结果?

五、确定测评与选拔指标权重

1. 权重的含义

以上四项工作仅仅完成了测评与选拔标准体系的内容,然而,测评不仅要涉及对象的质,还要涉及对象的量,何况不同的质也需要不同的量来区分。因此,在完成以上四项工作之后,还要认真权衡每个层次及其中的每个指标在整个测评标准体系中所处的地位和作用,并且适当地增大或减少有关测评指标在总分中的比重,而不能把每个测评指标都等量齐观,把每个测评指标的结果简单地加总平均。因为各个测评指标相对不同的测评对象来说,会有不同的地位与作用,要根据各测评指标对测评对象反映的不同程度而恰当地分配与确定不同的权重。

所谓权重,即测评指标在测评体系中的重要性或测评指标在总分中应占的比重。其数量表示即为权数。

权数的形式有两种:一种是绝对权数,一种是相对权数。所谓绝对权数,即分配给测评指标的分数,也称为自重权数,它常常为绝对数量;所谓相对权数,是指某个测评指标作为一个单位,它在总体中的比重值,它常常表现为相对数量,即百分比、小数等。所有测评指标的绝对权数之和为1。

一般的加权是根据不同的测评主体、不同的测评目的、不同的测评对象、不同的测评时期和不同的测评角度而指派不同的数值。加权是相对特定的情况而进行的,适用于某一场合的权数并不一定适用于另一场合。

2. 加权的类型

(1) 纵向加权。对不同的测评指标给予不同的权数值。纵向加权的目的是使不同的测评指标的得分可以进行纵向比较,或者说使各测评指标的分数计量相等。例如,我们现要总计1美元与1元人民币的价值。显然,美元与人民币无法直接比较,必须通过它们在市场中的经济价值才能进行。假设1元人民币可以买2个鸡蛋,而1美元可以买8个鸡蛋,当我们把1美元与8相乘,而1元人民币与2相乘后,美元与人民币就可以相互比较了。这里的8与2即为美元与人民币的权数。

(2) 横向加权。给每个指标分配不同的等级分数。其目的是使不同的客体在同一测评指标上的得分可以比较。

(3) 综合加权。纵向加权与横向加权同时进行。其目的是使不同的测评客体在不同的测评指标上的得分可以相互比较。

3. 确定权重的方法

常见的确定权重的方法有以下四种。

(1) 德尔斐法(又称专家咨询法)。德尔斐法据说是美国兰德公司于1964年首先用于技术预测的。它是请专家"背靠背"地反复填写对权重设立的意见,不断反馈信息以期专家意见趋于一致,得出一个较为合理的权重分配方案。

这种方法避免了权威、职称、职务、口才以及人数优势对确定权重的干扰,集中了大多数人的正确意见。缺陷是由于最后不再考虑少数人的意见,容易失去一部分信息,同时也缺乏科学的检验手段。弥补的办法是,可以检验各个测评指标的积分和总分的相关性。重要测评指标的积分应与总分有较强的相关性,否则,就应修改已定的权重系数。尽管这种检验方法不甚可观,但目前尚有一定的使用价值。不过,在民主气氛较浓的场合下,也可以面对面地反复充分讨论,最后形成一致的意见。

(2) 层次分析法。层次分析法是一种多目标决策方法。应用此法时,首先必须把素质测评目标分解为一个多级指标,在同一层次上根据T.L.斯塔的相对重要性等级表(表3-4),列出两两比较矩阵,按照下式计算出每项指标的相对优先权重:

$$W_i = \frac{1}{n} \sum_{j=1}^{n} \left(a_{ij} \Big/ \sum_{j=1}^{n} a_{ij} \right)$$

式中，W_i 为该项典型指标（目标）的权重；n 为标准体系中指标的个数；i 为行号；j 为列号；a_{ij} 为相对重要性等级。

表3-4 斯塔相对重要性等级表

相对重要程度	定 义	说 明
1	同等重要	两者对所属测评目标贡献相等
3	略为重要	据经验一个比另一个测评的结果稍为重要
5	基本重要	据经验一个比另一个测评的结果更为重要
7	确实重要	一个比另一个测评的结果更为重要，其优势已为实践证明
9	绝对重要	明显重要程度可以断言为最高
2,4,6,8	以上两相邻程度中间值	需要时采用

层次分析法把专家的经验认识和理性分析结合了起来，并且两两对比分析的直接比较法，使比较过程中的不确定因素得到很大程度的降低。它是确定权重中常用的一种方法。

例如，设有 A、B、C、D、E 5 个指标，要确定它们各自的权重，根据斯塔相对重要性等级表，将测评指标两两比较，按表 3-4 规定的标度定量化，并写成矩阵形式，如表 3-5 所示。

表3-5 测评指标权重确定一览表

指标\权重\指标	A	B	C	D	E	W_i
A	1	1/2	1/3	1/3	1/2	0.08
B	2	1	1/4	1/4	2	0.12
C	3	4	1	1	7	0.36
D	3	4	1	1	7	0.36
E	2	1/2	1/7	1/7	1	0.08
$\sum_{j=1}^{n} a_{ij}$	11	10	2.7	2.7	17.5	

表 3-5 中权重分配的具体方法是：A 与 B 相比，若认为 B 比 A 稍微重要时，则在 B 行 A 列交叉处给 B 记 2，在 A 行 B 列交叉处给 A 记 1/2；A 与 C 相比较，若认为 C 比 A 略为重要，则在 C 行 A 列交叉处给 C 记 3，在 A 行 C 列交叉处给 A 记 1/3……依此类推，直到全部比较完为止，得到表 3-5 中 A，B，C，D，E 五行五列交叉处的全部数据。第六行与第六列的数据的计算方法是：首先按列求和，得到 $\sum_{j=1}^{n} a_{ij}$ 表中从第一列开始 $\sum_{j=1}^{n} a_{ij}$ 分别为 11，10，2.7，

$2.7, 17.5$；然后按分式 $W_i = \frac{1}{n} \sum_{j=1}^{n} (a_{ij} / \sum_{j=1}^{n} a_{ij})$ 求出各指标的权重：

$$W_1 = \frac{1}{5}\left(\frac{1}{11} + \frac{0.5}{10} + \frac{0.33}{2.7} + \frac{0.33}{2.7} + \frac{0.5}{17.5}\right) = 0.08$$

$$W_2 = \frac{1}{5}\left(\frac{2}{11} + \frac{1}{10} + \frac{0.25}{2.7} + \frac{0.25}{2.7} + \frac{2}{17.5}\right) = 0.12$$

同样可得到 $W_3 = 0.36, W_4 = 0.36, W_5 = 0.08$

且 $\sum_{j=1}^{n} W_i = 1$

这样，分别得到 A, B, C, D, E 5 个指标的权重分别为 $0.08, 0.12, 0.36, 0.36, 0.08$。

同样，当标准体系由各级指标组成时，可以自上而下地沿递阶层次计算各层次指标对上一层次指标的组合权重，直至计算出每一个指标的权重为止。

这种方法有一种变形称为对偶比较法。它是根据以下规定来分配权重的：

设 A 与 B 是被比较的两个指标，若认为 A 比 B 重要得多，则将 A 记为 4 分，将 B 记为 0 分；若认为 A 较 B 略重要些，则将 A 记为 3 分，将 B 记为 1 分；若认为 A 与 B 同等重要，则给 A 和 B 各记 2 分。下面举例说明全过程。

设有 A, B, C, D, E 5 个指标，要确定它们各自的权重。

首先，确定各对指标比较的顺序。如 A 分别与 B、C、D、E 比较，B 再与 C、D、E 比较……根据上述顺序按 0—4 记分规定，对各个指标分配权数，结果如表 3-6 所示。

表 3-6　测评指标权重确定实例

指标＼指标	A	B	C	D	E
A		1	0	0	0
B	3		0	0	0
C	4	4		2	1
D	4	4	2		1
E	4	4	3	3	
总分	15	13	5	5	2
权重 W_i	0.375	0.325	0.125	0.125	0.05

从表 3-6 可知，A 比 B 略重要一些，故在 A 列 B 行交叉处给 A 记 3 分，而在 B 列 A 行交叉处给 B 记 1 分；当 A 与 C 相比时，认为 A 比 C 重要得多，故在 A 列 C 行交叉处给 A 记 4 分，在 C 列 A 行交叉处给 C 记 0 分，依此类推，得到表中间部分的权数。然后，将每列的得分数相加即得到倒数第二行 A, B, C, D, E 5 个指标的总分分别为 $15, 13, 5, 5, 2$，它的总和即得 40 分，最后将每个指标总分除以总和 40，即得到最后一行 A, B, C, D, E 5 个指标的权重分别为 $0.375, 0.325, 0.125, 0.125$ 和 0.05。

虽然该方法较原来的层次分析法简单些，但是一般只能用于确定同一层次内目标或指标的权重。因为指标项目一多,配对的次数将按几何级数增大,确定10个指标的权重需要配对分析45次,确定100个指标则需要配对分析4 950次。同时,为了提高可靠性,在实际工作中,常常不是由单个人确定权重,而必须找一组专家,让每个人独立地按规定比较评判,然后求出所有专家评判结果(权重)的平均值,并将其归一化,才能得到可靠的权重数。

(3)多元分析法。确定权重也可以利用多元分析中的因素分析、主成分分析以及多元回归分析来计算各个测评指标的权数。因素分析与主成分分析一般是首先把同一级的各个测评指标看作观察变量,并计算变量之间的相关系数,然后通过计算机进行因素分析或主成分分析,以确定各个测评指标的权重。多元回归分析是把同级的单个测评指标看作与另一个更高级的指标有关系的变量,并通过数学运算找出同级指标 x_i 与另一个更高级、更概括的指标 y 的线性代数式:$y = b_0 + b_1 x_1 + \cdots + b_n x_n$,$y$ 与 x_i 转化为标准分数后即成为 $\bar{Z} = d_1 z_1 + d_2 z_2 + \cdots + d_n z_n$。式中,$Z$ 代表高一级指标的测评值,$Z_i(i=1,2,\cdots,n)$ 则表示分指标 $z_1, z_2, \cdots, z_n$ 相对于总指标 Z 的权重系数。

这种方法比较客观,但要求测评者或研究者精通多元分析。

(4)主观经验法。当我们对于某一测评对象非常熟悉而有把握时,也可以直接采用主观经验来加权。但要注意以下四个原则。

① 权重分配的合理性。权重分配要反映测评对象的内部结构和规律,防止因权重分配不当而脱离实际或产生偏向。

② 权重分配的变通性。权重分配要符合客观实际的需要,可以根据测评目的与具体要求而适当变通分配。

③ 权重数值的模糊性。对权重的分配不必十分精确,可以为方便测评而模糊一点,实际上,有些测评指标根本无法做到精确,只能模糊一点。

④ 权重数值的归一性。各个测评指标的权数和应为1或100。

六、规定测评指标的计量方法

1. 计量的重要性

素质测评指标的量化,除了上面的权数分配外,还有对各测评指标的计量问题。

素质测评是相当复杂的,它的测评指标是由多方面的属性和因素构成的集合体,在所有这些测评指标中,大多数的内涵都是模糊的,其外延也是无法界定的。因此,如果仅有一个权数,而没有对每一个指标规定一个统一的计量办法,则测评者的测评结果会有很大误差。

2. 计量的要素

任何一个测评指标的计量,均由两个要素决定:一是计量等级及其对应的分数;二是计量的规则或标准。为了使测评的结果规范化、统一化和记分简化,便于计算机处理,对于测评指标体系中的每一个指标,可采取统一的分等计分法,即每个测评指标均分为一至五等,一等代表最好的水平,二等代表较好的水平,三等代表一般水平,四等代表较差的水平,五等代表最差水平。它们均匀而连续地递降排列,分别对应分数5,4,3,2,1,即一等5分,二等4分,三等3分,四等2分,五等1分。这种分等计分法的好处是简单规范,便于最后统一计算。

可能有人担心,对所有测评指标都机械地分成五等,而且计分相同,这样会不会把不同测评指标的某些相同的测评值等同起来呢?其实这种担心是多余的。对于不同的两个测评指标,尽管有时被判断的等级得分相同,但由于它们相应的两个指标在总体中的权数不同,其最后的实际得分并不相同。为了消除人们的担心,也可以直观地用不同的分数反映不同的测评指标及不同等级间的区别,此时,只要把各个等级的实际得分直接标出,而不再通过权数或其他方式来辗转计算。例如,指标 A 比较重要,且各个等级的差别并不相等,则指标 A 的五个等级的分数由高到低分别为9,7,5,3,1,而指标 B 的 5 个分数分别为5,3,2,1,0。这样,最后测评总分就不用加权转换了,只要直接相加就可。

3. 计量标准的类型

计量的规则或标准,一般因具体情况不同而不同,常见的有以下两种情况。

(1) 客观性测评指标。有些测评指标具有客观性的数据与结果,如出勤率、犯错误的次数等,均可采取客观性的计量方法来计量。在测评指标暂时没有统一的"法定"标准之前,具体又可分两种情况。①可列出与测评指标有关的"参考标准"。这个"参考标准"可以是有关政策的规定,也可能是国内外提供的经验数据,计量中以"参考标准"为"效标",根据测评的对象偏离"效标"的实际程度来确定相应的等级。②可以把测评对象在某一测评指标上实际达到的水平从低至高顺序排队,以获最高分者得 5 分为标准,除此之外的按比例量表折算,确定等级得分。假如被测评的总体是五个工人,他们在某年内抽检的特优产品分别为 14 件、13 件、10 件、8 件和 7 件,因此,规定件数最多(14 件)的这个工人在相应的测评指标——产品质量上的得分就为5,其余的依次为 4.64 分、3.75 分、2.86 分、2.50 分。件数最少(7 件)的那个工人并不是处于最末一个等级得 1 分,而是按其与最高分者成绩的比例折算,介于 2 分与 3 分之间。

(2) 主观性测评指标。在素质测评指标体系中,大部分的测评指标既没有客观性的数据与结果,也没有可参考的量化标准。对于这种测评指标的计量则要求测评者在调查研究的基础上进行定性分析,然后根据自己以往的经验和当前的实际来确定测评对象在该指标上的等级水平并给以相应的分数。在这种情况下,我们一般借助于模糊数学的方法进行模糊计量。为了保证测评的结果相对客观与准确,测评者不能是一个人而必须是一个群体。具体的计量方法是:先要求每个测评者对同一测评指标按统一的等级量表测评对象,然后统计出各个评判等级上的总人数,并据此算出分数。例如,有 25 个测评者相对某一测评指标测评同一个职员的素质,测评结果中评一等 5 分的 4 人,评二等 4 分的 9 人,评三等 3 分的 5 人,评四等 2 分的 7 人,评五等 1 分的没有,则这个职员在此测评指标

下的得分为

$$5 \times \frac{4}{25} + 4 \times \frac{9}{25} + 3 \times \frac{5}{25} + 2 \times \frac{7}{25} = \frac{85}{25} = 3.4$$

若许多测评指标都需要进行类似的模糊计量,则可采用矩阵进行综合计量。

对于主观性测评指标的计量,除了上面介绍的方法外,还有下列四种具体方法。

① 分点赋分法。先将测评指标划分为若干等级,然后将指派给该测评指标的分数(权重分),根据指标等级的程度及个数划分几个数值点,每个分数值与相应的等级对应。

② 分段赋分法。先把测评指标分为若干等级,然后将指派给该测评指标的分数(权重分),根据等级个数划分为相互连接的数段。

③ 连续赋分法。先把测评指标水平等级看作一个连续的系统,用0—1之间的任何一个数值来表示被测者在相应的指标上所达到的水平,然后再把这个小数值与该指标被赋予的权重分数相乘,即得测评分数。

④ 计分赋分法。用文字描述测评指标的不同等级或不同的要素(指标),把测评指标权重分数分派到各个要素上去,将各判定要素分数相加,即为该测评指标的测评分数。计分赋分法具体又分为分等积分法和累计积分法两种。所谓分等积分,即测评指标各要素上分派的分数均相等;所谓累计积分,就是测评指标各要素上分派的分数不相等。

七、试测并完善测评与选拔标准体系

经过以上六个步骤所制定的测评与选拔标准体系由于在工作中受到许多因素的干扰,因此,尽管主观上按着科学方法行事尽了很大的努力,但实际效果并不一定就能如愿。其客观性、准确性如何,可行性怎样,还必须经过实践的检验。因此,测评与选拔标准体系在大规模的试测之前,还必须在一定范围内试测一下,同时还要对整个测评与选拔标准体系进行分析、论证、检验并不断修改,进一步充实与完善,最后达到客观、准确、可行,以保证大规模测评的可靠性与有效性。

第四节 胜任能力模型理论

Competency 来自拉丁语 Competere,意思是适当的、合适的,国内常见的翻译有素质、能力、才能、胜任能力、胜任特征等,本节统一使用"胜任能力"这一称谓。

一、胜任能力模型的概念

对于胜任能力的研究与应用最早可追溯到 Taylor(1911)通过时间-动作研究对胜任能力进行的分析和研究;1954 年,Flanagan 提出关键事件方法,即根据公司管理者的工作

分析,认定七个管理者工作要素,分别是生产监督、生产领导、员工监督、人际协调、与员工的接触和交往、工作的组织计划与准备以及劳资关系;McClelland(1973)提出了行为事件访谈法(Behavioral Event Interview,BEI),以及胜任能力有效测试的六个原则;Boyatizis(1952)将胜任能力应用于管理工作,使之迅速普及;Raven(1984)将胜任能力带入从业者领域,不再仅限于理论界;Spencer(1993)进一步把胜任能力划分成三类,即基准性胜任能力、鉴别性胜任能力与发展性胜任能力。吴孟捷(2004)概括了胜任能力的三个特点:一是与特定工作相关;二是可以在特定工作中创造高绩效;三是包含一些个人的特征,如特质(Traits)、动机(Motives)、自我概念(Self-image)、社会角色(Social-role)、态度(Attitude)、价值观(Value)、知识(Knowledge)、技能(Skill)等。

1. 胜任能力模型

胜任能力模型是指担任某一特定的任务角色所需具备胜任能力项目的集合,可以用公式表达为 $CM = \{CI_i | = 1,2,3,\cdots,n\}$;在这个式子中,$CM$ 表示胜任能力模型,CI 代表胜任能力项目,CI_i 表示第 i 个胜任能力项目,n 表示胜任能力项目的数目(徐建平,张厚粲,2004)。赵永乐、王慧(2007)从广义和狭义两方面定义了胜任能力模型。从广义上来说,胜任能力模型是指从事某一岗位应具备的素质的集合。这些素质可以分为鉴别类素质和基准类素质;狭义的胜任能力模型仅指鉴别类素质,即能够鉴别优秀员工与一般员工的素质的集合。胜任能力模型的特点是能够鉴别优秀员工和一般员工的差异,并不能鉴别合格员工与不合格员工。

常见的胜任能力模型有冰山模型(The Iceberg Model)、洋葱模型(The Onion Model)和胜任能力辞典等。冰山模型一般用来说明胜任能力的特点,胜任能力这座"冰山"由"知识、技能"等水面以上"应知、应会"部分和水面以下的"价值观、自我形象、个性、内驱力"等情感智力部分构成;洋葱模型是美国学者 Richard Boyatzis 提出的,它展示了素质构成的核心要素,并说明了各构成要素可被观察和衡量的特点;胜任能力辞典的基本内容是由 McClelland(1989)从 200 多项工作所涉及的胜任能力中提炼出的 21 项通用的胜任能力,胜任能力辞典包括六个基本的胜任能力族,每个族中又包含二至五项具体的胜任能力。除了这些通用模型外,根据行业、层级、职能的不同,胜任能力模型在具体设计和应用上也会有所不同。

2. 胜任能力模型设计

胜任能力模型设计是指为了成功完成某项工作,通过建构胜任能力模型来判断员工哪些个人特点是必需的这样一个过程,这又被称为胜任能力建模(Competency Modeling)。对胜任能力建模方法的研究源于 20 世纪 80 年代 McCleland 教授的研究;此后,为了满足组织中对胜任能力建模方式的特殊需求,胜任能力建模方法得到了进一步发展,衍生了许多方法,现已经在人力资源管理领域成为一种主流的实践活动。从 20 世纪 90 年代以来,胜任能力理念和方法在西方国家掀起应用的狂潮,其他国家也开始对胜任能力的研究和应用进行探索,许多世界著名的公司如 AT、IBM 等都建立了自己的胜任特征模型体系;不少以胜任特征建模服务为主要业务的咨询公司创建和构造了各种胜任特征模型数据和通用胜任特征字典。胜任能力模型的构建有多种方法,包括专家小组法、问卷调查法、观察法、文献法、行为事件访谈法等。目前,对胜任能力构建方法的研究处于"百花齐放,百家争鸣"阶段。

二、胜任能力模型的设计方法

胜任能力建模有一定的设计路径,但又根据行业、层级、职能的不同而有所区别。

本节首先介绍现在流行的通用胜任能力模型的设计方法,从通用的胜任能力模型设计的思路、程序、方法等方面进行归纳;进而对不同行业、层级、职能的胜任能力模型构建方式做尽可能全面一个梳理。

1. 胜任能力通用模型的设计

(1)设计的基本思路。

综观研究者对胜任特征模型设计与开发的论述,胜任能力建模的常见基本思路有以下六种。

第一种思路是通过寻找通用的胜任能力特征进而建立胜任素质通用模型。博亚特兹(1981)通过对2 000名管理者通用的胜任能力特征进行调查研究,提出一个胜任能力通用模型。他认为,胜任能力是能够使管理者完成杰出业绩的那些行为。胜任能力通用模型涵盖了21种特征,如表3-7所示。

表3-7 胜任能力通用模型涵盖的特征[①]

成就与行动	成就导向,重视秩序、品质与精确,主动性,信息收集
协助与服务	人际理解,顾客服务导向
冲击与影响	冲击与影响,组织知觉力,关系建立
管理	培养他人,命令:果断与职位权力的运用,团队合作,团队领导
认知	分析式思考,概念式思考,技术/专业/管理的专业知识
个人效能	自我控制,自信心,灵活性,组织承诺
其他个人特色与能力	职业偏好,准确的自我评估,喜欢与人相处,写作技巧,远见,与上级沟通的能力,扎实的学习与沟通方式,恐惧被拒绝的程度较低,工作上的完整性:法律意识,安全意识,与独立伙伴/配偶/朋友保持稳定关系,幽默感,尊重个人资料的机密性等

第二种思路是确定与组织核心观点和价值观相一致的胜任能力。一方面,基于战略的思路,根据组织战略、组织未来发展的需要来构建胜任能力结构;另一方面,基于文化价

---

① Lyle. M. Spencer, Sige. M. Spencer. 才能评鉴法:建立卓越的绩效模式[M]. 魏梅金,译. 汕头:汕头大学出版社,2003:17.

值的思路,根据组织文化、价值来构建胜任能力结构。

这种思路确定的胜任特征更关注塑造与所在组织文化相适应的员工,其前提是组织必须有经过检验的核心价值观并已形成相对稳定且鲜明的组织文化,最大的优点是揭示了冰山模型中的深层胜任特征。它采用的途径是职业分析方法,即基于对某一职业或专业及其必需的职责和任务的职能分析,产生一个广泛的胜任特征清单,并建立绩效标准。国内大企业都是采用这种思路建立胜任能力模型。

第三种思路是用关键事件访谈法,选择那些高绩效的岗位角色,从中抽取其特征。Klemp(1977)和Spence(1983)认为这种开发途径隐含的前提是已经确定出"正确的事",余下的任务就是"正确做事",即提高在职员工的绩效,改善其胜任特征。这种思路要求模型开发人员要达到专业的访谈技能水平,这种方法在英美两国管理教育中产生了一些影响。

第四种思路是根据行业关键成功因素(Key Success Factors,KSFs)开发胜任特征模型。Thompson和Strickland指出这种方法的关键是要识别并获取行业关键成功因素,其原理是"人—职—组织"匹配原理。在管理实践中,开发企业的核心胜任能力时,通常采用KSFs方法。

第五种思路是通过研究途径来进行胜任能力建模,即分析优秀员工与一般员工的关键行为,找出他们的关键区别,从而确定胜任能力结构。研究途径建模强调系统的数据采集、分析以及对有关证据的数量,需要预先订好一个原则,以保证在模型中能够尽量包括各种胜任特征和模型。

研究途径建模能够精确地识别出高绩效者经常表现出来的行为与管理人员、专家们认为高绩效者通常最为重要的因素之间的差别。同时,研究途径也强调区分由各种个人特点联在一起的结构,这些特点能够与其他人有所区分。正是由于它的信度高,使用研究途径建构的胜任能力模型才能够经受住挑战。

第六种思路是通过实践途径建立胜任能力模型。许多研究人员主持开发模型的途径沿袭的都是经典的实证研究,而在更多的企业胜任能力模型开发中应用的是实践途径。

(2)设计的基本手段。

在通用胜任素质的提炼过程中,需要选择合适的方法来收集模型构建中必要的数据信息,以此来了解胜任能力的主要模块和指标体系。就目前的应用研究而言,经常广泛地被用来获取数据信息的手段很多,如行为事件访谈、问卷调查、观察、专家评议等近10种。

Armstrong(1991)认为,今天对胜任能力的研究已不再依靠时间与动作的简单分析方法,而是依靠工作分析、采用理性主义的科学方法去分析胜任能力;在胜任能力建模中不可能也不应该只选择一种方法,一般都会寻求多种方法的组合,从而保证有效性、可靠性和广泛性的平衡。下面,将对胜任能力通用模型设计的常用方法做一个梳理。

① 行为事件访谈法(BEI)。

行为事件访谈法是由David McClelland提出来的,是美国主要采用的一种方法,也是目前公认最有效的方法。它是一种开放式的行为回顾式调查技术,类似于绩效考核中的关键事件法;主要是与高绩效者面谈(有时也会找一些普通绩效者作为对比),引发他们讲述在实际工作中发生的关键事例,包括成功事件、不成功事件或负面事件,并且让被访者详尽地描述整个事件和当时的想法。

行为事件访谈法的要点是:研究对象集中在出色的业绩者,主要应用行为事件访谈法、访谈资料的主题分析法,将分析结果提炼为用行为性的专门术语描述的一系列胜任能力。该方法最主要的贡献者是美国学者 Boyatzis,Schroeder,L. M. Spencer 和 S. M. Spencer。国际上分析人的隐性能力大多采用行为事件访谈法,因为较之其他方法,行为事件访谈法可以通过与被访谈者进行深度会谈,对其职业生涯中的某些关键事件的详尽描述,从而揭示与挖掘当事人产生行为的动机、个性特征、自我认知、态度等隐藏在冰山下的深层次潜质。McClelland(1998)就曾运用行为事件访谈法帮助两家跨国公司建立了高层管理人员的胜任能力模型。

② 问卷调查法。

在胜任能力建模过程中,通常使用问卷调查法来分析各个序列中通用胜任素质的重要程度。在现实应用中,经常会以咨询公司的能力素质库为基础,分析具体机构的基本情况,初步建立了该机构的能力素质库,作为问卷调查的依据。进而根据能力素质库设计能力素质问卷,并且对每个岗位进行问卷调查,然后根据各序列所包含的职位进行归类,统计出各个序列各自的通用胜任素质,以此确定出各个岗位胜任素质的重要程度。

③ 专家小组评价法。

专家小组评价法是在定量和定性分析的基础上,以打分等方式作出定量评价;其最大的优点在于能够在缺乏足够统计数据和原始资料的情况下,可以作出定量估计。专家小组评价法的主要步骤是:首先,根据评价对象的具体情况选定评价指标,对每个指标均定出评价等级,每个等级的标准用分值表示;然后,以此为基准,由专家对评价对象进行分析和评价,确定各个指标的分值,采用加法评分法、乘法评分法或加乘评分法求出评价对象的总分值,从而得到评价结果。专家评价的准确程度主要取决于专家的阅历、经验以及知识丰富的广度和深度。

④ 职能分析法。

职能分析法主要关注最低限度可以接受的绩效。它关注于实际的工作产出,焦点在工作而不是工作中的个人,通过基于分析的过程,识别出一个职能或工作所要求的产出能力。该方法首先调查职位的工作责任、任务、义务、角色和工作环境,同时抽取、分析出职位的工作职责与关键角色,然后对可接受的标准或绩效进行描述,根据角色和工作职责确定胜任能力单元,最后确定胜任能力。

⑤ 修正的任务分析法。

修正的任务分析法(Modified Task Analyses Approach Method)对通常使用的任务分析法略加变化,在任务列举与任务分析技巧中,增加一些精确的细节。这种方法最常被应用于具体职务,对这些任务也最实用。由于在技术与职业训练中,通常充满已知的知识、技能和心理动作能力,因此,对这类训练或教育有着很强的吸引力(D. Dubois,1998)。

⑥ 才能评鉴法。

才能评鉴法强调辨识成功的工作绩效所需要的基本个人特质与其他特征,以区别它们和一般水准者的绩效差异。McClelland 和他的同事开发的工作胜任能力评鉴法就属于这类方法。这也是最经典的胜任能力建模方法,其具体步骤包括:确定绩效标准;选择效标样本;获取效标样本有关的胜任特征的数据资料;分析数据资料并建立胜任特征模型;验证胜任特征模型。运用这一方法的研究者认为,这里的特性只不过是胜任能力的一部分,它可以修正与发展。一个人的胜任能力和他的职务任务与活动绩效是有关联的。这种方法既可以应用于类似生产线上组装任务那样的具体职务,也可应用于像管理工作这样的抽象职务,尤其适用于定义性质不太具体的专业、管理及主管角色的胜任能力。

⑦ 情境法/处境方法。

情境法又称处境方法,是由 Patricia Mclagan 公司首先提出,它要求把注意力放在影响职位、工作、团队、专业的未来趋势上,强调人们必须知道即将变化的环境是什么、需要哪些胜任能力。按照这种思路,Thompson 在此基础上提出了胜任能力建模框架,认为首先分离影响组织、工作、职位或专业的关键变化或趋势;然后针对工作中的变化趋势,结合组织实际情况,确定适应环境变化的组织胜任能力;最后根据组织胜任能力,确定胜任能力域(Competence Domains)、胜任能力和胜任能力要素。处境方法具有一定的统一性和折中性,也具有一定的弹性。

Thompson,Lindsay 和 Stuart 运用该方法开发了一个模型,用于测量中小企业高层管理者的胜任能力。按照这种思路,Morgan 在变化的环境中开发新的胜任能力。Morgan 的方法总共召集了 6—10 位高层管理者进行结构化的讨论,他们被问到未来组织所面临的挑战。在随后的分析中,Morgan 揭示了满足这些挑战所必须具备的能力。

⑧ 绩效分析法。

绩效分析法以 Patricia Mclagan 公司而著称,它主要集中在工作的目标、专业、团队小组通过分析绩效来确定胜任能力。有学者在实证研究胜任能力与绩效的关系时发现,胜任能力的各个维度不总是与绩效成正相关。事实上,在运营管理文献中,有一些实证研究表明,一些胜任能力维度与绩效呈负相关。

应用绩效分析法建立胜任能力模型包括:在组织胜任能力模型研究中表述关于可能影响到工作、职位、团队或专业变化的外在因素;遵循工作输出的菜单;发展与工作输出联系的工作品质需求的菜单;设计一系列工作胜任能力或联系到每一个胜任能力的指标;通过工作输出的分析确定一系列工作角色发展;发展胜任能力草图等步骤。

⑨ 多维度法。

法国和德国主要采用多维度法。法国于 20 世纪 80 年代开始对胜任能力进行研究,盛行于 20 世纪 90 年代,其中的一个重要标志就是在 1984 年开始进行以胜任能力为基础的管理实践,并着力于发展新的胜任能力模型。这一时期的研究深受行为事件访谈法和情境法的影响,并运用于实践。另一个重要标志就是法国国家职业介绍所在 1993 年改变了职业的框架,开始向以胜任能力为基础的管理系统发展,引进了职能分析法来完善胜任能力模型。在实践当中,企业用个人胜任能力评估代替了工作资格认证,增加了灵活性;但是,这又危及工作的稳定性(图 3-2)。

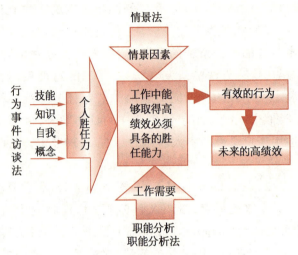

图 3-2　多维度法图形示意①

⑩ 其他手段。

胜任能力建模过程中还有一些其他收集数据的手段,如观察法、图片故事练习法(Picture Story Exercise)、焦点访谈(Focus Interview)、系统性多层次团体观察(SYMLOG);此外,还可从内部客户和外部客户处直接获取建模所需要的数据。

回顾这些方法,我们可以发现,建立胜任能力模型的基本原理其实就是通过各种技术性较强的手段辨别业绩优秀者和普通胜任者在知识技能、人格特点、态度、内驱力等方面的差异,并把发现的数据量化,从而形成可用来对照、判断胜任能力及相应水平的可操作化的模型体系。

胜任能力模型的建立思路、方案及其具体方法的选择,因组织的目的、规模、资源、内部条文等条件的区别而有所不同。一般都在保留核心步骤的前提下,使用简化方法,如采用由熟悉组织情况和相关岗位具体工作和任职要求的专业人士组成的专家小组采集的数据,以代替经典方法中的行为事件访谈;但由于数据收集和处理的方法比较单一,缺少不同样本的对比分析,主观性较强,从而削弱了胜任能力模型的准确度和相关性,只适合于较小规模的组织。

(3) 设计的基本程序。

除了胜任能力模型设计的思路和方法多种多样外,不同学者对于胜任能力模型的具体构建程序也有不同的方法。

---

① 冯明,尹明鑫.胜任力模型构建方法综述[J].科技管理研究,2007(9).

① 四程序。构建胜任能力模型需要企业决策层、核心业务部门负责人、有丰富管理经验的专家和培训实施部门共同参与。可以按照确定胜任能力模型结构、胜任能力模型构成要素分析与确定、胜任能力模型要素确定、不同岗位胜任能力模型要素的选择等四个步骤进行。

第一,确定胜任能力模型结构。胜任能力模型结构的确定主要包括三个方面:一是要借鉴国内外关于能力构成理论及其模型;二是要结合中国的实际;三是要构成模型的各要素的标准可以达到。

第二,胜任能力构成要素分析与确定。要素分析与确定是对构成要素的能力项目及其行为特征进行分析和确定的过程。具体分析方法包括战略层次分析、岗位层次分析和人员层次分析。

第三,胜任能力构成要素确定。主要包括品德和基本素质的确定、编写能力词典①以及基本知识、专业知识和专业技能要素的确定。

第四,不同岗位胜任能力模型要素的选择。不同岗位的胜任能力模型之间既存在着联系,也有区别;特别是岗位不同,对于品德、能力、基本知识、专业知识和专业技能的要求也会有所区别(表3-8,表3-9)。

表3-8 与国际标准一致的能力项目汇总表

忠诚企业	信息收集	分析力	总结概括	指挥力	培养下属
团队领导	流程导向	团队合作	组织洞察	灵活性	影响力
人际洞察	客户导向	建立人际资源	成就导向	自信	主动性

表3-9 中国组织特色的能力项目汇总表②

理论素养	宽容大度	公道正派	廉洁自律	远见卓识	关注执行
整合资源	创新力	把握机会	学习力	……	……

② 五程序。建立通用的胜任能力模型步骤可分为以下五个步骤。

第一,定义绩效标准。绩效标准一般采用工作分析法和专家小组讨论法相结合的办法来确定。即用工作分析的各种工具与方法明确工作的具体要求,提炼出鉴别绩效优秀者与绩效一般者的标准;专家小组就相关工作(岗位)的任务、责任和绩效标准以及期望优秀表现者的胜任能力表现和特点进行讨论,并得出最终的结论。

第二,选取分析效标样本。根据岗位要求,在从事该岗位工作的员工中,分别从绩效优秀和绩效普通的员工中随机抽取一定数量的员工进行调查。

第三,数据收集。选择合适的方法来收集模型构建中必要的数据信息,以此来了解胜任能力的主要模块和指标体系。可以采用行为事件访谈法、评价中心等方法来获取效标

---

① 将从事某项工作的绩优人员的典型行为特征进行归纳总结,形成的要素集合,称为能力词典。
② 朱仁宏,袁伦渠.企业管理人员胜任能力模型及其构建程序研究[J].现代企业教育,2006(17).

样本有关胜任能力的数据。

第四,建立模型。主要是对收集到的原始数据进行提炼,以得到相应的胜任能力模块。在这一过程中,首先要对承载已收集数据的报告进行内容分析,记录各种胜任能力要素在报告中出现的频次;其次是对优秀绩效组和普通绩效组的胜任能力要素指标发生频次和相关的程度统计指标进行比较,找出两组的共性与差异特征,最后根据不同的主题进行胜任能力模块的归类,并根据频次集中程度,估计各类胜任能力的大致权重。

第五,验证模型。模型初具规模之后,需要通过绩效考评进行效度验证。只有在一定时间后,员工的绩效符合模型中的预测,才能证明此模型是有效的;验证可以采用回归法及其他相关验证方法,采用已有的优秀与一般的有关标准或数据进行检验,关键在于企业选取什么样的绩效标准来验证。

③ 六程序。有的学者在胜任能力建模实践中,分为以下六个步骤进行。

第一,工作分析。通过岗位分析,确定每个岗位的工作说明书。在这个过程中主要采取岗位调查的方法,结合访谈法和资料整理法,对公司多个岗位进行工作分析,编写出岗位说明书,为胜任素质的构建打下了基础。

第二,划分岗位序列,确定胜任素质结构。划分岗位序列需要以按岗位素质要求的相似程度为依据,每个序列中各个岗位的通用胜任素质要项相同;在此基础上,确定胜任素质结构,包括核心胜任素质[①]、序列胜任素质[②]和专业胜任素质[③]。

第三,确定核心胜任素质。在胜任能力模型的建立过程中,核心胜任素质是由公司的企业文化、价值观和发展战略推导出的,同时也要结合公司高层的访谈,寻找到公司领导人对全体员工的管理期望,由此可以得到公司的核心素质。

第四,提炼序列通用胜任素质。

第五,推导出专业胜任素质。对于每个岗位各自应具备的专业胜任素质来说,主要是以各个岗位的说明书为基础推导确定;先由各个岗位的职责推导出其工作任务,由工作任务再推导出相应的工作行为,对这些行为加以归类,便得到了每个岗位的专业胜任素质。图3-3是专业胜任素质推导示意图,显示的是"计划发展序列"中计划预算岗位专业胜任素质的推导过程,结论为计划预算岗位的专业胜任素质为预算合约审核能力、工程计划预算能力和商务谈判能力。

第六,对各岗位胜任素质进行等级评定。经过上述五法的应用,可以得到全员的核心胜任素质、各个序列的通用胜任素质和每个岗位的专业胜任素质,将三者加起来,每个岗位的胜任素质要项就明确了。

2. 胜任能力行业模型设计

上面介绍了胜任能力通用模型设计的思路、方法和常见的方案,但是针对行业属性的

---

① 核心胜任素质是指要求全体员工都应该具备的素质,这是公司战略和企业文化的基本要求。
② 序列胜任素质是指每个序列中各职位所应共同具备的素质。
③ 专业胜任素质是由各个岗位的具体职责要求决定的,每个岗位各有差异。

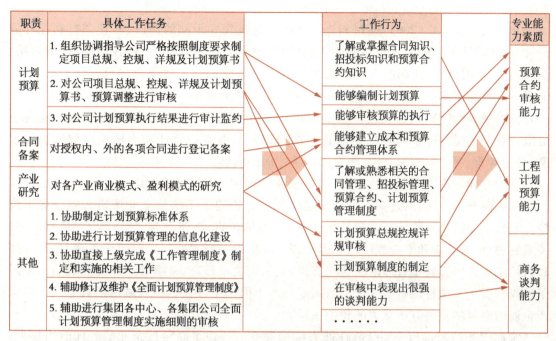

图 3-3　专业胜任素质推导示意图

不同,胜任能力模型的构建也会有所不同。针对行业的胜任能力模型,最常见的是行业关键成功因素(Key Success Factors,KSFs)开发胜任特征模型。该方法是由 Thompson 和 Strickland 率先提出的,他们指出这种方法的关键是要识别并获取行业关键成功因素;其原理是"人—职—组织"匹配原理。在管理实践中,开发企业的核心胜任能力时,通常采用 KSFs 方法。

目前,针对行业特点的胜任能力模型设计的研究包括制造行业、高科技行业、人力资源管理行业、物流行业、民营企业与党政领导人才等多个领域。

冯明等(2007)[①]从制造业的经济特征和内部构造特征出发,理论研究和实证研究双管齐下,采用情景判断测验方法和绩效评估方法,探讨了制造行业管理胜任能力模型设计及其测评等问题。

时勘和王继承(2002)以通信业的管理干部为被试,对胜任能力评价技术进行了尝试性的实证性研究,对访谈字数的长度限制、编码的量化指标(频次、平均等级和最高等级)的选用以及评价的信度做了探讨,并得出了通信管理干部的胜任能力模型。研究结果表明,我国通信业管理干部的胜任能力模型包括 10 项胜任能力,它们是影响力、社会责任感、调研能力、成就欲、领导驾驭能力、人际洞察能力、主动性、市场意识、自信和识人用人能力,通信业管理干部中的优秀组和普通组在这 10 项胜任能力上有显著差别。

姚翔、王垒等(2004)针对 IT 行业的行业属性,将 IT 行业项目管理者的胜任能力归为

---

① 冯明.制造行业管理胜任力研究[M].北京:科学出版社,2007.

五个板块①：个性魅力、应变能力、大局观、人际关系处理能力、品格。

北京大学王登峰（2005）通过对近 6 000 名党政领导干部的访谈、问卷调查和统计分析，构建并确认了中国党政领导干部的胜任特征模型，由工作能力、自我约束、政治素质、领导能力、学习能力、协调能力和以人为本等七个维度构成。他认为与西方管理者相比，中国党政领导干部更注重个人道德修养，但相对忽视处理实务的能力②。

杨鹏鹏等（2005）对企业竞争情报行业胜任能力建模进行了研究，并建立了企业竞争情报行业评价指标体系③，提出企业竞争情报行业从业者的胜任能力模型应包括道德素质、身体素质、复合的知识结构、能力结构等方面的内容。

刘学方和王重鸣（2006）通过访谈，以及对 200 多家完成继承的家族企业中高层管理人员问卷调查的方法，通过探索性和验证性因子分析建立了家族企业接班人胜任能力模型。家族企业接班人胜任能力包括组织承诺、诚信正直、决策判断、学习沟通、自知开拓、关系管理、科学管理和专业战略八个因子，其中，决策判断、学习沟通、组织承诺、自知开拓和诚信正直又可归属于管理素质这个二级因子，而关系管理、科学管理和专业战略三个因子可以归属于关键管理技能这个二级因子。八个因子中，组织承诺、诚信正直等因子对家族企业的继承绩效具有更显著的相关关系。

倪楠（2007）通过核心团队胜任能力模型设计法构建了高科技企业的胜任能力模型。核心团队胜任能力模型设计要求公司发展战略目标较为清晰，企业文化较为先进开放，绩效管理体系较为健全且拥有至少两年以上完整的绩效管理数据。在具体建模上，它包括六个步骤。

（1）组建团队。鉴于高科技企业核心团队胜任能力管理的复杂性，较为理想的团队组合是由企业高管、人力资源部以及外部专家共同构成的胜任能力模型设计专家小组。

（2）定义绩效标准。模型设计的第二步是定义优秀绩效标准与一般绩效标准。根据科学、完备的企业职位说明书汇编以及过去两年翔实的个人绩效考核记录，专家小组通过头脑风暴法提取企业各关键职位的优秀绩效标准与一般绩效标准。

（3）选取对比分析样本。对于任职者较多的职位，可采取随机抽样的方式分别从优秀绩效者和一般绩效者中各选取一位作为研究对象；对于只有两位任职者的职位，则可通过比较将其中一位确定为优秀绩效代表，将另一位确定为一般绩效代表；对于只有一位任职者的职位，可根据其两个年度不同的绩效记录将其中一年的绩效记录确定为优秀绩效代表，将另一年的绩效记录确定为一般绩效代表。

（4）胜任能力信息收集与整理。采用专业调查方法进行胜任能力信息的获取和加工，如行为事件访谈法、问卷调查法和文件筐测试法等。

（5）模型构建。将收集、整合好的各关键职位胜任能力信息用德尔菲法在专家小组内部进行全员分析后，加以科学系统地提炼、归类以及规范描述，并按照企业内部不同的

---

① 姚翔，王垒，陈建红.项目管理者胜任力模型[J].心理科学，2004(6).
② 王登峰.党政领导干部的胜任特征模型[R].北京市委委托课题结题报告，2005 年 12 月.
③ 杨鹏鹏，万迪坊，梁晓莉.企业竞争情报人员胜任力评价指标体系的构建[J].图书与情报，2005(2).

人员类别(管理者、某一职位序列任职者、全部关键职位任职者)分别组合成领导力模型、专业胜任能力模型以及全员核心胜任能力模型的过程。胜任能力模型的构建既是一个内外专家意见背对背反复交流观点的过程,也是一个对胜任能力信息进行补充收集的过程。

(6)检验与优化。完成胜任能力模型的构建并不是整个设计工作的终结,为了提升模型的独特性、科学性、准确性以及具体操作中的应用价值,还要对其进行进一步的检验和优化。

3. 胜任能力职务层级模型的设计

尽管胜任能力模型具有通用设计的思路、方法和常见的方案,但是除了行业属性,职务层级(上级/中级/下级,正职/副职)的不同也会导致胜任能力模型的构建有所不同;譬如在中层职位,管理职位和生产职位的素质比较低。

Spencer L. M. 和 Spencer S. M. (1993)在"企业管理者任职资格测评系统研究"课题研究的阶段性成果中所提出的胜任特征模型包括[①]:①成就:主动性、捕捉机遇、坚持性、信息搜寻、关注质量、守信、关注效率;②思维和问题解决:系统计划、问题解决;③个人成熟:自信、具有专长、自学;④影响:说服、运用影响策略;⑤指导和控制:果断、监控;⑥体贴他人:诚实、关注员工福利、关系建立、发展员工。并且,通过对216名企业家进行的跨文化比较研究发现,能够区分优秀企业家与一般企业家的胜任特征有七个(分为四类):①第一类是成就:主动性、捕捉机遇、坚持性、关注质量;②第二类是个人成熟:自信;③第三类是控制与指导:监控;④第四类是体贴。

萧鸣政(1999)借助问卷调查与工作分析方法建构了职业企业家的胜任能力模型[②]。

香港管理开发中心(MDI)在20世纪90年代对本地区中层管理者的胜任特征进行了研究,请公共事业的高级经理、公有或私有部门的高级经理来评价从文献综述和专家头脑风暴法获得的30个中层管理胜任特征条目。基于对大约2 000多名中层管理职位的进一步调查,MDI初步得出了一套胜任特征群,最后确定了 n 个管理胜任特征群,包括领导、沟通、团队建设、团队成员精神、结果导向、个人驱动、计划、效率、商业意识、决策和客户意识。

王重鸣、陈民科(2002)借助结构方程建构软件 EQS,通过编制《管理综合素质关键行为评价量表》,指出管理胜任能力特征由管理素质和管理技能两个维度构成,但不同层次管理者具有不同的结构要素。在 EQS 层级式胜任能力建模中,正副职层次职位在管理胜任能力特征上形成差异结构,正职的战略决策能力更为关键,而副职的责任意识更为重要;同时,正职职位在诚信正直和开拓创新能力两个要素上有更高的要求。具体而言,正

[①] Spencer L. M., Spencer S. M.. Competence at Work: Models for Superior Performance[M]. John Wiley & Sons, Inc., 1993:52—53.

[②] 萧鸣政.职业资格考评的理论与方法[M].北京:中国人民大学出版社,1999.

职的价值倾向、诚信正直、责任意识、权力取向等构成了管理素质维度,而协调监控能力、战略决策能力、激励指挥能力和开拓创新能力则构成了管理技能维度。对于副职来说,管理素质维度由价值倾向、责任意识、权力取向三个要素构成,管理技能维度由经营监控能力、战略决策能力、激励指挥能力三个要素构成。

赵曙明(2003)在研究职业经理人任职资格测评时认为,称职的经营管理者必须具备科学决策能力、沟通能力、组织能力、学习能力和社会活动能力。此外,赵曙明教授还对不同层级的企业管理者分别进行了研究①,通过对我国企业高层、中层、基层管理者大规模随机抽样调查结果显示,企业管理者的胜任素质不仅在管理层级之间存在显著差异,在各管理层级内部,企业管理者的胜任素质特征也存在不同;企业管理者的管理岗位、文化水平、性别、年龄,管理者所在企业的企业规模、所有权属性、行业、地区以及管理者的绩效水平对管理者的胜任素质特征都有显著影响。

朱仁宏(2006)设计了企业高级管理人才胜任能力模型。该结构由三部分组成:第一部分为知识,包括基本知识和专业知识,这与麦克里兰的胜任特征模型中的知识基本上是相同的;第二部分为技能,包括基本技能(也可称为领导力)和专业技能,相对于麦克里兰的胜任特征模型,这里的技能既包括模型中"显性"部分,也含有模型中"隐性"部分,如社会角色和自我概念等;第三部分为品德,这相当于麦克里兰的胜任特征模型"隐性"能力中的动机(决定外显行为的自然而稳定的思想和价值观)等内容。

萧鸣政、陈小平(2008)采用问卷调查法、数据分析法等方法,构建了某中央部委机关局处级党政领导人才胜任能力模型。该结构主要由政治素质、知识结构、能力素质、基本心理素质、品德素质、观念与理念与工作经验等七个部分的要素组成②。

4. 胜任能力岗位模型的设计

在胜任能力通用模型的设计思路、方法和方案的基础上,上文提到行业属性、层级会对胜任能力建模产生影响。同时要指出的是,在同一个行业同一个层级上,职位(岗位)不同也会使胜任能力模型的构建产生差异。

设计智能/岗位胜任能力模型过程中最常用的方法是职能分析法,它在英国盛行了近20年,主要关注最低限度可以接受的绩效。职能分析法关注实际的工作产出,焦点在工作而不是工作中的个人,通过基于分析的过程,识别出一个职能或工作所要求的产出能力。该方法首先调查职位的工作责任、任务、义务、角色和工作环境,同时抽取、分析出职位的工作职责与关键角色;然后对可接受的标准或绩效进行描述,根据角色和工作职责确定胜任能力单元;最后确定胜任能力。

Mansfield 和 Mathew(1986)以职能分析法为指南,开发了与英国职业标准紧密联系的工作能力模型。在该模型中,他们使标准更加动态,包括职业能力四个内部相关的方面③:

---

① 赵曙明.我国管理者职业化胜任素质研究[M].北京:北京大学出版社,2008.
② 萧鸣政,陈小平.某中央部委机关党政领导人才素质模型的建构[J].中国人才,2008(7).
③ 冯明,尹明鑫.胜任力模型构建方法综述[J].科技管理研究,2007(9).

①技术期望——完成工作角色的期望；②管理权变——在流程和程序中认识和解决潜在的和实际的故障；③管理不同的工作活动——完成平衡和协调大量不同的潜在的冲突活动；④管理工作环境的接口——响应、管理自然的限制。

Boyatzis 等（1982）通过对 12 个工业行业的公共事业和私营企业 41 个管理职位的 2 000 名管理人员的胜任特征进行了全面系统的分析，设计了针对基层管理岗位人员的胜任能力的通用模型。

Bray 等根据评价中心技术，在 ATT 进行了为期八年的研究，从能力、态度及个性特征等角度出发，总结出 25 项影响经理岗位人员工作成功的重要因素，并以此建立了经理岗位的胜任能力模型。

在中国，近些年来关于岗位的胜任能力建模研究也有了长足发展。

清华大学张德、魏军（2005）通过对国内多家商业银行的调研，利用团体焦点访谈法、关键行为事件法以及多元统计分析方法和胜任能力评价法，对客户经理胜任能力模型进行了深入研究，得出商业银行客户经理胜任能力结构模型。该模型包括把握信息、拓展演示、参谋顾问、协调沟通、关系管理和自我激励六大方面。

朱国锋（2005）对船长胜任能力的研究通过因素分析[①]，把船长的胜任能力划分为五个模块：职业道德、职业知识、职业技术能力、社会认知能力、体质体能。

鲍粮库（2007）对不同岗位职能的胜任能力模型进行了研究。他认为划分岗位序列需要以按岗位素质要求的相似程度为依据，每个序列中各个岗位的通用胜任素质要项相同，所以，岗位序列的划分是岗位胜任能力模型设计的前提。在此基础上，他进一步提出必须针对岗位说明书中的职责描述与岗位能力素质的要求，依据岗位工作性质相近、素质要求相似的原则，在与公司有关负责人沟通的基础上，把公司的所有岗位划分为高层管理、行政、人力资源、市场营销、科研、审计、财务和计划发展等八个序列。每个岗位序列包含诸多具体的岗位，如计划发展序列主要包括规划处处长、产业处处长、政策研究室副主任、管理改革、战略规划、综合统计、技改投资、固定资产投资管理、信息化管理、计划预算、预算合约等职位。最后，确定职能岗位的胜任素质结构。

鲍粮库指出，职能岗位的胜任素质结构的确认主要包括三方面内容，即核心胜任素质、序列胜任素质和专业胜任素质。其中，核心胜任素质要求全体员工都应该具备，这是公司战略和企业文化的基本要求；序列胜任素质是每个序列中各职位所应共同具备的素质；专业胜任素质是由各个岗位的具体职责要求决定的，每个岗位各有差异。

三、胜任能力模型建构的案例

传统的人员选拔一般比较重视考察人员的知识、技能等外显特征，而没有针对难以测量的核心的动机和特质来挑选员工。如果挑选的人员不具备该岗位需要的深层次的胜任

---

① 朱国锋.船长胜任力职务分析问卷的编制[J].中国航海,2005(2).

能力,要想改变该员工的深层特征却又不是简单的培训可以解决的问题,这对于组织来说将是一个重大的失误与损失。基于胜任能力的选拔正是帮助企业找到具有核心的动机和特质的员工,有助于组织人力资源管理者在人才甄选时清楚所要考察的指标,明确工作内容,在招聘过程中根据岗位的胜任能力,形成笔试和面试的提纲以及评分标准的依据。由此既避免了由于人员挑选失误带来的不良影响,也减少了组织的培训支出。尤其是为工作要求较为复杂的岗位挑选候选人,如挑选高层技术人员或高层管理人员,在应聘者基本条件相似的情况下,胜任能力模型在预测优秀绩效方面的重要性远比与任务相关的技能、智力或学业等级分数等显得更为重要。

下面以胜任能力模型在招聘中的应用为例作出说明。基于胜任能力模型的招聘程序,一方面要求管理者了解什么是胜任能力,组织对岗位胜任能力的要求是什么;另一方面,通过胜任能力系统,管理者可以更有效地管理与开发其下属资源。基于胜任能力模型的招聘除了选用既定的工作标准与技能要求进行招聘评价之外,还要求依据岗位胜任能力要求考察候选人具备的素质,以便实现"能位对应"。图 3-4 是基于胜任能力模型的招聘甄选事实示意图。

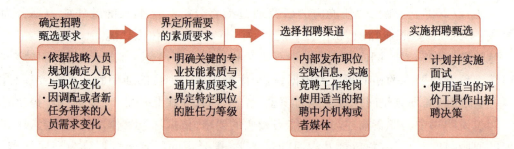

图 3-4　基于胜任能力模型的招聘甄选事实示意图

1. 人力资源经理通用素质模型

国际人力资源管理研究院的人力资源经理通用素质模型包含 6 大类群(角色)、30 项具体胜任素质(胜任能力)条目、210 条行为指标(2005)。表 3-10 和图 3-5 是人力资源经理通用素质模型。

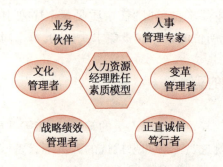

图 3-5　国际人力资源研究院的人力资源经理通用素质模型

表3-10　人力资源经理通用素质模型

六大类群	胜任素质条目
【人事管理专家】 推行人力资源管理最佳实践	1. 了解优秀的人力资源管理理论和方法； 2. 重建和优化人力资源管理流程； 3. 规划引入优秀的人力资源管理方法和技术； 4. 管理人力资源实践的各职能和流程； 5. 评估测量人力资源管理实践的有效性
【业务伙伴】 成为组织和直线经理的业务伙伴	1. 了解经营战略与市场环境； 2. 熟悉主要业务流程和关键环节； 3. 理解内外部客户文化及其需求； 4. 熟悉战略规划业务计划过程； 5. 连接业务需求与人力资源管理实践
【变革管理者】 管理组织和业务变革	1. 鼓励有利于业务成功的创造性； 2. 主动设计和引导推动变革； 3. 展示有效的咨询沟通技能； 4. 展示建造信任和互动关系的技能； 5. 展示分析及解决问题的技能
【文化管理者】 管理组织文化	1. 确定与组织使命和经营战略相符的文化； 2. 将所确定的文化转化为组织的具体行为； 3. 激励主管人员与所需文化持续相符； 4. 在组织中共享知识和信息； 5. 注重使内部文化适应外部客户的需求
【正直诚信笃行者】 具备正直道德和个人诚信	1. 信守承诺，保守秘密； 2. 公正处事，不带偏见； 3. 注重个人形象与操行； 4. 尊重他人，营造信任关系； 5. 注重判断力，用数据支持决定
【战略绩效管理者】 倡导战略性人力资源绩效管理	1. 理解人力资源体系和组织绩效之间的战略关系； 2. 了解测量战略性人力资源绩效的原则； 3. 了解测量人力资源管理和组织绩效因果关系的方法； 4. 展示人力资源管理的战略影响； 5. 建立组织的人力资源记分卡

2. 职业营销经理胜任特征模型[①]

（1）研究过程。

以营销经理为研究对象，以某大型电器营销公司的销售经理为胜任特征模型研究的样本，选取该公司所辖不同地区的7位总经理、13位销售经理为样本进行构建胜任特征模

---

① 吴孟捷. 职业营销经理胜任特征模型研究[J]. 重庆大学学报（社会科学版），2004（1）.

型的研究。

首先，对该公司在全国不同地区的经营部经理以及12位部门经理或主管共32人进行工作分析，明确其工作内容、工作要求及绩效考核指标。通过工作分析明确了营销经理的主要职责：在总经理的领导下，把握本经营部门总体发展战略的目标，拓展区域销售市场，巩固发展营销网络，实现产品销售的最大化；全面负责下属部门的工作，开拓市场，理顺客户、用户以及其他方面的关系，完成当期销售任务，完善各项经营指标，追求最佳经营成果，为公司培养适用人才。营销经理的绩效考核由公司KPI考核体系来决定，主要考核指标有累计流动资金周转天数、累计回款完成率、累计利润率、累计不良资产改善率以及累计费用率。

然后，挑选该公司现有的营销经理进行行为事件的深度访谈。对营销经理按考核指标体系划分为优秀和一般两个小组。为了使深度访谈的样本更加具有代表性，分别从该公司的不同地区、不同绩效表现的小组随机抽取了北京、西安、石家庄、上海、杭州、南京、天津和济南等分公司的45名营销经理进行重点深度访谈，与被访者进行直接接触，同时进行人员素质和知识测评，了解被访谈对象的基本资料。

在统计检验验证了优秀组与一般组存在显著性差异的前提下，通过聚类分析整理归纳出胜任特征要素频次的基本分类，初步构建了胜任特征模型框架，并对胜任模型的各要素进行了描述性定义。

（2）职业营销经理胜任能力模型。

① 初步模型。

如图3-6所示，职业营销经理的胜任能力模型框架包括个人特质、管理效率、组织与协调、领导力四个方面。

个人特质包括韧性、成就欲望、冒险、责任感、集权、自信、创新、心态调整、概念性思维、影响力。

管理效率包括团队协调、财务管理、规范管理、市场拓展、信息搜寻、专业知识。

组织与协调包括人际洞察能力、谈判能力、市场策划、发展他人、人力资源管理、权限意识、销售网络建设。

领导力包括战略计划、公关能力、判断决策能力、应变能力、主动性、团队领导、客户意识、沟通能力、学习能力。

② 职业营销经理胜任能力模型。

通过相关分析又进一步验证了胜任能力模型内在结构的合理性与有效性，然后通过德尔菲法确定了胜任特征各因素所占权重，找到胜任特征中的关键性指标（表3-11）。

专业知识、规范管理、概念性思维、人力资源管理都直接影响营销经理的绩效；心态调整、财务管理、战略计划、应变能力虽然间接作用于营销经理的绩效，但它们与其他特征紧密相关，在整个胜任能力模型中起着桥梁和润滑的作用，其影响和作用力不可忽视。

营销经理胜任能力模型明确了合格的营销经理应该具备的胜任特征。就营销经理胜任能力模型的建立而言，它将为选拔合格的营销经理，有效预测营销经理未来的工作绩

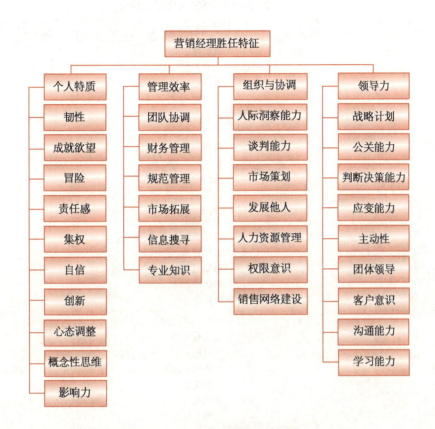

图 3-6　职业营销经理胜任能力模型框架示意图

效,合理设计营销经理的职业生涯规划等方面提供有力的依据。根据营销经理素质及能力状况,结合企业发展的需要建立营销经理培训开发体系,为营销经理设计培训开发的最优方案,帮助营销经理与企业同步成长,提高营销经理的综合素质,从而不断提高企业的核心竞争力,这将是一件十分有意义的事情。营销经理是职业经理队伍的重要构成部分,营销经理胜任能力模型的建立,从"经理"的共性或个性的角度看,都能为企业其他类型经理的招聘、考核、培训以及激励提供强有力的支持,从而形成以胜任特征为基础的人力资源管理的新模式。认真研究和发展这种新模式,必将激活企业的人力资源管理,强化企业"知人善任"的能力,优化企业的人力资源配置,为企业带来更多的收益,进一步增强企业的核心竞争实力,为企业在激烈的市场竞争中脱颖而出提供坚实的后盾。可以说胜任能力模型在人力资源管理活动中起着基础性、决定性的作用。

表 3-11　职业营销经理的胜任能力模型

类　别		要　素	权　重
个人特质	☆★ ☆	概念性思维 心态调整 责任感 成就欲 影响力 创新 集权 韧性 冒险 自信	20%
管理效率	☆★ ☆★ ☆	专业知识 规范管理 财务管理 市场拓展 团队协调 信息搜寻	45%
组织与协调	☆★	人力资源管理 权限意识 发展他人 销售网络建设 市场策划 谈判能力 人际洞察能力	20%
领导力	☆ ☆ ☆	战略计划 学习能力 团队领导 判断决策能力 沟通能力 主动性 客户意识 应变能力 公关能力	15%

注：★ 直接作用于营销经理业绩表现。
　　☆ 间接作用于营销经理业绩表现。

第五节　人员测评与选拔标准体系设计案例

本节以销售人员为例介绍测评体系的构建①。

---

① 萧鸣政,库克.人员素质测评[M].北京:高等教育出版社,2003:144.

一、基本思路和研究方法

1. 思路

在研究过程中,我们基本上遵循这样一个思路:首先,通过收集资料,了解销售人员素质最一般性的结构与内容;然后,通过多种方法,逐步对其进行添加、删减或修改,从不同的角度和层面,将其逐渐修订成为一个符合要求的指标体系;最后,进行权重的分配以及评分标准的确定。

具体过程:

(1)搜寻指标;
(2)拟定指标体系;
(3)分配指标权重;
(4)确定评分标准。

2. 方法

可能应用的具体办法有文献查阅法、头脑风暴法、调查访谈法以及权重分配的对偶比较法。

二、搜寻文献资料的过程——以销售人员为例

1. 国际标准职位分类

4—5—30 零售推销员

零售推销员指在零售企业里销售商品的人员,其任务包括以下六项:

(1)弄清商品的性能和质量,通过说明展示商品的特色,帮助顾客挑选商品;
(2)包装货物,如需要则安排为顾客送货;
(3)补充陈列的商品;
(4)收付款、开发票或填写货物签条,并校验出纳的收款单据;
(5)商定赊购或对冲交换的旧货作价;
(6)接受更换或修理的商品。

2. 我国职位分类

4—01—02—01 推销员

推销员指从事商品、服务推销的人员,其从事的工作主要包括以下七项:

(1)了解市场信息,寻找潜在客户;
(2)与客户洽谈,介绍产品;

(3) 提供售前、售中、售后服务；
(4) 办理商品的交付发送；
(5) 处理商品销售过程中的纠纷；
(6) 签订销售合同；
(7) 结算货款。

3. 营销岗位系列基本素质要求

(1) 能力：良好的沟通、协商、应变能力和人际能力，适应性强，富有创造性，情绪控制能力；

(2) 个性：乐群、热情、耐心、坚韧执着，能承受挫折，健谈；

(3) 知识经验和技能：最好有客户关系，熟悉分销渠道，具备营销常识。

4. 推销人员素质

(1) 思想品德。
- 强烈的事业心和敬业精神；
- 职业道德；
- 正确的推销思想。

(2) 业务素质。
- 文化理论知识；
- 掌握市场规律和信息；
- 掌握一定的推销实务知识(如企业、商品、合同、结算技巧)；
- 社会知识。

(3) 个人素质。
- 好气质和职业素养；
- 健康心理和完美个性；
- 沟通能力；
- 真诚丰富的情感；
- 端庄的仪表能力。

(4) 能力。
- 观察能力；
- 理解、决策能力；
- 控制情绪和应变能力；
- 语言表达能力；
- 社交能力；
- 技术维修能力。

5. 营销人员素质

（1）性格特点。
- 宽阔胸怀，礼让；
- 性格开朗，易与人交往；
- 情绪稳定，不易急躁，不易冲动；
- 乐观；
- "惜金如命"；
- 不断接受新的事物；
- 做事严谨，有事业心、责任心。

（2）能力。
- 应变能力；
- 观察力；
- 逻辑思维；
- 表达能力；
- 精确运算能力；
- 宏观协调能力；
- 公共关系；
- 情感控制。

（3）知识。
- 市场营销；
- 技术；
- 心理学知识。

6. 分析与总结

根据以上文献资料可以看出，对于销售人员的素质要求主要有以下三个方面。

（1）品性方面。
- 乐群、热情、开朗、易与人交往、较健谈；
- 耐心、情绪稳定、不易冲动，能承受挫折、能容忍；
- 严谨认真，有责任心；
- 乐观向上，有事业心；
- 外貌、气质好。

（2）知识方面。
- 文化理论知识；
- 业务知识：市场营销知识，产品及市场知识，技术知识。

（3）能力方面。

- 观察、表达、沟通、协商等人际能力；
- 理解、判断、决策等思维能力；
- 控制情绪和应变能力；
- 技术操作能力。

三、指标体系的分析与研究

在这里以海尔公司为例进行销售人员测评指标体系的分析。

1. 来自企业的特殊要求

（1）该职位在企业中所处位置。

海尔集团公司→信息产品本部→计算机事业部→青岛海尔3C连锁有限公司→北京分公司→家用机市场部→分销店（展位）→店长→直销员。

（2）海尔企业文化的三个层次。

① 表层：物质文化。如表面的发展速度、海尔产品、海尔服务质量等。

② 中间层：制度行为文化。包括三个层面：DEC管理、日清表格和程序文件。强调每人、每天对每件事进行全方位的控制和清理。其基本思路来源于斜坡球体理论，认为企业如同爬坡的球，它受到来自市场竞争和内部情形而形成的双重压力，如果没有一个制动力，它就会下滑，而这个制动力就是基础管理。

③ 核心层：精神文化，即海尔的价值观。海尔的价值观即创新，指不断地战胜自己，确定目标，认为简单的发明不是创新，只有把发明转化为一个巨大的有社会效益的经济活动，才能称为创新。

（3）海尔的用人之道：人人是人才，赛马不相马。

① 要让每个人最大限度地发挥自己的特长，使每个人都能找到适于实现自己价值的位置。

② 建立一个可以出人才的机制和一套完善的人才培养使用机制。

（4）海尔的组织理论：海尔是海。

① 海尔文化使海尔人有了凝聚力，才有大海摧枯拉朽般的神奇。

② 海尔文化使海尔具备大海那样的自净能力。

③ 海尔文化与整个社会文化融合，使海尔文化不仅仅是企业文化。

（5）海尔的产品概念。

① 核心：用户需求，要求可达到无师自通以及个性化技术服务。

② 形式：产品。

③ 外延：服务。

（6）海尔的经营理念和意识。

① 海尔的三个不打折：质量不打折、服务不打折、信誉不打折。

② 海尔的经营意识。
- 有缺陷的产品就等于废品——质量意识；
- 企业围墙之内无名牌,名牌无国界——市场意识；
- 用户永远是对的——用户意识；
- 重信誉而非卖产品——品牌意识；
- 星级服务一条龙——服务意识。

（7）总结。

海尔公司的企业文化及经营意识,分别体现于其在行为和结果两方面的目标或要求：行为上,海尔强调自我管理和自我更新；结果上,海尔寻求用户的满意和企业整体良好形象的树立。

作为企业终端的直销员,要尽力使其适应海尔的企业文化,并使其行为的结果最终导向企业所希望的结果。因此,对直销员有如下要求。

① 要有自我管理和自我更新的能力：一方面,要严谨、认真、负责；另一方面,要不断创新,不断进取。

② 要能够保证用户的满意,又有如下要求。
- 具备较高的人际沟通能力和技巧；
- 不以利润的获取作为价值取向和行为动机；
- 诚实守信,符合社会主流文化的正面要求。

2. 职位本身的特殊要求

（1）资料：国际标准职业分类。

4—31—20 技术推销员

① 掌握所推销产品或设备的结构、用途和保养方面的技术知识,如所推销的化学、机械、电气、电子方面的产品和设备。

② 拜访建筑师、工程师和其他潜在的用户,应用户的特别要求,说明本公司产品的优点和用途,准备简图和操作规格说明。

③ 可能洽谈合同和达成信用协议。

（2）调查访谈。

对象：海尔公司电脑直销员××,调查问题如下。

Q01 你在工作中的主要活动有哪些？

答：主要进行现场推销,包括对顾客进行商品介绍,回答顾客提出的各种问题,并处理纠纷。

如果交易达成,则须签订销售合同,写台账,对销售量进行记录并结算货款。

然后,应交付货品或向服务部门递交销售信息。

还要收集市场和顾客的有关信息,在每周一次的例会上向主管人员汇报。

Q02 你在工作中其他的偶发性或较不重要的活动有哪些？

答:清扫、布置展台;研究学习竞争对手;处理与商场人员的纠纷;店长不在时,向大库要求补充库存。

Q03 你在工作中主要应用哪些设备?

答:计算机、电话机、打印机。

Q04 你认为此种工作需要什么样的教育程度?

答:中专、大专即可。

Q05 你认为从事此项工作所需的特殊知识、技能有哪些?

答:计算机知识(包括硬件知识和软件知识)、推销技能和知识、本企业产品信息、对手信息等。

Q06 你认为从事此项工作所需的相关工作经验要多少?

答:至少要1—2个月培训,但不一定要有相关工作经验。

Q07 你认为做好此项工作需要多久的工作经验?

答:一年以上。

Q08 你受到来自何人的何种程度、何种方式的监督?

答:店长的经常性监督以及来自销售经理的不经常监督。方式是日常观察,如每日的日清表、每周的合理化建议(其中要包括工作中发现的问题)。

Q09 对你的工作绩效考察标准是什么?

答:销售量是最主要的指标,此外还有顾客评价。

Q10 你在工作中可能出现哪些失误?这些失误将以何种方式处理?

答:① 可能会出现台账的疏漏。如果多收,负责退回顾客;如果少收,自补。

② 可能会在展示时造成机器损坏,大家平摊损失。

③ 可能会造成货品的丢失,自行赔付。

④ 可能与顾客发生矛盾,自己承担责任,顾客永远正确。

Q11 你的工作是否需要经常作决策?

答:不需要。

Q12 你的工作条件有哪些不利于身心之处?

答:① 顾客的问题和抱怨令人烦躁。

② 空气不好(商场中尤为明显),长时间站立,吃饭不规律。

③ 为销售量而相互竞争,感觉疲惫。

Q13 你在工作中主要与哪些人发生接触?

答:① 顾客,持续不断地接触,口头或电话。

② 同事,比较频繁地接触,口头。

③ 商场的管理人员,一般频率地接触,口头。

④ 销售主管,一周一次,公开或书面。

⑤ 服务部,接触不频繁,电话。

⑥ 公司经理,不频繁地接触,主要是口头。

Q14 你有无需要对付进行指导监督的人员？
答：无。
Q15 在这项工作中，你还有其他感受和想法吗？
答：① 与服务部门有摩擦，顾客抱怨的往往是我和商店，但事实上责任通常在服务部门。
② 有时抱怨顾客，但是顾客又永远是正确的。
③ 与商场管理人员有摩擦，他们的要求往往超越职能范围。

3. 分析总结

显然在本案例销售人员的实际工作中，有两点是不同于普通销售人员的：
（1）要求有较强的计算机及其辅助设备的操作维修能力，并可以对他人进行指导。
（2）要求有较强的沟通协调技巧，包括与顾客、商场人员、其他部门沟通。

四、指标体系的结构与内容

通过上述调查与分析，我们得到了表3-12所示的指标体系结构。

表3-12　海尔电脑销售人员的测评指标体系

模块结构	项目	要素	标志与标度		
品性素质(30)	需求和动机(10)	亲和动机(5)	愿意投入该工作，融入该组织，认同公司价值观，愿意与公司同舟共济(5)	愿意投入该工作，基本认同公司的价值观，能基本协调公司与个人的利益关系(3)	愿意投入工作，与公司只是雇佣关系，只关心自己的利益(1)
		成就动机(5)	希望在工作中获得高成就，富有进取心，能自我激励(5)	进取心时高时低，对取得工作成就期望一般(3)	完成工作就行，不指望获得什么成就(1)
	工作态度(5)	工作责任心(3)	工作责任心强，努力认真，能够较好地完成工作任务(3)	能基本完成本职工作，较认真努力(1)	工作责任心不强，推诿责任，常把自己的工作推给别人(0)
		工作主动性(2)	工作积极主动，关心组织发展，主动提出改进工作的建议(2)	工作较主动，偶尔能提出一些建议(1)	工作不积极，不能较好地完成本职工作(0)
	人际交往(10)	仪表举止(3)	衣着整洁，端庄大方，举止大方得体，合乎礼仪规范(3)	衣着较整齐，举止较得体，较合乎礼仪(1)	衣冠不整，举止随便，不合礼仪(0)
		外向性(3)	外向热情，喜欢结交朋友，善于与陌生人交谈(3)	较外向，与陌生人交谈时基本能应付(1)	内向，不善于与陌生人交谈(0)
		乐群性(4)	希望融入团体，与人和睦相处(4)	基本能与人和睦相处(2)	不能较好地处理与周围人的关系，喜欢独处

续表

模块结构	项目	要素	标志与标度		
品性素质(30)	情绪(5)	耐心(2)	非常有耐心,不厌其烦(2)	比较有耐心(1)	较缺乏耐心,容易厌烦(0)
		坚韧(2)	一旦确定目标,就会坚持到底,百折不挠(2)	基本能坚持自己的目标,但遇到大挫折会放弃目标(1)	遇难则退,经常改变目标(0)
		精神面貌(1)	精神饱满,充满自信(1)	精神状态较好(0.5)	无精打采,精神状态差(0)
知识素质(18)	基本知识(2)	学校教育(1)	有较高的学历和丰富的知识(1)	一般教育程度(0.5)	受教育程度较低(0)
		社会知识(1)	通晓相关政策、法律等知识,有丰富的社会经验(1)	一般了解相关政策、法律等知识,有一些社会经验(0.5)	不了解相关政策、法律等知识,无社会经验(0)
	营销知识(6)		通晓目标市场、消费者行为及心理等营销知识(6)	基本了解(3)	不太了解(1)
	市场知识(6)	市场知识(2)	清楚了解市场整体需求、市场供求情况、价格变化(2)	基本了解(1)	不太了解(0)
		竞争对手知识(2)	清楚了解竞争对手的经营、价格等情况(2)	基本了解(1)	不太了解(0)
		产品知识(2)	清楚了解产品功能、操作、维护、特性等知识(2)	基本了解(1)	不太了解(0)
	计算机知识(4)		通晓计算机软硬件、网络等知识(4)	基本了解(2)	不太了解(0)
能力素质(30)	沟通协商(7)	语言表达(2)	语言流畅,能清楚生动地表达自己的意思(2)	语言较通畅,可基本表达出自己的意思(1)	语言表达不畅,词不达意,不能表达出自己的意思(0)
		倾听(2)	能耐心地倾听他人讲话,并适时地作出回应(2)	比较耐心地倾听他人讲话(1)	对他人讲话不耐烦,喜欢向他人演讲(0)
		说服力(3)	能清楚地表达自己的立场,巧妙附和对方,主动诱导对方同意自己的意见(3)	努力向对方表达自己的意思,能够说服对方同意自己,有一些说服力(2)	不能清楚地表达自己,反而受对方牵制,没有什么说服力(1)

续表

模块结构	项目	要素	标志与标度		
能力素质(30)	洞察力(7)		通过观察分析很快就能了解全貌,敏锐,能很快发现关键问题,抓住要害(7—5)	有一定的观察力,能发现一些问题(4—3)	迟钝,不能很快发现问题(1)
	应变能力(7)		反应迅速,能很好地处理突发事件,随机应变,能控制局面(7—5)	能处理一些突发事件,有一定的应变力(4—3)	面对突发事件显得手足无措,不能随机应变(1)
	创造力(2)		善于创新,经常有一些新点子和设想(2)	能接受新事物,偶尔有一些新想法(1)	因循守旧,缺乏创造力(0)
	自我管理能力(7)	情绪控制(3)	冷静,能较好地控制自己的情绪(3)	一定程度上能控制自己的情绪(2)	易急躁,发火(1)
		计划性(2)	对工作目标有一定计划,工作前做好充分准备(2)	按章办事,有条不紊(1)	无计划、散漫(0)
		时效意识(2)	行动迅速,不拖泥带水(2)	能按时完成任务(1)	无时效意识,办事拖沓(0)
技能素质(17)	营销技术(10)		能灵活地运用谈判、服务、公关、广告等营销技巧,能清楚地把握顾客心理(10—7)	掌握一些技巧(6—4)	缺乏营销技能(2—1)
	计算机操作技能(7)		能灵活地操作计算机,掌握一些维护修理技术(7—5)	能进行基本操作(4—2)	不懂如何操作(1)
身体素质(5)	外貌(2)		五官端正,外表诚实(2)	五官端正(1)	外表狡诈,猥琐(0)
	健康(1)		健康,无疾病(1)	基本健康,无大病(0.5)	体弱,有大的疾病(0)
	体质(2)		体力充沛,体质强健,可连续长时间工作(2)	体质一般(1)	体质差,不能长时间工作(0)

五、指标的赋分方式

对于上述测评指标体系,我们是采用对偶比较法确定各项指标的权重,逐级确定。例如,确定一级指标时的一组数据如表 3-13 所示。

表3-13　一级指标比较结果

	品性素质	知识素质	能力素质	技能素质	身体素质
品性素质		1	2	1	0
知识素质	3		3	2	1
能力素质	2	1		1	0
技能素质	3	2	3		1
身体素质	4	3	4	3	
总分	12	7	12	7	2
权重	0.175	0.3	0.05	0.18	0.3

收集多组数据，经平均、修正后，得出如表3-14所示的权重分配表。

表3-14　权重分配表

品性素质	知识素质	能力素质	技能素质	身体素质
0.17	0.30	0.05	0.18	0.30

每个分指标赋分方法同上。所有赋分结果，请参考表3-12。

本章小结

本章论述的主要问题是人员测评与选拔内容的标准化，即把抽象与广泛的测评内容转化为具体可操作的标准体系。本章主要介绍标准体系建构的作用、构成、原则、方法、步骤等，并在第五节介绍一些标准体系建构的实例。

测评与选拔标准体系设计在人员测评与选拔活动中发挥着重要作用，是中心与纽带。其设计分为横向结构和纵向结构两个方面。横向结构是指将需要测评的人员素质的要素进行分解，并列出相应的项目；纵向结构是指将每一项素质用规范化的行为特征或表征进行描述与规定，并按层次细分。

在测评与选拔过程中，测评与选拔标准体系及其分数等级、评语充当一种价值等价物的作用，它一般由标准、标度和标记三个要素组成。

测评与选拔标准体系分为效标参照性标准体系和常模参照性指标体系两种。前者是依据测评内容与测评目的而形成的测评标准体系，一般是对测评对象内涵的直接描述或诠释。后者是对测评客体外延的比较而形成的测评标准体系，与测评客体本身无关。

测评与选拔标准体系设计有四个原则：针对性与普遍性的统一，择要性与完整性的统一，明确性与独立性的统一，主观性与客观性的统一。

测评与选拔标准体系设计中有四个问题：素质结构指标和绩效指标相互补充，某一测评指标可能同时反映其他素质与功能特性，综合指标与局部指标相互补充，指标应具有一定的行业特点和时间性。

测评与选拔标准体系设计有四个工作环节：工作分析，理论建模，专家论证，预试修订。

在测评与选拔标准体系设计过程中，要遵循一定的原则和工作环节，并应当注意一系列问题。测评与选拔标准体系的设计包括七个基本步骤：明确测评与选拔的客体与目的，确定测评与选拔的项目，确定测评与选拔标准体系结构，筛选与表述测评与选拔指标，确定测评与选拔指标权重，规定测评与选拔的计量方法，测试并完善测评指标体系。

素质模型是测评实践中新近研究的重要内容，胜任能力模型理论重点介绍胜任能力方面的相关分析与指标设计方法。

复习思考题

一、填空题

1. 人员测评与选择标准体系的_____是指将需要测评的人员素质的要素进行分解，并列出相应的项目。

2. 人员测评与选择标准体系的_____是指将每一项素质用规范化的行为特征或表征进行描述与规定，并按层次细分。

3. 测评所指向的具体对象与范围就是_____。

4. _____是指测评标准体系的内在规定性，常常表现为各种素质规范化行为特征或表征的描述与规定。

5. _____是对标准的外在形式划分，常常表现为对素质行为特征或表现的范围、强度和频率的规定。

6. 测评指标在测评体系中的重要性或测评指标在总分中应占的比重就是_____。

7. 担任某一特定的任务角色所需具备胜任能力项目的集合就是_____。

8. _____是指请专家"背靠背"地反复填写对权重设立的意见，不断反馈信息以期专家意见趋于一致，得出一个较为合理的权重分配方案。

9. 分配给测评指标的分数,常常也被称为绝对数量的权数类型叫作_____。
10. 某个测评指标作为一个单位,在总体中的比重值的权数类型叫作_____。

二、单选题

1. 人员心理素质要素不包含(　　)。
   A. 智能素质　　B. 品德素质　　C. 文化素质　　D. 身体素质
2. 人员测评与选择标准体系的纵向结构不包含(　　)。
   A. 测评内容　　B. 环境要素　　C. 测评目标　　D. 测评指标
3. 从标准揭示的内涵来看,它不包括(　　)。
   A. 客观标准　　B. 主观标准　　C. 双重标准　　D. 半客观半主观标准
4. 以分数来揭示考评标志水平变化的标度是(　　)。
   A. 量词式标度　　B. 等级式标度　　C. 数量式标度　　D. 数轴式标度
5. 人员测评与选拔标准体系设计工作环节不包括(　　)。
   A. 工作分析　　B. 理论建模　　C. 标准考评　　D. 预试修订
6. 加权的类型不包括(　　)。
   A. 横向加权　　B. 多元加权　　C. 纵向加权　　D. 综合加权
7. 展示素质构成的核心要素,并说明各构成要素可被观察和衡量的胜任能力模型是(　　)。
   A. 冰山模型　　B. 大五模型　　C. 洋葱模型　　D. 胜任能力词典
8. 以下属于主观性测评指标的是(　　)。
   A. 出勤率　　B. 满意度　　C. 犯错误次数　　D. 销售量
9. 在测评与选拔标准体系的纵向结构中,最具体的是(　　)。
   A. 测评内容　　B. 测评素质　　C. 测评目标　　D. 测评指标
10. 以下不属于工作分析在测评内容标准化过程中的具体表现形式的是(　　)。
    A. 工作绩效指标分解法　　　　B. 工作目标因素分解法
    C. 工作内容因素分解法　　　　D. 工作行为特征分解法
11. 在人员测评与选拔标准体系的纵向结构中,(　　)是测评所指向的具体对象与范围,(　　)是对测评内容的明确规定,(　　)则是对测评目标的具体分解。
    A. 测评目标　测评指标　测评内容　B. 测评内容　测评目标　测评指标
    C. 测评目标　测评指标　测评项目　D. 测评项目　测评目标　测评指标
12. 从标志表示的形式来看,标准不包括(　　)。
    A. 评语短句式　　B. 设问提示式　　C. 方向指示式　　D. 测定式
13. 核心团队胜任能力模型设计法的第一个步骤和最后一个步骤分别是(　　)。
    A. 组建团队　检验与优化　　　　B. 组建团队　模型构建
    C. 定义绩效标准　检验与优化　　D. 定义绩效标准　模型构建

三、多选题

1. 人员测评与选拔标准体系的作用包括( )。
   A. 把测评与选拔主体、客体、对象、方法和结果连为一体
   B. 有利于促进人员与工作岗位的物化连接
   C. 有利于提高测评与选拔的科学性和客观性
   D. 有利于统一观点、深化认识
2. 人员测评与选择标准体系的横向结构可以分解为( )。
   A. 结构性要素　　B. 行为环境要素　　C. 工作绩效要素　　D. 人员素质要素
3. 工作绩效要素包含( )。
   A. 工作难度　　　B. 工作成果　　　　C. 工作责任　　　　D. 工作数量
4. 人员测评与选拔标准体系要素包括( )。
   A. 标尺　　　　　B. 标准　　　　　　C. 标度　　　　　　D. 标记
5. 从标准表示的形式来看,标准包括( )。
   A. 测定式　　　　B. 方向指示式　　　C. 评定式　　　　　D. 设问提示式
6. 标度包括( )。
   A. 量词式标度　　B. 等级式标度　　　C. 数量式标度　　　D. 定义式标度
7. 人员测评与选拔标准体系包括( )。
   A. 效标参照性标准体系　　　　　　　B. 标准参照性标准体系
   C. 常规参照性标准体系　　　　　　　D. 常模参照性标准体系
8. 人员测评与选拔标准体系设计原则包括( )。
   A. 针对性与普遍性的统一　　　　　　B. 择要性与完整性的统一
   C. 明确性与独立性的统一　　　　　　D. 主观性与客观性的统一
9. 常见的确定权重的方法包括( )。
   A. 特尔菲法　　　B. 层次分析法　　　C. 多元分析法　　　D. 主观经验法
10. 主观性测评指标的具体计量方法包含( )。
    A. 分点赋分法　　B. 分段赋分法　　　C. 连续赋分法　　　D. 计分赋分法
11. 人员测评与选拔标准体系设计中的问题包括( )。
    A. 素质结构指标和绩效指标相互补充
    B. 某一测评指标不能同时反映其他素质与功能特性
    C. 综合指标与局部指标相互补充
    D. 指标应具有一定的行业特点和时间性
12. 用主观经验法确定权重的原则包括( )。
    A. 权重分配的合理性　　　　　　　　B. 权重分配的变通性
    C. 权重数值的精确性　　　　　　　　D. 权重数值的归一性

13. 胜任能力通用模型设计的基本手段包括( )。
    A. 行为事件访谈
    B. 职能分析
    C. 情境法
    D. 绩效分析

四、简答与论述题

1. 测评内容、目标与指标相互之间有什么区别与联系？
2. 什么是测评标准体系？它与测评内容、测评目标、测评指标间有什么关系？
3. 为什么说工作分析是建构测评标准体系的基础？
4. 如何看待建立测评标准体系的七个步骤？请提出你的建设性意见。
5. 分析选拔性素质测评标准体系与配置性素质测评标准体系的不同之处。
6. 利用主观经验法确定测评指标的权重是否合理？试举例说明。
7. 试一试，能否对一位营销经理的品德素质和业务技能、体质素质三个方面的测评指标划分层次结构。

本章复习思考题的答案，可通过扫描如下二维码获得。

案例一 JK 公司监理人员测评指标体系

一、JK 公司监理人员岗位管理评价现状

JK 公司是一家以工程监理为主营业务的国有大型工程咨询企业。公司本部现有员工 2 700 余人，其中，监理人员占 90%。在对监理人员岗位管理评价中发现，JK 公司与其他监理公司一样，在人力资源管理方面也面临着如下问题：

（1）监理人员招聘选拔的主观随意性。一方面，企业招聘手段主要依赖经验性的面试或是简单的知识考试，内部未建立统一的招聘选拔标准。这种情况导致招聘成功率低，招聘工作量大，招聘成本高；另一方面，因为没有合理的选拔标准，招聘来的同岗位员工因能力原因在项目上所产生的绩效不同。

（2）员工晋升与发展缺少有效的评价标准。一方面，JK公司39岁以下员工占员工总数的50%，年龄结构呈现年轻化趋势；另一方面，公司面临监理人员岗位分布不尽合理的现象。体现在监理工程师人数占比较高、水平参差不齐，需要建立起内部员工有效的培养与晋升评价体系，实现人岗匹配，选择绩优的年轻人担任重要的监理岗位，促进企业战略目标的达成。

二、构建JK公司监理人员岗位胜任力测评指标体系的必要性

根据对胜任力洋葱模型的研究，我们知道胜任力模型是由表层、中间层和里层三部分组成。人们考察员工的知识、技能，这些都是外显的、可见的测评指标，可以通过后天培养和学习习得；自我认知处于中间，虽然需要较多的时间，但可以通过培训、心理引导或曾经有过的成功经历来改善和强化；个性特征中核心的动机和特质处于最内层，难以测评，也最难发展，所以它才是最有选拔意义和经济价值的。

监理人员要具备监理技能、管理知识、专业技术、职业素养等综合能力。每个监理岗位都具有相同或类似的表层特征，但在区分绩效优秀的监理岗位要素应当是动机、管理才能、职业素养，这些胜任特征在测评优秀绩效方面比掌握监理技能、工程专业知识或学历等级更为重要，这些胜任特征也成为从外显到内隐特征进行人员素质测评的重要尺度和依据。对于监理企业来说，对监理人员进行基于胜任特征的素质测评、选拔具有较高的投资效益和实用价值。

三、基于胜任力特征分析法构建JK监理人员测评体系的方法及步骤

基于胜任力概念的人才测评指标体系，更关注于将相关指标与组织的战略要求联系起来，岗位胜任测评的步骤一般是：首先，明确企业的战略和文化；其次，明确工作的内容以及取得高业绩所需要的条件标准；再次，用问卷、访谈方式收集与工作内容及业绩相关的数据；最后，进行数据分析，即对必要的能力、知识、技能等岗位胜任力进行提取、分类和评价。因此，JK公司基于胜任力特征分析法构建测评指标体系经过了以下步骤。

1. 确定JK公司的企业战略和文化

构建胜任力模型不仅包括与工作绩效紧密相关的行为表现，而且还包括支持组织战略目标实现和企业文化所需的行为模式。前者是个人胜任某一具体岗位所必须具备的知识、技能、个性特质及其他能力要素；后者是由组织文化和战略目标所决定的、组织内所有岗位的任职者都须具备的行为特征，是组织为实现其愿景、战略目标所需的胜任力。

不同企业对岗位胜任力测评指标关注的重点是不一样的。JK公司在新形势下，提出了监理企业向项目管理、工程咨询企业转型，业务也由监理业务向全过程的项目管理

等转型；加大监管一体化项目的承接力度，监理人员要用项目管理的思维来做监理业务，因此对监理人员提出了更高的要求。正是基于JK企业转型战略，在设计和确定监理人员岗位胜任力要素时，就需要从战略高度来确定职位要求，并在分析现状的基础上，设计所有监理人员都为达成公司战略目标所具备的岗位胜任能力。这些胜任能力模型将主要运用在人员招聘、员工培训、职业发展和绩效考核等方面。

2. 明确工作的内容以及取得高绩效所需要的标准

在建立胜任能力模型之前，JK公司明确了哪些是企业的关键岗位。根据《中华人民共和国建筑法》《建设工程监理规范》等国家、地方法律法规及企业管理规定，梳理和明确了监理岗位的工作职责和内容。通过采用上级、同事、下属提名的方法，对监理岗位进行全面分析，找出区分不同监理岗位员工绩效一般与绩效优秀的标准。表现一般者，只能基本完成工作任务甚至难以完成工作任务，这类人只是具备了完成工作任务所必需的基本素质能力，仅仅达到了岗位所要求的合格标准。例如，获取监理工程师上岗证，具备了担任监理工程师的任职资格，具有了专业监理工程师岗位的基本素质能力，但不一定能圆满地完成岗位目标和任务。那些表现突出者，总是能够完全胜任岗位的需求，出色地完成工作任务，他们身上所具备的素质能力是能够在特定岗位上产生高绩效的素质能力，即胜任能力。

3. 收集整理和编译与岗位相关的数据信息

收集与岗位相关的数据信息是岗位胜任能力建模的基础和前提。通过数据收集，可以了解到胜任能力的主要模块和指标体系。获取目标岗位有关胜任特征的数据资料方式有多种，JK公司采用了行为事件访谈法、问卷调查法、专家小组座谈法相结合的方式。首先，JK公司课题组运用行为事件访谈法进行56人次的访谈，访谈范围涵盖了总监、总监代表、标段总监、专业组长、专业监理师和监理员等岗位。通过整理从中找出关键的支持高绩效的行为主题和特征，形成了JK公司监理人员胜任能力特征的"特征素材库"。其次，通过发放和回收问卷调查241份，让调查对象指出哪些是高绩效者具有的行为，然后运用SPSS 20.0软件对问卷数据进行可行性检验和主成分分析，得出监理岗位胜任能力模型由四大因子组成，即专业技术、管理能力、职业素养及动机，同时得出监理岗位二阶因子模型。最后，通过召开专家小组座谈会，在已确定的监理岗位胜任能力模型中，要求JK公司专业委员会小组成员列出高绩效者普遍具备的素质特征，识别出关键的监理岗位胜任能力素质。在这些特征素材的基础上选择出与工作要求内容关系特别明显的那些特征作为该工作岗位的胜任能力特征。

4. 构建测评指标体系

根据整理、归纳的数据，对监理岗位人员胜任能力特征内容进行分析，得出对应于不同层级监理人员的能力模型。胜任能力特征模型测评指标体系由测评维度、测评内容、评价等级标准、指标权重四个层次组成。本文以总监理工程师为例构建其测评指标体系。

(1) 测评维度。是指测评所指向的具体对象与范围。它往往由多个维度构成,反映了该测评对象不同素质的广度、深度和层次关系。对于不同监理层级的群体,测评维度层的要素存在着差异。该总监理工程师的胜任能力模型测评维度层主要包括知识素质、能力素质、职业素养与动机。

(2) 测评内容。是对测评维度的明确规定和进一步细化。如总监理工程师的能力素养是由岗位工作经验、问题发现与解决能力、现场把控能力、组织管理能力、团队领导力等构成。测评维度的能力素质要通过测评内容来体现。

(3) 评价等级标准。岗位胜任能力评价等级标准的设计,可按照专业领域素质评价标准和非专业领域素质评价标准两类进行。专业领域素质指知识,非专业领域素质指能力、职业素养、动机。专业领域素质的评价等级标准根据测评内容可分为不同级别,如总监理工程师专业知识分为四级,即1级(表示"理解");2级(表示"运用");3级(表示"精通");4级(表示"全面掌握");非专业领域素质的评价等级标准根据测评内容分四级。

(4) 指标权重。是测评指标在测评指标体系中的重要性或测评指标在总分中应占的比重。JK公司通过发放和回收40份《监理岗位胜任能力权重调查问卷》,应用层次分析法,即使用基本评估尺度由文字叙述评比(Verbal judgments ranking),包括"同等重要""稍微重要""颇为重要""非常重要""极为重要",与其相对应产生数值尺度(Numerical judgments)为(1,3,5,7,9)和介于其中的折衷数值(2,4,6,8)进行两两比较,最终确定了各监理人员胜任能力特征的权重,形成JK公司监理岗位人员的胜任能力测评指标模型体系。经过整理和调整后,总监理工程师岗位胜任能力模型如表3-15所示。

表3-15 **JK公司总监工程师岗位胜任能力测评指标体系**

测评维度	知识素质				能力素质					职业素质			动机	
测评内容	学历	职称	执业资格	专业知识	岗位工作经验	问题发现与解决能力	现场把控能力	组织管理能力	团队领导力	服务意识	学习力	责任心	成就动机	求职动机
评价等级标准	分级	分级	分级	分级	分为1—4级									
指标权重	35%				40%					15%			10%	

资料来源:张强,陶红,徐莉莉.基于岗位胜任力的JK公司监理人员测评指标体系构建研究[J].建设监理,2014(11):34-36.

讨论题:

1. 你认为JK公司监理人员测评指标体系构建的过程是否合理?有无需要改进的地方?
2. 请就该案例的素质标准体系建立流程进行讨论分析。

案例二 企业营销人员素质测评标准

营销人员素质测评的目的在于通过对营销人员全面综合的测评,判断他们是否称职,并以此作为人力资源管理的基本依据;切实保证营销人员的报酬、晋升、调动、培训开发、激励、辞退的科学性。

S企业是一个制造汽车的中型国有企业,在我国经济体制改革初期,原企业销售人员直转,营销人员没有经过甄选与测评就上岗,人员素质参差不齐。为了适应激烈市场竞争的需要,提高营销队伍的工作绩效和销售业绩,将适合的人放在适合的岗位,对不适合岗位的人员进行培训和开发,因此决定通过素质测评为S企业营销队伍配置合格的人员。

一、营销人员素质测评的指标确定

根据营销人员的工作要求确定其测评的指标要素,并分解出可评价因素,如图3-7所示。

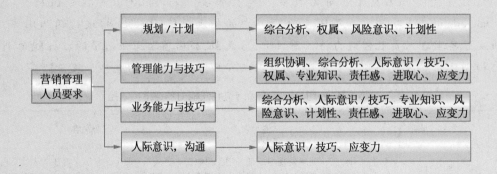

图3-7　S企业营销管理职位的可评价因素

二、营销人员素质测评权重分配方法

对S企业营销人员进行深度访谈时,主要是从管理素质和业务素质两方面进行的,管理素质和业务素质都包括10种要素,即组织协调能力、综合分析能力、人际技巧/意识、权属观念、专业知识、风险意识、计划性、责任感、进取心、应变能力,只是它们各自的权重不同。为避免相关性的影响,管理素质和业务素质只对权重较大的前六个要素进行计算。具体计算方法如表3-16、表3-17、表3-18所示。根据表3-16和表3-17的计算对权重进行调整,确定的最终权重如表3-18所示。

表3-16　S企业管理素质测评要素权重

管理素质要素	重要性	（*）数×10/（*）总数	权重数
组织协调能力	* * *	3×10/20	1.5
综合分析能力	* * *	3×10/20	1.5
人际技巧/意识	*	1×10/20	0.5
权属观念	* *	2×10/20	1
专业知识	*	1×10/20	0.5
风险意识	*	1×10/20	0.5
计划性	* *	2×10/20	1
责任感	* * *	3×10/20	1.5
进取心	* * *	3×10/20	1.5
应变能力	*	1×10/20	0.5
总　数	20	20×10/20	10

表3-17　S企业业务素质测评要素权重

业务素质要求	重要性	（*）数×10/（*）总数	权重数
组织协调能力	*	1×10/20	0.5
综合分析能力	*	1×10/20	0.5
人际技巧/意识	* *	2×10/20	1
权属观念	*	1×10/20	0.5
专业知识	* * *	3×10/20	1.5
风险意识	* *	2×10/20	1
计划性	*	1×10/20	0.5
责任感	* * *	3×10/20	1.5
进取心	* * *	3×10/20	1.5
应变能力	* * *	3×10/20	1.5
总　数	20	20×10/20	10

表 3-18　S 企业管理素质业务素质权重调整表

调整前

	业务权重	管理权重
组织协调能力	0.50	1.50
综合分析能力	0.50	1.50
人际技巧/意识	1.00	0.50
权属观念	0.50	1.00
专业知识	1.50	0.50
风险意识	1.00	0.50
计划性	0.50	1.00
责任感	1.50	1.50
进取心	1.50	1.50
应变能力	1.50	0.50

调整

根据 10 位专家的评定结果计算出来的权重结果，在业务权重和管理权重中分别选取重要性在前面的六个要素作为计算业务素质和管理素质的要素，然后再分别针对业务（管理）权重的六个要素比较，根据各自的相对重要性来计算各自的权重。

调整后

	业务权重	管理权重
组织协调能力		2.00
综合分析能力		1.70
人际技巧/意识	1.50	
权属观念		1.30
专业知识	2.00	
风险意识	1.20	
计划性		1.40
责任感	1.70	2.00
进取心	2.10	1.60
应变能力	1.50	

讨论题：

1. 依据本章相关的理论与方法，对上述案例中的测评指标体系进行分析，你认为这一指标体系的优缺点是什么？
2. 请就该指标体系的权数和要素设定进行讨论分析，并且提出改进意见。

进一步阅读的文献

[1] 肖鸣政.思想品德测量目标制订初探[J].教育论丛,1988(3):33-37.

[2] 李杰,孙诗卉.绩效考核导向的高技能人才胜任力模型初探[J].中南民族大学学报（自然科学版）,2020(02):215-220.

[3] 周丏晓,刘恩山.如何设计核心素养评估系统[J].教育科学研究,2019(1):69-75.

[4] 郭睿,王标.企业国际化人才胜任力模型研究与实践[J].管理观察,2020(02):7-9.

[5] 王涛,唐琳琳,张晖.大数据时代国有企业领导干部胜任力实证研究——以 Z 省级电力公司为例[J].领导科学,2019(06):92-95.

[6] 杜芳,罗中枢.国内外胜任力理论的研究热点及其演进——基于 1990—2016 年文献计量学分析[J].华侨大学学报（哲学社会科学版）,2016(06):44-52+98.

第四章

人员测评与选拔的主要方法

【本章提要】

通过本章学习,应该掌握以下内容:
1. 心理测验的一般原理,如何在人事测评中正确应用心理测验;
2. 面试的基本概念、内容、形式及作用;
3. 评价中心的概念、基本操作与主要程序;
4. 履历档案分析及其在人员测评与选拔中的优势与不足。

人员测评与选拔的方法是取得被测评与选拔人员有关测评数据的手段。为了对被测评与选拔人员进行客观、合理与全面的了解,通过多年来大量的实践,已经建立起一套行之有效的测评与选拔方法,主要有心理测验法、面试法、评价中心技术、履历档案分析等。

第一节 心理测验法

人员测评与选拔的主要内容就是确定人员的素质情况,而心理素质是个体素质结构中的一个重要内容,是个体发展和事业成功的关键因素。因此,心理测验法已成为人员测评与选拔中普遍使用的一种方法。

一、心理测验概述

简单地说,心理测验是心理测量的一种具体形式或工具,通过心理测验,可以了解个体的情绪、行为模式和人格特点。为了对它有较为全面的理解,下面拟从心理测验的起源与发展、定义、形式和一般原理等作简单介绍。

1. 起源与发展

心理测验的思想和实践可以追溯到2 000多年前的春秋时期,我国古代教育家孔子在《论语》中提出"中人以上可以语上也,中人以下不可以语上也"。孔子对学生的个别差异层次进行评价,并且分为中人、中人以上、中人以下三个级别。隋末出现的科举考试制度可以说是现代人员选拔测验的雏形。但是,真正意义上的心理测验是20世纪初才发展起来的。

心理测验起源于实验心理学中个别差异研究的需要。1879年,德国心理学家冯特(Wandt)在德国莱比锡大学设立了第一所心理实验室,实验中发现个体的行为相互间存在个别差异。个别差异的存在引起了心理测量的需要[①]。

心理测验的发展大约可以分为萌芽时期、成熟时期、昌盛时期与完善发展时期。

1869—1904年,心理测验处于萌芽时期。首先倡导测验的是英国生物学家高尔顿(F. Galton),他提出有必要测量人的差异及特性和有关智力测量等观点。正式提出心理测验的是美国心理学家卡特尔(J. M. Cattell)。卡特尔编制了许多测验,如反应时测验和记忆力测验,在1890年发表的《心理测验与测量》论文中,首次提出"心理测验"这一术语。但这一时期,心理测验尚未形成自己的体系,依附于实验心理学与个别差异的研究而存在。测验的内容大都限于感觉、运动、力量和反应速度等的测量,属于简单的身体素质测评。由此可见,心理测验不仅仅运用于心理素质测评。

---

① 萧鸣政,库克. 人员素质测评[M]. 北京:高等教育出版社,2003:160.

1905—1915年,心理测验处于成熟时期。这一时期,心理测验已步入独立发展的轨道。法国心理学家比纳(A. Binet)与西蒙(Simon)通过测量感官、理解、判断、推理等,鉴别智力低下的儿童。1905年这一测验方法公开发表,简称比纳-西蒙量表,这一量表是科学测量史上第一个量表,宣告了科学心理测量的诞生。

1916—1940年,心理测验处于昌盛时期。这一时期,不仅智力测验在广度与深度上有了突破性的发展,而且出现了团体智力测验、一般能力测验、特殊能力测验、人格测验等,心理测验在理论上得到完善,在应用上得到了空前的发展。测验的形式由个体扩展为团体;测验的客体由儿童扩展为成人;测验的表现形式由文字扩展到图形、操作等非文字的智力测验,由直接的测量扩展到投射与预测的测验;测验的功用由研究走向社会服务。

第一次世界大战期间,美国应用团体智力测验挑选士兵,防止低能的和不合格的人进入部队内,后又广泛应用于军队官员的选拔与安置。第二次世界大战期间,美国又编制了一般分类测验(GCT),借以预测军人的能力。第二次世界大战结束后,美国则把测验应用于服务行业,兴起了职业测验。

1941年至今,心理测验处于完善发展时期。在这一时期,心理测验一方面接受教育评价运动的挑战,另一方面在测验的理论、技术与编制方法方面都有非常大的进步。

1938年,瑟斯顿(Thurstone)发表了"主要的心理能力"的论文,在使用因素分析法数学化之后,概括出了七种主要的智力:知觉速度、推理能力、词语理解、词语流畅、空间知觉、记忆和计算能力;同年,默里与摩根(Murray & Morgan)编制了投射测验之一的主题统觉测验(TAT);哈特威(Hathaway)和麦金利(Mckinley)在20世纪40年代初期编制了调查个人适应和社会适应能力的明尼苏达多相个性调查表(MMPI);1953年,艾森克(Egsenck)夫妇编制了人格(个性)问卷(EPQ);1973年,卡特尔编制了16因素测验。这一时期兴起了职业性向与职业技能测验的新高潮,用于挑选各行各业的职员与管理干部。

2. 心理测验的定义

从心理测验的起源与发展可知,心理测验产生于对个别差异鉴别的需要,广泛应用于教育、企事业人员的挑选与评价。在这一过程中,人们编制了许许多多的心理测验。其中,比较有影响的心理测验有比纳-西蒙智力测验、斯坦福-比纳儿童智力测验、罗夏墨迹测验、默里与摩根的主题统觉测验、明尼苏达多相个性测验、艾森克人格测验、卡特尔16种人格因素测验(16PF)、皮亚杰故事测验、科尔伯格(Kohlberg)两难故事测验、雷斯特测验等。

从以上这些较为典型的心理测验形式中,我们觉得所有的心理测验定义中,阿纳斯塔西(Anastasi)所下的定义比较确切:"心理测验实质上是行为样组的客观的和标准化的测量",据此定义心理测验有五个要素,即行为样组、标准化、难度客观测量、信度、效度。

(1) 行为样组。行为样组是指测验的测题。行为样组要具有典型性和代表性。每个心理测验都有一组或多组测验题目,由这些测验题目引起被试的行为反应,根据被试的行为反应来推论被试的心理特性。要正确、可靠地推论被试的某个心理特性,必须要有典性,能代表这一心理特性的行为样组。测验题目的性质和数量要有代表性,测验结果才能反映真实情况。例如,在音乐能力测试中,音高、音色、音量、节拍的辨别判断等题目能代表音乐的基本能力。

（2）标准化。标准化首先要求测验的编制、实施过程、记分、对测验结果的解释都要有严格的程序和标准,要保证测验的条件对所有的被试相同、公正。标准化的另一个要求是建立常模,常模是一种供比较的标准量数,即参照分数。

（3）难度客观测量。测验题目乃至整个测验的难度水平决定必须客观。目前的心理测验一般都要经过试测,从试测中通过项目的人数多少来确定难度。通过的人数多,题目就是容易的;通过的人数少,题目就是较难的。把太容易和太难的题目删除,以保证测验的区分度。

（4）信度。信度是指测量结果的可靠性或一致性。测验要可靠,同一组被试使用同一测验施测两次后得到的分数应该一致,或者同一组被试经过一次测验以后再用一个等同形式的测验再测一次,两次所得的分数一致。一致性程度越大,信度就越高。

（5）效度。效度是指测量的有效性或正确程度,即测验应该确定能测量到它所要测量的东西。要保证效度,必须严格按照测量目标选择测验材料,测验的内容要丰富,难度要适当,要排除无关因素的影响。本书在后面章节中将就信度、效度等做专门讨论。

3. 心理测验的种类与形式

心理测验依据不同的标准,可以划分出不同的类别。

根据测验的具体对象,可以将心理测验划分为认知测验与人格测验。认知测验测评的是认知行为,而人格测验测评的是社会行为。

认知测验又可以按其具体的测验对象,分为成就测验、智力测验与能力倾向测验。成就测验主要测评人的知识与技能,这是对认知活动结果的测评;智力测验主要测评认知活动中较为稳定的行为特征,是对认知过程或认知活动的整体测评;能力倾向测验是对人的认知潜在能力的测评,是对认知活动的深层次测评。人格测验按其具体的对象可以分成态度、兴趣与品德(包括性格)测验。

根据测验的功能可分为能力测验、成就测验和人格测验。能力测验一般是测量一个人所具有的实际能力和潜在能力。成就测验主要是测量一个人经过正式的教育或训练后,掌握知识和技能的程度,如学校中的学科考试。人格测验主要测量个体的性格、气质、兴趣等个性心理特征,如卡特尔16种人格因素测验(16PF)。

根据测验的材料特点,可以将心理测验划分为文字测验与非文字测验。文字测验即以文字表述,被试用文字作答。典型的文字测验即纸笔测验。非文字测验又称操作测验,包括图形辨认、图形排列、实物操作等方式。

根据测验的实施对象有个别测验与团体测验。个别测验是指一对一进行的测验,即一名主试与一名被试面对面进行。团体测验是指同一时间、一个主试同时对许多被试进行测量。

根据测验应用的具体领域,分为教育测验、职业测验、临床测验、研究性测验。图 4-1 是较为通用的一种分类①。

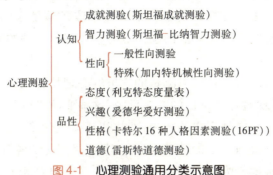

图 4-1　心理测验通用分类示意图

心理测验形式与心理测验的种类是有所不同的。心理测验的形式是指测验的表现形式,包括刺激与反应两个方面。划分的标准不同,形式也就各异。

按测验的目的与意图表现的程度,分为结构明确的问卷法与结构不明确的投射法。后者所表现的刺激为意义不明确的各种图形、墨迹、词语,让被测者在不受限制的情境下,自由地作出反应,从分析反应结果来推断测验的结果;前者所表现的则为一系列具体明确的问题,它们是从不同方面来了解被测评者的素质情况,要求被测评者按实际情况作答。如果从问卷调查的具体对象来看,分为自陈量表与非自陈量表。

根据测验时被测者反应的自由性来看,分为限制反应型与自由反应型。投射测验属于自由反应型,而强迫选择属于限制反应型;按测验作答结果的评定形式,有主观型与客观型之分;从作答方式来看,有纸笔测验、口头测验、操作测验、文字测验与图形、符号、实践等测验形式;从测验反应场所来看,有一般测验、情境测验与观察评定测验。一般测验是对被测者在行为样组上反应的测评;情境测验是对被测者在模拟情境中反应的测评;观察评定是对被测者在日常实际情况下行为表现的测评。

4. 心理测验的一般原理

进行心理测验的一般原理有如下三个方面。

(1) 差异性。

个体之间存在差异是进行人事测评的前提,而心理测验也起源于实验心理学对个别差异的研究。人与人之间的差异是非常明显的,比如,在表达能力上,有的条理分明、优美流畅;有的却颠三倒四、语无伦次。在外貌上,有的人相貌平平;有的人天生丽质。从心理学的角度来说,个体之间的差异可以归纳为互相联系的两个方面:其一是个体的倾向差异,包括兴趣、爱好、需要、动机、信念、理想、认知模式等方面的差异;其二是个性心理特征差异,包括能力、气质与性格三个因素及其组合的差异。

任何一个人,由于其生长与工作的环境不同,所具有的生理特点与遗传素质不同,接

---

① 萧鸣政,库克.人员素质测评[M].北京:高等教育出版社,2003:163.

受的教育程度与形成的素质也不同,因此所形成的个性因素也就不同。正是这种个体差异,才使人员测评显得有意义。如果测评对象之间不存在差异,人员测评将无法获得有决策意义的结果,最终将失去其存在的价值。正因为个体尤其是人的素质之间存在着千差万别,作为反映这种差别的人员测评的活动才成为人力资源管理的重要内容。

(2) 可测性。

心理学认为,人的心理特征是可以测量的。虽然心理特征是无形的内在,可是通过对外显行为的测量可以实现对心理特征的客观反映,这些要测量的行为不是单个行为,而是一组有代表性的行为;不一定是真实的行为,而往往是概括化了的模拟行为。对于个体不同的行为表现,我们可以按照一定的法则,指派不同的数字,使各种行为特点均可通过不同的数字表示出来,再根据行为与心理特征的对应关系得出要测的心理特征。因此,根据这一原则,心理测验是对人的心理特征进行测量的一种有效方法,而且,目前心理测验已发展到相当科学和规范的水平。测验时要严格按照事先规定的程序进行,保证所有被试在完全相同的条件下接受测评,尽量减少无关的偶然因素对测验结果的影响;要按照统一的客观标准给予评分,以减少评分者个人主观偏见的影响;测评的量表都要具有一定的信度和效度等,这些都有力地提高了心理特征的可测性。

(3) 结构性。

心理学认为,人的心理品质的各个方面在每个人的身上都不是任意堆积的,而是一个依据一定结构组合而成的有机整体。要全面、准确地了解一个人的素质,就必须以心理学的理论为依据,从个性心理品质的结构入手来确定所要考察的内容及其表现形式。人事测评中的品德、智力、能力和绩效等结构,就是以个性心理品质的几个组成部分为依据来确定的。例如,在人事测评中,依据个性心理品质中的个性心理倾向和性格特征确定了品德测评结构中所含的内容及其表现形式,如事业心、纪律性、工作作风等;据个性心理品质中能力特征的两个方面——一般能力和特殊能力,分别确定了测评结构中的智力结构和能力结构的内容及其表现形式;在品德结构、智力结构和能力结构等心理素质的基础上,确定表现其各项心理素质的发挥水平的绩效结构。这样,就可以以心理学的理论结构为依据,对心理测验和相关的人事测评进行科学的总体设计。

二、心理测验在人员测评与选拔中的应用优势

心理测验是人员测评与选拔中的一种比较先进的方法,在国外使用得比较广泛,它是指通过一系列手段,将人的某些心理特征数量化,从而衡量人的智力水平和个性方面差异的一种科学选择方法。许多人员测评与选拔中,往往运用心理测验这一手段。

1. 传统人事测评方法的不足

尽管传统的人员测评有很多方法,但是人们在实际应用时发现测评中总是不可避免地存在这样或那样的缺陷,影响了人员测评的公正性和客观性。归纳起来,常见的失误有

以下六个方面。

(1) 首因效应(The First Effect)。

首因效应也称第一印象作用,指的是知觉者最初得到的信息对于个体评价具有强烈影响。第一印象一旦形成,就会在人的认知心理占据重要地位,对以后的认识有着重要的影响。例如,学生们会根据老师第一节课的衣着、教学表现、对学生的态度等有限资料,形成对他的第一印象。通常,相貌以及在言行举止表现出来的性格特征最容易使人形成第一印象。

(2) 晕轮误差(Halo Error)。

"晕轮"通常是指一种效应,也叫光环作用。具体的定义是当我们对一个人进行评价时,因为先了解到的一些优点就此辐射到其后认识的所有方向,认为某人一定在每个方面都很好,因为某一闪光点的存在就此扩大为笼罩全身的晕轮,即受到个体某一种特征(如智力、社交能力、外貌等)的影响而对其整体评价普遍偏高或偏低。在晕轮效应中,感情具有重要作用。人员测评中的晕轮效应是测评主试可能将测评内容的某一方面看得过重,忽略了整体的平衡考虑,导致过高或过低的评价。

(3) 近因误差(Recency Error)。

近因误差指的是时间上离知觉最近的信息,容易给人留下深刻印象,对认知和评价有着重大的影响。一般来说,人们对近期发生的事情印象比较深刻,而对远期发生的事情印象比较淡薄。在人员测评中往往会出现这样的情况,测评人对被试某一阶段的工作绩效进行测评时,往往只注重近期的表现和成绩,以近期印象来代替被试在整个测评期的绩效表现情况,因而造成测评误差。有的被试往往会利用这种近因误差。

(4) 暗示误差(Hint Error)。

暗示是一种特殊的心理现象,是人们通过语言、行为或某种事物来提示别人,使其不自觉地接受或照办而引起的迅速的心理反应。人事测评中因暗示引起的误差表现在两个方面:一方面是测评主试对被试的暗示,如主试说某某同志做得很快,其他被试会受到暗示认为快是测评的重点指标,可能就此追求速度而不注意质量;另一方面是测评主试在领导或权威人士的暗示下,很容易接受他们的看法,而改变自己原来的看法,这样就可能造成测评的暗示效应。

(5) 偏见误差(Prejudice Error)。

由于测评主试对被试持有某种偏见,而此偏见影响了测评的结果,此时造成的误差就称为偏见误差。偏见是人们根据有限的经验而加以过度概括形成的对某一些人或某一类人的稳定不变的、固执的看法。

(6) 投射作用(Projection Effect)。

投射作用是指我们在判断他人时,总是有意无意地假定别人与我们相似,因而把自己的感受、态度或动机投射在对他人的判断上。投射作用使人们倾向于根据自己的状况来知觉他人,而不是按照对方的真实情况进行知觉。当评价者进行投射时,他们了解个体差异的能力就降低了,他们很可能认为别人比实际情况更为同质,因而使我们对其他人的知觉产生失真。这样做无疑会阻碍我们在人员测评中的判断力，造成评价结果失真。

2. 心理测验的优势

心理测验在人事测评各种方法中存在以下四个方面的优势。

（1）迅速性。心理测验可以在较短时间里迅速了解一个人的心理素质、潜在能力和其他很多深层的特点。

（2）科学性。世界上目前还没有一种完全科学的方法，可以在短期内全面了解一个人的心理素质和潜在能力，而目前心理测试能比较科学地了解一个人的基本素质。这种优势已经被国内外很多企业的人事测评工作所证实。

（3）公平性。员工招聘中往往会出现不公平竞争的倾向，但心理测试在一定程度上可以避免这种不公平竞争。因为通过心理测试，心理素质比较高的员工可以脱颖而出，作弊或走"后门"成功的概率相对变小，心理素质较低的应聘者落选也感到心平气和，因为他们知道自己心理测试的成绩较低。

（4）可比性。因为用同一种心理测量的方法得出的结果有可比性，所以通过智力测试以后，员工的智商水平化为可以比较的测试结果；其他方法往往因为场合、地点不同，而没有可比性。

3. 心理测验在人员测评中的应用意义

心理测验的理论与实践问题的研究在人员测评工作中有重要的应用意义。

（1）能在运用中创新、发展、完善人员测评理论。

心理测验在人员测评领域的具体应用时，要根据实践中的需要、经验、问题和教训进行相应的增补修订，使其更广泛、细致、丰富，并得到更有价值的发展和完善。

"需要是最好的催产剂"，心理测验的产生就是源于人事测评实践中对人才的心理鉴别。在人事测评中，同样会面临许多实际需要解决的问题，这就促使诸如心理测验的一些心理学手段和技巧在此领域得到探索、运用和发展完善。

（2）增进人岗匹配，加强人的职业适应性，提高职业活动效率和职业培训的效率。

事实证明，没有人能胜任任何职业，也不是任何人接受一种技术培训就能达到一定的职业要求，人和职业活动都存在一个职业适应性问题。前者是指个人的个性特征对于相应职业活动要求的适应程度；后者则是指某一类型的职业活动的特点对人的个性特征及其发展水平的要求。只有两者达到和谐统一，人适其职，职得其人，才既有利于就业者的自我发展和发挥，又有利于职业活动效率的提高。心理测验可以区分人的个体差异，根据个人的性格特征或能力趋向来进行职业选择的预测，进行有针对性的培养、训练，既使企业获得高效率的人员，也可以使个体的能力得到最大的发挥，提高职业活动的效率和职业培训的效率。

国外有些具体的研究结果和统计资料表明，人员测评中的心理测验对提高录用员工的素质和增进经济效益有巨大意义。通过心理测验和人员测评,还可以达到各方面的社会效益。在测评较为充分的条件下,求职者和职业岗位都可以各得其所、各司其职、各尽其责,从而形成畅通和谐的社会心理氛围,形成人力资源的合理配置,有利于国计民生。

三、心理测验的编制和修订

心理测验有一套科学的编制方法,成为科学而有效的人员测评工具。在人员测评应用中,需要了解心理测验编制的原则和方法,而且能借鉴心理测验编制的方法和原则来进行设计和实施人员测评。

1. 心理测验的编制原则

心理测验和人事测评要保证达到一定的社会效应,必须在编制上注意四项基本的原则。

(1) 有效性和实用性相结合的原则。

科学有效是心理测验编制的首要原则,也是其有效进行的根本前提。

测验技术要科学有效。心理测验是力求通过一系列的手段和方法,采用多元化的指标体系进行相关测评。这些技术性措施必须符合统计学原理,在效度、信度和区分度等方面要经得起考验。

测验人员应训练有素、公正无偏。在心理测验中,对收集到的资料、结果进行分析、评定是决定性的一步。它关系到前面一系列工作的意义,也涉及随后决策工作的准确性。所以,要求测验人员训练有素,特别是对于一些非量化信息的解释,更要能抓住要领。而且,测验人员应尽量避免个人偏见或社会偏见对自己公正测验的干扰,公开发布有关信息,使每个被试都感受到自由和公平的测验原则。

(2) 整体性和独立性相结合的原则。

心理测验是整个人事测评工作的组成部分之一。一定的职业活动对就业者不只是有一定的心理要求,而且还有其他如文化程度、身体健康、政治状况等方面的要求。心理测验的结果也是在综合多方面材料的基础上获得的。心理测验既不能以一概全,也不能和其他方面的测试割裂开来孤立进行,而是要进行必要的综合平衡。

心理测验在人事测评中的独特意义和作用也是不容忽视的。特别是随着科学技术的进步和管理体制的完善,对职业主体——人的要求越来越高,给予的重视越来越多,人的独特性的内部决定因素——个性心理品质,便也应该日益突出其对人的活动的重大影响作用,从而也决定了心理测验的独特意义。

(3) 稳定性与动态性相结合的原则。

此原则的理论依据是个性是相对稳定和不断发展的,而其现实依据是职业要求的相对一致性和不断变化的原理。正是遵循着稳定性原则,才能使心理测验有一些相对固定的出发点、依据、程序、工具手段和评判标准，使其具有可重复性。此外，由于个体心理品质的可塑性和发展性，使得心理测验的工作不仅应揭示个体当前的职业心理品质及其发展水平，还应对其将来的发展趋势有所预测。同时，心理测验也应随社会分工和社会进步的发展而具有时代性。随着时代、社会、科技等的飞速发展，整个社会对人的心理品质与结构的要求正在发生根本性的变化。现代化的社会要求员工已经不是单纯的感觉—运动反应的能力，而是要求员工有更大的创造力、信息加工与处理能力以及对内、外环境的应变能力等。因此，心理测验的具体内容、措施和标准等也要因需而变，具有动态性。

（4）尊重和保护个人隐私的原则。

尊重和保护员工和应聘者的隐私，并为他们的个人信息保密是心理测验的一个重要原则，也是心理测验工作人员的起码的职业道德。有的测验结果含有负面的评价，一旦公开，对个体的影响是极其恶劣的，而且测验结果可能是有所偏差的，个体也是可以发展变化的，所以，每个被试的测验结果都属于他的个人隐私，企业有必要为其保密。这个原则和测验进行过程要公开和公平的原则并不矛盾，它涉及收集信息的种类、信息的使用和信息向他人公开的程度问题，也就是说，信息的收集、使用和公开都必须得到当事人的认可才是合法合理的行为。

2. 编制心理测验的一般步骤

测验的编制方法和步骤，依测验的性质和内容不同而异。这里只介绍编制心理测验的一般程序。修订心理测验量表的程序与编制心理测验量表的程序基本上一致。

（1）确定测验目的。有测量对象、测量用途两个方面。在测验编制开始前，首先要明确测量对象，测量对象可以是团体也可以是个体，可以是成人也可以是儿童，由于个体差异的存在，不同对象的测验也具有不同的特征。其次是测量用途，心理测验的种类有很多，有些测验是为了检测被试的知识或能力，有些则是为了对被试的行为进行深入的分析，必须根据测量的用途来编制测验。

（2）确定测验内容。根据各个测验的分目标，选择符合目标的测验材料，以保证测验材料的有效性。不同内容的测验，其材料的选择原则和方法都不一样。如专业知识考试，材料要能够代表该学科专业的内容，要有普遍性，要切合岗位需要，要能鉴别被试的专业水平等。而人格测验的材料选择，就要依据一定的人格理论和性格特点，又要依据实际经验，还要符合因素分析的结果。选择好测验材料后，还要事先设计编制题目的蓝图——编题计划。编题计划通常是一张双向细目表，指出测验所包含的内容和要测定的各种技能，以及对每一个内容、技能的相对重视程度。

（3）确定测验的形式。应当根据测验的目的和测验对象来选择不同的测验形式，如针对能力和反应速度的测验，应当选择速度的测验，针对成人应当采取纸笔测试。

（4）编制测验题目。这是最关键的一步，要讲究命题的方法和技术。一般来说，命题要遵循六个原则：一是测题的取样要有代表性；二是测题的难度要有一定的分布范围，以保证能鉴别出被试的水平高低;三是文字叙述要严密,力求浅显易懂,简洁明了;四是各测题相互独立,不彼此影响;五是测题答案要确切,无异议;六是题目的数量要比最后需要的数目多出一倍以上,以备以后淘汰。具体的编制过程要经历写出、编辑、预试、修改等一系列的步骤。

（5）题目的试测和分析。将初步选出的项目结合成一种或几种预备测验,经过实际的试测来获得客观性的材料,然后对项目的难度、区分度进行统计分析,判断出每个项目的性能优劣,从而进一步筛选题目。

（6）测验的最终形成。根据项目分析的结果,选择鉴别力较高的、符合难度分布要求的题目,再结合测验的目的、性质和性能,最终选择出合适的项目来组合成测验。在项目的编排上,通常有两种方式:一是并列直进式,即将测验按试题材料的性质分成若干份测验,同一份测验中的测题按其难度由易到难排列;二是混合螺旋式,这种方式是将测题依难度分为若干不同的层次,再将不同性质的测题予以组合,作交叉排列,其难度渐次升进。

（7）测验的标准化。严格说明如何控制与得分步骤有关的各个要素,以尽量减少无关因素对测验目的的影响,减少误差。具体包括测验题目的标准化、实施测验标准化、记分标准化、测验结果解释标准化。

（8）对测验的鉴定。测验编好后,必须对其测量的可靠性和有效性进行考验,对测验的鉴定主要是确定其信度系数和效度系数。在心理测量学上,有一整套计算信度、效度的方法。只有具有一定的信度和效度,才可能是一个优良的测量工具。另外,还要根据制定常模参照量表,将原始分转化为标准的量表分。常用的心理测验量表有百分量表、标准分数量表、T量表、发展量表、商数等。

（9）编写测验说明书。为保证测验的正确使用,每个测验必须配上相应的说明书,其内容包括测验的目的、功用,编制测验的理论和实践根据,测验的实施方法、时限及注意事项,测验的标准答案和评定方法,常模资料,测验的信度、效度资料,关于如何应用测验的提示等。

经过这样的九个步骤,一个自编的测验就可以正式交付使用了。

四、常用心理测验的应用

使用现成的心理测验,可以节省时间、人力和物力。而且有些测验经过长期不断地修订,其效度和信度都比较高。

1. 智力测验

智力测验是通过特定的标准化测验来衡量人的智力水平高低的一种科学方法,它有一套严格的程序要求。智力测验是心理测验中产生最早也最为引人关注的测验。由于人们常把智力看成是各种基本能力的综合,所以,智力测验又可称为普通能力测验。智力测验有团体实施的,也有个体施测的。目前常用的智力测验方法有韦克斯勒智力测验、瑞文推理测验等。

(1) 韦克斯勒智力测验。

此测验是由美国心理学家大卫·韦克斯勒(David Wechsler)研制的成套智力测验。这套测验包括1949年发表的韦氏儿童智力量表(WISC),适用于测试6—16岁的儿童智力;1955年发表的韦氏成人智力量表(WAIS),适用于测试16岁以上的成年人智力;1967年发表的韦氏幼儿智力量表(WPP-SI),适用于评定4—6岁的幼儿智力。编制的依据是韦氏独特的智力概念:智力是人合理地思考、有目的地行动、有效地应付环境聚合成的整体能力。韦氏智力量表属于一般能力测验,它包括一系列的分测验,如理解、算术、数字广度、相似性、填图和词汇、图片排列、数字符号、积木图案、物体拼配等。韦氏量表的特点是不以年龄量表的形式,而以分测验的形式来组合测验,它所测的一般智力是多种能力的综合。

(2) 瑞文推理测验。

瑞文推理测验(Raven's Standard Progressive Matrices,SPM)是由英国心理学家瑞文(J. C. Raven)设计的一套非文字型智力测验,它既可以应用于个体测验,也可以应用于团体测验,且没有严格的时间限制。瑞文推理测验包括三个测验。一个是1998年出版的标准推理测验,它适用于5岁半以上的儿童至成人。另外两个测验编制于1947年:一个是适用于年龄更小的儿童与智力落后者的彩色推理测验(CPS);另一个是适用于高智力水平者的高级推理测验(APM)。其中,标准推理测验应用最为广泛。该测验的编制在理论上依据了斯皮尔曼的智力二因素论,它主要测量个体的空间分析能力以及逻辑推理能力,如测量智力的一般因素中的引发能力,即那种超越已知条件,应用敏锐的创造力的洞察力、触类旁通地解决问题的能力[1]。

瑞文推理测验自有了中国常模之后就成为我国智力测验中的常用工具。

2. 能力倾向性测验

能力倾向性测验是测验人们在某些方面的特长和技能表现,同时,许多职位对任职者是否具有某些方面的特殊能力都有一定的要求,能力倾向性测验也为这类选拔提供了参考依据。

3. 人格测验

人格测验也称个性测验,主要用于测量个人在一定条件下经常表现出来的、相对稳定的性格特征,如兴趣、爱好、态度、价值观等。常用的人格测验有艾森克个性测验、卡特尔16人格测验、麦耶斯·布瑞格斯类型指标。

---

[1] 唐宁玉.人事测评理论与方法[M].大连:东北财经大学出版社,2002:178.

基于"大五"人格的人员测评

在早期研究中,不同心理学家通过对不同人格特质进行因素分析证实5个人格维度的存在。此外,一些研究群体从许多不同的研究资料中也不断地发现关于5个人格维度的证据。根据Costa和McCrae编制的NEO-PI测验手册中的定义,"大五"模型包括的5个维度分别为神经质(Neuroticism)、外向性(Extraversion)、开放性(Openness to Experience)、宜人性(Agreeableness)、尽责性(Conscientiousness)。每个维度分别有6个子维度。

心理学者认为人格主要与人们选择的职业类型及在该行业中的业绩表现有关。每个人的人格特点都不同,确实存在着某些特定类型的人更适合于做某些特定工作,并且比其他人在该行业中表现得更好。例如,因为销售业需要更加善于社交的技能,外向型销售员会使用不同的人际策略,比内向型销售员在工作中的表现更好。

4. 心理健康测验

现代企业已经越来越关注员工的心理健康状况,这不仅是企业正常运行的重要保证,而且关系到企业的长远发展和前景。常用的心理健康测验有心理健康测验(UPI)、焦虑自评量表和心理健康临床症状自评测验(SCI-90)、哈梅诚实测验、威特金倾斜知觉独立测验管理行为自我测验。

5. 职业兴趣测验

兴趣是个体对某种特定事物或从事某种特定活动的心理态度和情绪。一个人职业上的成功,不仅受到能力的制约,而且与其兴趣和爱好有密切关系。职业兴趣测验对个体的择业、人员的选拔和任用等起着举足轻重的作用。在第一次世界大战期间,西方进行了最早的职业兴趣测验的尝试,第一个职业兴趣量表是1927年斯特朗编制的斯特朗职业兴趣表(Strong Vocational Interest Blank,SVIB)。现在较常用的职业测验量表有库德职业兴趣调查(Kuder Occupational Interest Survey,KOIS)、霍兰德职业爱好问卷(Holland Vocational Preference Inventory)、斯特朗-坎贝尔兴趣量表(Strong-Cambell Interest Inventory,SCII)等。

6. 创造力测验

创造力是指产生新思想、发现和创造新事物的能力。创造新理论、更新技术、发明新设备等都是创造力的表现。对创造力的测量至今仍是心理测验中的一个难点。现在运用较多的创造力测验量表有测量个体发散思维的吉尔福德(J. P. Guilford)智力结构测验、测量创造思维能力的托兰斯(E. P. Torrance)创造性思维测验、测量创造力的盖泽尔斯(J. W. Getzels)创造力测验等。

7. 心理测验在人员测评中的正确应用

心理测验应用于人员测评可以增进人事测评的科学性和公正性,提高测评的效率。要达到这样的效果有一个前提条件,即正确地使用心理测验。心理测验像其他的科学工具一样,必须加以适当地运用才能发挥其良好的功能。如果有不够格的人员实施、解释或被滥用,则会引起不良的后果。

在人员测评中正确地使用心理测验,必须做到以下五点。

(1) 只有够资格的心理测验工作者才能使用心理测验。心理测验是专业技术很强的工作,无论是测验的选择,还是具体的实施、记分、对结果的解释,只有训练有素的心理测验工作者才能胜任。像人格测验、心理健康诊断测验的使用人员,必须具有心理测验的专业理论和与该测验相关的理论,而且经过实践的训练才能胜任,没有经过一年以上的专门训练不行。即使是专业的心理测验工作者,也还得慎重,不要随便使用自己不熟悉的心理测评量表。

(2) 慎重选择具体的心理测验工具。一方面,要根据人事测评的目的和已确定的人员测评指标选择符合人事测评需要的心理测验量表;另一方面,要从各个心理测验量表的信度、效度、常模的代表性等来选择。选择信度和效度高的量表,选择适合的常模。

(3) 测验要保密。测验的内容不能泄露,应当明确测验只是为了了解人的基本情况或对其进行针对性的培养和训练,因此,测验评价的结果不能给无关人员阅读了解。

(4) 要慎重对待测验结果。任何心理测验都有误差,而且人的心理水平是会变化的。不能仅仅依据心理测验结果来评判,而要参照其他考核标准和评价方法来共同评判,不能只凭一次测验的结果就给出最后的评价。

(5) 认真做好测验的准备、实施、结果解释等工作,要对被试在测验中的反应和行为做详细和切实的记录,注意测试情景、被试焦虑、测验中的某些细小环节等因素对被试成绩的影响,尽量使测验标准化,使测验对每个被试都公平,使测验能衡量被试的真实水平。同时,应当注意与被试一起讨论,使被试明白测验的内容和目的、测验结果及其使用。

第二节 面 试 法

在人员测评与选拔过程中,面试是很关键的一步。面试是指在特定的时间、地点通过主试和被试双方面对面的观察、交流等双向沟通方式,收集相关信息,从而了解被试人员的素质状况、能力特征以及动机的一种人员考试技术,它不仅可以评价出被试者的学识水平,还能评价出被试者的能力、才智及个体心理特征等。

一、面试概述

面试在我国有着悠久的历史,但是作为一种科学方法应用于人员素质测评中,却是近年的事。

1. 面试的含义

面试又叫面试测评,是一种要求被试者用口头语言来回答主试提问,以便测查和评价应试者基本素质和工作能力的一种考察活动。面试是人力资源管理领域中应用最普遍的一种测评形式,也是争议最多的一种方法。有的时候使用面试效果较好,有的时候使用面试效果较差。面试的基础是面对面地进行口头信息沟通,其效度主要取决于面试的经验,如果主试的经验比较缺乏,信度和效度就会很低。

2. 面试的作用

面试具有与其他测评方式不同的特点,发挥的作用也是其他测评方式不能比拟的。

(1) 面试所测评的素质很广泛。

从理论上讲,面试只要时间充足、设计精细、手段适当,便可以测评个体的许多素质。如果把心理测验中对人的知识、技能、品德的问题以口头形式表现,当然可以达到同样的效果;如果与某些情境模拟和任务操作相结合,还可以考查到一些实际工作的能力。从能力素质方面来讲,主要测验其知识广度与深度、实践经验与专业特长、反应能力与应变能力、分析判断与综合概括能力、自我控制能力及口头表达能力等。

(2) 面试能够测评其他测评方式难以考察出来的素质。

在很大程度上,面试能考查出被试人的仪表、风度、自然素质、口头表达能力、反应能力等笔试与观察判断中难以测评到的内容可以有效地避免高分低能现象。

(3) 面试能弥补笔试的失误。

测验或问卷等笔试,有的人或因身体状况不佳、紧张等原因而没有发挥好,如果仅以笔试成绩为录用依据,这些人就没有机会被录用了。如果再采用面试形式,则这些人可能有机会再次表现,弥补笔试的失误。

(4) 面试比其他测评方式更灵活、更具体。

面试可以灵活、具体、确切地考查一个人的知识、能力、经验及品德特征。在面试中,测试过程的主动权掌握在主试者手里,测评要深则深、要浅则浅、要广则广、要专则专,具有很大的灵活性、可调性与针对性。

3. 历史与发展

面试用于人员甄选,古已有之,源远流长,是一种古老而又现代的素质测评形式,其历史在我国可以追溯到先秦时期的孔子甚至更远。孔子、汉代的刘劭、三国时期的诸葛亮对面试已有相当的研究。面试后来以其特殊的"策问"形式普遍运用于科举取士之中。随着笔试的发展与国外测验的兴起,面试失去了它在人才选拔中的主导地位。然而,笔试形式的陈旧与历史的教训,又使人们意识到笔试的局限性与面试的必要性。美、法、日等发达国家的公务员录用中均有面试,其中以日本最为重视。从1931年起,英国文官录用考试中就加入了面试这一项,1937年,面试分数就占全部考试分数的1/3。现在,日本的公务员录用考试有14种,几乎每种考试中都有面试这一项。面试的具体方式有个别面谈、集体面谈、集体讨论。

十一届三中全会以后,我国进行了组织人事制度的各项改革,其中,干部录用制度的改革核心是贯彻公平、平等、竞争的录用原则,对干部申请者进行统一的考试考核,择优录用。1981年7月28日,国家人事局下发了《关于下达部分海关新增干部指标的通知》,其中规定,对新增干部的录用除笔试外,还要进行面试。面试由此进入干部的录用之中。1988年3月23日,中共中央组织部、劳动人事部发出了《关于政府、税务、工商行政部门和银行、保险系统招收干部实行统一考试的通知》,其中规定,考试后,"由人事部门从高分到低分向用人单位推荐,经用人单位进行政审、体检和必要的考核(含面试)合格后,确定录用或聘用人员名单报批"。面试程序日趋规范。

1989年1月9日,中共中央组织部、人事部联合颁发了《关于国家行政机关补充工作人员实行考试办法的通知》,要求考试的基本方式为笔试与面试,面试的内容依据拟任工作岗位的具体要求制定。至此,面试在我国普遍推广。1989年,中央国家行政机关以及河北、山西、四川、浙江、福建、宁夏、上海、江苏、西安、吉林等省、市、自治区均采用了面试形式测评选拔优秀人才。1994年,人事部要求全国各地、国家各部委公务员的录用与招聘,按统一的程序与标准进行面试。面试在干部录用、企业招聘与研究生招生中越来越受到人们的重视。

从近几年的面试实践来看,面试的发展出现了以下六个趋势。

(1) 形式多样化。引入了其他人员甄别手段,丰富了面试的实质内容。逐步改变了传统意义上面试的那种一问一答的"口试"形式,逐步引入无领导小组讨论、角色扮演、管理游戏、图形投射、公开演讲等情境模拟式的人员甄别手段,增加了面试的评价角度,丰富了面试的实质内容,提高了面试的有效性。

(2) 内容全面化。面试的项目开始仅限于举止、仪表与知识面,现在已发展到对知识素质、智能素质、品德素质以及气质、兴趣爱好、愿望理想、动机需要的全面测评;由一般素质测评发展到以拟录用职位要求为依据,包括一般素质与特殊素质在内的综合测评。

(3) 试题的顺应化。以前的面试基本上是等同于简单的口试形式。试题都是事先拟好,考生只需抽取一套回答即可,考官不再针对回答情况提出新问题,考官评定成绩仅依据事先拟定好的标准答案,仅看回答内容的正确与否。实际上,这种形式的面试只不过是笔试的简单口述形式而已。现在则不同,问题的提出是参考事先设计的思路与范围,顺应测评目的需要而自然地提出,也就是说,后一个问题与前一个问题是自然相接的,问题是围绕测评的情况与测评目的而随机出现的。最后的评分不是仅仅依据回答内容的正确与否,而是要综合总体行为表现及整个素质状况评定,充分体现了因人施测与发挥考官主观能动性的特点。

(4)程序规范化。面试是一种操作难度极高的测评形式,随意性较大,一般的人难以掌握,或者说达不到面试应有的效果。为了改进这一点,使面试能够被一般水平的人操作,目前绝大部分面试都事先有一个具体实施方案,对操作要求有一定的程序规定,属于结构化面试,即面试组织过程的"结构化",精心策划与安排;更重要的则是面试提问的结构化,无论是提问问题的内容或者提问的方式,都逐步规范化,以提高面试的质量与可比性。

(5)考官内行化。面试开始实行时,主要由组织人事部门的人主持。后来实行组织人事部门、具体用人部门和人事测评专家共同组成面试测评小组。现在则实行对岗位专业人员进行面试技术培训,对懂面试技术的人进行专业知识培训,并实行面试前的集中培训,通过几年的努力,各地已有一批较为稳定的专职与兼职面试考官。"一流的伯乐选一流的马",面试考官的素质对提高面试的有效性、保证面试的质量起着极为关键的作用。

(6)结果标准化。前些年面试的评判内容与结果没有具体要求,五花八门、可比性差。近年来,各地的面试内容与结果格式趋于一致,基本上趋于表格式、等级标度与打分式等形式。

二、面试的理论基础

面试与笔试、行为观察、情境模拟相比,它所依据的测评信息的来源与获得,具有表面性与短暂性。测评时间一般是半小时左右,所提的问题有 10 个左右,光凭被试所言,主试短短几十分钟所见所闻,就能测评一个人内在的素质,不少人大惑不解。因此,对面试理论基础的深究发难也就更加强烈,然而目前对面试理论的基础研究十分少见,本书所述仅仅是一种初探。

内在与外显在人身上是一个动态的整体系统,是一个耗散结构系统,内在的素质必然会通过外显的行为表现出来。外显的行为受制于内在的素质,具有某种特定性、稳定性与差异性。

人的外显行为包括语言行为与非语言行为,在非语言行为中,包括体态行为、工作行为、生活行为、生理行为。它们相互间的关系如图 4-2 所示。

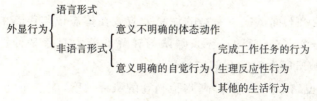

图 4-2　外显行为各分类及其关系示意图

面试是在特定的时间、空间与情景下,以行探行、以问试答、听其言、观其行、察其色、析其因、觉其征、推其质的过程。主要是以语言形式以及意义不明确的体态动作为中介,推测其内在的素质。这种推断既是必要的,也是可能的,具有相当的可靠性与合理性。

1. 在各种测评方式中,面试中的信息沟通通道最多

素质是一种内在的心理形式,具有隐蔽性与潜在性,观察评定量表主要是测评那些业已成熟的、在自然状态下能够表现出来的素质,对那些隐蔽的或暂时不能表现的潜能,则无法观察,无法测评。对那些观察到的行为表现,也往往是进行"单向式"的判断,中介因素引起的误解无法消除。虽然测验问卷是双方沟通,但却仅仅是一往一返,是单向的、静态的。沟通仅仅是书面语言的沟通,大量的体态语言信息被丢失掉了。面试却不然,它是多向的动态的信息沟通。面试中主试发射的刺激信息,既有语言的,也有体态的;被试者接受并反馈到主试人的信息中,既有体态的,又有语言的。这种沟通不是单向的,而是多向的,各个"向"之间不是机械地重复,而是动态地变化,主试人根据被试者的回答情况及测评需要可以不断地调换问题的形式与内容。

2. 所有测评方式中面试的信息量最多,利用率最高

心理学家曾对交谈中言谈与行为传递信息的效果进行过因素分析学的研究,研究结果表明,言辞只占7%,声音占38%,而体态竟占55%。由此可见,同等条件下,以测验问卷形式测评素质,所收集与利用的信息只有7%,面试却可以达到100%。其原因至少有两个。一是素质的表现方式是多种多样的。就言语方式来看,它可以同时通过言辞、声音与体态三种信息载体来表现。例如,问某人认为资源开发中最大的问题是什么?如何来解决?对这一问题的回答,若只要求用笔写,则最多知道他是否在这个问题上有所研究,信息量只有7%;若闭上眼听他的回答,则除了他回答的内容之外,还能从他回答的声音快慢推测熟知程度、反应的敏感性及其他素质,信息量有7%+38%=45%;若既看又听,除回答的内容与声音外,还能看出其回答时的体态表现,如是紧张还是从容不迫,有些什么下意识的动作等,信息量可达到7%+38%+55%=100%。正因为如此,面试以少量时间与问题可以测评相当多的素质内容。二是有时只能通过第六感官或诸多感官的共鸣效应才能意会不少复杂的信息。只有体态动作方式,没有声音与言辞,许多情感性的东西往往无法从书写的言词或口头直接表达,而只能从动作与表情中流露;有的信息如"啊"的一声虽有声音却无内容。

上述分析启示我们,面试中主考官的注意力应放在体态语与声音的辨别、接受与转释上。实际上,由于每个人对信息的接受、确认与转释的能力有着某种特定性与限制性,不可能100%地理解被试所发出的全部信息量。

上述分析同时也启示我们,要提高测验问卷的测评效度,应该通过增加信息源(问题)数目来增加信息量,最后达到增强效度的目的。

3. 语言与体态语对素质的揭示具有充分性、确定性、直观性与一定的必然性

语言是思维的物质外壳,它是思想的直接表现,因此,通过语言可以推断一个人内在的思维内容与思维方式。思维的内容体现一个人的思想、观点与态度,思维的方式体现一个人的智力与能力。语言表达体现了一个人对事物认识分析、综合与归纳的能力。因此,许多能力与观点态度均可以通过语言表述出来并被测评。

然而,人的思想与态度并不是都能公开的,自身能力并不是都能被被测评者意识到。对有些思想观点,被测评者采取中立回避的态度,有些则采取隐蔽、掩饰甚至作假的方式,有些潜能与素质被测评者尚未认识或认识模糊,此时,语言作用甚微,但非语言的体态动作却可能将其充分揭示出来。

4. 精神分析学说为面试提供了更充分的心理学依据

精神分析学鼻祖弗洛伊德认为,人的行为是由意识与无意识支配的。意识就是人能认识自己和认识环境的心理部分,无意识包括原始冲动和本能以及出生后的种种欲望,由于社会标准不容,得不到满足就被压抑到无意识中。它们虽然不被本人意识到,但并没有消灭,而是在无意识中积极活动,追求满足的时机与方式。每当意识中的稽查作用松弛时,被压抑的冲动和欲望就会乘机混进意识,使自己原有的意念以化妆的形式不知不觉地表现出来。因此,我们平时说错话、读(写)错字、忘了某事、忘记某人姓名、无意中的活动与姿势、玩弄物件、低声哼歌等体态语行为,都不是心不在焉的无意义动作和行为,它们都不是偶然发生的,而是下意识活动的表现,通过精神分析可以找到隐藏于个人意识之下的冲动的目的。

弗洛伊德认为,每个人都有一定数量的活动能量,以使个体有效地进行心理活动;人的行为的目标就在于减除由不愉快的能量日久积累起来的紧张,使能量趋于平衡。

由此可见,任何一个人的素质都可以看作日积月累的一种活动能量,如果行为主体对它进行压抑,该表现(外部刺激)而不表现,其内心就会产生一种紧张,这种能量必然会寻找机会以其他形式表现出来,这就是下意识的体态语。

语言行为尤其是针对主考问题的回答,显然是一种意识行为,每说一个词、一句话都在被试意识的严密控制之下。被试者回答问题时,其注意力绝大部分投放到语言行为上,此时此刻,被试者的体态语行为则处于松弛状态,被压抑的素质冲动产生的行为必然会由此表现出来。从这个角度来看,面试中的提问要设计得有吸引力,扣人心弦,同时要注意观察与分析。

反过来理解,精神分析学说告诉我们,只有当被试者如实地表述他的素质状态时,其语言行为与非语言的体态才能协调一致。

三、面试的方法技巧

面试的方法与技巧,是指面试实践中解决某些主要问题与难点问题的技术与方法,它

是面试操作经验的累积。显然，每个人所累积与掌握的技巧不尽相同，但在众多的主试个体中，必然有一些共同与基本的技巧，它们是面试中经常运用且被大家公认的技巧与操作方式。

面试中，主试人的提问和倾听被试人的回答是关键。面试的技巧也集中在问和听中。

1. 面试中如何把握"问"

在面试过程中，主试人向应试者提出各种问题，被试者要对这些问题进行回答，主试人要能否正确地把握提问技巧十分重要。他不仅可以直接地、有针对性地了解应试者某一方面情况或素质，而且对于掌握面试的主动权、营造良好的面试心理氛围都有重要影响。

（1）创造和谐的气氛。提问时，主试人要力求引导被试者进入一种自然、亲切、渐进，几乎聊天式的氛围，不能因主试人自身因素给被试者带来不必要的压力。

（2）问题必须简明易懂。提问的方式要力求通俗、简明，有深度，切合主题，不能不着边际。

（3）提问的形式要多样。提出问题的形式可以多种多样，既可以是假设式，又可以是连串式，还可以是引导式等。在提问中注意掌握主动，诱导被试者深入交谈。

（4）提问要先易后难，由浅入深。问题的提出要作出较周密的安排，先易后难，循序渐进。

（5）主试人要掌握问答过程的主动权。在提问过程中，主试人可以根据被测评人员的回答，把握机会恰到好处地转换、收敛、结束与扩展话题。

（6）提问应适当给予压力，方能区别水平。在面试中还可以采取声东击西、旁敲侧击的手法。如果被试者不太愿意暴露自己的观点，主试人就不能强人所难，可以较婉转地声东击西，使被试者较轻松地、不知不觉地表露自己的观点。

（7）面试是一种双向交流，要充分发挥应试者的主动性。为了让被测者如实地回答问题，说出自己的真实想法，使面试收到实效，主试人要利用机会创造出一种与被试者相互具有信任感与亲切感的交谈氛围。只有在一种轻松、和谐的氛围中，被试者的素质才能自然地体现出来。

（8）面试中应给被试者弥补缺憾的机会。在面试中，被试者是处于被动地位的。在面试结束前，主试人应给被试者一个机会，让他自由地谈几句想法，补充被试者还想表露的意思。在某种程度上，这个机会也是被试者调整自己形象的机会，也在一定程度上表现出被试者的素质。

2. 面试中如何"听"

主试人在面试中如何"听"，也有很多应注意的地方。在面试过程中，主考官应倾听应试者的回答，并对其进行巧妙的引导。在倾听被试者谈话时，对被试者的谈话进行分析，比如是否听懂了主考官的提问，是否抓住了问题的要害，语言表达的逻辑性、层次性、准确性等。还可根据被试者讲话的语音、语速、语调等来判断被试者的性格特征等。

（1）要善于发挥主考人身体语言的作用。在面试中,主试人要集中精力去倾听被试者回答问题,绝对不应去干别的事情。人的眼睛不仅仅能观察事物,还可以通过眼神的变化来表达某种倾向。因此,在倾听被试者回答时,不能斜视、俯视、直视地听,从而使其感到不自在甚至有不平等感,影响被试者回答问题,进而影响其素质的表现。

在倾听被试者回答问题时,主试人要适当地通过点头来认同被试者的回答,使其轻松自如。当然,主试人不能有事没事地频频点头。

（2）主试人要善于把握和调节被试者的情绪。一般来讲,被试者往往在面试中会有紧张情绪。主试人应根据面试进行情况,适当把握机会,甚至谈些无关主题的事来使被试者情绪放松,自然地表露其素质水平。

（3）要注意被试者的身体语言。面试中主试人还应注意从言辞、音色、音质、音量、语调及回答问题时的身体语言来区别被试者的内在素质水平。

（4）注意倾听,不要随意打断应试者。

（5）主考官要表现优良的教养和修养。

3. 面试中如何"看"

看是面试过程中的另一个主要手段。在面试中,要求主考官善于观察应试者的非语言行为。国外一项研究表明,在面试中,从应试者面部表情中获得的信息量可达50%以上。面试过程中,被试者的面部表情会有许多变化,主考官必须能观察到这种表情的变化,并能判断其心理。

（1）谨防观察失误,不能以貌取人。

（2）要全面地考察,坚持目的性、客观性、全面性与典型性相结合的原则。

（3）要善于观察应试者的非语言行为,而且要能指明应试者的行为类型,进而借助于人的表象层面推断其深层心理。

4. 面试中如何"评"

（1）在面试过程中也有某种程度上的评价,这种评价要把被试者的反应过程和回答的结果有机地综合起来。

（2）综合评价要选择适当的标准形式,包括评价项目、评价指标、评价标度等。

（3）面试评价中不能忽视印象测评。面试与其他测评方式的不同就是采取面对面的形式。因此,综合评价时要注意把分项测评与综合印象测评相结合,提高面试效果。

（4）在集体面试中,主试人在综合评价时要充分讨论交换意见,不能一人说了算。

5. 提高面试质量的方法

面试从设计、组织、实施到最后录用,是一个系统工程,要提高面试的质量,应该按一定的程序进行。面试的组织与实施可参考以下程序进行：

（1）精选面试考官；

（2）对面试考官进行培训；

（3）给每个主考官提供一份好的职位说明书；

（4）告诉每个考官观察什么；

（5）告诉每个考官注意听什么；

（6）告诉每个考官如何有效地利用所看到与听到的信息，正确、客观地解释被试者的行为反应；

（7）采取评判表的形式使各个考官的评判方式趋于一致；

（8）对整个面试操作提出统一的原则性要求。

要提高面试的质量，除了宏观上按上述步骤实施外，关键要做好以下三项工作。

（1）考官的选择与培训。

面试是一种对考官素质依赖性比较强的测评形式，主试人素质高低、经验丰富与否直接决定整个面试的质量。刘劭就曾深有体会地说："一流之人能识一流之善，二流之人能识二流之善。"

面试考官应具备较高的政治素质和业务素质，应有高度的责任感和使命感。具体来讲，面试官的素质主要由三方面构成：一是思想作风是否正派；二是对拟聘岗位的工作要求是否熟悉；三是对面试的理论与实践是否有一定的掌握，富有操作经验。

面试考官素质除个体要求尽可能高外，还要求整体上结构合理，各有侧重。统计结果表明，最常见的是5—7人，由用人单位主管、人事处（科）长、专业（职位）及面试技术专家四方面的人员构成。

面试考官无论有无经验，面试正式开场前，均应接受培训，时间可长可短，视需要而定。培训的目的是要统一标准尺度与操作方式。培训的内容包括方法、技能培训和标准要求操作培训。从英国与日本等国的情况来看，培训的方法是讲解、案例的观摩、操作实习与研讨四个环节。例如，英国对面试考官的培训分三轮进行：第一轮是讲解，用一天时间要求面试考官了解面试的目的、内容、程序与日程安排，发给《考官手册》；第二轮是观摩，让面试考官参加一次例会，为期三天，进一步听讲，观摩面试的程序和技法，对照面试录像，分析并熟悉操作程序及操作方法，并进行模拟面试练习；第三轮是研讨，利用三天时间先进行小组讨论，然后要求每个考官就面试的程序、技术写出报告，包括自己对所观摩案例中面试考官的评价。

（2）被试者的筛选。

面试与其他测评形式相比，多花费时间与人力，面试一天，主试人员常疲惫不堪。因此，应根据拟聘职位要求，先进行一次筛选，以减少面试人数，从而提高面试的效率与效果。筛选的方法很多，比较可行的方法是资格审查、体检、笔试。

（3）考场选择与设置。

面试考场的选择和布置，对测评结果有一定的影响。因此，应该按照面试实施的要求

来布置考场。具体要求如下:

① 面试室、候试室、事务办公室之间,相互联络要便利,要设置相应的指示牌,使人容易找到。

② 考场应尽可能选择宽敞明亮、阳光充足、安静通风的地方。考场布置应活泼一些,可以考虑放些盆景、洒点香水。

③ 安排座位时应注意,主试人不要坐在背对光源处,这样会使考官形象放大,对考生产生不利影响。考生不宜离主试人太远,这样也会使其产生一种不安的感觉。但是,也不宜太近,相互距离在两米左右为宜。

第三节 评价中心技术

评价中心(Assessment Center)技术是现代人力资源管理中一种重要的评价工具,实践证明它具有相对较高的预测效度。随着远程视频会议、计算机软件等多种高科技手段运用到评价中心之中,评价中心的成本下降,信度和效度提高。可以预见,评价中心技术将以其信度高、效度好以及与目标职位的关联密切等优点,在未来成为人员测评与选拔的主要工具。

一、评价中心概述

评价中心对我国许多人来说,还是一个陌生的名字,评价中心是什么?有哪些形式?起源于何时?有什么特点?诸如此类问题,人们都还不太清楚。

1. 历史渊源

评价中心的起源,国内外有所不同。评价中心被认为是现代人员素质测评的一种新办法,起源于德国心理学家在1929年建立的一套用于挑选军官的非常先进的多项评价程序。1948年年初出版的《对人的评价》第一次使用了"评价中心"一词并详细介绍了评价中心在第二次世界大战期间在军事上的发展与应用[①]。评价中心在我国的历史可以追溯到公元前21世纪尧对舜的德才考察。从孔子的"权其所以,观其所由,察其所安",孟子的"权然后知轻重,度然后知短长"到诸葛亮的"示其危,观其勇;示其利,观其志",都说明了古人就有对人才进行考核的观念。从我国古代与现代的情况来看,主要是以此代替或简化实践考查的形式,来测评考生的实际工作能力,但是更直接的原因则是源于管理能力的测评。

---

① Douglas Bray. Centered on Assessment[J]. Personnel Psychology, 1995(2):468.

2. 基本概念

随着评价中心的发展,评价中心的方法不断完善,评价中心的内涵也相应扩大。与此同时,人们对评价中心予以不同的解说,给出不同的定义。据我所知,关于评价中心的定义主要有以下三种。

其一,方法说。"评价中心是一种较好的适用于管理人员,尤其是高级管理人员选拔的测评方法。""评价中心是通过多种情境模拟方法观察被测者特定行为的方法。"

其二,过程说。"评价中心是有机地利用多种测评技术定性、定量地判断测评对象特定资质的过程。"

其三,程序说。"评价中心方法是人力资源管理者用来评估与组织效能相关的员工个人特性或能力的一系列程序。"[1]

在第28届评价中心国际会议上对评价中心给出的定义是:评价中心是由对多次行为的标准化评估构成的,许多受过训练的观察者运用技术手段,对被评价人主要从专门设计的模拟情境中表露出的行为作出判断,这些判断被提交到评委参加的会议上或经过统计方法加以分析整合。在评分讨论过程中,每位评委要全面地解释被考核人行为的原因,提交评分结果,讨论的结果是按照设计好的以测定被考核人的维度/竞争能力(Dimension/Competence)或其他变量给被考核人绩效总评,应当运用统计的方法以符合专业认可的标准[2]。

根据上述分析,本书把评价中心具体定义为:评价中心是以测评管理素质为中心的标准化的一组评价活动。它是一种测评的方式,不是一个单位,也不是一个地方。在这种活动中,包括多个主试人采取多种测评方法对素质测评的努力,所有这些努力与活动都围绕着一个中心,这就是管理素质的测评。

3. 主要特点

评价中心最主要的特点之一就是情境模拟性,它是通过多种情境模拟测评形式观察被试者特定行为的方法。这些情景模拟测评包括写市场问题分析报告、发表口头演说、处理一些信件与公文、处理某个用户产品质量投诉问题等。情境模拟测评还可以让几个被试者共同讨论组织生产问题或销售策略问题。正是这些情境模拟给主试人提供了观察被试者如何与他人相处、分析问题与解决问题的复杂行为的机会。除此之外,评价中心有以下八个突出特点。

(1) 综合性。与其他素质测评方法相比,评价中心和其他多种测评技术与手段相互兼容。

(2) 动态性。与问卷测验、观察评定、面试投射相比,评价中心中被试者处于最兴奋

---

[1] 殷雷.关于评价中心若干问题的探讨[J].心理科学,2006(4).
[2] 张宝国.遴选高级人才的重要工具——评价中心[J].人力资源管理,2002(4).

状态。评价中心通过一系列的活动安排、环境布置与压力刺激来激发被试者的潜在素质，使其得到充分的表现，使主试人对其有一个真实、全面的把握，真正体现了在运动中测评素质的特点。

（3）标准化。与行为观察、面试相比，评价中心更具有标准化的特点。评价中心虽然活动频繁，形式多样，持续时间从几个小时到一周不等，但每个活动都是按统一的测评需要设计的。一般来说，测评内容不是随意而定的，而是通过工作分析来确定的。整个测评活动的安排，所有主试人与被试者的活动，都是以工作分析所确定的素质为目标进行的。

（4）整体互动性。与其他测评形式相比，评价中心的测评体现了整体互动的特点。主试人对被试者的测评，大多数是置于群体互动之中进行比较性的整体测评。对于每项素质的测评，不是进行抽象的分析，而是将对象置于动态的观察之中，联系活生生的行为举动作出评定。人的素质测评非常复杂，要对其作出准确、真实的测评，静止、分解与孤立的分析，往往难以把握，常常需要在相互比较的实际活动中作整体测评。

（5）全面性。它既不是个别人评定说了算，也不像面试那样仅仅以谈话方式进行，而是综合多种测评活动，由多个测评人员共同测评。

（6）以预测为主要目的。评价中心主要是对管理人员进行管理能力与绩效预测，因此它的测评内容主要是管理人员的管理素质与潜能。

（7）形象逼真。由于评价中心中的"试题"与实际工作的高度相似性，使得它所测评的素质往往是分析和处理具体工作的实际知识、技能与品德素质，使评价中心具有较高的效度；由于评价中心活动的形象性与逼真性，使得整个测评过程生动活泼，不像笔试那样死板，能引起考生更大的兴趣，发挥其潜能；由于考生"作答"的过程就是完成任务的过程，也是充分表现实际素质的过程，整个测评显得形象直观。因此，既提高了测评的准确性，又扩大了测评的内容与范围，可以在同一种情境模拟中测评多种管理素质。

（8）行为性。测评中要求考生表现的是行为，主试人观察评定的也是行为。这种行为与笔试中书写的行为显然不同：一是它的复杂性，它不是机械的书写与语言的诠释，而是多种素质的综合体现；二是直观性；三是生动性，它不像书面答卷那样抽象静止、枯燥无味。

当然，评价中心技术也有其不足之处，主要表现在以下三个方面。

（1）测评成本较高。与其他素质测评方法比较，评价中心的测评费用较高。评价中心所花的时间比较长，需投入的人力、物力、财力也比较多，费用自然较高。由于其成本高，目前人们只对比较重要的工作种类（如管理）和较高的职位（如中高层管理者）才应用这一技术。

（2）技术实施难度大。评价中心对评价者的技术要求很高，评价者既要有丰富的管理经验，又要受过专门的训练。从评价中心的设计到实施，都需要测评专家投入大量的时间和精力。而且，由于技术构成复杂、技术要求高，一般人很难掌握这项技术。另外，测试需要的案例和材料的选择也是一大难点。

(3)测评效度还不是很令人满意。由于模拟练习并非实际工作本身,测评中的能力表现与实际工作能力存在一定的差距,特别是在模拟工作的内容与实际工作有误差时,这一差距更明显,所以,仍需对被评价者进行进一步训练与观察。

二、评价中心的主要形式

评价中心是以评价管理者素质为中心的测评活动,其表现形式是多种多样的。从测评的主要方式来看,有投射测验、面谈、情境模拟、能力测验等。从评价中心活动的内容来看,主要有管理游戏、公文处理、无角色小组讨论、有角色小组讨论、演讲、案例分析、事实判断、面谈等形式(表4-1)。

表4-1 各种评价中心形式使用频率[①]

复杂程度	评价中心形式名称	实际运用频率
更复杂	管理游戏	25%
	公文处理	81%
	角色扮演	没有调查
	有角色小组讨论	44%
	无角色小组讨论	59%
	演讲	46%
	案例分析	73%
	事实判断	38%
	面谈	47%
更简单		

资料来源:《评价中心》,Gaugler et al. (1990)。

1. 公文处理(In-Basket)

公文处理也称公文筐测试、公文测验、提篮练习、篮中练习,是评价中心用得最多的一种测评形式,从表4-1可以看出其使用频率高达81%,它被认为是最有效的一种形式。在这种测评活动中,被试者假定为接替或顶替某个管理人员的工作,在其办公室的桌上堆积着一大堆亟待处理的文件,包括信函、电话记录、电报、报告和备忘录。它们分别是来自上级和下级、组织内部和组织外部的各种典型问题和指示、日常琐事和重要事件。所有这些信函、记录与急件都要求在2—3个小时内完成(美国电话电报公司要求3小时内处理25件公文)。处理完后,还要求被试者填写行为理由问卷,说明自己为什么这样处理。对于不清楚的地方或想深入了解被试者,评价者还可与被试者交谈,以澄清模糊之处。然后,主试人把有关行为逐一分类,再予评分。

通过以上一系列测评活动,主试人观察被试者对文件的处理是否有轻重缓急之分,是有条不紊地处理并适当地请示上级或授权下属,还是拘泥于细节、杂乱无章地处理。由此

[①] 萧鸣政,库克.人员素质测评[M].北京:高等教育出版社,2003:237.

测评被试者的组织、计划、分析、判断、决策、分派任务的能力和对工作环境的理解与敏感程度。

公文处理的主要优点：一是具有灵活性，操作实施比较简便；二是具有较高的表面效度，其使用频率在各种情景模拟测验中居首位；三是具有良好的内容效度，对工作绩效的预测性较好。它的主要缺点：一是文件编制的成本较高，需要测评专家、管理专家和行业专家共同完成；二是评分比较困难。

2. 小组讨论(Group Discussion)

小组讨论中典型的形式是无角色小组讨论，由表 4-1 可以看出它的使用频率为 59%，它也是评价中心中常用的一种形式。这种形式把被试者划分为不同的小组，每组 4—8 人不等，不指定负责人，大家地位平等，要求就某些争议性大的问题（如额外补助金的分配、任务分担、干部提拔等）进行讨论，最后要求形成一致意见，并以书面形式汇报。每个组员都应在上面签字，以表明自己同意所作的汇报。

主试人一般坐在讨论室隔壁的暗室中通过玻璃洞或电视屏观察整个讨论情形，通过扩音器倾听组员们的讨论内容（当然也可以用录像机、录音机录制），看谁善于驾驭会议、善于集中正确意见，并说服他人，达到一致决议。为了增加情境压力，主试人还可以每隔一定时间，给讨论小组发布一些有关议题中的各种变化信息，迫使其不断改变方案并引起小组争议。当情境压力增加到一定程度时，有的被试者就会显得焦躁不安，甚至发脾气，有的被试者则沉着灵活、处置自如，这样就能把每个人的内在相关素质暴露无遗。

在这种形式中，主试人评分依据的标准是：发言次数的多少，是否善于提出新的见解和方案，敢于发表不同意见，支持或肯定别人的意见，坚持自己的正确意见；是否善于消除紧张气氛，说服别人，调解争议问题，创造一个使不大开口的人也想发言的气氛，把众人的意见引向一致；能否倾听他人意见，是否尊重他人，是否侵犯他人发言权。还要看：语言表达能力如何；分析问题、概括或总结不同意见的能力如何；发言的主动性、反应的灵敏性如何等。

无角色小组讨论的主要优点有：讨论角色的平等性，讨论活动中的赛马场效应，测评方式的仿真模拟性，评价的公平客观性。但是，它也存在某些缺点，如适用对象的特定性、成本较高等。

3. 管理游戏(Management Games)

管理游戏也是评价中心常用的方法之一。在这种活动中，小组成员各被分配一定的任务，必须合作才能较好地完成，如购买、供应、装配或搬运等。有时引入一些竞争因素，如若干个小组同时进行销售或进行市场占领，以分出优劣。有些管理游戏中，包括劳动力组织与划分和动态环境相互作用及更为复杂的决策过程。通过被试者在完成任务的过程中所表现的行为来测评被试者的素质。

管理游戏的优点在于：首先，它能够突破实际工作情景中的时间和地点限制，将许多重要的工作集中到一起，使测评过程变得简便易行；其次，由于它的模拟内容接近于实际工作情形，真实感强，任务也更有挑战性和趣味性，有助于被评价者充分发挥其管理才能，提高测评的效度。当然，管理游戏也存在一些不足：首先，花费的时间较长；其次，富有创新思维的被试者往往会因处于被试地位而被压抑。

4. 角色扮演（Individual Presentations）

角色扮演是一种主要用以测评人际关系处理能力、情绪稳定性、情绪的控制能力、随机应变能力、处理各种问题的技巧和方法等的情境模拟活动。在这种活动中，主试人设置了一系列尖锐的人际矛盾与人际冲突，要求被试者扮演某一角色并进入角色情境去处理各种问题和矛盾。主试人通过对被试者在不同角色情境中表现出来的行为进行观察和记录，测评其素质潜能。

每种测评方法都有其显著的优点。与其他测评方法相比，角色扮演可以根据工作情景的特点进行设计，具有较强的灵活性，操作实施费时较少，还可以为被评价者提供工作实习的机会。但是，角色扮演对评价者的要求较高，标准化程度不高。

5. 其他形式

（1）面谈模拟。

面谈模拟又称交谈模拟，是指一种特殊的情境模拟，主要是测试对象的口头表达能力、敏感性、领导艺术及分析能力等。在这种模拟当中，被试者要求与另一个下属、同事或顾客进行对等性的谈话。这项测评可以模拟各种交谈活动，如与汇报工作的下属进行交谈、人事选拔或调动的访谈、与暴怒客户的电话交流等。

（2）事实判断。

事实判断也称为收集事实。在事实判断形式中，被试者只能看到少量的有关某一问题的信息资料，然后被试者可以通过问相关人一些问题，获得其他的信息；被试者所问的人可能是一些事先接受过专门训练的辅助人员甚或主试人。事实判断非常适合于测评被试者搜集信息的能力，尤其适合于测评被试者如何从那些不愿意或不能够提供全部信息的人那里获取信息，并最后把握事实的能力。主试人也可以通过事实判断法测评被试者的决策技能和压力承受能力。事实判断法的缺点是在设计与实施上都比较困难。为了保证事实判断的活动对被试者有一定的挑战性，准备的材料信息必须充分周全，主试人必须预测被试者可能会作出的许多判断或会遇到的问题。此外，辅助人员或主试人为了及时地回答被试者的问题，必须对有关问题的信息内容非常熟悉。像面谈模拟一样，辅助人员难以在所有被试者面前表现出一致的行为。

（3）书面案例分析。

书面案例分析主要测评被试者的分析问题和解决问题的能力、观点的组织表达能力、语言和书面传递信息的技巧等。在这种测评方式中，测评人提供给被试者一些在实际工作中发生的典型问题的有关书面案例材料，要求他们解决案例中的问题并写出案例分析报告,或要求他们准备在小组讨论会上作口头发言。

这种方式的优点是操作相当方便,而且可以组合用于测评一般的能力(如组织一个生产活动)和特殊技能(如计算投资效益)。分析结果既可以采取口头报告,也可以采取书面报告。当书面分析报告提交之后,主试人可以从报告的形式与内容两方面进行分析评价。缺点是评分比较主观,难以制定一个客观化的评分标准。

三、设计方法与应用

如何设计与应用评价中心,这是学习与掌握评价中心法的关键,涉及情境设计、应用目的选择与操作程序等问题。

1. 设计的基本原则

评价中心技术要达到测评的目的就必须遵循一定的设计原则,具体来说有以下三条。

(1) 具有较高的内容效度。内容效度是指情境内容与要测试的评价维度的相关性。首先,设计的测评情境要围绕工作分析的结果,其活动必须能够激发被试者在测试时表现出有说服力的并相对持久的行为;其次,模拟情境应该公平、公正。

(2) 具有良好的表面效度。表面效度是指活动内容表面上看起来应当与想要测试的维度有关。表面效度越高,越可以提高被测者的参与热情,从而提高评价的准确性。

(3) 关注细节。情境活动是由一个个细节构成的,每一个细节都会对测评的结果产生一定的影响。有时候对一个细节的忽略,会影响到整个测评活动的质量。

2. 情境设计

情境设计应注意如下五点。

(1) 相似性。

所谓相似性,是要求所设计的情境要与拟聘职位的工作实际具有相似性。具体表现在素质、内容与条件三个方面的相似性上。

素质相似是指情境模拟中所测评的素质,与实际工作中经常需要的工作素质相一致。

内容相似是指情境模拟中被试者所要完成的活动与实际工作的内容相一致。例如,司法部公文处理情况设计中要求被试者所处理的文件,应该是司法部办公室或秘书人员经常要处理的一些文件。

条件相似是指情境模拟中被试者所拥有的工作条件与实际工作中人们所拥有的工作条件相一致。例如,调研模拟只给被试者一个调研任务,而对于调研途径、方法及调研对象不予给定。这与实际工作中调研情形是一致的,使被试者有一种"现实"感。

(2) 典型性。

典型性包括两方面的含义:一是指所模拟的情境是被试者未来任职工作中最主要、最关键的内容,而不是那些次要的、偶然的事情;二是所设计情境不是原原本本地从实际工作中节选一段,而是把实际工作情形中最具代表性的情形归纳、概括、集中在一起,使本来不同时间、不同情形下发生的事情集中在一起出现。

(3) 逼真性。

所谓逼真性,是指所设计的情境在环境布置、气氛渲染与评价要求等方面都必须与实际相仿,否则,情境模拟就失去了它的测评价值。

逼真与真实还是有一定距离的,这是指所设计的情境是根据一定的工作原型与生活规律经过加工创造的"情境"。它们来源于工作实践,受实践的规律制约,是一种相对的"真实",是现实的"写照"而不是现实的"摄照"。

(4) 主题突出。

虽然所模拟的情境一般包括多种活动,要测评被试者的数种素质,但这并非等于说所有这些活动主次不分、杂乱无章。整个情境设计应该使被试者的行为活动围绕一根"主线"进行,突出表现所测评的素质,不要让一些不相干或关系不大的细节浪费了宝贵的测评时间。

(5) 立意高,开口小,挖掘深,难度适当。

所设计的情境要从大处着眼,从素质的宏观结构与深层内涵出发,要根基深,使整个情境模拟的每一步都有根有据,可以考察较复杂的素质。但是,留给被试者问题的入口要具体一些,使被试者可以从小处着手,不会感到漫无边际、无从下手。问题的"开口"要小一些,要求有一定的弹性,水平高的被试者可以深挖,水平低的被试者可以浅挖;问题不是所有的被试者都一下子就能回答的,而是"仁者显仁,智者显智,能者显能,劣者显劣"。情境设计要看似容易深入难,不同水平的被试者都能有所领悟、有所表现,而优秀的被试者也能脱颖而出。

例如,1989年上海任职资格考试中心研制了一种外汇银行业务员能力仿真测评系统软件,以外汇银行柜台业务员的实际工作状态为原型,利用微型电子计算机为手段,设计了七项基本业务交易活动,包括外汇汇出汇入,打印英文业务电稿,两种外汇存款、取款,会计科目分录,英文业务交易处理;同时,让有关任务或问题随机出现,使每笔业务交易都像实际工作那样处于变化状态;还设计了噪声干扰。时间为一个半小时。它以与外汇银行业务员绩效相关的10种能力为测评项目:手眼配合灵活性、手指运动灵活性、注意力集中性、观察灵敏性、数字敏感性、运算能力、英文打字能力、银行初级外语能力、外汇会计知识运用能力、适应新环境的能力等。

3. 操作程序

这里所介绍的操作程序是针对主试人来说的,是一种具体的操作程序,不是针对整个评价中心组织与实施的操作程序。

(1) 观察被试者的行为表现。

每位主试人一般要观察评定1—2个被试者的行为表现。每个被试者由三位主试人观察评定。例如,在情境模拟A中,被试者由主试人A评价;在情境模拟B中,被试者则由主试人 B 评价；在情境模拟 C 中，被试者由主试人 C 评价。其余依此类推。观察评定要求每个主试人用客观性的语言描述所观察到的具体行为现象，不允许作任何解释。观察评定的内容一般规定为与所要测评素质相关的行为。这些内容也可以事先以评定表的格式固定下来。

（2）对所记录的行为进行归类。

主试人记录完所观察的行为之后，要立即进行归类，把每一行为表现归类到相应的素质测评项目中。素质测评项目及其内容特征事先有统一的规定。

关于归类的项目，美国有人做过专门研究，调查了 200 多家企事业，发现项目数 12—18 个不等。大多数人趋向 11 个，但如果想要提高观察评定的效果，以 7 个项目为宜。

（3）给每个素质测评项目评分。

主试人归类了所有观察记录的行为之后，就要对每个素质测评项目进行分析研究，根据素质特征、被试者行为表现以及评分规定逐项评分。评分一般为 0—5 分，共六个等级。具体评分标准如下：

5 分：被试者所表现的素质远远高于实际工作的要求；

4 分：被试者所表现的素质略高于实际工作的要求；

3 分：被试者所表现的素质达到实际工作的要求；

2 分：被试者所表现的素质略低于实际工作的要求；

1 分：被试者所表现的素质大大低于实际工作的要求；

0 分：被试者所表现的行为根本没有显示出实际工作所要求的素质。

（4）指定观察评分人报告评定结果。

所谓指定观察评分人，是指对被试者 A 事先安排好的三位主试人（甲、乙、丙）。三位指定观察评分人顺次向其他主试人报告自己对被试者 A 观察到的行为、归类过程、每个素质测评项目的评分及总体评分（在项目评分基础上作出的）结果。只有三位指定观察评定人一一报告完毕，才能进行另一个被试者的报告工作。

（5）其余主试人记录报告中的有关事实。

当指定观察评分人报告自己关于某被试者的评定情况时，其余主试人在事先制定好的一张特殊的记录表上记录某些重要的事实，并在此基础上独立地就每个素质测评项目作出自己的初步评定。主试人可以向报告人提问以澄清事实，但是，不能讨论也不能对报告者在该点上对评分的解释提出质问。

（6）要素综合评分。

每个主试人听完了三个指定观察人的报告后，根据自己记录的事实，对每项素质测评的分数（自己评定的与别人评定的）进行独立的考察，在此基础上综合所有项目测评结果评定一个总分数。在综合评定总分数的过程中，要考虑到不同项目的权重，不要对各个项目简单平均地求出总分。

（7）公布每个主试人对每个被试者的评分结果。

采取表格形式公布主试人对每个被试者的评分结果。表格按被试者逐个张榜公布。

表格左边列素质测评项目,从上至下排列;表格的上端横栏,从左至右逐个列出主试人的名字。表体内是每个主试人对每个项目的评分。表格最底下一栏(行)是每个主试人的综合评分。从这张综合评分表格中,人们可以看出一致与不一致的地方。

(8) 主试人讨论。

公布每个主试人的评分结果后,主试人应该就不一致的地方进行讨论,直到达成一致意见。虽然也可以采取平均分数代表大家的一致意见,但是一般很少这样做。因为讨论过程不仅仅是达成一致意见,而是可以更深入地认识测评对象,提高测评的准确性。

(9) 其他评语。

除表格中规定的测评项目外,主试人还可以就其他重要(突出)的素质作出评论。

上述九个步骤是就评价中心活动开始后主试人的操作程序而言的。实际上,在评价中心活动正式开始前,应该做好一些准备工作。其程序如下:

① 确定评价中心活动中所要测评的素质项目;
② 对于每个素质项目找出一些便于区分与辨认的代表行为;
③ 根据拟聘职位要求选择适当的评价中心形式;
④ 对于每个素质测评项目,确定不同水平等级区分的标志;
⑤ 确定评分标准;
⑥ 制定评价中心活动需要的有关方案、计划与实施要求。

4. 应用形式

就一般情况来看,评价中心主要是用作高层管理人员的选拔与晋升中的考核手段,有人调查了1 000家企事业单位所进行的评价中心测评,其中的95%属于这一类。

近年来,评价中心除用于选拔预测外,还广泛用于素质开发、标准研究、职业规划、非传统(特殊)管理评价等方面。

例如,长期以来,人们对人员培训计划有效性的鉴定一直是一个难题,许多人都进行了专门的研究,但收效甚微。纽约市大都会公交当局于1972年首次把评价中心作为培训效果鉴别方法。具体做法如下:

两个小组各有12位总监,按照年龄、贡献、管理经验、文化程度以及表现两两配对,使两个组"等值",一个小组接受培训,另一个小组不接受培训,培训结束后进行一次评价中心的测评;接着让未接受培训的小组接受培训,另一组培训停止,事后对两个小组进行第二次评价中心的测评。分析与比较两次评价中心的结论,就可以鉴定培训计划的质量优劣。

评价中心结论有时还被用来作为某种测评方法质量鉴定的标准,用作效度分析的关联效标。

5. 问题与改进

任何一种方法都有利有弊,评价中心法也不例外。就一般调查来看,人们发现评价中心存在以下一些问题：

（1）耗时较多。首先，实施评价中心技术前需要测评专家投入大量的时间准备案例、试题等材料；其次，评级中心技术采用了多种测评手段，实施比较复杂，整个过程中既有面试，又有笔试，既有一对一的单独面试，也有团队的面试；再次，在所有测评结束后，评价者还要综合所有测评手段对被测者的表现进行综合评估，最后，根据被测者情况撰写测评报告。因此，其耗时比普通的测评手段更长。

（2）花费大，代价高。与其他素质测评形式比较，在所需人力、物力、财力与时间上，评价中心都高于其他方法。

（3）应用范围较小。这主要体现在测评的素质与人数上。评价中心主要是用于管理能力的测评。

（4）操作人员技术要求高。前面说过面试难以被一般人操作，实际上，评价中心操作的难度远远高于面试。如果草率运用，盲目接受评价结果，危害极大。

（5）质量很难鉴定。虽然评价中心结果可以用来作为鉴定其他测评方法或培训计划的效标，但其本身质量好坏却很难找到参照效标。近期观察素质充分显示出来，远期观察的结果中，则已包括其他因素的影响。

（6）存在一些不可克服的误差。首先，被试者目前的工作行为表现并不一定能揭示他在新的工作中的管理能力；其次，主试人在观察评定中存在错误与偏见。例如，当被试者即将上任的工作与评价他的主试人的工作完全不同时，主试人总是用自己的行为模式来衡量被试者的优劣。

（7）法庭纠纷案例中所揭示的问题。

案例一

巴里是一位奥马哈市警察局副局长位置候选人，因竞争失利，他指控评价中心法运用不当，是不公平的。这实际上是评价中心法第一次被人指控至法庭。诉状中对操作评价中心法的主试人能力以及评价中心的实施提出一系列问题，主要是对评价中心的标准化和公平性提出质疑：

① 主试人的培训是否充分？
② 评价中心中的活动是否充足（即无角色小组讨论、背景面谈没有给考生充分表现内在素质的机会）？
③ 认识某些候选人的主试人是否应该留用？
④ 公文处理与面谈之间间隔了好几天，这是否会影响最终的结论？
⑤ 某些主试人的过去评价经验是否会影响最终的结论？

以上五条指控都归结为一点,即指控三个评价小组所持的标准不同,这样,有些人接受评价时的标准就比别人严格了(后来,法庭组织一批不了解奥马哈市主试人结论的熟练的评价员组成一个独立小组,对书面证据进行鉴定,包括公文处理、指定观察评分人报告及其余主试人记录结果、背景面试记录等材料,法官在得高分的15名候选人中抽取了10人再次独立地进行排序,结果发现四名来自第一组,三名来自第二组,三名来自第三组)。奥马哈市的排序与法官的排序之间,存在很高的一致性。斯波尔曼排序相关系数是0.84,而且两张名单上的前四名完全相同,并且奥马哈市的三个评价小组之间也存在很高的相关性。

这一案例启示我们,评价中心的实施与结果必须充分保证一致性与公平性。

案例二

密歇根州警察局晋升警长时采取了评价中心形式。密歇根州地方法律规定,晋升必须建立在功绩(任职的时间和质量)、效率(有效地完成任务、履行职责)、适合性(能够达到身体和技能要求)等基础上。由于评价中心只考虑了管理技能(适合性),晋升程序忽略了功绩和效率,法院裁定晋升无效。

这一案例启示我们,不管评价中心的某一部分多么有效,整个体系必须完整,要注意与其他方法、法律相配套,否则,就会不堪一击。

在案例二中,专家的有关证词还揭示了评价中心法的潜在弱点和一些谬误:①表现效度高但不能保证实际效度。②工作分析与情境模拟是评价中心法内容效度的保证,但工作分析本身却受到指控,因为它没有证明从工作信息或者工作职责与评价关系中遴选要素的过程(为什么入选的是最后那些要素而不是其他要素)。情境模拟被认为是不现实的。例如,要求在一个半小时内,分配1 000万美元的预算,这是违背常理的。证人还对情境模拟的可比性提出了质疑,因为被试小组之间存在差别。③评分的主观性和评价小组之间的差异也存在疑问。有迹象表明,随着时间的推移,评价标准发生了变化,并且某些评价员在严厉程度上也失去了控制。在历时5个月的评价中心测评里,总体评分的平均数持续上升。另外,鉴定结果发现,被告中3名评价员所给出的评分总是显著地低于其他11名评价员。

这些现象启示我们,应对进行中的评价中心测评实行质量监控,加强对评价员差别的控制与调整。

此外,我们发现评价员的行为不一致、不统一的原因,主要在于在如何确认内容效度等许多问题上,没有建立明确的、无歧义的规则(标准),因此,美国建立了《评价中心实施标准和道德准则》,并于 1978 年修订了该准则,其目标是建立评价中心的最低专业标准,并有助于以后的实施,而不是具体地规定某些做法或方法。其中最为关键的部分是定义评价中心是什么以及不是什么。在该标准下,要建立一个有效的评价中心,必须做到以下两点:

(1)多种方法评价。

(2)评价员必须接受培训。培训内容包括了解要素、方法、程序以及本计划的方针,还有观察、记录、划分以及汇总信息的行为技能。时间可长可短,但必须保证评价员达到胜任其评判工作所要求达到的标准。

四、评价中心的新进展

自从第二次世界大战以来,评价中心已经走过了较长的路。它的整个技术也在研究者和使用者的努力下得到不断地发展。

1. 发展中心

(1)发展中心与评价中心的区别。

发展中心可能代表了评价中心最重要的发展趋势。现代管理的一些概念(如授权、学习型组织、全面质量运动等)都说明了个体的改进之路永无止境。仔细比较起来,传统意义上的评价中心和发展中心还有一些区别(表 4-2)。

表 4-2　评价中心与发展中心的区别

评价中心	发展中心
挑选: 　外部招聘 　内部招聘	发展: 　识别潜能 　诊断与工作有关的优势/劣势

与评价中心相比,发展中心的主要特点是,它不是一个成功/失败的决策事件,它持续时间更长、成本更高,参与者个体对资料所有权的分享,在评价过程中就予以反馈,发展从评价中心过程中就已开始,聚焦于学习和自我提高,对咨询或支持要求更高,关注可发展的标准,更多的中心前/后的活动、自己和他人评价的机会。

当然基于这种区分的实践,美国电报公司早在 1971 年就使用过。但"发展中心"术语大约在 20 世纪 90 年代才被提出来。Rodger 认为发展中心就是运用评价中心的技术用以识别个体优势和不足,以便诊断发展需要,提高工作绩效,促进职业生涯发展,帮助组织获得成功。

(2)发展中心的类型。

Boehm 在 1977 年提出了两种不同的发展中心类型:识别策略和诊断策略,其主要区别如表 4-3 所示。

表4-3 两种不同类型的发展中心特点对照表①

特　点	识别策略	诊断策略
目标	对个体进行早期潜能识别,以帮助快速发展	改善现在工作绩效、动机和士气
目标人群	已被识别为有高潜能者	多数人
提名程序	邀请符合标准者	自愿或推荐
决策或结果特点	多数成功/失败决策是为了长远发展	聚焦于有关优势和劣势
反馈报告特点	突出高层发展活动的需求	优/劣势的详细信息,以促进后续行动计划
组织监控水平	高度集中化的监控	基层管理控制

由上表可见,识别策略与传统的评价中心更加相似,也更加受到组织的欢迎。

2. 自我洞察的评价中心

(1) 自我洞察的评价中心概念。

自我洞察的评价中心是 Mike 于20世纪70年代提出的一种评价方法。这是一种将传统评价中心与自我发现和向他人学习相结合的方法。正如其字面意思,自我洞察的评价方法包括的活动是:

- 识别优势和发展需求,而不是事先确定与工作有关的绩效标准;
- 形成一个发展计划,以满足发展需求和建立优势;
- 开发参与者的绩效技能;
- 熟悉评价中心的技术和实践。

(2) 自我洞察的评价程序。

自我洞察的评价方法和其他评价一样,要事先确定合适标准,然后经历约五天的练习。它与传统方法的主要区别是没有任何评价者。参与者有关资料被记录下来供以后分析用。

参与者第一天要做的工作是大量练习和测试。第二天,参与者要回顾有关将要使用的行为标准。从这一阶段开始,参与者开始了解目标工作的要求以及刚结束的模拟间的相关性。第三天和第四天,参与者要处理练习的大部分,每一个参与者都要扮演评价者对自己的表现进行全面评价,这就是自我洞察的过程。同时要对另一同伴的表现予以评价。所有练习都分析完成后,参与者再扮演评价者将结果对其他参与者进行反馈。这些反馈都是比较积极和富有建设性的,这也许是因为所有人都进行过了自我评价。第五天,每个参与者收集好与自己有关的信息、材料、反馈,形成一份自我发展报告。

这种方法的一个特点是没有威胁,只有参与者拥有所有完整的绩效表现资料。与其他评价中心相比,自我洞察的评价的优点还有:参与者更了解自己的发展需求;提高了评价、反馈技能;相对节省资源,它不需要另外的评价者;参与者对自我洞察的评价方法反应

---

① 唐宁玉.人事测评理论与方法[M].大连:东北财经大学出版社,2002:178.

较为积极。

3. 越来越"非正式化"

评价中心技术最新发展的显著特点之一，就是越来越"非正式化"。也就是说，传统评价中心技术的标准因素将变得更加灵活。评价中心的"非正式化"主要体现在以下两个方面。

（1）测评过程的非正式化。

在传统的评价中心测评过程中，测评者和被测者至少有3—5天的时间要聚在一起，根据不同的测评项目进行组织协调，实施较大规模的情境模拟测试。现在，大规模的情境模拟使用的情况较少，情境模拟的规模趋于小型化，施测的时间变得更分散，测评者和被测者聚到一起的时间也变得更少。

（2）测评结果信息整合的非正式化。

传统的评价中心对测评信息的整合，往往要求所有测评者坐在一起召开正式会议，通过讨论，统一对被测者的评估意见。如今，测评者们整合测评信息不再需要面对面地讨论。他们只需提交电子版报告和评价结果，电脑程序就会根据测评指标的相对重要性和测评者的不同评价意见，对不同项目给予不同的权重并进行加权处理。电脑处理结果将反馈给测评者，由测评者对总体评价结果划分等级，再经过集中处理、编辑，最后反馈给管理层和被测者。

4. 评价中心的未来趋势

社会的发展为评价中心技术的进步提供了支持，如早期的评价中心运用的是录像、普通电视，到现在的交互式网络手段，直到今天广泛使用的电脑多媒体技术，甚至还有人在尝试虚拟评价。未来的评价中心发展大约有如下四个特点。

（1）机会均等。

越来越多的研究表明，传统的心理测试方法具有一定的歧视性，比如不同性别和不同种族者，对常模、内容方面的争议由来已久。现有研究表明，评价中心的方法对上述问题提供了良好的解决方案，设计良好的评价中心对所有人都是平等的，这种能给所有人提供均等机会的方法是未来发展的一个趋势。

（2）组织文化和价值。

组织总是需要选拔和招聘人员，不管是从内部还是外部，评价中心的发展也会随着组织的变化而发展，比如现在的学习型组织、数字组织、虚拟组织等，都会影响评价中心的发展，组织越是发展到了高级阶段，越是需要提高其员工的胜任力，评价中心方法和组织的发展就需要不断找到结合点。发展性的评价中心从传统评价中心中分离出来就很好地说明了这一点，所以，这一方法的发展也是企业文化变迁和价值更替的产物。

（3）标准化。

评价中心的标准化程序不仅可以用于管理评价，而且可以用于面试诊断、专才评价、人际关系和教育评估等方面。实践表明,标准化程序可以提高评价的客观性和准确性。由于评价中心得到了最为广泛的运用,其标准化建设势必成为一个带有普遍意义的课题。

(4) 降低评价中心的施测成本。

评价中心相对于传统心理测验的施测成本要高得多。这是评价中心技术明显的局限性之一。尽管绝大多数单位或部门都认识到用人决策的重要性,但高价耗时的评价中心仍然令不少单位或部门望而却步。这就要求评价中心作出改进,以降低施测成本。

第四节 履历档案分析

个人履历档案分析是根据履历或档案中记载的事实,了解一个人的成长历程和工作业绩,从而对其人格背景有一定的了解。近年来,这一方式越来越受到人力资源管理部门的重视,被广泛地用于人员测评与选拔活动中。使用个人履历资料,既可以用于初审个人简历,迅速排除明显不合格的人员;也可以根据与工作要求相关性的高低,事先确定履历中各项内容的权重,把申请人各项得分相加得到总分,根据总分确定选择决策。研究结果表明,履历分析对申请人今后的工作表现有一定的预测效果,个体的过去总是能从某种程度上表明他的未来。这种方法用于人员测评的优点是较为客观的,而且低成本,但也存在一些问题。比如:履历填写的真实性问题;履历分析的预测效度随着时间的推进会越来越低;履历项目分数的设计是纯实证性的,除了统计数字外,缺乏合乎逻辑的解释原理。

履历表与档案资料等都是一些现成的、由组织部门与人事部门保存较长时间的历史资料,它们描述的虽然是被测者过去的情况,但"鉴往知来"的事实表明,它们可以作为素质测评的一种有效手段。

一、履历分析

履历分析又称资历评价技术,是通过对评价者的个人背景、工作与生活经历进行分析,来判断其对未来岗位适应性的一种人才评估方法,是相对独立于心理测试技术、评价中心技术的人才评估技术。近年来,这一方式越来越受到人力资源管理部门的重视,被广泛用于人员选拔等人力资源管理活动中。

1. 履历分析技术的主要特点

履历分析技术作为一种评价手段,与传统的人事选拔方法不同,具有自己明显的特点:

(1) 依据的真实性。

履历分析技术是以应试者过去的经历作为评价依据来分析、预测其未来的职务行为倾向或成就,这种经历通常是可以核实的。

(2) 评价的普遍性。

履历分析的结果与应试者的多种行为(效标)之间往往有较大的关联性,如工作绩效、出勤率等,因而可以用于对应试者行为的多维预测。

(3) 评价的准确性。

履历分析方法技术是通过应试者过去的工作经历、工作表现来预测其未来的表现,其方法论原则体现的是整体主义和历史主义,是一种全面的系统的评价技术。

2. 履历分析的意义

履历分析是近年来才被采用的测评新技术,但其一经采用就在人才招聘选拔中起到十分重要的作用,其意义在于以下三个方面。

(1) 能够得到履历定量分析成绩;

(2) 实现了测评的职位区分;

(3) 有效利用了应聘者各种重要的履历信息,对资格审查合格的入围者进行区分,使测评选拔更加科学合理。

在进行职位调研分析基础上,按照职位要求,对应聘者年龄、学历、受训经历、工作经验、工作业绩和相关工作背景等进行细致定量分析,并得出其履历岗位匹配系数 β。

履历分析的结果可作为一项测评成绩记入总分,也可作为其他测评成绩的职位和履历修正。例如,某一岗位的招聘选拔在报名人数较多的情况下,首先按照履历分析得分排序淘汰部分人员,这样就可以降低测评选拔成本;其余人员可用履历岗位匹配系数 β 对综合素质测评总分进行修正后作为最终成绩。

一份设计良好的应聘履历登记表可以提供很多有用的信息,对登记表进行分析有很高的预测效度。所以,履历分析在人才测评体系中占有重要的地位,履历分析技术的推广对完善人才评价体系具有重大意义。

3. 履历表

履历表是一种有关被测者背景情况描述的材料,其项目内容与申请表类似,但又有所不同。从项目与内容上来说,履历表比申请表更详细、更全面;从时效上来说,履历表反映的是被测者过去的情况,申请表反映的是当前的情况,两者内容会有所不同。

项目设计的合理性问题是履历表分析的一个重要问题,要提高履历表的测评作用,关键在于履历表项目的设计。

履历表项目的个数从现有的调查情况来看,为15—800个。均包括两部分内容:一部分是测评者能够核实的项目,如家庭住址、家庭情况、工龄、学历、年龄等;另一部分则是不能核实的项目,如述职报告、自我工作小结等。

履历表项目选择与申请表一样也是以与职位要求或工作绩效的相关性为标准。

通常选择那些与生产效率、人事变动率、出勤率显著相关的项目。选择方法示例如下：

假设某单位有 100 名职员，其中，男性 40 名，女性 60 名。把 100 名职员划分为高效率与低效率两组。在高效率组中有 10 名男职员与 45 名女职员。因此，男性职员的高效率比例为 $10/40 \times 100\% = 25\%$，女性职员的高效率比例为 $45/60 \times 100\% = 75\%$。两者比例相差 50%。由此表明男性职员有 $1-25\% = 75\%$ 的位于低效率组，而女性职员只有 $1-75\% = 25\%$ 的位于低效率组。显然，在这里性别是一个具有高区分度的指标，可以把它作为一项目列入履历表中。

如果根据高效率比例赋分，则履历表内每个项目根据其具体内容都可以得到一个对应的分数。上面例子中，男性高效率职员因比例为 25%，故男性赋 25 分，女性职员高效率比例为 75%，故女性赋 75 分，所有项目得分累加就可以得到一个总分，用作测评素质或录用的依据。

对于履历表用于人员素质测评及录用的效果，卡西奥（Cascio）曾作过专门研究。他发现，履历用于预测人事变动率的效度系数为 0.77—0.79。其他有关研究也得到同样的结果。与此同时，卡西奥也发现把履历分析作为素质测评的一种工具存在三个问题。首先，是履历填写的真实性问题。有研究表明，履历中填写的内容与已证实的情况一致性为 0.90，但有的研究得出相反的结果。解决这个问题的可行办法应该是在履历表中设置一些真实性监测项目，或者尽量减少主观性项目，增加客观性项目。其次，是效度系数的稳定性问题。有研究表明，最初效度系数为 0.74，两年后降为 0.61，三年后只有 0.38。解决的方法是再评价与再检查。再次，是项目设计的合理性问题。履历表中每个项目的选择除实证性的统计数字外，缺乏符合逻辑的理论解释。米契尔（Mitchell,1982）的研究表明，通过统计检验的履历项目要比按照原理设计的项目（在直觉判断基础上通过因素分析处理）要好，但勒日（Neiner,1982）的研究结果却相反。解决这一问题的可能办法是实证与理论分析多方面结合。

为了改进履历表的形式，提高其客观性，目前出现了一种称为传记式项目检核记录表的表格，其形式如表 4-4 所示。

表 4-4　传记式项目检核记录表示例[①]

●婚姻状况	●嗜好及态度
目前婚姻状况如何？	你常说笑话吗？
1. 未婚	1. 极常
2. 结婚、无子女	2. 常常
3. 结婚、有子女	3. 偶尔
4. 寡居	4. 很少
5. 分居或离婚	5. 根本不说

[①] 萧鸣政,库克.人员素质测评[M].北京:高等教育出版社,2003:260-261.

续表

●健康状况 你平常健康状况如何? 1. 从来不生病 2. 没有生过大病 3. 一般 4. 偶尔感到身体不适 5. 经常有小毛病	●人际关系 你与同事的人际关系怎样? 1. 很糟糕 2. 关系一般 3. 相处还不错 4. 关系非常融洽
●经济状况 在正常情况下你作为户主每年打算储蓄年收入的百分之几? 1. 5%以下 2. 6%至10% 3. 11%至15% 4. 16%至20% 5. 21%以上	●早期的家庭、童年和少年 18岁之前,你大部分时间是和谁在一起度过的? 1. 双亲 2. 单亲 3. 亲戚 4. 养母、养父或者非亲戚 5. 在一个家庭或者在一个公共机构
●个人特点 你感到你的创造性如何? 1. 富有创造性 2. 比自己所在领域中的大多数人更富有创造性 3. 创造性一般 4. 比自己所在领域中的大多数人的创造性差一些 5. 没有创造性	●业余爱好和兴趣 去年一年中你读了多少本小说? 1. 1本也没有 2. 1—2本 3. 3—4本 4. 5—9本 5. 10本以上
●学校和教育 你大学毕业时的年龄? 1. 小于22岁 2. 22岁 3. 23岁 4. 24岁 5. 24岁以上	●自我印象 通常情况下你尽力干: 1. 每种工作 2. 只是自己喜欢的工作 3. 要求自己干的工作
●价值观、观点 下面这些东西哪一样对你来说最重要? 1. 舒适的家和家庭生活 2. 需要才干、令人兴奋的工作 3. 在社会上出人头地 4. 在社团事务中积极活跃、得到承认 5. 尽量发挥自己的一技之长	●工作 你通常工作多快? 1. 比大多数人快得多 2. 比大多数人快一些 3. 跟大多数人差不多 4. 比大多数人慢一些 5. 说不好
●个人贡献 你觉得自己贡献了多少? 1. 贡献很大 2. 比同地位者贡献多些 3. 有一定的贡献 4. 比同地位的人贡献少些	●环境 经济危机对你的工作有影响吗? 1. 影响很大 2. 有一定的影响 3. 基本没有影响 4. 一点影响也没有

传记式项目检核记录表一般包括工作情况、嗜好、健康、社会关系、态度、兴趣、价值观、自我印象等项目。其设计的依据是目前的素质与工作绩效及过去各种环境中的行为是相联系的,同时也与态度、嗜好、价值观相关联。但是,要确定具体要列出的问题与选项,则必须进行大量的实证研究与理论分析,从中找出关键性的因素。例如,一家制药公司研究发现,富有创造性的研发人员均具有以下特点:有主见,埋头工作,希望担任有挑战性的工作,父母亲比较宽容。虽然这些素质特征信息可以通过面试与心理测验来收集,但用传记式项目检核记录表省钱、省事且更有效。

二、档案分析

在素质测评与人员录用中,档案分析也是一种应用较为广泛的方法。我国组织人事部门提拔与录用某个人时,总是要先看看他的档案材料。近年来这一方式越来越受到人力资源管理部门的重视,被广泛运用于人力资源管理活动中。

档案分析为什么能够作为一种素质测评的方法呢?一是因为档案中记录了一个人从上学到目前为止的所有经历,包括学习情况与工作绩效、家庭情况、社会关系、组织与群众的评价意见等,所有这些材料都可以成为素质测评与录用决策的重要依据;二是资历在素质测评与选拔录用中起着重要作用,而档案中对资历的考查最为翔实;三是这种方法较为客观,而且成本低。表 4-5 是资历在某公司厂长选拔中的权重分配表。

表 4-5　权重分配表

资　历	权重
未担任过领导工作	0
担任过小组长工作	0.2
担任过车间副主任、副科长工作	0.4
担任过车间主任、科长工作	0.6
担任过副总工程师工作	0.7
担任过副厂长工作或总工程师工作	0.9
担任过厂长工作	1
在职厂长任期已 5—7 年	0.8
在职厂长任期已 7—10 年	0.5
在职厂长任期已 10—15 年	0.3
在职厂长任期已在 15 年以上	0

有人认为档案分析法并不一定可靠,因为随着就业竞争的日益激烈,档案中材料记录的可信度越来越低,档案中的材料本人填写部分并不一定真实,可能有隐瞒之处,组

织鉴定可能因好面子而好评,因打击报复或有意"整人"而差评,或不负责任而含糊其辞。有调查发现,以前领导和朋友提供的材料最为可靠,以前人事部门提供的材料预测效度为零,亲属或亲戚提供的材料预测效度为负数。因此,档案分析应该与实际调查相结合。

三、履历档案分析在人员测评与选拔中的不足

履历档案分析在实际应用中具有比较客观、比较可靠的优点,但是它也存在以下四个方面的问题。

首先,履历填写的真实性问题。有的档案材料的收集与整理不够规范,内容不统一,加上材料会受到形成材料时有关的政治、社会环境的影响,受到写材料人的主观因素的影响。有些研究表明,履历的内容与已证实的情况的相关度为 0.94。但是,其他一些研究却得出了相反的结果。所以,在履历表上设计一些鉴别说谎的项目应该是有意义的。

其次,履历的效度系数的稳定性问题。履历的效度系数随时间推移会越来越低。一项研究表明,最初的效度系数为 0.74,两年后降为 0.61,三年后只有 0.38。这可能是由于劳动力市场、求职者等因素的变化造成的。因此,对履历项目的再评价也是重要的。

再次,履历项目分数的设计是纯实证性的,缺乏逻辑上的解释。也就是说,履历中的项目之所以与工作绩效相关,除了统计数字外,缺乏合乎逻辑的解释原理。研究表明,通过统计检验的履历项目要比按照原理设计的项目(在直觉的基础上,通过因素分析列出的项目)预测能力好。但是,按照原理设计的项目效度具有长期的稳定性。无论如何,个体的过去生活总是能从某种程度上表明他的未来。这也就是履历之所以能够作为一个有效的测评方法的缘故。

最后,履历档案中提供的信息比较散乱,需要测评与选拔者能纵观全局,透过现象看本质,具有较强的分析综合能力。

为了提高与发挥履历档案分析的作用,应该注意以下三点。

(1) 正确处理历史与现实的关系。履历档案分析记载的是被试者过去的情况,虽然这些情况对当前的测评具有参考预测作用,但不能让这些材料中所形成的印象先入为主,影响对被试者现实情况的了解,影响对其职业资格的客观认识。

(2) 应带着一定的问题或观点进行分析。履历档案材料比较零散,测评时应带着一定的问题与观点来分析综合材料;对从材料中形成的观点与结论,还要做再次的推翻与检查,以保证材料分析的客观性与可靠性。

(3) 注意鉴别材料信息的真伪性,注意档案材料的连续性与完整性。要联系材料形成时的历史条件来判断材料的真伪,切忌望"题"生义。此外,还要根据现实要求与情况来选取与利用原有材料,不要生搬硬套,更不要张冠李戴,要注意材料的时效性。

本 章 小 结

　　心理测验是指行为样组的客观的和标准化的测量,它有五个要素,分别是行为样组、标准化、难度客观测量、信度、效度。它的一般性原理是个体心理特性的差异性、可测性和结构性。

　　心理测验和其他人事测评方法相比,有迅速、科学、公平和可比较四个突出的优点。在人事测评中应用心理测验,既有助于创新、发展、完善人事测评理论,又能提高职业活动效率和职业培训效益。

　　常用的心理测验有智力测验、能力倾向性测验、人格测验、心理健康测验以及其他类型的心理测验。

　　目前,面试的内容与标准是:一看被试者的表达能力,二看被试者的反应能力,三看被试者的综合分析能力,有时还要看被试者的应变能力和抗压力能力。最近几年,面试的发展呈现如下趋势:形式多样化,内容全面化,试题顺应化,程序规范化,考官内行化,结果标准化。与其他形式相比,面试有其独到的特点:对象的单一性,内容的灵活性,信息的复合性,交流的直接互动性,判断的直觉性。

　　面试的方法技巧主要通过问、听、观、评等形式体现出来。为了提高面试的质量,需要做两方面的工作。一是宏观上按固定步骤实施。精选面试考官,对面试考官进行培训,给每个主考官提供一份好的职务说明书,告诉每个考官观察什么,告诉每个考官注意听什么,告诉每个考官如何有效地利用"看"到的与"听"到的信息,正确、客观地解释被试者的行为反应,采取评判表的形式使各个考官的评判方式趋于一致,对整个面试操作提出统一的原则性要求。二是具体方面要做好三项工作:考官的选择与培训,被试者的筛选,考场的选择与设置。

　　评价中心技术具有较高的预测效度,具有综合性、动态性、标准化、整体互动性等突出特点,包括管理游戏、公文处理、无角色小组讨论、有角色小组讨论、演讲、案例分析、事实判断、面谈等形式。评价中心技术设计的基本原则为要有较高的内容效度、良好的表面效度,并关注细节。该技术主要用于高层管理人员的选拔与晋升的考核。

　　履历表与档案资料实际上是一种有关被测评与选拔者背景情况描述的材料。要提高履历表与档案资料的测评与选拔作用,关键在于履历表与档案资料项目的设计。目前,一种称为传记式项目检核记录表的方法正以其有效、省钱的特点受到人们的认可。同履历表一样,档案分析也是一种应用较为广泛的方法。因为档案中记录了一个人从上学到目前为止的所有经历,如学习情况与工作的绩效、家庭情况、社会关系、组织与群众的评价意见等,所有这些材料都可以成为素质测评与录用决策的重要依据。

复习思考题

一、填空题

1. ＿＿＿＿＿是心理测量的一种具体形式或工具,通过心理测验,可以了解个体的情绪、行为模式和人格特点。
2. ＿＿＿＿＿是指测量结果的可靠性或一致性。
3. ＿＿＿＿＿是指测量的有效性或正确程度。
4. ＿＿＿＿＿也称第一印象作用,指的是知觉者最初得到的信息,对于个体评价具有强烈影响。
5. ＿＿＿＿＿也叫光环作用,是当我们对一个人进行评价时,受到个体的某一种特征(如智力、社交能力、外貌等)的影响而对其整体评价普遍偏高或偏低。
6. ＿＿＿＿＿是一种特殊的心理现象,是人们通过语言、行为或某种事物来提示别人,使其不自觉地接收或照办而引起的迅速的心理反应。
7. ＿＿＿＿＿是一种要求被试者用口头语言来回答主试提问,以便测试和评价被试者基本素质和工作能力的一种考察活动。
8. ＿＿＿＿＿是以测评管理素质为中心的标准化的一组评价活动。在这种活动中,包含着多个主试人采取多种测评方法对素质测评的努力,所有这些努力与活动都围绕着管理素质测评这一个中心。
9. 被试者假定为接替或顶替某个管理人员的工作,在其办公桌上堆积着一大堆亟待处理的文件,以考察被试者应对能力的测评形式为＿＿＿＿＿。
10. ＿＿＿＿＿又称资历评价技术,是通过对评价人的个人背景、工作与生活经历进行分析,来判断其对未来岗位适应性的一种人才评估方法。

二、单选题

1. 根据测验的功能,可以将心理测验分为(　　)。
   A. 能力测验　　B. 成就测验　　C. 认知测验　　D. 人格测验
2. 认知测验不包括(　　)。
   A. 成就测验　　B. 智力测验　　C. 性向测验　　D. 兴趣测验
3. (　　)指的是时间上离知觉最近的信息,容易给人留下深刻印象,对认知和评价有着重大的影响。
   A. 近因误差　　B. 暗示误差　　C. 偏见误差　　D. 投射作用

4. 以下说法中,正确的是( )。
   A. 在各种测评方式中,笔试的信息沟通通道最多
   B. 在所有的测评方式中,面试的信息量最多,但利用率较低
   C. 面试中,语言与体态语对素质的揭示具有充分性、确定性、直观性和一定的偶然性
   D. 精神分析学说为面试提供了更充分的心理学依据
5. 关于面试发展趋势的描述中,错误的是( )。
   A. 形式多样化   B. 内容全面化   C. 结果多元化   D. 考官内行化
6. 面试中如何把握"问"要注意( )。
   A. 创造和谐的气氛
   B. 要注意面试者的身体语言
   C. 谨防观察失误,不能以貌取人
   D. 注意倾听,表现出优良的教养和修养
7. 评价中心的主要形式不包括( )。
   A. 小组讨论   B. 履历分析   C. 管理游戏   D. 角色扮演
8. 主要用以测评人际关系处理能力、情绪稳定性、情绪的控制能力、随机应变能力、处理各种问题的技巧和方法的情景模拟活动是( )。
   A. 管理游戏   B. 角色扮演   C. 评价中心   D. 面试
9. 评价中心情境设计的要点不包括( )。
   A. 相似性   B. 典型性   C. 高难度   D. 主题突出
10. 关于评价中心的未来趋势,描述错误的是( )。
    A. 机会均等   B. 评价中心的施测成本上升
    C. 组织和文化价值   D. 标准化
11. 面试中把握"看"的技巧要注意( )。
    A. 谨防观察失误,可以适当地以貌取人
    B. 坚持目的性、客观性、全面性与典型性相结合的原则
    C. 善于观察被试者的语言行为而不是非语言行为
    D. 尽量不通过被试者的表象层面推断其深层心理
12. 评价中心是以( )为中心的标准化的一组评价活动。
    A. 测评管理素质   B. 情境模拟
    C. 提高测评效度   D. 观察被试者行为
13. 履历档案分析在人员测评与选拔中的不足不包括( )。
    A. 履历填写的真实性问题
    B. 履历的效度系数的稳定性问题
    C. 履历项目分数的设计是纯实证性的,缺乏逻辑上的解释
    D. 履历档案中提供的信息虽然整齐有序但很有限

三、多选题

1. 人员测评与选拔的主要方法包括（　　）。
   A. 心理测验法　　B. 面试法　　　　C. 评价中心法　　D. 履历档案分析法
2. 阿纳斯塔西对心理测验的定义中包含的要素有（　　）。
   A. 行为样组　　B. 难度客观测量　C. 标准化　　　　D. 效度
3. 根据测验的实施对象，可以将心理测验分为（　　）。
   A. 文字测验　　B. 非文字测验　　C. 个别测验　　　D. 团体测验
4. 进行心理测验的一般原理是（　　）。
   A. 差异性　　　B. 动态性　　　　C. 结构性　　　　D. 可测性
5. 心理测验的编制原则包括（　　）。
   A. 有效性和实用性相结合的原则
   B. 整体性和独立性相结合的原则
   C. 稳定性和动态性相结合的原则
   D. 尊重和保护个人隐私的原则
6. 面试的作用包括（　　）。
   A. 面试所测评的素质很广泛
   B. 面试能够测评其他测评方式难以考察出来的素质
   C. 面试能弥补笔试的失误
   D. 面试比其他测评方式更灵活、更具体
7. 评价中心具有（　　）。
   A. 综合性　　　B. 动态性　　　　C. 全面性　　　　D. 行为性
8. 评价中心的缺点在于（　　）。
   A. 测评成本较高　　　　　　　　B. 以预测为主要目的
   C. 技术实施难度大　　　　　　　D. 测评效度还不是很令人满意
9. 评价中心的主要形式包括（　　）。
   A. 公文处理　　B. 小组讨论　　　C. 管理游戏　　　D. 角色扮演
10. 履历分析技术的主要特点包括（　　）。
    A. 依据的真实性　　　　　　　　B. 评价的普遍性
    C. 评价的准确性　　　　　　　　D. 来源的多样性
11. 常用心理测验的应用体现在（　　）等方面。
    A. 智力测验　　　　　　　　　　B. 能力倾向性测验
    C. 人格测验　　　　　　　　　　D. 创造力测验
12. 面试中面试官的素质主要包括（　　）。
    A. 思想作风是否正派

B. 身体素质是否达标
C. 对拟聘岗位的工作要求是否熟悉
D. 对面试的理论与实践是否有一定的掌握,富有操作经验

13. 评价中心的新进展包括(　　)。
    A. 发展中心　　　　　　　　B. 自我洞察的评价中心
    C. 越来越"非正式化"　　　　D. 整体互动

四、简答与论述题

1. 什么是心理测验？进行心理测验的主要依据是什么？
2. 心理测验与其他测评与选拔方法相比有哪些优势？为什么？
3. 卡特尔16PF测验和艾森克人格测验相比有什么异同点？
4. 常见的心理测验有哪些类别？你能说出每个类别中一两个典型的测验名称吗？
5. 什么是面试？本书所列的各种解释中哪一种更为可取？为什么？
6. 面试为什么能够成为人员素质测评与选拔的有效工具？其理论依据是什么？
7. 面试的主要内容包括哪几个方面？为什么主要限于这几个方面？
8. 面试的类型有多少种不同的划分？本书所介绍的各种面试形式各有什么利弊？
9. "问"有哪些技巧？"看"有哪些技巧？"听"有哪些技巧？"评"有哪些技巧？
10. 面试是否应该有标准答案？请谈谈你的看法。
11. 评价中心是什么？试举例说明。
12. 评价中心有哪些特点？其中哪些最为本质？
13. 评价中心存在哪些不足？如何改进？
14. 履历表、档案分析为什么能作为素质测评与选拔的有效手段？

本章复习思考题的答案,可通过扫描如下二维码获得。

案例一　G 公司的测评方式组合运用

一、G 公司的概况和招聘对策

G 公司的前身是某事业单位,于 2015 年中进行体制改革重组成为一家全资国有企业。G 公司的主营业务为政策性住房金融服务,业务范围在其注册地具有唯一性。G 公司设有 3 个业务管理部门、5 个职能支撑部门、6 个对外营业网点。截至本文撰写时间,G 公司共有员工 150 名,由高层管理人员、中层管理人员、基层管理人员及一线营业网点员工构成,人事结构稳定。其中,40% 的员工为原事业单位体制改革时安置调入,另外 60% 的员工为 G 公司成立 3 年以来招聘录取。

G 公司在 2015 年重组后经历了一个较快的发展期,主要财务指标复合增长率较高,政策性业务规模稳定提高。由于 G 公司特殊的行业背景,公司主营业务对房地产调控的敏感度极高,市场调控下行周期对公司政策性业务产生消极影响,发展存在一定的瓶颈,需要拓宽业务发展领域,谋求战略转型。G 公司整体战略定位和发展方向是:以主营的政策性业务为基础,依托优势客户资源,开展消费信贷业务,实现多元化发展,致力于成为小微金融服务专家。

围绕战略实现路径,G 公司提炼出支撑战略目标实现应具备的 5 项核心能力,为了支撑战略目标顺利实施,需要从外部引进相应的人才。同时,G 公司为提高招聘效率,对需要招聘的岗位进行了人才分层,根据胜任力要求从高到低分为:经理层级、主管层级、网点负责人层级、主办层级,以便清晰地对所需人才在市场上的定位,开展精准招聘。结合各层级人才的胜任力标准,G 公司还提炼出各有侧重的招聘考察维度,从应聘者的知识文化结构、工作经验、能力与发展潜力、个人价值观和企业价值观的匹配程度,以及职业风险五个维度,根据招聘的具体岗位要求,运用人才测评的方法,有针对性地开展应聘考察(表 4-6)。

表 4-6　G 公司各层级人才招聘考察维度

考察维度		经理层级	主管层级	网点负责人层级	主办层级
文化素质		学历、专业知识			
工作技能		工作经验			
能力与发展潜力	确保工作结果	推进战略	高效执行	高效执行	高效执行
		确保执行	规划安排	规划安排	风险防范
	促进人际协作	承担管理责任	协调能力	客户导向	客户导向
		协同增效	沟通能力	团队合作	沟通能力
	带领团队成功	建立成功团队	团队建设	激励他人	—
		培育人才			

续表

能力与发展潜力	发挥个人效能	追求卓越	追求卓越	追求卓越	遵从规范
			学习能力	学习能力	积极主动
			认真负责	认真负责	认真负责
价值观			G公司企业文化价值观、职业兴趣		
职业风险			员工心理风险、职业稳定性		

二、经典测评方法在 G 公司的实际运用

1. G公司常用的经典测评方法

（1）履历分析。通过对应聘者个人履历（简历、档案）分析，将客观条件不符合岗位要求的应聘者排除；或者通过对应聘者的各项要素赋分，HR 对标进行打分，根据总分确定选择决策。同时，履历中记载的事实，能综合展现应聘者的成长历程和背景。履历分析成本低，适用于初筛，但应聘者在履历中填写的情况不一定是其真实、完整的情况。

（2）笔试。用于测量应聘者是否具备所应聘岗位需要的知识结构，同时也可以检验应聘者的逻辑思维和文字表达能力。笔试成本低，属于标准化的测评方式，结果呈现比较客观，但比较难检测应聘者的实际工作能力，可能会出现"高分低能"的误差。

（3）心理测验。根据心理学原理对应聘者的个性特点和心理因素进行测量。G公司主要运用标准化测验，如能力倾向测验、人格测验、心理风险测验、价值观测验、职业态度测评等。

（4）面试。提供了一个HR、用人部门、公司经营管理者和应聘者一个直接交流的机会，通过面对面的观察、交谈，来衡量应聘者是否符合岗位要求，是否具备岗位胜任所需的素质。面试是 G 公司在招聘活动中应用最普遍的一种测量形式。G 公司主要运用的面试方式包括结构化面试、半结构化面试、压力面试和行为描述面试。

（5）评价中心。①无领导小组讨论。通过小组面试的方式，在应聘组别人员中进行预先的角色设定，通过运用松散型小组讨论的形式，短时间内激发人的行为习惯，观察者通过观察行为习惯并进行定性描述和定量分析，并比较个体在团队中的综合表现，来对面试者是否具有领导潜力、沟通技能、主观能动性、表述技能、说服技巧、逻辑思维能力、自信程度进行判别评定。G公司主要运用的无领导小组讨论的题目形式有意见求同题型、开放式题型、团队合作式题型、两难式题型、资源争夺式题型。②公文筐测验。假定被测试者位于设定的岗位或处于管理岗位的工作环境中，测试者将设置一些该特定岗位日常需要处理的文件内容，要求被测试者在特定的时间范围内和假设的工作条件下完成相应的工作内容，且需要通过口头或书面的形式对上述处理工作方式的原因和逻辑进行分析说明。③角色扮演。即假定人际场景，测试者将通过模拟复杂的

人际关系中的冲突和矛盾链,要求被测试者进入该特定场景并承担相应角色去化解各类矛盾和争议。G 公司会要求应聘者假设自己已经入职所应聘的岗位,对任职后规划及工作开展计划进行阐述。

2. 人员测评技术在 G 公司招聘中的运用

在大多数情况下,人员素质测评和招聘活动是分不开的。招聘工作开展的一个关键性问题是如何预测应聘者的未来工作绩效,一般来说,人员素质测评在招聘与录用环节可以为企业提供应聘者的基本素质评价和应聘者的岗位胜任力评估,解决招聘工作的核心技术问题,因此,人员素质测评是招聘环节中的质量检验关。

(1) G 公司的招聘现状。G 公司高层管理团队(总经理、副总经理、总经理助理)由上级产业集团总部选聘任命;中层管理及以下层级人员由公司人力资源部组织招聘,人力资源部由公司总经理助理协助总经理分管。近几年来,G 公司采用的招聘流程和评估要素如表 4-7 和表 4-8 所示。

表 4-7　G 公司各层级人才招聘流程

招聘程序		经理层级	主管层级	网点负责人层级	主办层级	应届毕业生
招聘		提出用人需求				
		人力资源部审核				
		分管领导及总经理审批				
		收集简历并筛选				
	一轮	人力资源部面试		笔试	笔试	
	二轮	素质测评	人力资源部与用人部门面试	人力资源部面试	人力资源部面试	
	三轮	竞聘演讲	素质测评		人力资源部与用人部门面试、素质测评	
录用轮		高管谈话	分管领导面试	分管领导面试	用人部门面试	
		体检、背景调查			体检	
		总经理签批、发录用通知、办理入职手续				

表 4-8　G 公司各层级人才招聘考察维度权重分布

考察维度及权重分布	经理层级	主管层级	网点负责人层级	主办层级	应届生
学历	20%	30%	20%	30%	50%
工作经验	30%	20%	25%	25%	5%
能力与发展潜力	25%	25%	25%	25%	20%
价值观	10%	10%	10%	10%	15%
职业风险	15%	15%	20%	10%	10%

(2) 经典测评方法在各层级招聘中的运用。从前文对经典测评方法的分析可以看

到,每种测评方法都有它适用的范围,单一测评方法的运用有利有弊,各种测评方法各有利弊。G 公司在招聘实施中一般要经过 3—5 轮测验,因此,针对考察维度的考察重点,可以将各种经典测评技术组合运用在各轮招聘环节中。G 公司在招聘实践中,一般通过对以下测评方式的组合运用,提高人岗匹配和人才甄别的效率,如表 4-9 和表 4-10 所示。

表 4-9　经典测评方式在 G 公司招聘的运用(流程)

招聘程序	经典测评方法运用				
	经理层级	主管层级	网点负责人层级	主办层级	应届毕业生
简历收集	履历分析				
一轮	半结构化面试		笔试	笔试	
二轮	心理测验、公文筐测试	结构化面试	结构化面试	半结构化面试、行为描述面试	结构化面试
三轮	竞聘演讲、角色扮演	公文筐测试、心理测验		无领导小组讨论、心理测验	
录用轮	非结构化面试	半结构化面试	半结构化面试、行为描述面试、压力面试	行为描述面试、压力面试	
	体检、背景调查(履历分析)			体检	

表 4-10　经典测评方式在 G 公司招聘的运用(维度)

考察维度	经典测评方法运用				
	经理层级	主管层级	网点负责人层级	主办层级	应届毕业生
学历	履历分析				
工作经验	履历分析、半结构化面试				结构化面试
能力与发展潜力	行为描述面试、公文筐测验、心理测验				无领导小组讨论
价值观	角色扮演、非结构化面试	行为描述面试			
职业风险	心理测验、压力面试、履历分析				

资料来源:杜琳.经典测评方法在企业招聘中的应用研究——浅谈 G 公司的测评方式组合运用[J].劳动保障世界,2019(20):1-2.

讨论题:

1. 本案例每种测评方法的应用是否存在问题?三种方法各有哪些利弊?

2. 本案例各种方法的组合是否合适?为什么?如果由你负责组织实施,你认为可以进行哪些改进?

案例二 MJ公司的招聘面试

星期一一大早,在上海MJ公司(中国)总部的一间办公室里,负责人力资源管理的副总经理马克·陈正考虑着一会儿要进行的招聘高级研究人员的一些事项。他的办公桌上放着三个人的材料,包括个人简历、相关证书以及一些素质测评的结论。这三个人是从107名应聘者中选拔出来的,每个人都有其独到之处。

A. 男性,29岁,应届博士生,毕业于名牌大学。其毕业论文中关于氟化玻璃的硬度与纯度的研究与公司下一步的技术开发方向十分吻合。去年,A曾到MJ公司在中国的有力对手BK公司的一个实验室里实习过一个月。马克·陈派人了解过他的情况,那个实验室的人高度评价了A在专业方面的悟性和工作能力,但对他的骄傲自大颇有微词。"有才华的人总免不了有些骄傲的。"马克·陈心想。

B. 女性,35岁,硕士。目前的身份是一家省级科学院的副研究员,在新型材料的市场调研和应用研究方面是专家。想到MJ公司就职主要是为了解决夫妻两地分居的问题。

C. 男性,33岁,硕士。自由职业者,有着关于氟化玻璃的两项专利。

MJ公司是一家化工类的大型跨国公司。其在中国分公司的主要业务之一就是新型材料的研制与开发。MJ公司推崇"求稳求实,团结协作,持续创新"的企业精神,要求员工信奉"公司至上、团队至上"的文化理念。近一年来,MJ公司在技术开发和市场开发两方面都受到了竞争对手的有力挑战,所以,公司需要高层次的人才。这也是马克·陈亲自主持这次面试的原因之一。从目前的情况看来,马克·陈对三人的简历和专业情况都很满意,已经做过的几个测评项目对他们的仪表、智力、反应能力、语言和文字表达能力及解决问题的能力等也得出了不错的结论。今天,马克·陈打算着重对他们在组织责任感、团结协作、敬业精神以及克服困难的情况等方面做一番探究,希望他们能符合公司文化的要求。如果顺利的话,马克·陈愿意将三个人都留下。

10分钟后,马克·陈和其他四位专家开始了对A、B、C三人的面试交谈。谈话中,除一些话题与个人情况密切相关外,有几项重要的提问对三人是相同的,但回答却大相径庭。

面试结束后,马克·陈面对这几项相同问题不同回答的记录,陷入了沉思。

面试主要内容记录如下:

问:为什么要做氟化玻璃这个项目?

答:A. 无所谓,是导师帮助定的,定了我就做。其实换个题目我照样能做好,我有这份信心。

B. 这是当前和今后几年里市场上的热点项目,技术上处在领先地位,获利很高的。

C. 我做是因为我喜欢,我喜欢研究那些透明的晶体。目前,我国的技术与国外相比还是不行,你注意了吗?国产的氟化玻璃总是有杂质,肉眼看上去就很明显。

问:能否比较一下本公司与你以前工作过的单位?

答:A. 没法比。我实习过的那家公司糟透了,无论人员素质还是技术水平都太落后,我的才能只有在 MJ 这样的大公司里才能发挥出来。

B. 差不多。贵公司的技术条件与我们研究所差不多,资金实力要雄厚一些。

C. 没法比较,我没有属于过哪家公司。但贵公司可以提供给我继续工作的资金、场所和仪器,所以,我们还应该就待遇问题进一步谈谈……

问:你觉得愿意和什么样的人相处?

答:A. 什么样的都行,或者反过来,什么样的都不行。说实话,我不认为与什么人相处能对我的工作有所帮助,因为别人不可能帮得了我。我的工作主要靠我自己的努力。

B. 我希望与不太自私的人共事。因为这样大家才能协作得好,也才有利于组织目标的实现。越是大公司越应注意这一点。但不必担心,就我个人来说,一般情况下都能和大家合作好的。

C. 我……说实话,与别人共事时不是经常能够融洽的。但我希望与我共事的人能以工作为重,否则,我会很气愤。这会影响工作的。

问:能否评价一下你现在(或者前期)的领导,你与领导的关系怎样?

答:A. 我的领导就是我的导师,是个糟老头,又小气又刚愎。但是他对我不错,可是我很看不上他所做的那些事。

B. 我的领导就是我们室主任,我们相处得很好。虽然我们的性格差距很大,他是个原则性极强、严谨得一丝不苟的人,有时显得迂腐。

C. 当年,我是因为与我们主任闹翻才辞职单干的。现在看来,原因不在那位领导而是体制的问题,在那种体制下,我只有单干才能不受约束地搞我的研究。但今天我发现,只靠我一个人的力量也很难继续研究下去。我想,我会有意识地去搞好人际关系的。

问:如果你的研究项目失败,你会怎样?

答:A. 再换一个就是。我说过,不管做什么我都会成功的。

B. 多找一找原因,从技术上、市场上、材料、仪器等,还需要研究有无做下去的必要。如果有前景、有市场,当然应该继续做下去。

C. 我研究过了,这个项目的前景非常好。我会不遗余力地做下去,我不怕失败、不怕困难。

讨论题:

1. 请你为这次面试写一份总结报告,对有关情况作出客观分析。
2. 如果由你来拍板,你会录用 A、B、C 中的谁?为什么?
3. 如果三人中必须放弃一个人,你会放弃哪一个?为什么?

进一步阅读的文献

[1] 肖鸣政,饶伟国.心理测验在党政领导人才选拔中的作用分析[J].中国行政管理,2006(7):87-91.

[2] 刘节,肖鸣政.企业面试中存在的常见问题及对策浅析[J].人才资源开发,2006(12):25-27.

[3] 陈社育.结构化小组面试的效度研究[J].中国考试,2020(7):42-46.

[4] 丁双凤.某医院人才招聘结构化面试有效性问题分析及对策研究[J].中国卫生标准管理,2020(8):13-16.

[5] 翁清雄,余涵.评价中心与情境判断测验:两种人事选拔方法的对比研究[J].中国人力资源开发,2019,36(10):117-131.

[6] 马庆霞.评价中心技术的设计实施策略和研究进展[J].中国人力资源开发,2015(12):54-60.

第五章

知识测评

【本章提要】

通过本章学习,应该掌握以下内容:

1. 知识测评的含义以及测评目标层次;
2. 笔试的特点及实施程序;
3. 笔试常用试题的编制原则与技巧;
4. 测评试卷的组织方法。

第五章 知识测评

心理素质是人员素质测评的重点,而知识是心理素质形成与发展的基础,因此,知识测评是人员素质测评的重要组成部分。本章将对知识测评的主要方法——笔试及其实施程序、笔试常用试题的编制原则与技巧以及测评试卷的编制方法进行分析介绍。

第一节 知识测评概述

什么是知识?什么是知识测评?知识测评有哪些主要方法?它们具有哪些特点?知识测评有哪几个层次?如何进行知识测评?本节将对此进行具体阐述。

一、知识与知识测评

知识是指人们在生活、工作、学习等各种实践活动中所获得的对客观事物认识与经验的总和。

知识按其来源不同,分为理论知识与经验知识。理论知识是对前人经验与认识的总结与概括,是通过学习获得的;经验知识是人们亲身实践的认识与体会,是在生产生活实践过程中形成的。知识按其作用不同,分为生活知识与生产知识。生活知识是对人们日常生活、社会活动有直接影响的经验知识与社会基本知识等;生产知识是对人们所从事的社会生产活动有直接影响的基础专业知识与特殊专业知识等。

知识测评实际是对人们掌握的知识量、知识结构与知识水平的测评与评定。知识是人员综合素质的重要组成。知识水平的高低,直接影响人们的生活、学习以及工作效率与工作质量。

二、知识测评的层次

进行知识测评,可以从不同的层次上进行。美国教育学家布卢姆(B. Bloom)提出了著名的教育认知目标分类学,把认知目标由低到高分为六个层次,各层次体现了不同的知识要求,有六个知识测评层次[①]。

(1)知识。要求应试者对知识的记忆,包括对具体知识及抽象知识的识记和辨认,是认知目标的最低层次。

(2)理解。要求应试者对知识的叙述、解释、归纳,比识记知识进了一步,是理解基础上的记忆。

(3)应用。要求应试者对概念、原理、法则加以应用,测评应试者应用知识解决问题的能力。

---

① 桂诗春.标准化考试——理论、原则与方法[M].广州:广东高等教育出版社,1986:31.

(4) 分析。要求应试者把某一事实材料分解成若干组成部分,再阐述它们之间的内在联系,测评应试者分析问题的能力。

(5) 综合。要求应试者对各部分、各要素重新组合成一个更合理的新的整体,测评应试者创造性地解决问题的能力。

(6) 评价。要求应试者对某个结论、某种方法作出较深刻的理性判断,是在内在证据和外部标准基础上的逻辑推断,是认知目标的最高层次。

以上六个层次在测评试题中所占比重不同,应按测评要求与测评目的来确定。属于选拔性的公务员录用考试的重点,是在理解、应用、分析、综合四个层次上,机械记忆及层次最高的评价在笔试中所占比重较小。大部分综合性试卷都有这个特点,即试题目标层次呈现"中间大、两头小"的正态分布。对应试者能力的测评题占绝大比重,机械识记及难度大的评价层次题量小,这有利于笔试的区分、选拔功能的充分发挥。

我国测评专家根据布卢姆的认知目标六层次,结合我国知识测评实践,提出了知识测评的三个层次,即记忆、理解、应用[①]。两者的理论实质是一致的,只是实践操作的习惯问题。

三、知识测评的主要方法及其特点

知识测评可通过心理测验、面试、情景测验、试用等多种方式进行,其中最简单、最有效的方式是心理测验。心理测验在知识测评中的应用形式是教育测验,即通常所说的笔试。

所谓笔试,是指被测评者按统一时间、统一地点、统一要求,通过纸笔的形式完成测评题,评判者按统一评分标准评判被测评者所掌握的知识数量、知识结构与知识程度的一种方法。笔试通常分为选拔考试笔试与资格考试笔试两种主要类型[②]。选拔考试笔试是常模参照性笔试,其主要功能是区分应试者的差异,选拔优秀人才。国家公务员录用笔试就是这种类型。资格考试也称水平考试,其中的笔试就是目标参照性笔试,其主要功能是测评应试者的素质、水平是否达到某一规定标准。全国统一举行的会计师、统计师、经济师等许多专业技术职务任职资格考试中的笔试都属于这种类型。

笔试有三个主要特点。

(1) 灵活、系统、容量大。

无论是选拔考试还是资格考试,都可以按照各种考试的不同要求,灵活设置考试科目,制定考试内容,确定试题难易程度。它能对应试者的知识数量、知识结构与知识水平进行系统、全面、综合测评;试卷容量大、内容涵盖广,是其他测评方法难以达到的。

---

① 萧鸣政.人员测评理论与方法[M].北京:中国劳动出版社,1997:61-63.
② 刘嘉林.国家公务员考试录用教程[M].北京:中国商业出版社,1995:123.

(2)信度、效度相对较高。

随着标准化考试的推行,客观性试题比重加大,试卷编制及评卷的计算机化,避免了主观因素的影响。同时,大规模考试组织的统一性、严密性、权威性,使测评的客观性和公正性得到保障。由于各环节质量的保证,笔试较之其他测评方法的测评信度和效度相对更高。

(3)经济、快速、效率高。

笔试可在短时间内对大量应试者进行大规模测评,它的经济、快速、高效的特点是其他测评方法不可替代的。笔试作为初试,与面试、试用等其他测评方法结合使用,是目前我国人才测评与选拔的主要方式。

四、笔试的实施程序

笔试的实施程序主要分如下四个阶段①。

(1)准备阶段。

准备阶段是整个测评顺利进行的基础。首先是制定笔试的总体方案,编写考试大纲,为应试者推荐考试用书等。

考试大纲是本次考试的总章程,它对考试性质、参考对象、测评内容、目标层次、测评题型、试卷长度、测评时限、计分标准等进行了全面而细致的规范。它既是考试命题的依据与标准,又为应试者备考提供参考指南。考试大纲的编制是项非常重要而严肃的工作,由主考部门组织相关专家编制。编制考试大纲应遵循科学性、可行性、权威性、稳定性的原则。

(2)制卷阶段。

制卷阶段是整个笔试的核心,主要包括制订编题计划、编写试题、审题与统题、试测与题目分析、组卷及编制试卷复本等。

制订编题计划是制卷的第一环节,编题计划就是试卷编制的蓝图,它以考试大纲为依据,对试题内容、目标层次、题型题量及其分布比例进行具体量化,并通过双向细目表这个载体来表现。双向细目表通常是内容-目标、内容-题型两个维度的表格,表5-1、表5-2是某次录用药剂师的化学考试双向细目表。表5-3是利用我国三层知识分类法编制的内容-目标-题型三个维度的综合表格。编题计划既是编题时的依据标准,又是审题、统题、组卷时的检查标准。

编写试题、审题、组卷是制卷的中心环节,将在第二、三节中重点讲述。

从心理测验的角度看,试测与题目分析是设计测验过程不可缺少的环节。采用笔试进行知识测评时,在条件允许下尽可能地安排试测。所谓试测,就是将已编成的试卷置于能代表将来考试对象的样本中试验。通过对试测的数据分析结果、题目的难度、区分度等

---

① 刘嘉林.国家公务员考试录用教程[M].北京:中国商业出版社,1995:129.

指标的分析,去修正已编成的试卷。样本选取、过程控制及保密工作是实施试测应重点考虑的影响因素。

（3）实测阶段。

实测阶段包括考点考场的安排布置、考场规则与监考规则的制定、监考及考务人员培训、应试者的组织引导、试卷保密管理、应试者违纪处置等。

这一阶段似乎都是事务性工作,但如果没有组织好,将严重影响考试的客观、公正与公平性。因此,必须严格规范考试标准及考试程序,使考务管理工作标准化、规范化、科学化。

（4）评卷阶段。

评卷阶段包括统一评卷要求、按评分标准评卷、考试结果统计、试卷核查等工作,这一阶段的中心任务是控制评卷误差。统一思想、统一要求、统一标准,使评卷阶段造成的测评误差降至最小。同时,要充分利用计算机技术,使客观题评判、总分登记、试卷平衡检查实行计算机化,这是控制评卷误差的重要而有效的途径。

表5-1 内容-目标双向细目表

内容	目标所占比重(%)						
	识记	理解	应用	分析	综合	评价	合计
基本概念和基础理论	5	4	4	11	9	7	40
常见元素的单质及其重要化合物	2	4	2	5	4	3	20
有机化学基础知识	3	3	3	3	2	1	15
化学计算	0	2	2	2	3	1	10
化学实验	0	2	4	4	2	3	15
合计	10	15	15	25	20	15	100

表5-2 内容-题型双向细目表

内容	题型所占比重(%)				
	选择题	填空题	简答题	计算题	合计
基本概念和基础理论	30	5	5	0	40
常见元素的单质及其重要化合物	10	5	5	0	20
有机化学基础知识	10	5	0	0	15
化学计算	0	0	0	10	10
化学实验	5	10	0	0	15
合计	55	25	10	10	100

表5-3　药剂师录用考试化学知识试卷编制蓝图[①]

考试要求层次	基本概念和基础理论									常见元素的单质及其重要化合物				有机化学基础知识	化学计算	化学实验
	物质的组成、性质和分类	化学用语	化学中常用计量	化学反应基本类型	溶液	物质结构	元素周期律和周期表	化学反应速度化学平衡	电解质溶液	IA和IIA族元素——典型的金属	卤族元素——典型的非金属	其他常见的非金属元素	其他常见的金属			
知识 38.2%	填空选择简答 2%	题型同左 1%	○	○	填空选择简答 5%	○	填空选择简答 2%	○	题型同右 4%	题型同右 1.4%	题型同右 2.9%	题型同右 5.7%	题型同右 3.6%	题型同最右一列 6.7%	○	填空选择简答 1.9%
理解 42.3%	选择简答 4%	题型同左 3%	题型同右计算 2%	选择简答 2%	○	选择简答 3%	题型同左 1%	题型同左 2%	题型同左 5%	题型同左 1.4%	题型同左 0.7%	题型同左 0.7%	题型同左 0.7%	题型同左 4.2%	题型同左 7%	题型同左 5.6%
应用 19.5%	○	○	○	○	选择简答计算 1%	题型同左 1%	○	○	选择简答计算 0.7%	题型同左 0.7%	题型同左 0.7%	题型同左 0.7%	题型同左 0.7%	题型同左 4.2%	题型同左 3%	题型同左 7.5%
内容点比例	6%	4%	2%	2%	5%	6%	2%	4%	9%	3.5%	4.3%	7.1%	5%	15.1%	10%	15%

注：整个试卷编制后，还应符合下述条件：

① 多选与单选题占55%，简答题占10%，填空题占25%，计算题占10%；

② 平均难度约占55%，其中，容易题约占20%，中等难度题约占60%，较难题约占20%。

[①] 萧鸣政.现代人员素质测评[M].北京：北京语言学院出版社，1995：182.

第二节　常用试题的编制方法

试题的编制是整个笔试的核心环节。试题的质量关系到能否准确测评应试者掌握知识的程度,应试者的能力水平及发展潜力关系到通过笔试能否真正选拔出合格的人才。本节将具体阐述笔试常见题型种类的特点,试题编制原则,客观性与主观性试题的编制方法与技巧。

一、常见题型种类及其特点

1. 试题的分类

不同的学者站在不同的角度,将笔试试题划分为不同的种类。

根据答题方式的不同,可将试题划分为供答型、选答型与综合型[1]。供答题是指题目本身不提供答案,而由应试者独立提供答案的题型,如填空题、名词解释、简答题、论述题、证明题、计算题、作文题以及案例分析题等。选答题是指题目本身已提供备选答案,应试者只需从中选择的题型,如是非判断题、单项选择题、多项选择题、搭配题等。辨析题与改错题等那些介于供答与选答之间的题型称为综合型。

根据试题答案是否唯一,可将试题划分为封闭式与开放式[2]。封闭式试题是指只有一个答案是正确的,该答案可由应试者提供,也可由试题本身给出几个选项,如单项选择题、多项选择题、判断题及只有唯一答案的填空题等。开放式试题是指不同的应试者作答时可提出各种不同答案,由评卷人通过主观判断评分,如简答题、论述题、证明题、计算题、作文题及案例分析题等。

根据应试者作答的范围和评卷方法不同,可将试题划分为客观性试题与主观性试题[3]。客观性试题是指应试者作答时受题目本身条件和范围限制,而试题评分不受主观因素影响,如单项选择题、多项选择题、判断题、搭配题及只有唯一答案的填空题等。主观性试题是指应试者作答时不受题目条件和范围限制,而试题评分时受评卷人主观因素的影响,如简答题、论述题、计算题、案例分析题、作文题等。这是目前较常见的一种分类方式。

除上述分类外,还有其他一些分类方法,这里不一一介绍。稍加分析便知,这些不同的分类实际是相通的。不难看出,选答型、封闭式、客观性试题其实属同一类;供答型、综合型、开放式、主观性试题也属同一类。为方便起见,以下对试题特点的分析就以客观性

---

[1] 萧鸣政.现代人员素质测评[M].北京:北京语言学院出版社,1995:160.
[2] 桂诗春.标准化考试——理论、原则与方法[M].广州:广东高等教育出版社,1986:33.
[3] 刘嘉林.国家公务员考试录用教程[M].北京:中国商业出版社,1995:148.

试题与主观性试题分类为例。

2. 客观性试题的特点

（1）知识涵盖面广。

客观性试题宜于测评知识识记、理解、应用、分析等目标层次，答题方式简便，可以加大试卷容量，测评的知识内容和能力的范围大，涵盖的知识面广。

（2）测评信度较高。

客观性试题答案确定，采用计算机判卷，评分客观、可靠、误差小，测评信度高。同时，客观性试题的题量大、涵盖广也是提高信度的一个重要因素。

（3）综合性能不够。

客观性试题对综合、评价等综合性较强的高层次目标的测评显得无力。选择题、判断题等客观性试题，无论怎样编制，都难以测评应试者的综合分析能力。

（4）测评效度较低。

客观性试题不易根据考试需要直接命题。如要测评应试者的写作能力，通过作文题这种主观性试题测评非常直接、方便，但要用客观性试题去测写作能力，命题则很不容易。可见，客观性试题对某些知识测评的有效性远不如主观性试题，即测评效度较低。

（5）命题难度大。

客观性试题作答简便，故每题分值小、题量大。一份试卷可多达 100 多道客观题，可见命题的工作量之大。此外，客观题命题常要掌握较高的命题技巧。如选择题的编制，除有一项或多项正确答案外，还要编制若干个迷惑选项，选项数要相同，选项的结构、长度要大体一致，还要考虑各选项与题干的逻辑关系等。

3. 主观性试题的特点

（1）综合性能强。

主观性试题宜于测评分析、综合、评价等高层次目标，试题的综合性能强。主观性试题中的论述题、案例分析题，一题可综合测评应试者多个知识点，易于测评应试者综合分析问题、实际解决问题的能力。

（2）测评效度相对较高。

任何一个知识点、任意一个目标层次都可通过主观性试题来测评，即主观性试题对所需测评的内容可直接命题。名词解释可测评应试者对知识的识记，客观性试题不便测评的应试者的综合分析能力可通过案例分析题、论述题来实现。可见，主观性试题的直接针对性、有效性明显高于客观性试题，即主观性试题的测评效度较高。

（3）命题较简便。

主观性试题作答复杂，要花费大量时间书写，故每题分值高，题量少，这方便了命题。另外，主观性试题对所需测评内容可直接命题，不像客观性试题有较高的技术要求。

（4）测评信度较低。

主观性试题有较多的功能和优点,但它最大的缺陷便是测评误差及测评的可靠性问题。一是来自命题,因题量小、覆盖面小、内容狭窄,必然会增加偶然性,势必影响测评信度;二是来自评卷环节,主观性试题无确定答案,计算机无法处理,人工评卷的主观因素使评分误差不可避免,也难以控制。主观性试题造成的误差对人才选拔的公正、公平性影响,越来越引起人们的关注。如何使主观性试题客观化、评卷合理化是许多专家学者正致力研究的问题。

从以上主、客观性试题特点的分析可见,它们各有优势和不足,而且长短正好互补。在进行知识测评时,应充分发挥两类题型的优势互补作用,根据不同测评的不同目的和要求,合理安排两类题型的比例,确保测评的可靠性与有效性。

二、试题编制的基本原则[①]

各种试题的形式与编制方法各不相同,但都是作为测评应试者掌握知识程度、能力水平、发展潜力的载体,各种试题的编写有其共同的基本原则。

(1)命题依据明确。

命题人员必须明确试题编写的依据是根据考试大纲制定的双向细目表或试卷编制蓝图。试题测评的内容、目标、题型、分值、时间及分布比例都必须严格遵照双向细目表的规定。

(2)试题内容科学合理。

要均衡发挥笔试的区分、评定、预测功能。试题内容既要测评应试者的知识程度,又能测评应试者的能力水平,还应测评应试者的发展潜力。这在选拔性考试中尤为重要。试题除科学合理外,内容健康是试题编制的最基本要求。

(3)试题形式恰当。

试题的形式应与测评的目的、测评内容相统一。在双向细目表的框架下,题型选择应系统考虑测评的组织、应试者作答及试卷评定等各环节的可操作性,还应兼顾应试群体的知识、生活、工作背景。

(4)试题表述规范清晰。

试题表述语言要规范清晰,语言简明扼要,意思表达准确无误。要使应试者一看题便知要求他们做什么、怎么做。力求避免应试者因语言障碍影响测评,指导语与答题要求应真正起到辅助应试者作答的作用。

(5)试题难度合适。

试题难度除应适合应试群体的知识能力外,还主要取决于测评的目的及测评的性质。若是资格考试,目的是测评应试者的某方面知识技能是否达到某一规定标准,命题难度就应依据该规定标准。若为选拔考试,测评的目的是选择录用人员,就应该将试题难度值控

---

① 刘嘉林.国家公务员考试录用教程[M].北京:中国商业出版社,1995:137.

制在录取率左右。

此外,试题还有区分度与独立性问题,它与难度也有一定关系。

（6）试题格式应统一。

每一类试题都有其惯用的格式,编写时应该注意习惯用法。尤其在同一份试卷中,相同类型的试题格式必须统一规范。

（7）试题题量要满足需要。

考虑审题、统题、试卷复本使用的需要,试题编制总量应不少于实际需要量的两倍。

考试命题是一项系统而复杂的工作,除编制试题必须遵循上述基本原则外,对命题的组织、保密、协调等一系列工作都应作出全面、科学的规范,确保命题工作保质保量完成。

三、客观性试题的编制方法与技巧

客观性试题主要包括选择题、判断题、搭配题以及只有唯一答案的填空题。以下将分别就这些题型的编制方法与技巧加以介绍。

1. 选择题的编制

选择题是运用最广泛、最灵活的一种客观性试题。它有评卷客观、作答简便、试题容量大等诸多客观性试题突出的优点。选择题在世界各国各类考试中所占的比重越来越大,有的考试甚至全部采用选择题,如SAT、GRE、TOEFL、日本公务员的知识测评以及我国一些从业人员资格考试等。

（1）选择题的结构及其分类。

选择题由一个题干和若干个选项组成,题干或是一个问句,或是一个不完整的陈述句,选项是对题干问题的若干个回答或补充,其中,正确的选项为正答,其余称为诱答。

按正答是一个还是多个,将选择题分成单项选择题与多项选择题。选项中有且只有一个正确或最佳答案的为单项选择题,选项中有两个或两个以上正确答案的为多项选择题。做多项选择时,应试者只有把所有正确答案选出才能得分,少选或多选不得分,或倒扣分。

多项选择题实际上是单项选择题的一种变形,即是若干个单项选择题的组合。此外,按照不同的分类标准,选择题还有多种形式,主要有最佳选择题、比较选择题、类推选择题、组合选择题、分类选择题、排列选择题、阅读理解选择题、填空选择题、因果选择题等。

例1:某一小偷正在室内行窃,忽然听见屋外有脚步声,急忙越窗而逃,未盗走任何财物,这一行为属于(　　)。

A. 犯罪预备　　　　　　　　B. 犯罪未遂（正答）
C. 犯罪中止　　　　　　　　D. 犯罪既遂

这是一道最佳选择题,即选项中有且只有一个最佳的或最符合题意的答案。

例2:生产商品的劳动二重性是指(　　)。

A. 具体劳动和抽象劳动（正答）　　B. 社会劳动和私人劳动

C. 简单劳动和复杂劳动　　　　　　D. 必要劳动和剩余劳动

这是一道比较选择题,即选项中有几组形式相似的概念或数据供选择。比较选择题用于测评应试者对概念的比较鉴别能力效果良好。

例3:根据第一组词的推理关系,从选项中的四个词中选择一个词,使第二组词的关系与第一组词相同。

菜→蔬菜　　　　　　牛肉→(　　)

A. 羊肉　　　　　　　　　　　　B. 牛奶
C. 肉类(正答)　　　　　　　　　D. 奶牛

这是一道类推选择题。这种选择题选择的依据是类比推理,可测评应试者的推理能力。

例4:下列哪些关联是正确的?(　　)

① 郭守敬—十二气历　　② 炼丹术—火药　　③ 东京—瓦市
④ 沈括—《梦溪笔谈》　　⑤ 元政府—宣政院

A. ①②③④　　　　　　　　　　B. ①②③⑤(正答)
C. ②③④⑤　　　　　　　　　　D. ①③④⑤

这是一道组合选择题。在题干后有一组选项,这组选项中有一个或多个正确答案,把这组选项进行组合,在这些组合选项中作选择。

此外,阅读理解选择、填空选择在目前的英语考试中使用非常广泛,在此不一一列举。

(2)选择题的编制方法与技巧。

① 几种常见的选择题构思方法①:

- 可由一句正确的陈述句构思出一道选择题;
- 可由一句错误的陈述句构思出一道选择题;
- 可将一个概念、一个基本原理等一段文字概括为一个选择题;
- 可将一个现象或一个特定的情境设计成一个选择题。

"反对腐败是关系党和国家生死存亡的严重政治斗争"是一句正确的陈述句。可以把"反对腐败是关系党和国家生死存亡的"作为题干,把"严重政治斗争"作为正答,再设计若干个诱答,编制成如下一道选择题:

例5:反对腐败是关系党和国家生死存亡的(　　)。

A. 严重阶级斗争　　　　　　　　B. 严重思想斗争
C. 严重政治斗争(正答)　　　　　D. 严重法制斗争

例6:猎人甲于某日在狩猎区打猎,在其欲射一野兔时,发现猎人乙在对面也欲捕该野兔,某甲情急之下,不顾其枪法不准有可能射中乙这一情形,扣动扳机,结果致乙死亡。对乙的死亡,下列说法正确的是(　　)。

A. 甲对乙的死亡是过失　　　　　B. 是意外事件

---

① 刘嘉林.国家公务员考试录用教程[M].北京:中国商业出版社,1995:153.

C. 是不可抗力　　　　　　　　D. 甲对乙的死亡是间接故意(正答)

这是一道根据生活中发生的一幕特定情境编写的选择题①。

② 题干的编写。

题干或是一个问句,或是一个不完整陈述句。当题干是问句时,应能表述一个完整的问题,避免一题多问;当题干为不完整陈述句时,应能提供足够的信息作为选择的基础或根据。题干措辞力求简洁明了,以免干扰作答。题干结构慎用否定式,便于理解。

例7：宏观调控是(　　)。

A. 保持经济总量平衡,抑制通货膨胀

B. 社会主义市场经济的一种重要调控手段

C. 促进经济结构优化,实现经济稳定增长

D. 保持经济总量平衡,抑制通货膨胀,促进经济结构优化,实现经济稳定增长

这是一道题干编写欠妥的单项选择题,题干提供的信息不足,导致四个选项似乎都对,使人无法作出选择判断。如果把题干改成"宏观调控的主要任务是(　　)。",则准确而完整的答案只有选项 D。

③ 选项的编写。

选项的编写应注意如下几点：

- 单项选择题的选项中必须有且只有一个正确项,多项选择题中必须有两个或两个以上正确项,且正确项不应固定位置或呈规律排列,应随机分布。
- 每一选项的形式、结构、长度应大体一致;每一选项在语法、逻辑上应与题干保持协调一致,以免留下猜答线索。
- 选项中的相同部分应放到题干中,以免重复累赘。选项之间应独立、平行,不要交叉重叠;题与题之间也应保持独立,避免相互提供答题线索。
- 在同一份试卷中,选项数要保持一致。单项选择题一般为四个选项,多项选择题通常为五个选项。
- 诱答的编制是保证选择题质量的关键。诱答项应有一定的仿真性,其内容、形式、语法结构、逻辑关系都要与正答相似,使其真正具有较高的诱惑性。

2. 填空题的编制

填空题是指在一个句子或一段文字中缺少一个或几个关键词,而要求应试者补充的一种题型。

填空题具有答案明确、评分客观、编制容易且比选择题更高效度等优点。主要适用于知识识记能力的测评,有时也能用于测评应试者的知识理解能力。由于填空题考察应试者的能力目标范围较窄,因此,在笔试尤其在选拔性笔试中使用的比重不宜过大。

填空题编制的技巧通常从以下五个方面加以注意。

---

① 例5、例6 两题选自程连昌主编的《全国公开选拔党政领导干部考试考前模拟考场》中的模拟试题。

（1）填空题的编写思路较单一,只要将要测评的知识点中的一句话或一段话变换其表述形式(有些公理式句子甚至不需或不宜变换表述),删去句中的关键词留作空格即行。

对社会经济统计学这一概念的考察,根据其定义"社会经济统计学是研究社会经济现象的数量特征与数量关系的一门科学",可将其编写成如下填空题:

例8:社会经济统计学研究的是社会经济现象的_____与_____。

（2）试题编写措辞要准确,应使填空答案唯一,避免应试者从逻辑上推出几个合理答案。当所填答案是有单位的数字时,应给定答案的单位,以免引起答案的不确定。

（3）填空题的空缺只限于关键词,并且留空不宜过多,以免造成题意难以确定。

（4）空缺通常放于句尾,也可在句中,但不宜放于句首,这样更符合人们的阅读习惯。

（5）应避免在题目信息中给应试者提供作答线索。

例9:交通肇事后逃逸现场,因而致人死亡的行为属于_____罪。

应试者很容易从题目信息中推出答案"交通肇事"。

3. 是非判断题的编制

是非判断题是对一个命题作出"正确"与"错误"的判断。它实质上是一种特殊的选择题,即选项为"正确"与"错误"两个选项的选择题。

判断题具有作答简便、可容纳的题量大、测评的知识面广、评分客观、制题容易等优点。但是,判断题只能考察低层次认知目标,仅适合于测评应试者对简单知识的了解和理解。此外,判断题还有一个明显的弱点便是应试者猜答的概率高,猜对一道题有高达50%的机会。

针对判断题的这一缺陷,现行的考试对纯粹的是非判断题进行了改进变形,主要是把判断正误与改错、分析、说明理由等相结合。目前使用非常广泛的辨析题便是要求应试者在判断正误的基础上阐述理由。

是非判断题的编制思路较简单,只要将需要考察的知识点用陈述句的形式表述,或为正确,或为错误。但是,要编制测评信度和效度较高的判断题也不是轻而易举的事,需从以下五个方面加以注意:

（1）命题的内容应是主要的知识点和有意义的事实。可对容易发生混淆的概念、原理及易产生理解错误的知识点进行考察,应避免用非重点的枝节问题编制判断题。

（2）命题的表述应简洁明了,用词力求准确,能定量化描述的则不定性描述。

（3）每道题适宜考察一个重要知识点,避免使用包括几个概念的复合句或双重判断句;慎用否定句尤其是双重否定句,以免引起应试者的思维混乱。

（4）避免使用带有暗示作用的特殊限定词,如易表明命题可能错误的"总是""一切""都""决不"等限定词,以及易表明命题可能正确的"一般""通常""有时"等限定词。

（5）判断题正误排列应随机,正误题的长度应大体一致。

4. 搭配题的编制

搭配题又称匹配题、配对题,由三部分构成:一是试题的指导语,说明答题要求;二是搭配题的"前提",由一组问句或不完整陈述句、短语、图形符号等组成;三是搭配题的选项,由一组句子、短语、图形符号等组成。

例10:将下列作者与其作品名称用直线连接。

  作 者   作品名称
 1. 罗贯中   A.《红楼梦》
 2. 曹雪芹   B.《三国演义》
 3. 蒲松龄   C.《水浒传》
 4. 吴承恩   D.《西游记》
 5. 施耐庵   E.《聊斋志异》
 6. 王实甫   F.《西厢记》

搭配题实质上是题干并列、选项相同的一组选择题。它有评卷客观、作答简便、试题容量大等选择题的众多优点。搭配题占试卷的空间比等量的选择题小得多,因搭配题一个题干一般对应一个选项,而选择题一个题干则对应四个或四个以上选项,且诱答的编写较困难,因此,搭配题的编写比选择题容易了许多。另外,搭配题猜答的概率比是非判断题小得多。

例11:对于前提中的每个题干,请在选项中找出相应的人名,并把所选的人名写在相应的题干前面的空格中,使人名与其所完成的事件相关联。

  ____(1)组织了一个石油信托公司。
  ____(2)成为一个钢铁行业中的豪户。
  ____(3)在火车运输工作中作出了贡献。
  ____(4)发明了电灯与电话。
  ____(5)架起了横渡大西洋的第一条海底电缆。
  ____(6)发现了一种制造钢铁的简易方法。
 A. 杰雷克   B. 温德比尔特 C. 费尔德 D. 尔威斯
 E. 亚历山大·贝尔 F. 洛克菲勒 G. 爱迪生 H. 卡里金

从例11可看出,选择项诱答没有多少诱惑力,这是搭配题比选择题易于编写的原因,也是搭配题的弱点所在。

搭配题广泛用于测评应试者搭配、连接相关事物或概念的能力,如名词与定义、人与事件、事件与时间、作者与著作、方法与用途等。测评应试者对这些平行关系的掌握,搭配题不失为一种非常有效的试题。搭配题突出的不足是只宜考察低层次认知目标,仅适合于对知识的识记、了解及对简单知识的理解的测评。

编制搭配题应注意:

(1)指导语表述要准确、全面,应该明确说明搭配根据、搭配方法、选项被选择的次数等。

（2）搭配题前提中的每一题干与各选项应为具有相同意义的同一类事物，并在语法、形式、结构、长度上大体保持一致，以此保证选项有较高的诱惑力，以及避免泄露答题线索。

（3）在一个搭配题中，配对不能太多，一般不超过8个，但也不宜少于4个。要避免"完全配对"，即前提中的题干与选项数量完全相等，关系一一对应，这样会降低题目的区分力与测评的可靠性。通常选项数比题干数多1—2个，有时选项数也有少于题干数的。

（4）选择项的排列应尽量按某种意义，如按时间顺序、大小顺序、逻辑顺序等排列选项。选项一般用英文字母标示，前提中题干用序数词标示，这样可使应试者答题思路不发生混乱。

（5）制卷时要注意同一道搭配题的前提与选项要安排在同一页上，以便应试者完整地思考作答。

四、主观性试题的编制方法与技巧

主观性试题主要包括名词解释、简答题、论述题、证明题、作文题、案例分析题等。以下对综合考试中使用最普遍的简答题、论述题及案例分析题的编制方法与技巧作一一介绍。

1. 简答题的编制

简答题通常就是一个简短的直接问句，要求应试者作简明扼要的回答。

简答题既可考察应试者对知识的识记、理解，也可考察应试者较初步的分析问题、解决问题的能力。简答题属于供答题类型，题目本身不备答案选择，而完全由应试者提供答案，克服了客观题易发生猜答现象的缺点。但又因应试者所供答案的不确定性，使评分无法计算机化，受到主观因素的影响，降低了测评的信度。此外，简答题对较复杂问题的深入分析、综合、评价等能力的测评效果较差。

简答题的形式较单纯，因此编写的方法也相对简单，主要应注意如下四点：

（1）试题答案要唯一正确，试题既要求具体，又应表述简洁，措辞要准确，以免造成回答的不确定性，加大评分的困难。

（2）简答题的单位分值比选择、判断、填空等客观题高得多，它命题的内容应是大纲要考察的重点知识，避免用琐碎、枝节的问题编成简答题，这既无意义又与题目分值不相称。

（3）简答题常用"简述……""简要分析……"等形式构成直接问句，应注意与"试述……""试分析……"等论述题习惯用语的区别。

（4）简答题的回答较简单，有时就是一句话，甚至答出几个关键的字词也要给分，因此，简答题的题目编写要避免包含答题信息。

2. 论述题的编制

（1）论述题的特点与类型。

论述题是一种典型的主观性试题，题目确定一个问题，要求应试者自己计划、自己构思、自己组织语言表达。在答题过程中，应试者分析处理问题的方法、组织运用材料的方式、语言表述的风格等各方面都有较大的自主权。

论述题与简答题的主要区别在于测评知识的层次目标不同。简答题测评知识的识记、理解及简单分析。论述题测评的是概念、原理的综合运用，相对应的是分析、综合、评价目标及应试者的创造力的测评。论述题具有较高的区分力，适合选拔性测评。论述题最明显的不足是评分主观、作答时间长、题量设计小、测评内容窄等。

根据对题目作答要求的不同，论述题可分为限制型论述题与扩展型论述题两种①。

例12：试论改革、发展、稳定三者之间的关系。

这是一道限制型论述题，对答案涉及的范围、答题的方式及长度作了较具体的要求与限制。体现了主观性试题的"客观化"，但同时对应试者的思维空间也是一种限制。

例13：试论述"科学技术是第一生产力"的思想内涵。

这是一道扩展型论述题，对答题方式、答题范围没有像例12那样作过多的限制，给了应试者更大的自由发挥的空间。一道高质量的扩展型论述题提供给应试者的是发散性思维，测评的是创造力与综合评价能力。

根据写作方式不同，还可将论述题划分为叙述式、说明式、评价式、分析式与批驳式等各种形式②。

（2）论述题的编制方法与要求。

① 首先必须明确论述题是对高层目标与综合能力的测评，强调的是知识应用的深度。提出的问题或论题不应是课本资料的再现，而应从知识的总体入手，以综合内容的重点、实质、精髓作为论述题命题的出发点。关注的不仅是当前的问题，还有今后的发展动态。

② 论述的问题必须是有定论的。论述题评分本身就受主观因素影响，加上答案的不确定性，更是加大评分的困难，测评信度难以保证。

③ 要使应试者充分明白题目要求。限制型论述题有一定的结构性，对回答有所限制，应试者较易明确要求，但扩展型论述题有时则不然，此时应像客观题一样，有清楚的指导语，或加注释说明。

④ 尽量不要在试卷中出现让应试者选择题目作答的情况。一是不同的题目难以等值，评分缺乏可比性；二是应试者均会选择有准备或较熟悉的试题作答，难以区分实际水平。有时为扩大测评范围，为高水平、有特殊能力的应试者搭建脱颖而出的平台，可编制附加题供选择。

---

① 刘嘉林.国家公务员考试录用教程[M].北京：中国商业出版社，1995：170.

② 同上。

⑤在编制试题的同时应制定评分要求，尽可能具体、详细地划分得分点及制定评分依据。这样做一能提高评分信度；二能使命题者检查题目的合理性；三能在试题的指导语或注释中简要说明评分标准，使应试者答题不至于漫无边际而影响正常水平的发挥。

3. 案例分析题的编制

（1）案例分析题的概念及特点。

案例分析题是由一段背景材料与若干问题构成。要求应试者通过阅读分析背景材料，依据一定的理论知识原理，围绕题目所提出的问题，或给予评价、或作出决策、或提出解决问题的方法。

案例分析题考察的目标层次高，综合性能强。不仅能考察应试者掌握知识的程度，更适合考察应试者理解、灵活运用知识的能力以及综合、分析、评价与实际解决问题的能力。案例分析题具有很高的区分度，非常适合人员选拔测评。

案例分析题的不足也是明显的。一是评分受主观因素影响大，信度难以提高；二是作答费时，试卷可容纳的题量小，占用的分值高，影响知识测评的广度；三是案例题对背景材料的要求较高，编制难度较大。

（2）案例分析题的编制思路与方法。

案例分析题可通过两个途径来构思。

一是以社会生产生活实际发生的真实事件为基础，编写背景材料，编制案例分析题。目前国内外的 MBA 及我国的 MPA 等课程教学用案例及考试的案例分析题的背景材料都是取自真实事件，这使人才培养和选拔与实际联系更紧密。

二是根据一定的理论原理，虚拟一个情景、事件，编制成案例分析题。虚拟的情景、事件并非虚无缥缈，而必须符合实际。它既可以是正面的，也可是反面的，但必须能用所要考察的理论知识去分析。

以下是某省 2000 年公开选拔副厅级领导干部公共科目笔试试卷中的一道案例分析题。

某地级市召开市长办公会议，讨论"市长专线办公室"（以下简称"专线办"）要求增加编制和升格的请示。市政府办主任先作说明："专线办"设立以来，每天平均接热线电话 30 多个，多时接热线电话 70 多个，可编制仅三人，日夜轮流值班。他们不仅要对热线电话内容做记录，经市领导批示后还要与有关部门沟通落实，忙得不可开交。为此，要求增编三人，并升格为副处级单位。常务副市长对"专线办"的工作予以充分肯定，认为设立"市长专线办公室"，在倾听群众呼声、了解群众疾苦、为群众排忧解难、接受群众监督、密切与人民群众的联系、改进政府部门工作等方面起了重要作用。因此，增加编制、加强力量迫在眉睫。还有几位副市长也表示赞同。但是，另外两位副市长认为目前正在进行机构改革，"专线办"增编和升格不合时宜，况且，不少部门都要求增人升格，

"专线办"开这个头怕影响不好。

问题

（1）你对此有何看法？

（2）如果你是市长，将如何决策？

这道案例分析题是根据当时各地出现的"市长办公电话热"所遇到的实际问题编写而成的，对参加副厅级选拔人员的观察、分析、解决实际问题等综合能力的测评是很有效的。

编制案例分析题应注意以下五个方面。

① 首先要明确通过该案例分析题是想测评应试者哪些方面的知识运用，由此才能有针对性地组织背景材料。背景材料必须有实际意义，或是已发生过的真实事件，或是虽未发生但极有可能发生的事件。

② 背景材料包含的信息要能满足案例分析的需要，应避免信息不够而使分析难以深入。但是，背景材料的表述又要力求简明扼要，避免应试者阅读背景材料花费的时间过长而占用了分析思考的时间。

③ 题目所提问题不应过于笼统，以免使应试者无从下手分析，但又要避免提一些无实际意义的琐碎问题。

④ 背景材料一般不披露事件所涉及的真实的人名、地名、单位名，通常用不确指方式来表述，如甲乙丙丁等。是否引用真实名字对于案例分析并不重要，这也是对当事人的尊重。背景材料涉及的数据也不要求一定是实际数据，可进行加工处理，但扩大与缩小的比例一定要相同，这样才不会改变原发事件的性质。

⑤ 编制案例分析题的同时，也应与论述题一样，制定具体详细的评分标准，细分得分点和得分依据。

第三节 测评试卷的组织

原始试题编制好之后，接下来的工作便是按一定的标准给予审查、筛选，再按照试卷蓝图的要求组合成试卷。

一、试题审查

试题审查工作由专门的审题小组负责，审题小组由学科命题组长与命题人员及管理人员的代表共同组成。试题审查包括从微观与宏观两个层面对原始试题进行核查、筛选。微观层面的审查即是对每一道试题从内容的准确性、测评目标的合理性、命题的技术性、试题的难度及区分度等各方面进行审查。宏观层面的审查主要是就试题的总体是否符合试卷蓝图要求进行审查。试卷蓝图也称双向细目表,就是根据考试大纲制定的一个对试题内容、测评的目标层次、题型题量及其分布比例具体量化的编题计划。试卷蓝图既是制题的依据标准,又是审题、组卷的检查标准。

要对试题内容的准确性、测评目标的合理性、命题的技术性、试题的难度与区分度以及试题总体的适合性、有效性进行全面的审查,并非一件简单的事。审题人员应掌握一定的审题技术,并有一定的组织保证,最重要的是必须依据一定的审题标准和要求。

审题标准和要求主要是依据以下四个方面:
(1) 考试用书、考试大纲及试卷蓝图;
(2) 试题编制的基本原则;
(3) 各类题型编制方法及要求;
(4) 试测后的试题难度及区分度分析。

前三点在第一、二节中已作过详细分析介绍。第四点对试题难度、区分度的分析,主要通过试测与题目分析及测评的目的、性质进行,这在试测与题目分析程序及试题编制基本原则中也作过简要分析。

对于一些重大考试,通常把试题审查工作细分为审题与统题两个程序,其工作性质与审题要求与以上介绍的是相同的。但它进一步强化了工作职能,加大了工作力度,也增加了人力、物力、财力投入的负担。

二、试题编排

试题经过审查筛选符合要求后,就要按一定方法编排,组合成一份完整试卷。试题编排的方法主要有三种:
(1) 按难度顺序排,先易后难;
(2) 按题型类别排,先客观型试题后主观型试题,并把同一题型的同类试题编排在一起;
(3) 按知识内容排,同类内容排在一起,并按知识本身的逻辑关系,先基本概念后方法原理。

在试题的实际编排过程中,通常是将上述方法组合使用。例如,可先按题型编排,在同一题型里再按先易后难的顺序编排。这种组合编排的益处是有利于提高解题速度。因不同的题型交叉排列,应试者需不断变换解题方式,不仅降低解题速度,还可能因"定势思维"影响而错解题;在考虑题型的同时考虑难易程度,可避免应试者在难题上耽搁时间太长而影响后面试题的解答。在一份试卷的开头往往安排几道较容易的小题,以便使应试者消除紧张,尽快进入考试状态。

在编排主观性试题时,应按考察目标层次由低到高的原则排列,并把答题量小的题目放前面,答题量大的放后面。试题与预留的答题位置尽量安排在同一页上,预留的答题空间大小不要给应试者以任何暗示。

编排客观性试题的选择题时,正答在试卷中应呈随机分布,不要因某一极端分布或按某一规律排列,而给应试者以猜答线索。判断题"正确"与"错误"的排列原则与选择题正答的排列相同。

为防止相邻座位的应试者互通信息、相互抄袭,可通过编制 A、B 卷方式,组成 A、B 两卷的题目不变,只是使两份试卷的试题顺序交错排列,或对选择题的正答变换位置。目前,越来越多的笔试都采用了 A、B 卷形式,并取得了积极的效果。

三、编制试卷复本

虽然在制题、审题、试测等各环节都十分注重试题的保密工作,但从制题到实施考试的整个过程,环节多而复杂,加上当今社会信息通信技术的高度发达,哪怕某个环节出个小问题,都将影响整个考试。为使考试得到绝对保证,在组织试卷正本的同时,需要编制试卷复本。所谓试卷复本,是指在正本试卷发生泄密的情况下启用的一套备用试卷。一些重大型考试,尤其是全国或地区统一考试,涉及面之广,人数之多,容不得半点疏忽,必须制备试卷复本。

试卷复本的最主要特征,是与试卷正本等值。所谓两份试卷等值,是指同时符合以下条件:
- 按同一考试大纲和试卷蓝图编制、审查的;
- 试卷的内容、范围相同,试题类型与试题难度大致相同,但具体题目不重复;
- 试卷长度、总体难度、区分度及对应试者的要求应基本一致。

掌握一定的方法技巧,编制试卷复本不是一件很困难的事。制题时若已考虑试测与复本需要,每题都有双倍以上的平行试题。可将这些平行试题先给以编号,再按一定方法排列组合,这便可在编制试卷正本的同时编制出备用的试卷复本。

测评试卷的组织是项系统而复杂的工作,除以上介绍的试题审查、试题编排、试卷复本的编制等各主要环节外,还包括试测与题目分析、试卷时限测定与安排、制定标准答案与评分标准等工作,在前面章节已有涉及,在此不作一一介绍了。

本 章 小 结

本章主要对知识测评的含义、知识测评的主要方法、笔试的特点及其实施程序、笔试常见试题的编制原则与技巧以及测评试卷的组织方法进行了分析和介绍。

知识是指人们在生活、工作、学习等各种实践活动中所获得的对客观事物认识与经验的总和,是人员综合素质的重要组成。知识测评实际是对人员知识素质的测评,是对人们掌握的知识量、知识结构与知识水平的测评与评定。

知识测评的目标层次一般指美国教育学家布卢姆(B. Bloom)提出的教育认知目标六个层次,即知识、理解、应用、分析、综合、评价。这六个层次在测评试卷中所占的比重不同,应按测评要求与测评目的来确定。大部分综合性测评都呈现"中间大、两头小"的正态分布,即对应试者能力的测评题占绝大比重,机械识记及难度大的评价层次题量小,这有利于笔试的区分、选拔功能的充分发挥。

知识测评的方法有多种,其中,最简单最有效的方式是心理测验。心理测验在知识测评中的应用形式是教育测验,即通常所说的笔试。笔试是指被测评者按统一时间、统一地点、统一要求,通过纸笔的形式完成测评题,评判者按统一评分标准评定应试者掌握的知识数量、知识结构与知识程度的一种方法。

笔试的主要特点是:测评的内容灵活、系统、容量大;测评结果的信度、效度相对较高;具有经济、快速、高效的功能。

笔试的实施程序主要分准备、制卷、实测、评卷等几个阶段。准备阶段是整个测评顺利进行的基础,制卷阶段是知识测评的核心环节,实测阶段是将测评落到实处的关键环节,评卷阶段的中心任务是控制评卷误差。

测评试题分为客观性试题与主观性试题。客观性试题是指应试者作答时受题目本身条件和范围限制,而试题评分不受主观因素影响,包括单选题、多选题、判断题、搭配题及只有唯一答案的填空题等。其主要特点是:知识涵盖面广;测评信度较高;综合性能不够;测评效度较低;命题难度较大。主观性试题是指应试者作答时不受题目条件和范围限制,而试题评分时受评卷人主观因素的影响,包括简答题、论述题、计算题、案例分析题、作文题等。其主要特点是:综合性能强;测评效度相对高;命题较简便;测评信度较低。

试题编制要遵循的基本原则是:命题依据明确、试题内容科学合理、形式恰当、表述规范清晰、难度合适、格式统一、题量满足需要等。在遵循基本原则的同时,各类试题编写有其自身的方法与技巧,本章都一一作了详细的分析介绍。

试卷的组织主要是对试题的审查、编排及试卷复本的编制。试题审查一方面是对每一道试题从内容的准确性、测评目标的合理性、命题的技术性、试题的难度及区分度等各方面进行审查,另一方面是就试题的总体是否符合试卷蓝图要求进行审查。

试题编排的方法:一按难度顺序排,先易后难;二按题型类别排,先客观题后主观题,并把同一题型的同类试题编排在一起;三按知识内容排,同类内容排在一起,并按知识本身的逻辑关系,先基本概念后方法原理。在试题的实际编排过程中,通常是将这几种方法组合使用。

试卷复本是指在正本试卷发生泄密的情况下启用的一套备用试卷。它必须与试卷正本等值:按同一考试大纲和试卷蓝图编制、审查;试卷的内容、范围相同,试题类型与试题难度大致相同,但具体题目不重复;试卷长度、总体难度、区分度及对应试者的要求应基本一致。

复习思考题

一、填空题

1. 知识是指人们在生活、学习、工作等各种实践活动中所获得的对_____与_____的总和。
2. 知识按照来源的不同,分为_____和_____。
3. 笔试通常分为_____和_____两种主要类型。
4. 笔试的实施程序主要分为以下四个阶段:_____、制卷阶段、_____、评卷阶段。
5. 根据答题方式不同,可将试题划分为供答型、_____、_____。
6. 简答题可考察应试者对知识的_____、_____。
7. 论述题是一种典型的_____试题。
8. 论述题与简答题的主要区别在于测评知识的_____不同。
9. 根据写作方式不同,还可以将论述题划分为叙述式、_____、评价式、_____与批驳式等各种形式。
10. 编排客观性试题的选择题时,正答在试卷中应呈_____。

二、单选题

1. 知识按其作用不同,分为生活知识与( )。
   A. 生产知识　　B. 经验知识　　C. 理论知识　　D. 专业知识
2. 知识测评的主要方法为( )。
   A. 心理测验　　B. 笔试　　　　C. 面试　　　　D. 适用
3. 我国测评专家根据布卢姆的认知目标六层次,提出我国知识测评的三个层次,其中最高层次为( )。
   A. 记忆　　　　B. 分析　　　　C. 理解　　　　D. 应用
4. 我国国家公务员录用笔试是( )。
   A. 资格考试　　B. 选拔考试　　C. 水平考试　　D. 目标参照性笔试
5. 考场规则与监考规则的制定属于笔试实施程序的哪个阶段?( )
   A. 准备阶段　　B. 评卷阶段　　C. 制卷阶段　　D. 实测阶段
6. 根据试题答案是否唯一,可将试题划分为封闭式与( )。
   A. 供答型　　　B. 选答型　　　C. 开放式　　　D. 客观性
7. 简答题属于( )。
   A. 供答题　　　B. 论述题　　　C. 客观题　　　D. 选答型

8. 知识测评的众多方法中，其中最简单有效的方法是（　　）。
   A. 面试　　　　　　B. 情景测试　　　　C. 心理测验　　　　D. 试用
9. 是非判断题实质上是一种特殊的（　　）。
   A. 搭配题　　　　　B. 简答题　　　　　C. 填空题　　　　　D. 选择题
10. 如果要考察应试者对知识的理解与充分运用的能力，应当选择哪种类型的题目较为恰当？（　　）
    A. 填空题　　　　　B. 简答题　　　　　C. 案例分析题　　　D. 搭配题
11. 布卢姆提出的"教育认知目标分类学"把认知目标由低到高分为六个层次，其中最高层次是（　　）。
    A. 知识　　　　　　B. 应用　　　　　　C. 综合　　　　　　D. 评价
12. 在笔试中，评判者按照统一评分标准评判被测评者所掌握的知识数量、知识结构与（　　）。
    A. 知识程度　　　　B. 知识素养　　　　C. 知识来源　　　　D. 知识领域
13. 试题编制的基本原则不包括（　　）。
    A. 命题依据明确　　　　　　　　　　　B. 试题内容科学合理
    C. 试题形式恰当　　　　　　　　　　　D. 试题格式应多样化

三、多选题

1. 根据应试者作答的范围和评卷方法不同，可将试题划分为（　　）和（　　）。
   A. 封闭式试题　　　B. 客观性试题　　　C. 主观性试题　　　D. 供答型试题
2. 客观性试题的特点是（　　）。
   A. 知识涵盖面广　　B. 命题较简便　　　C. 测评效度低　　　D. 综合性不够
3. 主观性试题的特点是（　　）。
   A. 测评信度较高　　B. 综合性能强　　　C. 命题较简单　　　D. 测评效度较高
4. 下面哪些题型是客观性试题？（　　）
   A. 选择题　　　　　B. 简答题　　　　　C. 搭配题　　　　　D. 判断题
5. 如果命题者想要测评应试者的基础知识，那么他应当选择以下哪种题型？（　　）
   A. 填空题　　　　　B. 案例分析题　　　C. 简答题　　　　　C. 论述题
6. 主观性试题主要包括（　　）。
   A. 名词解释　　　　B. 简答题　　　　　C. 论述题　　　　　D. 作文题
7. 在编制简答题时应当注意的是（　　）。
   A. 试题答案要唯一正确　　　　　　　　B. 回答应当详尽
   C. 分值应当比填空题、判断题高得多　　D. 着重考察概念、原理的综合运用
8. 某省要选拔副厅级干部，试卷中应当以何种题目为主？（　　）
   A. 填空题　　　　　B. 案例分析题　　　C. 论述题　　　　　D. 判断题

9. (　　)的试卷编排方法是较为科学的。
　　A. 试题由难到易　　　　　　　B. 先客观题后主观题
　　C. 同类知识编排在一起　　　　D. 先基本概念后方法原理
10. 试卷复本与正本试卷相比,(　　)。
　　A. 与试卷正本等值　　　　　　B. 按照不同的考试大纲和试卷蓝图编制
　　C. 并不是很重要　　　　　　　D. 对应试者的要求基本一致
11. 编制考试大纲应遵循(　　)原则。
　　A. 科学性　　　B. 可行性　　　C. 权威性　　　D. 稳定性
12. 案例分析题的不足包括(　　)。
　　A. 评分受主观因素影响大　　　B. 作答费时
　　C. 综合性能较差　　　　　　　D. 编制难度较大
13. 审题人员进行试题审查时依据的审题标准和要求主要包括(　　)。
　　A. 考试用书、考试大纲及试卷蓝图　　B. 试题编制的基本原则
　　C. 各类题型编制方法及要求　　　　　D. 试测后的试题难度及区分度分析

四、简答与论述题

1. 知识测评的含义是什么？知识测评的目标层次有哪些？
2. 什么是笔试？它有哪些主要特点？
3. 什么是客观性试题？什么是主观性试题？它们各有哪些特点？
4. 编制笔试试题要遵循哪些基本原则？
5. 选择题的结构如何？对选项的编写有哪些要求？
6. 论述题的特点是什么？它与简答题有何主要区别？
7. 可通过哪两种方法来构思案例分析题？试编制一道案例分析题。

本章复习思考题的答案,可通过扫描如下二维码获得。

案例　一题多卷考试试卷编制问题

一、一题多卷考试方式概述

2012年硕士研究生入学考试、国家公务员考试等开始使用一题多卷（俗称的梅花卷）的考试方式。这种考试方式一经推出，迅速被广泛接受，成为国内目前各种考试普遍使用的一种方式。所谓一题多卷，是指在原始试卷（试卷1）的基础上，通过改变试题顺序，生成试卷2、试卷3、试卷4等派生试卷。一题多卷的特点是各份试卷上的试题都是相同的，只是试题顺序不同。一题多卷考试方式通过发给相邻学生不同的试卷，来杜绝学生之间相互抄袭、相互传递答题信息等作弊行为。目前，高等院校普遍使用的是一题两卷的考试方式，具体操作分以下四步。

第一步，由教务处人员组织，每门课程考试出两套试卷，分别为原始试卷 A1 派生试卷 A2，以及原始试卷 B1 派生试卷 B2，其中的一套用于考试，另一套用于补考。至于哪套用于考试，哪套用于补考，由教务处人员在考前决定。第二步，由教务处人员按照错位排列座位顺序的方式排出试卷发放座位，以保证发给相邻学生的试卷是不一样的。例如，选定 A1、A2 卷为考试试卷（以下讨论均以 A1、A2 卷为例），排出的试卷发放座位如图5-1所示。第三步，由教务处人员随机抽取学生姓名，排出考场学生座次表。第四步，考前半小时由监考人员按照考场学生座次表，顺序点名让学生入座，进行考试。由于相同试卷的位置分布形似梅花，这样的一题多卷的考试方式被形象地称作梅花卷考试方式，或简称为梅花卷。

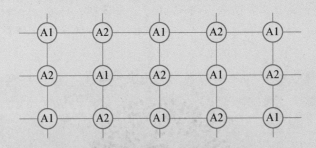

图5-1　试卷发放座位图

二、一题多卷考试试卷存在的问题

迄今为止，笔者已对3门课程共11个专业班次的学生按一题多卷的方式进行了考试。在统计和分析考试分数数据时，笔者不经意地发现一个奇怪现象，就是 A1 卷的平均成绩总是高于 A2 卷的平均成绩，有时还高得非常明显。具体而言，可以归纳出3个特点：(1) A1 卷的平均成绩比 A2 卷的平均成绩高；(2) A1 卷的分数分布比 A2 卷的分数分布高;(3)最高考试分数既可能出现在 A1 卷,也可能出现在 A2 卷。

表 5-4 和表 5-5 分别给出了 X 专业班次和 Y 专业班次考试分数的统计数据,印证了上述的第一个特点。图 5-2 按照由低到高顺序给出了 X 专业班次 A1 卷和 A2 卷的考分分布,表明了上述的第二、第三两个特点。

表5-4 **X 专业班次考试分数的统计数据**

考卷	考试分数							平均分数
A1 卷	92	62	85	88	83	64	58	77.9
	66	78	90	81	83	74	86	
A2 卷	70	96	71	70	66	73	67	73.5
	84	77	60	57	78	85	75	

表5-5 **Y 专业班次考试分数的统计数据**

考卷	考试分数							平均分数
A1 卷	90	88	73	83	82	80	56	73.0
	63	77	76	60	65	62	67	
A2 卷	91	53	62	65	72	71	85	68.8
	64	67	80	68	63	54		

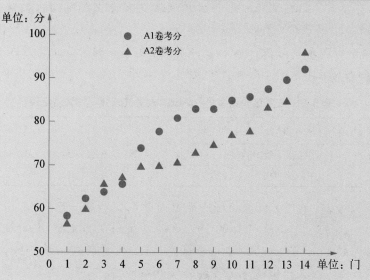

图 5-2 **X 专业班次 A1 卷和 A2 卷的考分分布**

A1 卷平均成绩高于 A2 卷平均成绩是一题多卷考试的普遍现象还是个别现象?带着这个问题,笔者在学校考务中心随机抽调了分属于 5 个系 20 门课程的考试答题册分析。结果显示,其中有 13 门课程的 A1 卷平均成绩高于 A2 卷平均成绩,高得最多的达

12.1分。这表明,至少在笔者分析研究所及的范围内,A1卷的平均成绩高于A2卷的平均成绩是一个普遍现象。

三、一题多卷考试试卷问题产生的原因分析

一个学生考A1卷还是考A2卷是随机抽取的。可以认为,如果试卷相同,在统计意义上,考A1卷的学生群体与考A2卷的学生群体是相同的。其平均成绩以及成绩分布应该基本相同,只会有一些小的随机涨落,不应该具有倾向性的、明显的差异。这种差异的客观存在指向了试卷的差异,但A1卷和A2卷的试题是完全一样的,其差异仅在于试题顺序。因此,可以肯定,问题是因改变试题顺序产生的。

为了弄清一题多卷改变试题顺序的普遍做法,笔者对来自5个系、不同年龄段、不同职称的30名教师进行了一对一的访谈调研。调研对象的单位分布为每个系6名教师;年龄分布为30~40岁的11人,41~50岁的13人,51岁以上的6人;职称分布为讲师10人,副教授14人,正教授6人。

在访谈中,教师普遍表示,由A1卷派生A2卷时,因为试卷答案要随着试题顺序的改变一起改变,为了防止搞错和搞乱,注意力主要集中在保证试卷答案顺序与试题顺序的一致上。试题顺序的改变是随意的,没有什么具体原则,也没有仔细考虑过合理性的问题。在具体做法上,有小题与小题对换的,有大题与大题对换的,还有把试卷分成几块,然后进行块与块对换的。作为调研对象的教师的普遍认识是,A1卷和A2卷的试题完全一样,没有考虑过改变试题顺序会对考试结果有什么影响,所以,试题顺序的改变是随意的。

考虑到考试结果不仅与出试卷的教师有关,更与参加考试的学生有关。就相关的问题,如表5-6所示,笔者对3个专业班次的57名学生进行了问卷调查和座谈访问。

表5-6 改变试题顺序是否影响本人考试成绩问卷调查结果

考试成绩分布区间	90~100分		80~89分		70~79分		60~69分		不及格	
影响情况	有影响	无影响	有影响	无影响	有影响	无影响	有影响	无影响	有影响	无影响
人数比例	0	100%	24.6%	75.4%	48.2%	51.8%	61.3%	38.7%	100%	0

由表5-6可知,对于改变试题顺序是否影响考试成绩这一问题,不同考试成绩的学生的回答是不一样的。考试成绩在90分以上的学生均认为无影响;考试不及格的学生均认为有影响;其他考分学生的回答介于这两者之间,有的认为有影响,有的认为无影响,且认为有影响的人数比例随考试成绩的降低而增高。

座谈访问中,学习成绩90分以上的学生明确表示,试题会不会答只与自己对知识的掌握情况有关,与试题顺序无关,改变试题顺序不会影响自己的考试成绩。这对于前面归纳的第3点是一个合理的解释。考试成绩越差的学生越多地表示改变试题顺序会影响自己的考试成绩,具体原因主要有2条:一是如果学生答试卷一开始就碰到了难

题,本来就紧张,上来就懵了,会影响整个答题;二是如果试题顺序相对于授课时的章节顺序是乱的,感觉答题时思维凌乱,也会影响考试中的正常发挥。

至此,可以得出以下结论:在一题多卷的考试方式下,造成原始试卷A1卷平均成绩高于派生试卷A2卷平均成绩的原因是试题顺序的改变。相关分析如下,在一题多卷以前的考试方式中,只有原始试卷A1卷。出A1卷的教师在安排试题的顺序时,会自觉或不自觉地遵守以下几条规则:① 在难度/深度上,先易后难,由浅入深;② 在内容上,按照授课时的顺序从前往后。

这样的试题安排顺序符合考试环境下学生的心理特点,具有以下几个方面的好处:① 稳定学生情绪,有利于助其树立信心。考试中,特别是重要的考试中,学生难免情绪紧张。如果首先碰到的题较容易,答题结果也自我满意,则有助于进入良好状态,提高整体的临场发挥水平。② 产生良性刺激,有利于唤醒有序的联想和记忆。课程中,学习的知识是具有逻辑顺序的,教材中的章节就反映了这样的逻辑顺序。教师在授课中和学生在学习时都顺应了这样的逻辑顺序。如果试题的内容顺序与授课时一致,则前面的试题(通常也较浅)会对学生产生良性刺激,帮助学生较为容易地思考和回答后面的(通常是较难的)试题,从而提高考试成绩。

在现在的一题多卷考试试卷编制中,由于出试卷的教师将主要注意力集中在保证试卷答案顺序与试题顺序的一致上,在没有得到相关指导的情况下,没有考虑试题顺序调整后可能会产生的影响,更没有考虑如何去避免可能产生的影响,使得试题顺序的调整是随机的,或者说是盲目的,导致了A2卷违反正常规律,不能客观、准确地反映考A2卷学生的学习成绩的结果。这样的结果虽然是无意识造成的,但对于考A2卷的学生是不公平的,必须予以纠正。

资料来源:邱丽原,孙伟超,邱杰.一题多卷考试试卷编制问题及应对研究[J].教学研究,2018,41(02):82-85.

讨论题:

1. 你认为本案例中的试卷编制存在什么问题?为什么?
2. 你认为考试在人员招聘中的价值与作用是什么?如果由你负责试卷设计与编制,你认为可以作出哪些方面的改进工作?

进一步阅读的文献

[1] 李付鹏,宋吉祥,杜海燕.试卷结构的多维度研究:基于Rasch模型的视角[J].考试

研究,2020(02):90-95.

[2] 席小明,张春青.语言测评的效度概念及效度验证:发展与挑战[J].中国考试,2020(06):19-26.

[3] 胡婧.浅析人事考试笔试组考的现状和发展思路[J].中国经贸导刊(中),2020(05):179-180.

[4] 肖鸣政.试卷编制的方法与技巧[M].南昌:江西教育出版社,1989.

第六章

品德测评

【本章提要】
　　通过本章学习,应该掌握以下内容:
　　1. 品德的概念、特征与品德测评的含义;
　　2. 品德测评的量化依据、量化的方法以及量化中应注意的问题;
　　3. 品德测评的方法。

最近，小王在参加 G 公司人力资源部经理招聘的面试时，遇见了这样一道题目：

某小镇有一对兄弟，十分窘困，想偷偷离开，可是没有钱。于是，哥哥在一家商店偷了 1 000 美元。弟弟则向一位老人借钱。这位老人是出了名的好心肠，弟弟撒谎说，自己生了严重的病，急需钱手术，希望老人借给他 1 000 美元，病好之后还给他。其实，弟弟没有病，更不会还钱给老人。老人虽然与弟弟素不相识，却给了弟弟钱。最后，兄弟两人离开了小镇。

要求参加面试的人员回答的问题是：

（1）哥哥偷钱和弟弟骗钱，谁更坏？为什么？

（2）你认为欺骗老人是最坏的事情吗？为什么？

这个案例是著名的柯尔伯格经典两难故事之一，对于这个问题，不同的人会有不同的答案。如何据此去测评被测者的品德素质呢？通过本章的学习，也许可以受到一些启发。

第一节　品德的概念及品德测评的含义

什么是品德？品德可不可以测评？这是我们首先要解决的问题。对于品德可不可以测评的问题，调查结果表明，有的人认为品德太复杂了，根本无法测评，只能写实描述；有的人认为思想只能写实，行为可以测评；有的人认为品德只能用评语评估，不能测评；有的人认为品德中表层的行为可以测评，而深层的思想信念与动机不能测评；有的人认为品德像智力一样可以测评。对于品德是否可以测评的观点之所以存在如此大的分歧，其原因主要在于人们对品德概念、量化概念、品德测评概念、测评技术等许多问题的认识不一致，若能够在这些问题上取得一致意见，对品德是否可以测评的问题就会达到某些共识。

一、品德概念的界定

品德（Moral Character or Virtues）是人才学、心理学、教育学等学科的重要研究对象，然而人们对它的解释各不相同。在教育学、心理学以及一些辞典中，大部分都沿用潘菽教授在其《心理学》中的定义，即认为品德是个人依据一定的道德行为准则行动时所表现出的某些稳固的特征。

王逢贤教授认为，品德"包括人的思想观念（人生观、世界观）、政治态度、法制观念、道德品质等全部内容"[①]。有的人又把品德称为思想品德，认为它"是指一个人依据社会思想观点、政治准则（包含法制）和道德规范在言行中表现出来的一些经常的、稳定的特征和

---

① 本书编写组.教育学问题讲座[M].北京:教育科学出版社,1989:248.

倾向"[①]。

由此看来，无论在教育学中还是在心理学中，无论是专家还是一般学者，大家基本上认为品德是指个体言行中表现出来的某些稳固的倾向和特征。因此，在品德测评中我们也基本接受这种观点，把品德定义为关于个体在思想、政治、道德、法制、个性、心理等方面所表现出的稳定的行为特征与倾向之总和。

这就说明品德不是什么神秘的东西，它是由个体某一时期内行为表现所决定的特征系统，是一种客观存在的东西。任何人的品德都能被其周围的每个人所觉察到，同时他也能觉察自己周围每个人的品德。随着个体品德的不断成熟与观察者经验的不断丰富，最后每人所觉察到的结果往往是一致的。

二、品德的特征

通过品德概念的界定，我们可以归纳出品德的四个主要特征。

1. 品德是一个耗散结构系统

品德的内部因素与外层行为构成一个耗散结构系统。当个体品德内部深层次的因素对表层行为驱动的能量没有达到一定的阈值之前，品德内部的各种思想动机常常相互矛盾，相互斗争，整个品德因素系统处于无序状态。当个体通过自我修养或外界教育影响，使某种思想动机能量积累达到一定的阈值时，它就会驱动个体作出相应的行为。各种本来相互矛盾的思想动机此时便形成一种以某种思想动机为主导的有序系统，并与外界行为连接为一个开放的系统，保持深层思想动机与行为表现的一致性，使整个品德系统处于稳定状态。在这一过程中，品德行为既把深层的思想动机释放的能量转化为一定的行为效果，又把由行为效果所产生的作用反馈给深层的思想动机，以增加其能量[②]。

品德这种耗散结构系统性特征，对于以行为表现为品德测量的直接对象，并由此测评深层的品德因素，提供了一个有力的理论依据。

2. 品德的内外统一性

从对品德概念的界定中，我们不难发现，品德具有的一个基本特征是它的内外统一性。从我们对品德所作的界定中可以知道，品德既不是个体所有外显行为的堆积体，也不是个体内部某种不可思议的臆想物，而是一种由个体行为表现决定的有序而特定的特征系统。这种特定的特征系统综合地反映着个体内部的思想、情感、意志和信念。换句话说，品德是外显行为与内在德性的有机统一，也是自觉行为与习惯行为的统一体。

作为品德表现的行为，不是任意的、零星的，而是指那些经常出现的与一贯出现的习

[①] 胡守棻.德育原理(修订版)[M].北京:北京师范大学出版社,1991:20.

[②] 中国科学院哲学研究所.现代自然科学的哲学问题[M].长春:吉林人民出版社,1984:229-234.

惯性行为。然而,这种习惯性行为不是先天性的反射,而是自觉性行为,是个体按一定的信念与准则自觉选择与控制的行为。品德行为的这种自觉性反映了其内部状态,而习惯性则突出了其外部特征。

统一性并不等于一致性,并不等于任何时空条件下的绝对统一性,任何一个人身上都不同程度地存在着内在动机与外在表现的矛盾性。但是,统观一个人行为的总体,那毕竟是次要的和少量的。品德结构作为一个开放的耗散结构系统,按耗散结构学的观点,它应该是内外一致的。也就是说,深层的思想感情和意志信念与外显的品德行为在总体上、本质上是一致的。而少量的不一致现象是偶然的、特定的。因为打破自然平衡、强装着去表现品德行为是要付出代价与心血的。违背自己的良心与意愿去干自己不愿干的事,是会感到矛盾的。一般情况下,人们不愿也不会使自己表里不一、言不由衷和行不由意。因此,品德是外显行为与内在德性的统一体。

如果我们既承认日常见到的"言行一致"和"表里如一"说明了品德的整体性与统一性,也承认"言行不一致"和"表里不如一"作为一种特定形式同样说明了品德的整体性与统一性①,那么,品德的外显行为与内在德性就完全统一了。品德这种统一性具体体现在各品德结构因素关系中②。品德的内外统一性启示我们可以通过外显行为测评来了解与认识个体内部的德性。

3. 品德具有稳定性

从对品德概念的界定中我们可以知道,作为品德表征的行为特征,不是存在于某时某事之中,而是体现于某时期的全部行为之中,甚至是终生的行为之中。黑格尔曾指出:"一个人做了这样或那样一件合乎伦理的事,还不能说他是有德的。"③这就是说,品德表现为一个人某种经常的、一贯性的行为倾向。在个体行为的全部集合中,品德行为在时间上虽然是偶然的与间断的,但总体上却是持续的;品德行为在空间上虽然会偶尔相异,但总体上却是一致的。品德这种行为特征表现的持续性与一致性就总括为品德的稳定性。

品德的稳定性被许多实际事实所证明。平时我们常在某个人面前说另一个人好,并不是说那个人某一天好,而常常指他一贯表现很好;当你认为某个人好时也许你还会听到其他人也说这个人好。这种现象表明,个体的品行具有稳定性。

心理学强调早期经验的重要性,研究个体行为在不同年龄之间和不同情境下的相关性,实际上也给品德具有稳定性提供了一个证据。麦金能·巴布(Mackinnon Barbu,1951)和罗金(Brogden,1940)研究表明,人的诚实可以在任何情况下都一致④。

---

① 林崇德.品德发展心理学[M].上海:上海教育出版社,1989:14.
② 萧鸣政.品德结构模式及其测评学分析[J].吉林教育科学·普教研究,1991(2).
③ 笛卡尔.哲学原理[M].关琪桐,译.北京:商务印书馆,1961:107.
④ 郑慧玲.人格心理学[M].台北:台湾桂冠图书股份有限公司,1986:606-607.

4. 品德具有差异性

从对品德概念的界定中我们可以知道,品德是一种个体现象。由于每个人所处的生理、心理和社会条件不同,每个人生活的具体时空不尽相同,造就了人们在品德形成上的差异性。古人说"人心不同,各如其面"。这些差异均会通过外显行为表现出来。作为一定社会的政治、思想、道德和法制,对每个成员的要求是一致的,是相同的。作为一个公司,它对每个员工实施的教育也是相同的。但这种相同与统一的社会规范或教育要求,折射到每个员工身上却会产生不同的教育效果,形成不同的品德差异。品德这种性质与程度上的差异性是客观存在的。在公司同一个班组里,你会发现有些员工更遵守劳动纪律,有些员工却不太遵守劳动纪律。品德的这种差异性告诉我们,区分员工的品行既是必要的又是可能的。

除此之外,品德还具有社会性等特点。

三、品德测评的含义

所谓品德测评,是指一种建立在对品德特征信息"测"与"量"基础上的分析与判断活动。在这种活动过程中,测评者通过"测"与"量"的活动,获得所要搜集的品德特征信息,然后对它们进行综合分析与评判解释。这里的"测"包括测评者的耳闻、目睹、体察、访问和调查等。但是,它们不同于一般意义上的耳闻、目睹、体察、访问和调查活动,是以认识与评判品德为目的的特定活动。"测"既可以是自测(看他对自己的行为表现说什么),也可以是他测(看其他人对他的行为表现说什么),还可以是观测(看他实际上是怎么表现行为的);这里的"量"指与一定品德测评标准的比较与衡量;这里的分析是指对"测"与"量"所获品德特征信息的综合分析;这里的"判断"是指对综合分析的结果予以确认与解释。判断的基本形式通常有两种,一是定性判断(如是不是,有没有,符合与否,存在与否),二是定量判断(如在多大的程度上是或符合,在多大的范围上有或存在)。最后是对判断的结果予以报告与解释。报告与解释的方式可以是数字、符号、图形、字词或语言中的一种或几种并用。

品德测评并非心理测量,它不要求对所有的对象进行量化,不要求所有的评判均为客观判断。它允许对一部分对象作非客观的分析判断。它与教育评价也有所不同。教育评价通常是指对教育活动及其成就相对教育目标的价值估计。评价基本上是研究人员和编制人员所从事的活动[1]。品德测评允许对品德中的某些独特特征作描述或评述,这种评述不一定要针对教育目标进行。如突出特征的描写或奖惩事例的记述。

与品德评估及评价相比,品德测评更加强调比较判断要以准确的客观事实为依据,定性定量相结合,强调品德测评过程及其结果的准确性与客观性,强调对事实的"测"与数据

---

[1] 瞿葆奎.教育评价(教育学文集)[M].北京:人民教育出版社,1989:743.

的"量",而不是"估"与"评"。这里的"量"既可以是实质的量,也可以是形式的量;既可以是精确的量,也可以是模糊的量。品德评估与品德评价均着重于"估"与"评"。无论"估"还是"评",社会实践中都容易因其字义而纵容主观性,忽视客观性与准确性。

与品德考核、品德考评或品德评定相比,品德测评更加强调对整个教育过程的促进与调控功能,强调品德测评要贯穿整个教育过程,强调品德测评的诊断决策和反馈督导的功能,强调对包括思想动机与效果在内的整个行为活动的测评。品德考核、品德考评和品德评定,无论我们怎样对它们加以明确的学术定义,在社会与实践中都容易因其字义而引诱人们只注重其"考"与"定"的功能,注重对最后行为结果的考核与评定,注重期末或毕业时实施的品德测评,把它作为管、卡、压的手段,并且由此忽视品德测评对教育过程的分析和对教育工作的促进作用,忽视把它贯穿教育过程发挥其对教育工作的优化决策作用。换句话说,在社会实践中提品德评估、品德评价或品德考核、品德考评与评定,把握不好的话都容易因理解不同产生异化,评估与评价容易异化为主观判断,失去其应有的客观性与科学性,考核、考评和评定则容易顺应其词义,同化为一种终结性和权威性的核准断定。这与现代素质测评的发展不相适应。品德测评的提法有助于克服这种异化或同化现象。

在教育与心理的测量评价中,其定义有三个基本要素:测量评价对象、数字符号以及分配数字符号的法则。反之,只要具备了这三个要素,就是一种教育与心理的测量评价活动。如果从这一点上来看,操行评语、品德评价、品德考评、品德评估以及实践中所有的其他品德的评定活动,都属于品德测评。它们测评的对象都是品德的行为表现,测评的结果都是统一数字、符号或语言,同时也具有统一规定的测评要求与方法。因此,从一般意义上来说它们都属于品德测评。但问题是,目前实践中人们并没有建立起科学的与可操作的测评法则,各测评主体实际操作的法则、所选择的具体测评对象并不统一。因此,实践中所见到的任何一种品德评定并非都是严格意义上的品德测评。

总之,品德测评是指测评者采用科学的测评手段(工具),有目的地、系统地收集被测评者在某一时期内主要活动领域中的品德特征信息,针对某一测评目标体系作出数量或价值判断,或者直接概括与引发品德行为独特性的过程。品德测评对品德中的共性特征可以采取数量或者价值的判断形式,对品德中的独特性则可以采取评语描述或概括的形式。品德测评虽然包括品德测量与品德评价,但却不是它们机械地相加。

第二节 品德测评的理论依据与量化

在本节中,我们将从理论上来论证品德的可测性,并对品德测评过程中的量化问题进行讨论。

一、品德测评的理论依据

纵观各种测评现象不难发现,测评应满足的三个充分条件是:

（1）测评对象客观存在，并可以被人认识与把握。

（2）测评对象的质与量具有大小及强弱的程度差异、数量差异或存在与否差异。

（3）测评对象这种质与量的差异可以通过比较进行确定与报告。

根据前面品德及其特征的研究可知，品德既是稳定的，又是客观存在的。按照唯物辩证法的观点，客观存在的东西必然具有数量与质量形式，其数量与质量形式可以相互转化，质量可以通过其数量形式的表现来把握。

首先，就品德的变量形式来说，主要有三种基本形态，即定性、定量与模糊三种变量。对于这三种变量，采用类别、顺序、等距、比例、模糊等量表足以对它们进行比较与确定，并据此反映品德特征在数量与质量上存在的各种差异。由此可见，品德这一特定对象能够被测评。

其次，从品德测评对象本身来看，它具备了测评的三个充分条件。品德是外显行为与内在德性的统一体。虽然我们不可能直接观察个体品德的内在德性，但可以观察到个体品德外在的行为表现，通过其外在表现可以评定其内在的德性，通过行为表现可以概括品德的特征。品德既是稳定的客观存在物，又具有个别的差异性。对于个体间的这些差异，我们不但可以感觉与认识，而且可以通过各种量表或测评工具进行比较与区别。

最后，从品德测评本身的解释来看，品德测评的实质是一种对品德质量与数量特征的判断，是对品德行为特征进行客观的、有意识的观察与判断，其作用在于真实而客观地描述品德的类型、特征、面貌，并对品德内外差异进行尽可能精确的度量与比较。由此可见，品德测评与人们通常理解的严格意义上的数学化是有所不同的，与那种只限于对品德特征中绝对数量测量的狭义解释也是不同的。因此，从品德测评定义本身来看，品德测评是可能的。

虽然通过个别、孤立和零散的行为表现难以把握某种内在的德性，但通过众多行为进行整体和综合的分析，是可以把握的；有些品德因素（如动机情感）虽然不能有常量数字进行客观评分，却可以采用模糊表进行主观区分；有些独特的品德特征虽然无法在群体中进行比较，但可以通过类别量表描述，通过当量量表比较，通过语言描述来评价。尽管目前品德测评还存在一定的困难，但这不足以否定品德测评的可能性。

二、品德测评的量化

品德测评不一定都是量化形式，但量化却是品德测评过程中不可少的重要手段。量化测评是所有品德测评形式中重要而有效的一种形式。品德测评的科学化与现代化，在很大程度上依赖于品德测评的量化，然而人们目前对品德测评量化还很陌生，其可接受度远不如智能测评的量化。对于品德测评能不能量化、该不该量化的问题，人们还持有不同的观点。对于品德测评如何量化，人们也缺乏经验。因此，有必要对品德测评量化的问题进行探讨。

1. 品德测评量化的可能性与必要性

品德测评量化是品德测评形式的数量化过程，是用数学形式描述品德测评的过程。

辩证唯物主义认为，任何事物都是质和量的统一体。在现实世界中，不存在无质之量或无量之质，质与量总是结合在一起的。品德这一特定事物也不例外。

根据品德的前述定义，品德是指一个人依据社会思想观点、政治准则（包括法制）和道德规范在言行中表现出来的一些经常的、稳定的特征和倾向[1]。我们可以由此再扩延一点，把品德视为关于个体在思想、政治、道德、法制、心理健康等方面知、情、信、意、行特征与倾向的总和。

显然，品德特征有存在与否及明显与否之分，行为倾向有存在与否及强弱之别。就行为特征与倾向的经常性、稳定性来说，也存在程度上的差异。每月做一次好事，一年下来也够上"经常"；每月做四件好事，一年下来同样也够上"经常"。然而，后一个"经常"的程度却是前一个的四倍。正是因为不同员工的品德之间存在这种数量与质量上的差异，才使公司主管可以对他们进行不同的测评。

品德数量与质量的表征形式可以视为品德行为表现的频率及其社会价值。品德行为的数量像其他任何事物一样，往往就是该个体品德所固有的一种规定性，是对某种内在德性的表征，它不一定是那么绝对精确和保持不变，但却具有一定的概率不变性。我们对品德行为的这种数量认识虽然有时难以把握，但这种数量认识却能够使我们对品德特征的认识得到继续与深化。

仍以前面提到的两个"经常"为例，若前一个每月做一次好事之"经常"以数字"1"表示，后一个每月做四次好事之"经常"以数字"4"表示，则不但对这两个"经常"进行了由表及里的揭示，而且还对它们从数量上进行了区分。这就使我们对这两个"经常"的特征认识有了更深入的理解，不会停留在一般评语对"经常"所作的表面性意义描述上。

辩证唯物主义告诉我们，任何事物的质与量都是可以相互转化的。一定的质变可以看成由量变产生的。所谓"积善成德"就是一个例证。辩证唯物主义的这一原理启示我们，客观上必然存在某种转化机制，可以把品德中的质转化为量的形式，可以从量的形式中去揭示品德的质，去揭示整个品德的本质与面貌。品德测评的研究任务就是要去寻求这种转化机制。品德测评的量化就是这种客观转化机制的一种具体表现形式。建立这种品德测评量化转化机制的关键在于寻找或确立介于量与质之间的度。品德特征中的质能否通过量去测评，或者说品德特征中的量能否正确地揭示品德特征的质，都取决于是否寻求到了或确立了品德特征量与质之间转化的节点数值。当这种节点数值确立得越真实越客观时，品德测评量化的效果就越佳。

在当前品德测评量化的实践中，人们对于这种节点数值的确立常常带有一定的习惯

---

[1] 胡守棻.德育原理[M].北京:北京师范大学出版社,1991:20.

性或主观性。具体表现在计量与转换两个环节上。例如,规定能"自觉做到指标要求"为4分,能"较好做到指标要求"为3分,"经提醒尚能做到指标要求"为2分,"经提醒能勉强做到指标要求"为1分;品德测评分数85—100分为优秀,75—84分为良好,60—74分为及格,0—59分为不及格。节点数值在这里表现为心理阈值与分数值两种形式。由于各人的背景条件不一样,每个测评者头脑中实际建构与操作质量、度量体系是不尽相同的,品德测评量化的任务就是要使这种不尽一致的程度减少到最低点。

由此可见,马克思主义哲学的质量统一规律为品德测评量化提供了必要性的理论依据,质量互变规律为品德测评量化提供了可能性的理论依据,质量分析中的度量理论则为品德测评量化提供了突破口。

2. 品德测评量化的实质与功能

从哲学角度看,品德测评量化就是通过测量手段来提示品德的数量特征与质量特征,使人们对品德有更加深入的认识;从数字角度来讲,品德测评量化就是通过品德测量法则,把个体稳定的行为特征和倾向空间与某一向量空间建立同态关系,使定性评定中无法综合处理的行为特征信息可以得到统一的数学处理,使测评者对不同个体品德的心理感觉差异反映于数量差异上,进而综合反映个体品德的差异与水平。

品德测评主要是由三个部分构成,即个体行为空间、同态映射与测评向量空间。

所谓个体行为空间,就是评价客体某一时期品德行为的总和。所谓测评向量空间,就是品德测评结果可能选择的空间。所谓同态映射,是个体行为空间与测评向量空间的对应关系。通过这种关系,个体行为空间中任何两个行为的关系及其分析综合,都能通过测评向量空间的对应向量进行运算或加经表征。在当前品德测评实践中常见的同态映射有随意同态映射与控制同态映射、计算机控制同态映射与人工控制同态映射。

品德测评的实质就是通过建构较为科学的同态映射,把行为空间的复杂分析与综合,转化为测评向量空间中较为简单的分析与综合。品德测评量化的实质,就是通过品德行为测评法则(包括测评标准与方法),把复杂纷乱的行为群投射变换为简单有序的分数列,大大提高了测评的效果与效率。

马克思认为,一种科学只有在成功地运用数学时,才算达到了真正完善的地步。换句话说,马克思认为,如果一种科学不包含基本的数字描述,这种科学肯定是不完善的。

目前,人们对个体品德的认识与评定大多还处于个体的感觉体验阶段,虽然其中的许多测评不乏正确性,但却都局限于只能意会不能言传的第六感觉范围,语言难以表述。所作认识与评定处于自我内部的封闭状态,无法上升扩展到自我以外,使之参与群体的共识测评。这种感觉体验性的测评,由于缺乏简便的物化手段,总是随着测评者个体感觉的消失而消失,随着测评者个体经验多寡而不同。借助于量化手段,品德测评则能够从测评者个体感觉经验的局限中跳出来,由个体的感性测评上升到群体的理性测评,由模糊混沌的体验测评转化为明确清晰的测评。

品德测评的量化,除了方便简洁的物化表达功能外,还有助于促进测评者对品德行为进行细致、深入的分析与比较,有助于从大量的具体行为中抽象概括出本质的特征和作出尽可能准确的差异比较。这是因为在量化测评中,每作一次具体的测评,都要求测评者针对具体标准,对同类品德行为的内在价值作出尽可能客观而准确的评定,而不是像一般的评语,只列举一些具体的行为表现,或者叙述自己的主观随意评定就结束了。

量化形式使品德测评的结果表征为分数,使得纷杂的行为特征描述或等级可以由彼此的离散状态非常方便地得到汇集与综合,成为一个简单的分数或等级,使难以比较的操行评语转化为可以比较的分数,大大简化了对员工品德水平与差异的比较与评定;使选拔录用中的品德标准落到了实处,不再是分数、评语两张皮,一实一虚。

量化形式也改变了品德整体评定的传统单一模式,使其简化为单项的行为特征测评,使主观随意性最大的综合评判过程,物化为统一的分数综合,既提高了测评的准确性,又减少了综合的主观性,从而有效地控制了品德测评中的误差。

通过量化把单项的品德测评转化为分数后,通过计算机进行处理与分析,大大提高了品德测评、信息反馈及其利用的效率与效果。

尽管我们提倡品德测评的量化,认为量化有助于品德测评的科学化,缺乏量化的品德测评很难是科学的品德测评,但这并不等于说品德测评的量化就是品德测评的科学化,不等于说凡是进行了量化的品德测评就成了科学的品德测评,凡没有量化的品德测评则毫无科学之处。品德测评量化也有科学与不科学之分。只有建立在对品德因素质与量正确认识基础上的正确量化才是科学的。

品德测评量化的主要功能,在于我们对品德测评对象及其特征信息,能够客观化、符号化、等值化,便于采用数学方法与计算机技术进行客观的综合、分析与推断,加强与提高品德测评的科学化与现代化。

3. 品德量化的主观性与客观性

品德测评的量化是主客观的有机结合。对于品德中客观存在的数量特征(如行为的次数、频率等)的量化是客观的,对于品德中的许多质量特征(如好与坏的程度、尊敬师长的程度等)的量化则是主观的。然而,在这种主观量化中却存在客观的因素,其客观性体现于量化对象质量差异的客观存在性与数量关系的客观存在性,体现于量化法则的统一性与测评者感知觉的恒常性。这种品德测评主观量化的客观性,当测评对象差异较大时表现得尤为突出。

品德测评量化的主观性,主要体现在量化法则的主观规定与测评者认识的主观性上。由于目前国内对各项品德的测评还没有较为客观的测评标准,没有科学的测试手段与有关的统计指数,在确定各项品德测评的分数时,各单位只能靠主观经验权衡。其主观规定性还明显地体现在品德测评指标体系内容及其各项指标的采分值上。

品德测评中的量化不能像自然科学那样追求绝对的、全部的客观量化。品行的载体是诸多具体行为,它们都是个别、离散地分布于个体活动的特定时空中,品德测评的具体对象不是品德行为本身,而是蕴藏于其中的德性特征。品德测评不是对单个行为的测评,而是要求把相关的品德行为"聚集"在一起,并由此"分离"出其中的德性。要完成这种"聚集"与"分离"工作,目前只有依靠测评者的主观能动性。

品德测评的量化并非一种纯定量的量化,它实际上是一种在定性基础上的量化。品德测评者对每项指标分数的测评,都要经过反复多次的综合与分析。要对诸多行为的内在德性进行抽象和概括,凭着自己的经验感觉并与有关标准反复比较衡量后才能给定。在这种测评过程中想完全排除人的主观性是不可能的。

虽然追求绝对的客观量化是不可能的,但是控制量化过程中的主观性却是可能的。要把品德测评量化中的主观性控制在最低点,关键在于对品德测评指标内容及其采分规定的客观化,在于对测评者认识主观性的控制。要达到这一控制目的的有效方法是,尽可能采用客观化的标志来规定品德测评的具体内容,采分时标准应尽可能地确定在一般测评者的感觉阈限之上。

4. 品德测评量化的内容与形式

品德测评的量化形式,从理论上讲也有一次量化、二次量化、类别量化、顺序量化、等距量化、比例量化、模糊量化与当量量化等不同形式。

(1) 品德测评的一次量化与二次量化。

当"一""二"作序数词解释时,品德测评的一次量化是指对品德测评对象进行直接的定量化,如违规次数等。品德测评的二次量化是指对品德测评的对象进行间接的定量刻画,即先定性描述后定量刻画的量化形式。例如,员工的文明工作行为,先依据品德测评中的标准要求,用"做到""基本做到""没做到"三个词进行定性描述,然后再用3表示"做到",用2表示"基本做到",用1表示"没做到"。这样对员工文明工作的行为测评就实现了量化,这种量化就是品德测评中的二次量化。二次量化的对象一般是那些没有明显的数量关系,但具有质量或者程度差异的品德行为特征。

当"一""二"作基数词解释时,一次量化是指品德测评的量化可以一次完成。品德测评的最后结果可以由原始的测评数据直接综合与转换得到。二次量化则不然,它是指整个的品德测评量化过程要分二次计量才能完成。

(2) 品德测评的类别量化与模糊量化。

类别量化与模糊量化都可以看作二次量化(第一种解释的二次量化)。类别量化就是把品德测评对象划分到事先确定的几个类别中的一个,每个类别均赋以不同的数字。例如,先把员工划分为党员、要求入党的积极分子以及一般员工三个类别,然后给党员以数字3,给积极分子赋以数字2,给一般员工赋以数字1。

品德测评量化的特点是,每个测评对象仅属于一个类别,不能同时属于两个以上的类别。量化是一种符号性的形式量化,"分数"在这里只起符号作用,无大小之分。因为就劳动纪律性或工作态度来说,一般员工中有的比党员表现得更好。

品德测评的模糊量化，则要求把测评对象同时划分到事先确定的每个类别中去，根据该对象的隶属程度分别赋值。例如，我们分别给党员、积极分子、一般员工拟定出各项具体行为标准，公司任何一个员工的所有品德行为，可能有些合乎"党员"中的标准，有些合乎"积极分子"的标准，有些合乎"一般员工"的标准，因此要把他完全归入任何一类中都觉得困难。此时，我们可以根据该员工实际合乎于党员、积极分子、一般员工三者标准的程度分别赋值。若认为有60%把握说该员工合乎"党员"标准，则就给"党员"赋值0.6。品德测评模糊量化的特点是，每个测评对象同时且必须归属到每个类别中，量化值一般是不大于1的正数。这是一种实质性的量化。

（3）品德测评的顺序量化、等距量化与比例量化。

品德测评中的顺序量化，一般是先依据某一品德特征或标准，将所有的品德测评对象两两比较排成序列，然后给每个测评对象一一赋以相应的顺序数值。例如，按早上到公司时间的先后，将全体员工顺次赋以"1"（第一名）、"2"（第二名）……。这即是一种顺序量化，使品德测评对象可以进行名次优劣比较。

品德测评的等距量化，比顺序量化更进一步。它不仅要求品德测评对象的排列有强弱、大小、先后等顺序的关系，还要求任何两个相邻品德测评对象间的差异相等。然后，在此基础上才给每个测评对象一一赋值。例如，对于全体员工，从第一个开始依照间隔一分钟分类，然后给第一个员工赋值"1"，与第一个员工相差一分钟左右的员工赋值"2"，与第一个员工相差两分钟左右的员工赋值"3"，依此类推。等距量化可以使品德测评对象进行差距大小的比较。

品德测评的比例量化，比等距量化又进了一步。它不仅要求品德测评对象的排列有顺序等距关系，而且还存在倍数关系。假设排第二位的是第一位的两倍，则排在第三位的是第一位的三倍，依此类推，然后在此基础上再给每个测评对象赋值。品德测评中的标准分可以说是一种比例量化。品德测评的比例量化，可以使品德测评对象进行差异比例程度的比较。

（4）品德测评的当量量化。

品德测评的当量量化，是先选择某一中介变量，对诸种不同类别或并不同质的品德测评对象进行统一性的转化，对它们进行近似同类同质的量化。例如，对各项品德测评指标的加权，实际上就可以看作一种当量量化。当量量化属于一种主观量化。其作用是使不同类别不同质的品德测评对象可以类似同类同质的品德测评对象量化，能够相互比较和进行数值综合。

以上品德测评的各种量化形式可以归纳如表6-1所示。

表 6-1　品德测评的各种量化形式比较

量化形式	量化性质	量化作用	量化特点	量化实例
一次量化	客观、实质量化	直接揭示品德外显数值,定量判别	能够进行数值大小比较	行为次数统计
二次量化	主客观兼并,形式实质兼有	对无法直接量化的对象量化,质量判别	能够在定性基础上进行定量比较	纪律性
类别量化	偏于主观,形式客观	分类,标记,转化,定性判断	只能区分,无法比较	政治面貌
顺序量化	偏于客观,实质量化	同上,顺序差异判别	能够进行顺序比较	名次
等距量化	同上	同上,差距判别	能够进行差距大小比较	优、良、中、差等级的量化
比例量化	同上	同上,程度判别	能够进行程度差异比较	标准分数转换
模糊量化	偏于主观,实质量化	非分类性隶属度判别	模糊数学运算,综合比较	模糊综合量化
当量量化	偏于主观,形式量化	对不同类别、不同质的对象近似量化,异质比较	能够对不同的测评对象进行数值综合	分项指标加权

在品德测评实践中,需要依据品德测评的具体目的与实际的测评对象对以上各种量化形式进行适当地选择与组合使用。

5. 品德测评量化中行为的表面性与思想动机的隐蔽性

为简便起见,我们认为任何个体的品德均由外层行为表现与内部思想动机构成。品德测评的量化应以什么为其直接对象呢?"判断一个人当然不是看他的声明,而是看他的行为;不是看他自称如何如何,而是看他做些什么和实际是怎样一个人。"[1]要保证品德测评的客观性与公正性,以及提高品德测评的科学性与可靠性,我们必须选择个体的行为表现作为量化的直接依据。在品德结构中,思想动机是内在的,是看不见摸不着的。除了行为主体本身,其他人无法感觉与判断。因此,它们不宜作为品德测评量化的直接依据。然而,当我们确认行为表现为品德测评的量化依据之后,其深层次的思想动机、情感信念以及个性倾向如何测评呢?

品德对于测评者而言,是一个灰色系统,其表层是可以观察到的行为,但其内部却是一个看不见的"黑箱"。然而,"黑箱"理论启示我们,可以从输入与输出形式的比较分析来探测内部"黑箱",也可以从输出形式来探测内部的"黑箱"。个体品德的输入形式涉及

---

[1] 中共中央马克思恩格斯列宁斯大林著作编译局. 马克思恩格斯选集(第1卷)[M]. 北京:人民出版社,2012:644.

家庭、社会与公司许多有形的与无形的教育影响，无法计量，因而我们可以采取其输出形式的探测方式。个体品德的输出形式显然是其行为表现。

按照"黑箱"理论，品德内部的思想动机、情感信念与个性倾向都会通过行为表现的方式输出。虽然单个的行为常不足以测评深层次的品德，但联系大量的系统的行为表现群进行分析，往往可以充分地看出其行为的特征与倾向，推断其内部的思想动机、情感信念与个性倾向。

恩格斯认为，虽然人类的社会行为在表面上是偶然性在起作用，但是这种偶然性始终是受其内部的隐蔽着的规律支配的。问题只是在于我们是否发现了这些规律[①]。"行"在外，"心"内隐，"日久见人心"之所以成立，也就是这个道理。

值得注意的是，"黑箱"理论所揭示的输出是就一般意义上说的，指的是个体品德的全部输出形式。对于有限时间内、有限的范围与空间内，尤其是对于特定的测评者，深层次的品德因素是否会全部以行为表现的形式输出并被测评者观察到呢？这显然是难以肯定的事情。因此，日常观察评定下的量化测评结果只能是对品德测评的近似值。我们必须借助于一些较为科学的品德测评方法进行优化观察，或进行情境投射测评，引发内部品德因素。只要是较为稳定的思想动机、情感信念与个性倾向，只要外部刺激适当，必然会以行为表现输出。

对于个体思想中极少数的"流念"，由于它们是稍纵即逝、大多数是由情境因素或偶发因素引起的，我们一般不把它们包括在品德测评的对象之内。品德测评并非大脑思维的全息透视。

6. 品德测评量化中分数报告的抽象性与特点反映的具体性

有人认为，别人一看评语报告就知道某人的品德，好在哪里差在哪里，应该朝什么方向努力。评语的具体性使它具有这种明确性，量化的分数因过于抽象则缺乏这种明确性，还需要一番以一定的知识为前提的"理解"。两个均为 72 分的员工，其品德状况绝非完全相同，量化的分数无法表明这一事实，评语却能办到。

这暴露了品德测评量化中分数报告的抽象性与特点反映的具体性要求的矛盾。

对于这种矛盾问题要作具体分析。首先，当品德测评的结果是为了考核评比服务时，我们对品德测评信息的了解一般是侧重于宏观与总括性的大致了解，并不需要作具体详细的情况了解。分数报告基本上能够满足这种要求。相反，从评语中却常常难以比出个高低。其次，人们之所以觉得评语明确而分数不明确，也有个习惯问题。对于学习成绩测评，其报告历来都是采取分数形式报告，但大家基本上一看分数就知道其学得如何。人们也没有因为评语比分数更明确而改用评语去报告各学科的学习成绩。最后，品德测评总分相同而品德状况绝非完全相同的两个员工，也并非一定只有用评语才能办到，而采用量化分数形式就办不到。当我们采用分项分数报告与总分报告相结合的形式时，就可以将

[①] 中共中央马克思恩格斯列宁斯大林著作编译局. 马克思恩格斯选集(第 4 卷)[M]. 北京：人民出版社，2012：254.

这两个员工相互区别开来。不过,当品德测评结果主要是用于问题诊断时,测评结果最好以分项测评分数报告并辅以有关说明。当品德测评结果主要是用于个性特点分析时,当然就应以评语报告为宜了。

第三节 品德测评的方法

通过前两节的学习,我们了解了品德以及品德测评的含义,知道了品德是可以测评的,并且对品德测评的量化进行了分析。本节将介绍品德测评的方法,主要讲解 FRC 品德测评法、主观量表测评法、OSL 品德测评法、问卷法、投射技术法以及其他品德测评法。

一、FRC 品德测评法

所谓 FRC 品德测评法,FRC 是事实报告计算机测评法的缩写或简称,是本书作者 1991 年设计并进行过实验研究的一种方法。这种品德测评法的基本思想是,借助计算机分析技术从个体品德结构要素中确定一些基本要素,再从基本要素中选择一些表征行为或事实,然后要求被测者就是否具备这些表征行为与事实予以报告。报告的方式既可以是个别谈话,也可以是集体问卷。每个人所表征的行为事实,经过光电信息处理后,即储存于个人品行信息库中,然后计算机根据专家仿真测评系统对被测评人报告的表征行为进行分析,作出定性或定量的评定。

FRC 品德测评法的操作程序如图 6-1 所示。

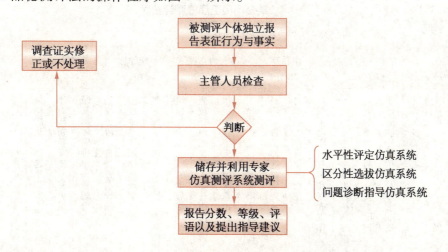

图 6-1 FRC 品德测评法操作流程图

被测人独立报告表征行为与事实,可以采用个体测评方式,直接通过计算机终端输入,也可以采取集体测评方式,在规定的时间与场合中,统一(部门全体人员、全公司甚至全行业)对所问的各种行为事实予以实事求是的报告。报告的方式是,先在问卷上进行选择,然后把所选择的结果标记在答卷卡上。与此同时,要求主管人员检查每个被测人问卷上的选择,检查选择是否符合事实。当检查卡与答卷卡的差异在误差允许范围(事先给定)内时,则进行评定;否则,退出,要求机外进行调查证实与修正。

测评后报告分数、等级与评语,并给出有关专家诊断与人力资源管理与开发的建议。

为了控制被测人报告事实的虚假性,除设置主管人员检查的监控系统外,还另外采取了五条措施:一是通过指导予以说明(为了诊断或帮助咨询等),解除被测评人不必要的顾虑;二是所问的问题没有明显的价值取向与对错标准;三是设置了一系列监察问题量表,被测人回答的虚假程度能由此看出一些;四是所问的问题大多数是一些别人可见到或者可复检验证的事实与行为;五是行为事实的关键性。为了品德测评的准确性,所有的问题都取自一些关键点与区分点上的行为事实。

二、主观量表测评法

现在我国越来越多的企业认识到品德测评的重要性,在品德测评方面做了许多有益的探索。在实际工作中,当前不少企业运用主观量表测评法对员工的品德进行测评。

主观量表测评法是根据设计的品德等级测评量表对公司员工的品德进行测评的一种方法。其具体方法是,先设计出品德等级量表,列出需要测评的品德因素,再根据被测评者的真实情况对照每一个品德因素,对被测评者进行打分,然后根据分数的大小转换成不同的等级。表6-2是某公司对员工进行量表品德考评的一个实例。

表6-2 某公司员工品德测评量表

员工姓名:　　　　部门:　　　　考评时段:

责任心 (20分)			基本行为准则 (10分)			主动性 (15分)			协作性 (15分)			纪律性 (10分)			工作服从性 (10分)			奉献精神 (20分)		
对工作高度负责,可放心地交付工作	勤勤恳恳,可交付工作	较负责,能完成本职工作	工作欠缺责任心	处处维护公司和个人形象,爱护财产,举止文明	自觉维护公司利益,爱护财产,节约成本	不太注意小事,需更严格地要求自己	自觉主动积极分担和完成工作	对本职工作自觉完成	对已安排工作能自觉完成	工作较被动,有时需要上级督促	积极配合他人,团队意识强	能较好地配合他人,有协作精神	可以配合他人,有时较被动	严守规章纪律,具有监督表率作用	能自觉遵守纪律和规章制度,有安全意识	纪律一般,自我要求较松	服从集体安排,积极配合	能服从领导安排,有反馈	被动服从,回避工作安排	不计较个人得失等	在确实需要的情况下可以奉献	在愿意时奉献,对个人得失斤斤计较
20	18	15	10	10	7	5	15	12	10	5	15	12	10	10	7	5	10	7	5	20	18	12

然后,根据得分高低对员工的品德进行等级判定,85—100 分为优秀;70—84 分为良好;60—69 分为及格;少于 60 分为需改进。

三、OSL 品德测评法

OSL 品德测评法是一种以品德素质开发为目的的行为测评法,或者把它通称为开发性品德测评。实际上,它是一种表现为品德测评的素质开发方法,是发挥测评开发作用的一种实体建构模式。这里 O 即英文单词 on(做到)的缩写,S 即英文单词 short(稍差)的缩写,L 即英文单词 long(较差或需努力)的缩写。O,S,L 即品德开发结果(做到、稍差、较差)主观测评的一种简便标记符号。

在 OSL 品德测评法中,为避免分项直接打分带来的不良影响、吸取分数便于综合比较的优点,我们采取了折中的办法。

首先,在具体测评时,划分"做到""稍差""需努力"三种差异情况并代以 O,S,L 的符号,使记录既简便(每个字母都是一笔书写),又避免了差异直接显示的刺激(分数与词语均直接显示了差异,容易给人以刺激)作用。测评期末综合时,累计 O,S 和 L 的个数 m_1,m_2 与 m_3,把它们代入下列公式计算总分:

$$P = \frac{3}{2}m_1 + m_2 + \frac{1}{2}m_3$$
$$= \frac{1}{2}(3m_1 + 2m_2 + m_3)$$

式中,m_1 为 O 的个数,m_2 为 S 的个数,m_3 为 L 的个数,P 为总分,四舍五入取整数。分数仅为比较之用,报告时采用优秀、良好、中等、尚可、需努力等词语,$P > 85$ 为优秀,$85 > P \geq 75$ 为良好,$75 > P \geq 65$ 为中等,$65 > P \geq 55$ 为尚可,$P < 55$ 为需努力。对于被测人的个性特征、突出事例,还要辅以文字描述。

其次,在 OSL 品德测评法中,我们特别强调突出被测人的自我测评,其操作流程见图 6-2。

目前,人们认为品德测评中只有他评才能保证客观性,自评只是他评的手段,是为他评服务的。因而,思想上、口头上虽然承认自我测评重要,但是实际上对于如何做好自我测评、如何指导自我测评与如何充分发挥品德测评过程中被测人自我测评的主体性与自觉性却不够重视,也很少有人进行研究。事实上,自我测评在整个品德测评中尤其是开发性品德测评中起着十分重要而关键的作用。

最后,OSL 品德测评法特别注意发挥与利用品德测评的蝴蝶效应作用。

蝴蝶效应的原理认为,一个极微小的起因,经过一定的时间及其他因素的参与作用,可以发展成极为巨大和复杂的影响力。为了在品德测评过程中突出地发挥培训与开发的作用,依据蝴蝶效应原理,我们把 OSL 品德测评法建构成以品德测评为主线、串联其他教育方法的系统模式,具体程序如图 6-2 所示。

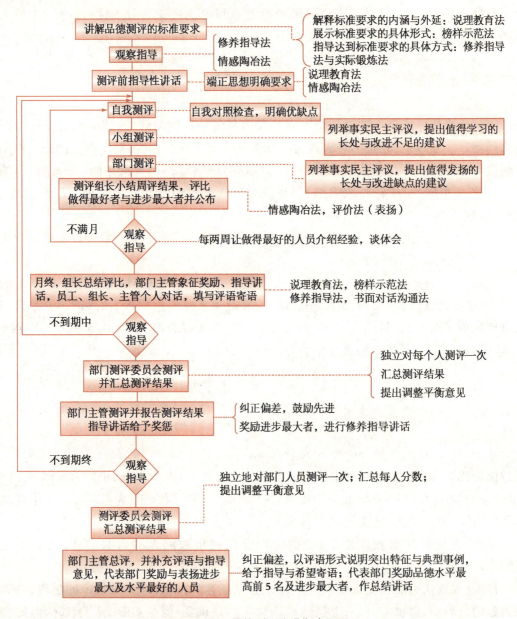

图 6-2　OSL 品德测评法操作流程图

四、问卷测验法

采用问卷测验形式测评品德,是一种实用、方便、高效的方法。这种形式的代表有卡特尔 16 种人格因素问卷(16PF)、艾森克个性问卷、明尼苏达多相个性问卷等。下面着重介绍卡特尔 16 种人格因素问卷。

卡特尔认为,任何人的个性特征都可以归纳为以下 16 个因素(表 6-3)。

表6-3 卡特尔16种人格因素命名及特征表现

因素名	低分特征	高分特征
A：乐群性	缄默、孤独、冷淡 （分裂情感）	外向、热情、乐群 （环性情感或高情感）
B：聪慧性	思想迟钝、学识浅薄、抽象思考能力弱 （低3）	聪明、富有才识、善于抽象思考 （高8）
C：稳定性	情绪激动、易烦恼 （低自我力量）	情绪稳定而成熟、能面对现实 （高自我力量）
E：恃强性	谦逊、顺从、通融、恭顺 （顺从性）	好强、固执、独立积极 （支配性）
F：兴奋性	严肃、审慎、冷静、寡言 （平静）	轻松兴奋、随遇而安 （澎湃激荡）
G：有恒性	苟且敷衍、缺乏奉公守法精神 （低超载）	有恒负责、做事尽职 （高超载）
H：敢为性	畏怯退缩、缺乏自信心 （威胁反应性）	冒险敢为、少有顾虑 （副交感免疫性）
I：敏感性	理智的、着重现实、自恃其力 （极度现实感）	敏感、感情用事 （娇养性情绪过敏）
L：怀疑性	依赖随和、易与人相处 （放松）	怀疑、刚愎、固执己见 （投射紧张）
M：幻想性	现实、合乎成规、力求妥善处理 （实际性）	幻想的、狂放任性 （我向或自由性）
N：世故性	坦白、直率、天真 （朴实性）	精明能干、世故 （机灵性）
O：忧虑性	安详、沉着、通常有信心 （信念把握）	忧虑抑郁、烦恼自忧 （易于内疚）
Q_1：实验性	保守的、尊重传统观念与标准 （保守性）	行为自由的、批评激进、不拘泥于现实 （激进性）
Q_2：独立性	依赖、随群附和 （团体依附）	自立自强、当机立断 （自给自足）
Q_3：自律性	矛盾冲突、不顾大体 （低整合性）	知己知彼、自律严谨 （高自我概念）
Q_4：紧张性	心平气和、闲散宁静 （低能量紧张）	紧张困扰、激动挣扎 （能量紧张）

注：括号内为术语名称。

从这16种人格因素的具体内容来看，就是我们所说的品德特征。因此，卡特尔16种人格因素问卷实际上就是16种品德素质的问卷测验。为了具体了解问卷测评的方法，下面具体介绍其设计技术与相关情况。

（1）品德因素分析。这个测验的编制设计思想是，卡特尔对阿尔波特和奥伯特从字典中选择的17 953个描述品德特征的形容词进行分析，将具有相同意义的词进行归类，获得171个特征名称；然后请有经验的人对这171个词进行评价，再用因素分析技术简化，将简化后的特征因素作为测评项目试测,再对测评结果进行因素分析,即获得 12 种品德素质;其后的工作中又发现与补充了 4 种品德素质,共 16 种。

(2) 测评试题设计。针对每种素质编写一些测验题。所有测验题都是尽可能采取"中性"问题,避免含有社会上所公认的"是非"题,而且有的声东击西,表面上看来似乎与某一因素有关,实际上却与另一因素相关。

每个品德素质的测验题选择好后,不是集中排列,而是分散轮换排列,这既可以防止猜测,又可以激发兴趣。对于 a、b、c 三个选项的排列,不但正答随机出现,而且分值增减方向也是随机出现,一会儿 a 是最低分,c 最高分;一会儿又是 a 最高分,c 最低分。

(3) 问卷总体数量与测评时间。卡特尔 16PF 共 187 个问题,每一种品德素质由 10—13 个问题测试。测评过程中不要求完成时间,要求直觉性反应作答,实事求是,无须思考与拖延时间。每个题只可以在 a、b、c 中选一个,不能遗漏任何题。高中以上文化水平的人应在一小时左右完成。

(4) 测评功能。卡特尔 16PF 不仅能够测评出 16 个独立品德因素自身水平的高低,而且通过对其中部分因素的组合,还能推测出其他品德素质的水平。例如,成功者的品德素质:知己知彼、自律严谨(高 Q_3),有恒负责(高 G),情绪稳定(高 C),好强固执(高 E),精明能干、世故(高 N),自立、当机立断(高 Q_2),自由批评、激进(高 Q_1)。

推算公式:$Q_3 \times 2 + G \times 2 + C \times 2 + E + N + Q_2 + Q_1 =$ 成功者品德素质分数。

当得分在 67 分以上时,成功的可能性就非常大。

创造性素质的推算公式为:

$$C = (11 - A) \times 2 + B \times 2 + E + (11 - F) \times 2 + H + 1 \times 2 + M + (11 - N) + Q_1 + Q_2 \times 2$$

当 C > 88 时,其创造性潜能就比较大。

也许有人会问,创造能力属于能力范畴,为什么与品德素质连在一起呢?实际上,创造性不仅仅是能力的问题,智力或能力仅仅是其中的一个重要因素。当一个人的智商随着年龄的增长达到 120 以上时,创造力大小则在很大程度上取决于其创造性素质。创造性素质在很大程度上又由品德素质决定。正因为如此,我们才能够由品德素质测评推测其创造成就的大小。

(5) 测评质量与适宜范围。我国有关专家试用后认为,卡特尔 16PF 有较高的信度、效度。16 个因素中,最高信度系数为 0.92(O 因素),最低信度系数为 0.48(B 因素)。在效度方面,测验结果表明 16 种因素之间的相关系数较低,这不仅说明品德确实是由这些相互独立的品德素质组成,也说明该问卷完全可以如实测验这些品德素质。其次,随机抽取 8 个项目进行测试,发现它们与总分及其他测验的相关度较高。1983 年,中共中央组织部曾组织有关专家,效仿卡特尔 16PF 编制了一个干部品德素质测评问卷。

卡特尔 16PF 既适用于个人,也适用于团体,操作简便。但是,卡特尔 16PF 要求被测者积极配合,反映真实情况,否则,就很难取得满意的效果。

艾林克、吉尔福德和塞斯顿个性测验也属于问卷测验。它们编制的共同特点是,从大量测验试题开始,试测众多有代表性的被测者,通过因素分析法筛选组织测验。把那些相关程度很高的试题放在同一组,认为它们测验的是同一个素质,结果是每一因素内的各测验题具有较大的相关系数,而不同因素内的测验题相关系数很小。

五、投射技术

投射技术有广义和狭义两种定义。广义的投射技术是指那些把真正的测评目的加以隐蔽的一切间接测评技术。狭义的投射技术是指把一些无意义的、模糊的、不确定的图形、句子、故事、动画片、录音、哑剧等呈现在被测评者面前,不给任何提示、说明或要求,然后问被测评者看到、听到或想到什么。

投射技术起源于临床心理学和精神病治疗法,作为诱出被试者内心思想情感的一个手段。但现在每当不宜直接提问或研究的真正目的不宜暴露时,便会采用投射技术。

投射技术具有以下三个特点。

(1)测评目的的隐蔽性。被测者所意识到的是对图形、故事或句子等刺激的反应,实际上他们的反应行为却把内心的一些隐蔽的东西表现了出来。

(2)内容的非结构性与开放性。在投射技术中,试题的含义是模糊不清、似是而非的,而一般测评技术中的试题的含义非常明确。一般说来,试题的结构性越弱,限制性越少,就越能引发被测评者的内情。

(3)反应的自由性。一般的测评技术都在不同程度上对被测者的回答进行一定程度的限制。而在投射技术中,一般对被测评者的回答不作任何限制,完全是自由性的反应。

投射技术的理论依据是,被测评者在模糊不清的刺激面前的反应行为很少受到认识方面因素的影响,加上可以自由反应,不受什么约束,因此,在这种情况下,潜藏于被测者心底的东西,必然会活跃起来,并主导个体的反应行为。这样,表现的反应行为就反射出了被测评者的内情或潜意识。因此,投射技术对于素质测评,尤其是对深层的思想品德测评非常适用。

根据其刺激的内容与形式,投射技术可以分为图形投射、语言投射、动作投射。在图形投射中,有墨迹投射(这是出现最早、用得最多的一种投射技术)、主题统觉投射;在语言投射中,有逆境对话投射、词语联想投射、句子完成投射、创作投射、故事投射、问题投射(例如,天热时你坐在休息室休息,你偶然意识到电风扇的"嗖嗖"转动声,你当时想到的是什么?);在动作投射中,有娱乐投射、玩具投射、游戏投射(如捏面团、泥团)。

按投射的具体方式可分为联想投射、构造投射、完成投射、选择排列投射、表演投射。下面选择七种加以介绍。

(1)联想投射。在这种投射中,要求被测者看过"试题"或接受刺激后,说出他的第一感想,即首先引起的联想。例如,词语联想法是测评者大声宣读某个词,要被测者报告他第一个想到的词,由此获取素质测评的信息。

（2）构造投射。在这种投射中，被测者看过或听过有关试题后，立即要他们编造或创造一些东西，如故事、诗歌、论文、图画等，从中获取素质测评的信息。例如，主题统觉投射就是根据个体对图像的认识与有关经验，想象的内容实际是个人意识与潜意识的反映，因此，被测者在所编故事的情节中会宣泄内心的冲突与欲望。

（3）完成投射。这种投射一般要求被测者补充完成试题中残缺的部分。例如，句子完成投射就有点类似填空题，但题干限制很少。它要求被测者用自己的话将句子补充完整，从所补充的词语中即可获得有关素质测评的信息。下面即为句子完成投射的例子。

我在_____时候感到幸福。

再过五年_____。

（4）选择排列投射。在这种投射中，一般要求被测者对投射进行挑选、归类或排列。例如，给被测评者一些玩具，叫他自由排列、归类，然后从所作的行为中获取品德测评信息。

（5）表演投射。在这种投射技术中，一般让被测者自由地扮演某种戏剧的角色，或者让被测者自由自在地做某种游戏。在被测扮演角色与自由游戏的过程中，很容易将其内情表露出来，从中可以获取品德测评信息。

（6）他人动机态度描述投射。在这种投射中，一般要求被测者描述其他人的动机或态度，从中可以了解其动机与态度，因为人们常常会将自己所喜欢但又被社会反对的东西，说成是其他人（如同学、邻居、同事）喜欢的东西。

（7）逆境对话投射。这种投射一般是设计出各种假定的令人欲求得不到满足的场面，然后要求被测者进入其中扮演角色，帮助身处逆境的图中人作出反应，从中获得品德测评的信息。

除了以上投射技术以外，还有利用幽默作为投射物的幽默投射技术。其根据是，不和谐性是产生幽默感的基本因素。人们对于幽默中的不和谐性所作出的反应有助于显示出内心的适应性和非适应性的范围。他们感觉有趣的东西正好表明他们的思想或信仰体系的适应范围。

虽然投射技术在品德测评中很有价值，但这种技术的实施与解释只有训练有素的专业人员才能胜任，而且编制起来也相当不容易。一般情况下，被测者的反应及主测人的解释都具有很大的随意性，信度和效度也难以检验，因此，它只能是一种辅助性的品德测评工具。

六、其他品德测评方法

在品德测评中，除了问卷法与投射法之外，还有以下八种测评方法。

1. 生理学测评

所谓品德的生理学测评，是通过检查被测评者在特定刺激下血压、心率的反应来测评个体的品德。更复杂一些的生理学测评,则是通过血液化学成分变化、脑电波、肌肉紧张度和音调等进行测评,如测谎器。

不同的反应(恐慌与其他原因性紧张)所引起的生理反应可能相同,因此,这种生理学测评不够准确,很难找到能够区分不同情绪或品德特征的生理学反应模式。

2. 萧孝荣修订哈梅诚实实验

哈梅诚实实验共有三种,操作顺序依次为:①曲线迷;②周迷;③方迷。

做曲线迷与方迷时,主试人要求被测者闭上眼睛,同时将铅笔在迷津双线间移动,不可接触任何一边。在做周迷时,被测者必须闭着眼睛,将数字写在各个圆周内。

记分时按年龄段的标准评定诚实分数。例如,假设我们通过试测,得到了4个年龄段的标准分数,如表6-4所示。

表6-4　测试标准分

测　验	年　龄　段			
	16—18岁	19—21岁	22—24岁	25—27岁
曲线迷	5	5	7	6
周迷	3	3	4	2
方迷	1	2	3	1

某被测者20岁,在曲线迷上的得分为6分,那么,先看20岁属于哪个年龄段,查表得知属于19—21年龄段,因为标准分为5,故5-6=-1,此即为该被测者的诚实分数。负号表示该被测者有不诚实的倾向,负数越大,说明越不诚实;正数表示的意义相反。

这种测验方法显然是一种客观化测验方法,但效度不一定高,应参照其他测评结果综合解释诚实程度,才有一定的价值。

3. 认知测验方法

认知学派认为,个体的品德是由品德中的认知因素决定的,因而他们主张从品德现象的认知方面测评品德水平。这方面最具代表性的是雷斯特测验。

雷斯特测验一般由1—6个两难故事组成,每个故事分测验均由三部分组成:故事内容、问题、重要性排列。下面即是一个故事分测验实例。

某人犯罪被判有期徒刑10年,服刑一年后逃出了监狱,以一个假名字唐信在另一个小镇上居住。他辛勤工作了八年,渐渐有了积蓄,自己开起了一个小店。他对顾客公道,给店里的职员很高的工资,并把大部分赚来的钱捐给了社会福利机构。不料,有一天,一个昔日的老邻居张老太认出他就是八年前越狱的罪犯,公安局现在还在通缉他。

张老太应该向公安局报告而将他捉拿归案吗?(请选一个答案)

　　　　　应该报告　　　　　　不能决定　　　　　　不应该报告。

同时,请对表6-5中每个问题的重要性(相对答案的选择)作出评价,每个问题只评定一个等级。全面比较以上12个问题，按照它们在决定中的重要性排出前4个，并按顺序填入表6-6。

表6-5 问题重要性评价表

非常重要	比较重要	一般性	不大重要	毫不重要	问 题
					1. 唐信这么多年来的良好行为不是证明了他不是个坏人吗？
					2. 每次都容许罪犯逍遥法外，不是会鼓励更多的人犯罪吗？
					3. 如果没有监狱和压迫人的法律制度，我们会过得更好吗？
					4. 唐信是否已经真正偿还了以前对社会所欠下的一切？
					5. 社会将使唐信的合理愿望落空吗？
					6. 尤其是对一个行善的人来说，监狱脱离了社会，会有什么好处呢？
					7. 谁能这样残忍无情，把唐信送进监狱呢？
					8. 假如让唐信逃出法网，对于其他必须服满刑期的囚犯来说是否公平？
					9. 张老太是不是唐信的好朋友？
					10. 无论在什么情况下，报告一个逃犯不是每个公民应有的责任吗？
					11. 大众的意愿和公共的利益如何能得到最适当的照顾？
					12. 将唐信送进监狱，对他本人是否有好处，或者是否保护了其他人？

注：以上评价只选一个等级。

表6-6 问题重要性排序表

重要性	第一重要	第二重要	第三重要	第四重要
题号				

雷斯特测验的评分是依据被测者在重要性排列部分的解答，经过加权而进行的。具体分为三个步骤。

（1）剔除废卷。为了保证所得结果的正确性，必须进行回答的一致性检查，即核对"重要性评定"和"重要性排列"两部分的回答是否一致。例如，某一被测若将某一问题在"重要性排列"部分列为第一位，该问题在"重要性评定"栏内必定是等级最高；若某个问题在"重要性排列"部分列为第二位，则其"重要性评定"的等级，除已列为第一位的那个问题外，应该高于所有其他问题所评定的等级。否则，表明被测者不了解回答方式，或是不小心弄错了，或是随便回答的。无论哪种情况，均是废卷。

此外，雷斯特本人建议，凡是在第一、第二两个重要性排列部分的题目，有两则故事（含）以上，或六则故事合计有八个题目（含）以上有倒错的现象时，此问卷作废，不予计分；凡是被测在任何两则故事中，有九个（含）以上的问题评定在同一等级，也视为废卷。

（2）计算分数。

（3）评定等级。

4. 知觉测验

相当多的研究发现，品德与知觉有一定的关系。原则性强的人比一般人更警觉，对疼痛更敏感，更容易厌烦，但这种测验只是一种辅助性的品德测评方法。

威金特的倾斜知觉独立测验是一个最好的代表。这一测验由三个分测验构成。

（1）身体调节测验。这一分测验要求被测者坐在一间倾斜的房间的椅子上，要求他调节椅子使其真正达到垂直的位置。那些能正确达到垂直位置的人独立性比较强。

（2）标尺和框架测验。这一分测验要求被测者坐在暗室中，面前有一倾斜放置的发光的框架和标尺，让被测者调节标尺使之与水平垂直。只有那些独立性强的人才能调节到正确位置。

（3）镶嵌图形测验。这一分测验要求被测者从一系列复杂的图形中找出一个简单的图形，并记录找的时间，只有那些独立性较强的人才能有把握迅速准确地把简单图形找出来。

5. 皮亚杰的对偶故事法

对偶故事法是皮亚杰受到精神分析学派的投射原理而提出的一种间接测评个体品德发展水平的方法，它在一定程度上避免了直接研究中真实性程度下降的弊端。皮亚杰使用编制的对偶故事让个体作出判断，并向个体询问作出这种判断的理由，把个体的道德认知发展水平划分为他律和自律水平，并在总结大量研究成果的基础上，提出他自己的个体道德认知发展理论。

虽然皮亚杰使用对偶故事法取得了许多研究成果，并在一定程度上得到研究证实，但这种方法及其结论仍具有一些缺陷：把个体道德认知发展分为他律和自律两级水平，似有简单之嫌，因为有时很难把个体的某种道德判断归为这两级中的任何一种；皮亚杰的对偶故事法未能分清故事中讲述意图与行为结果的顺序对个体道德认知发展的影响，因为个体先听到结果后听到意图比个体先听到意图后听到结果，更可能认为行为者的意图是理所当然的；对偶故事口头讲述具有一定的弊端，因为使用这种方式，客观上使后果比意图更为显著，而如果使用录像方式播放故事情节，发现年幼个体（6岁）已能注意到意向。

6. 柯尔伯格的两难故事法

柯尔伯格把皮亚杰的对偶故事改成了包含道德两难冲突情景的一个故事，对两难故事的反应也不是在对偶故事中所采用的二择一选择判断，而是对根据故事内容（如海因兹偷药的故事）提出的一系列问题作出判断并陈述理由，最后由研究者根据标准的评分体系对个体的道德推理进行评分，把评分结果采用阶段归档或计算道德分数的方法确定出个体道德认知发展的三级水平与六个阶段。柯尔伯格使用两难故事法虽然在一定程度上弥补了皮亚杰对偶故事法的不足，但其弊端也是比较明显的，特别是其采用的标准评分体系包括800页之多，过于复杂而被称为心理学文献中最复杂的评分体系，影响到对它的掌握和应用价值。即使后来所采用的标准评分体系也是经过多次重大修改确定的，在修改过程中，柯尔伯格越来越多地根据道德推理的水平和结构来评分，而较少注意个体回答的特殊内容，这就给方法的掌握和理论的正确性带来了问题。

7. 莱斯特的限定问题测验

限定问题测验（Difining Issues Test, DIT 测验）是在克服柯尔伯格两难故事法弊病的基础上发展起来的，由六个道德两难故事组成（其中有三个是柯尔伯格标准的道德两难故事），每个故事配有 12 个问题，分别代表 2—6 阶段的水平。根据 DIT 测验，可以得到某一被试的 D 分、P 分和 M 分。D 分是每一阶段类型进行加权的基础上计算出来的总分；P 分的高低代表被试在作出道德两难决定时赋予原则的道德思维的重要程度；M 分用以检验被试的问卷是否有效。

一般来说，DIT 测验有以下长处：①设计严密，可以比较每个被试的信息，由于改谈话法为纸笔法，因此将由语言表达上的个体差异而引起的阶段记分变异降低到最小；②记分客观，将由记分者的主观偏见引起的误差降到最低，改柯尔伯格的开放式回答为有限的 12 个题目，既使被试者有较大的选择余地，又避免了被试者漫无边际的回答，使记分变得容易和省时；③信度和效度较高，莱斯特及其同事对 DIT 的信度和效度的系统研究表明，他们在制定一种标准化、记分客观的道德判断测量工具上前进了一大步。

8. 林德的道德行为与发展的双面理论及其道德判断测验

20 世纪 70 年代末期，德国著名道德心理学家，康斯坦茨大学教授乔治·林德，基于皮亚杰、柯尔伯格及其弟子莱斯特的道德认知发展理论，经过多年的研究和实践，提出了道德行为与发展的双面理论。他强调：对个体道德的描述必须包含情感和认知两个方面，并主张把道德判断能力更多地看作连接道德意图和道德行为的纽带；可以以一种逻辑上独立的方式使用同一个测评工具，同时对道德情感和认知两方面分别进行描述和测量；个体的道德情感和认知需要采用不同的方法来改变和提高，特别是向个体呈现一些半真实的两难故事，在两难问题上的处理方法能更好地促进其道德能力的提高；道德两方面的发展在时间上是平行的，即某种道德观点的获得总是伴随着道德判断能力的发展，道德观点为道德判断能力的发展提供了目标和理念。

林德根据自己提出的理论，创造性地发明了实验问卷法，不仅编制了第一个可以同时评估道德认知和道德情感的道德判断测验（MJT），更是通过实证研究验证了他的道德双面理论的正确性。目前，我国已经有学者对 MJT 中文版进行了必要的跨文化效度验证，并有学者使用道德判断测验为工具，对我国成年人进行了道德判断能力的测评研究，得出了一些颇有价值的结论。

总之，从品德测评方法变化的角度看，由皮亚杰的对偶故事法、柯尔伯格的两难故事法，到莱斯特的限定问题测验，再到林德的道德判断测验，从道德认知测评到品德行为实践测评，反映了品德测评方法的不断创新与进步。许多研究者使用并改进这些方法对企事业单位的优秀员工和管理人员招聘进行了深入的应用性研究，发现了品德测评的一些规律和特点，提高了组织人力资源管理的效率。

本 章 小 结

本章主要介绍了品德和品德测评的基本情况,包括品德的概念和特征、品德测评的含义、品德测评的量化依据以及量化的方法、品德测评的各种方法。

品德是个体在思想、政治、道德、法制、个性心理等方面所表现出的稳定的行为特征与倾向的总和。它是由个体某一时期内行为表现所决定的特征系统,是一种客观存在的东西。任何人的品德都能被其周围的每个人所觉察到,同时他也能觉察自己周围每个人的品德。随着个体品德的不断成熟与观察者经验的不断丰富,最后每人所觉察到的结果往往是一致的。所以,品德并不是神秘的东西。通过品德概念的界定,我们可以归纳出品德的四个主要特征:①品德是一个耗散结构系统;②品德具有内外统一性;③品德具有稳定性;④品德具有差异性。

品德测评是指一种建立在对品德特征信息"测"与"量"基础上的分析与判断活动。在这种活动过程中,测评者通过"测"与"量"的活动,获得所要搜集的品德特征信息,然后对它们进行综合分析与评判解释。品德测评并非心理测量,也不同于品德评估评价、品德考核、品德考评或品德评定。品德测评是指测评者采用科学的测评手段(工具),有目的地系统地收集被测评者在某一时期内主要活动领域中的品德特征信息,针对某一测评目标体系作出数量或价值判断,或者直接概括与引发品德行为独特性的过程。

品德测评是有理论依据的,本章从品德的量化形式、品德测评对象本身、品德测评本身的解释三个方面分析了品德测评的理论依据。品德测评的量化问题是本章的重点,本章讨论了:品德测评量化的可能性与必要性;品德测评量化的实质与功能;品德量化的主观性与客观性;品德测评量化的内容与形式;品德测评量化中行为的表面性与思想动机的隐蔽性;品德测评量化中分数报告的抽象性与特点反映的具体性。

品德测评的方法有许多,本章主要介绍了品德测评的 FRC 方法、主观量表测评法、OSL 方法、问卷法、投射技术以及其他测评方法。

复习思考题

一、填空题

1. 品德是个人依据一定的_____行动时所表现出的某些稳固的特征。
2. 品德是由个体某一时期内行为表现所决定的_____,是一种客观存在的东西。
3. 品德的四个主要特征为:耗散的结构系统、_____、稳定性和_____。
4. _____是所有品德测评形式中一种重要而有效的形式。
5. 品德数量与质量的表征形式可以视为品德行为表现的_____及_____。
6. 所谓个体行为空间,就是评价客体某一时期_____的总和。
7. 品德测评的实质就是通过建构较为科学的_____,把行为空间的复杂分析与综合,转化为测评_____中较为简单的分析与综合。
8. 品德测评是一种在_____基础上的量化。
9. 品德测评的_____要比顺序量化更进一步。
10. 品德测评的当量量化,是先选择某一_____,对诸种不同类别或并不同质的品德测评对象进行统一性的转化,对它们进行近似同类同质的量化。

二、单项选择

1. 作为品德表现的行为,应当是(   )。
   A. 任意的   B. 刻意的   C. 经常出现的   D. 零星出现的
2. (   )更强调对整个教育过程的促进与调控功能。
   A. 品德测评   B. 品德考核   C. 品德评定   D. 品德鉴定
3. 品德测评中一次量化的性质(   )。
   A. 偏于主观,形式客观   B. 偏于客观,实质量化
   C. 客观,实质量化   D. 偏于主观,形式量化
4. 品德测评中等距量化的作用是(   )。
   A. 直接解释品德外显数值,定量判别
   B. 分类,标记,转化,差距判别
   C. 分类,标记,转化,程度判别
   D. 对不同类别、不同质的对象近似量化,异质比较
5. 品德测评中能够作为当量量化的事例是(   )。
   A. 行为次数统计   B. 政治面貌

C. 名次　　　　　　　　　　　D. 分项指标加权
6. 当品德测评结果主要用于问题诊断时,测评结果最好以(　　)表现。
   A. 分数报告形式　　　　　　B. 评语报告
   C. 总分报告　　　　　　　　D. 分项测评分数报告
7. 在卡特尔16种人格因素中,(　　)的信度系数最高。
   A. O因素　　　B. B因素　　　C. Q因素　　　D. F因素
8. 艾林克、吉尔福德和赛斯顿个性测验属于(　　)。
   A. 投射测验　　B. 问卷测验　　C. 主观量表测评　　D. 生理学测评
9. 投射技术的优点是(　　)。
   A. 一般人员就能够实施　　　B. 编制较为简便
   C. 信度和效度容易检验　　　D. 测评的目的具有隐蔽性
10. 莱斯特测验属于(　　)。
    A. 生理学测评　　　　　　　B. 认知测验方法
    C. 投射技术　　　　　　　　D. 问卷测验
11. 品德测评作为一种特定社会现象,其构成部分不包括(　　)。
    A. 个体行为空间　　　　　　B. 同态映射
    C. 测评向量空间　　　　　　D. 测量法则
12. 在品德测评量化的各种形式中,最适用于标准分数转换的是(　　)。
    A. 比例量化　　B. 当量量化　　C. 一次量化　　D. 二次量化
13. 在FRC品德测评法中,为了控制被测人报告事实的虚假性,可采取的措施不包括(　　)。
    A. 通过指导予以说明,解除被测评人不必要的顾虑
    B. 所问的问题具有明显的价值取向与对错标准
    C. 设置了一系列监察问题量表,被测人回答的虚假程度能由此看出一些
    D. 行为事实的关键性

三、多项选择

1. 品德行为是(　　)与(　　)的统一,是(　　)与(　　)的统一。
   A. 外显行为与内在德行　　　B. 自觉行为与习惯行为
   C. 外显行为与自觉行为　　　D. 偶然行为与内在德行
2. 品德测评中的"测"可以是(　　)。
   A. 自测　　　B. 他测　　　C. 观测　　　D. 判断
3. 在教育与心理测量中,对评价的定义有(　　)。
   A. 品德评价　　　　　　　　B. 测量评价对象
   C. 数字符号　　　　　　　　D. 分配数字符号的法则

4. 测评应当满足（　　）。
   A. 测评对象具有同一性
   B. 测评对象客观存在，并可以被人认识与把握
   C. 测评对象的质与量具有大小及强弱上的程度差异、数量差异或存在与否差异
   D. 测评对象质与量的差异可以通过比较来进行确定与报告

5. 目前人们对个体品德的认识与评定还处在（　　）。
   A. 可以扩展到自我之外
   B. 个体的感觉体验阶段
   C. 只能意会不能言传的第六感觉阶段
   D. 自我内部的封闭阶段

6. （　　）的量化性质是相同的。
   A. 顺序量化   B. 一次量化
   C. 等距量化   D. 比例量化

7. （　　）可以看作二次量化。
   A. 等距量化   B. 顺序量化
   C. 类别量化   D. 模糊量化

8. 按照卡特尔16种人格因素个性问卷，一个成功者的品德素质应当是（　　）。
   A. 高 Q_3 B. 低 G
   C. 高 N   D. 低 E

9. 关于投射技术，以下说法正确的是（　　）。
   A. 编制存在难度   B. 操作方便
   C. 反映具有自由性   D. 内容具有非结构性与开放性

10. 莱斯特测验的评分步骤包括（　　）。
    A. 制定标准   B. 剔除废卷
    C. 计算分数   D. 评定等级

11. 品德测评量化的主要功能包括（　　）。
    A. 对品德测评对象及其特征信息，能够客观化、符号化、等值化
    B. 便于采用数学方法与计算机技术进行客观的综合、分析与判断
    C. 加强与提高品德测评的科学化与现代化
    D. 通过追求绝对的客观量化控制量化过程中的主观性

12. 投射技术根据其刺激的内容与形式可以分为（　　）。
    A. 图形投射   B. 表演投射
    C. 语言投射   D. 动作投射

13. 威金特的倾斜知觉独立测验由（　　）分测验构成。
    A. 莱斯特测验   B. 身体调节测验
    C. 标尺和框架测验 D. 镶嵌图形测验

四、简答与论述

1. 什么是品德？品德有哪些特征？
2. 什么是品德测评？它与心理测量、品德评估、品德考核有什么区别？
3. 为什么要进行品德测评？
4. 品德测评量化的实质是什么？
5. 试分析品德测评量化的可能性和必要性。
6. 品德测评量化有哪些形式？
7. 请简述品德测评的 FRC 方法和 OSL 方法。
8. 请介绍自己所熟悉的品德测评方法。

本章复习思考题的答案，可通过扫描如下二维码获得。

案例一　汉能控股集团的人力资源实践

一、集团简介

汉能控股集团成立于 1994 年，总部设在北京，员工逾 8 000 人。在国内多个省份以及北美、欧洲、亚太等地区设有分支机构，业务横跨水电、风电、光伏发电。自成立以来，汉能一直致力于用清洁能源改变世界。目前，水电项目权益总装机容量超过 600 万千瓦，风电总装机 13.1 万千瓦。在太阳能领域，汉能在四川、广东、海南、浙江、山东、江苏等地投资建设薄膜太阳能产业研发制造基地，总产能已达到 300 万千瓦，通过技术并购和自主创新，汉能的薄膜光伏技术已达到国际领先水平，汉能已经成为涵盖技术研发、高端装备制造、光伏组件生产和光伏电站建设等光伏产业上、中、下游全产业链整合的高科技清洁能源企业。

在汉能的发展过程中，员工队伍建设和人力资源开发是企业的立足之本，汉能成功的奥秘之一是"第一靠人，第二靠人，第三还是靠人"。

二、汉能控股集团的员工标准

1. 品德

个人的基本品德对汉能员工来说是刚性要求，汉能企业文化中明确品德问题就是零因子，零乘亿万等于零。汉能企业文化要求员工加强自身修炼，遵守社会公德、遵守公司制度，以身作则，在团队中树立良好的品德规范；对违反道德底线的行为决不姑息，创建良好的品德团队氛围。

2. 责任

在汉能首先得对自己的职业、岗位负责，建立责任传导机制，让团队成员树立强烈的责任意识。只有每个成员都具备良好的责任意识，才会提升效率，实现目标。

3. 担当

担当体现了决策、创新、面对、责任、管理等许多内涵，每个维度的管理者都面临决策和创新，属于管理维度且得到授权的敢于决策，没有授权的及时提出决策建议。创新不仅是彻底颠覆，对管理的优化也是创新，管理中发现问题提出建议，经论证更科学合理、更有利于企业发展，就应该担当起来。

4. 胸怀

胸怀有多大，舞台就有多大，这是汉能企业文化中正气、大气、包容、睿智的践行和落实。不管管理维度大与小，管理对象多与少，管理范围宽与窄，胸怀是凝聚团队力量，实现团队目标的重要因素。

5. 专业

面对日新月异的信息时代、创新时代，面对新技术与新能源高度结合的汉能，汉能人不仅需要具备必要的专业知识，还应努力提高学习能力，践行汉能企业文化中"永远学习"的价值理念。否则，将被时代淘汰，被社会淘汰，被汉能淘汰，被员工淘汰。

三、汉能控股集团的人力资源开发

1. 选人

要招聘到合格的人才，首先要拓宽招聘渠道，汉能目前招聘中低端人才的主要渠道是网络，高端人才则主要靠内部推荐和猎头。为了提高招聘效率，人力资源中心想方设法扩宽招聘渠道，建立公司的人才库。首先，鼓励内部竞聘上岗，即如果公司内部岗位有空缺，先在公司内部发布招聘需求，鼓励内部人员竞聘上岗；其次，加强内部推荐渠道，汉能已经形成一套完整的内部推荐管理制度并开始执行，凡是内部推荐成功的岗位，在符合条件的前提下，公司给予一定的推荐奖励。另外，汉能逐步提高自己的招聘面试能力,通过建立人才素质模型、开发测评工具等方式,提高招聘质量。同时,加强与业务部门和项目公司的互动,深入了解业务需求,提高人才到岗率。

2. 用人

要用好一个人,就要求管理者知人善任,最大效能地发挥人才的价值,其核心是做好下属的绩效管理工作。汉能实行战略绩效管理,其目的是将公司的战略目标层层分解到每一个部门和岗位,让每一个员工不仅明确自己的岗位职责,更要清楚自己的工作与部门工作之间的关系,增强责任意识和全局意识,共同实现公司的战略目标。做好绩效管理工作需要做好三件事:设定工作目标、过程绩效管理及结果应用。在设定工作目标阶段,需要上下级之间深入沟通,最大限度地达成共识。工作目标要符合SMART原则,即要具体、可衡量,并有挑战性。在过程管理阶段,需要管理者在日常工作中对下属进行工作指导、反馈和激励,充分挖掘员工的潜力,调动员工的积极性,帮助员工完成绩效目标。在结果应用阶段,就是公平、公正地对员工进行考核,并将考核成绩与员工的个人收入有效地挂钩,形成一个闭环系统,有效地保证绩效管理工作的实施。

3. 育人

人才培养的方法很多,在汉能最有效的方法是在岗位上进行工作实践,各级管理者对下属的培养负有非常重要的责任。在汉能文化中有一条"永远学习"的价值理念,目的是在汉能创造一种学习氛围,逐步建立有汉能特色的学习型组织。为了达到这一目标,公司定期组织员工学习适合汉能人的管理书籍,每次学习先由一人负责讲一章内容,然后组织大家进行讨论,各抒己见,脑力激荡,达到互相启发、互相学习的目的,这是一种团队学习的有效方法。除读书会的学习外,公司还按照不同层级干部、员工的岗位要求,定期安排领导力、基础管理及通用技能的培训课程,培训采取学分制的方式,规定每人每年的最低学分,各部门的学习情况作为部门团队建设及创建学习型组织的评分依据。

4. 留人

留人最重要的不外乎三种方式,第一是事业留人,第二是激励留人,第三是感情留人。在对汉能员工所做的人力资源调查中,有一个调查问题是"请列出吸引你加入汉能的最重要的因素",题目中给出11个因素供大家选择,选择结果是"汉能可以提供良好的个人职业发展平台"是最重要的因素。因此,留人的第一要素就是要给员工提供有挑战性的工作,使他们在汉能有发挥个人才能的空间,实现与汉能一起成长的目标。公司能否提供有竞争力的薪酬也是吸引和保留人才的重要条件,同时,激励还要保证相对公平,有些员工离职就是因为觉得受到不公平的待遇。因此,公平、公正地激励下属也是留才的重要手段。关于感情留人,公司要求管理者放下架子,以身作则,真心为员工着想,帮助他们解决工作中和生活中遇到的问题,用一片真心换来员工的忠心。从某种意义上说,感情留人是比事业留人、激励留人更重要的一种手段和方法,做得好,可以让员工心甘情愿地为公司奉献。

资料来源:蒋琛宇.汉能控股集团的人力资源实践[J].东方企业文化,2013(22):104-105.

讨论题：
1. 你认为本案例中的品德测评内容是否符合岗位与企业的需要？为什么？
2. 你认为品德测评在人员招聘中的价值与作用是什么？如果由你负责本次招聘方案设计与编制，你认为可以做出哪些方面的改进工作？

案例二　品德测评在企业招聘中的应用

一、背景介绍

A集团是以制药业为中心，包括现代中药、化学药、生物制药，涵盖科研、种植、提取、制剂、营销的高科技企业集团。目前，集团资产总额达58.6亿元，利税累计达21亿元，是天津市重点支持的大企业集团之一。

天津A制药股份有限公司在推进中医药现代化的事业中，已经步入产业化、规模化、国际化的稳健发展轨道。随着公司事业的飞速拓展，人才需求量成倍地增长，既要吸纳大量的新员工，又要在公司内部选拔出优秀的中层管理者，人力资源部门自然成为这一切压力的承载环节，找到一种科学快速的人才甄别手段成为摆在他们面前的一个问题。

二、项目需求

通过和专家的深入沟通后，需求的焦点愈加清晰。

1. 营销人员、市场人员等存在大量需求的岗位招聘。这一层次的需求特点是被测个体数量巨大，需要软件结构上适合大规模实施测评。另外，测评考察的品德素质要点一定要可以根据不同的岗位需求进行定制。

2. 中层管理人员综合评价。对中层干部的选拔是一项严谨的工作，所以，在测评考察的品德素质要点上一定要注意：(1)绩效相关性，即所考察的品德素质要点一定要能够最大限度地预测将来管理工作的绩效。(2)考察全面性，管理岗位是一个需要综合素质的岗位，要在保障足够预测效度的基础上尽可能全面地选择考察要点。

三、方法选择

这里包括两个故事，即"工厂风波"和"医生的困境"，每一个故事中都有一个人被卷入一种两难境界：不管他怎么做，都会违背一些行为准则。

工厂风波

某个工厂里的一些工人被解雇了，但是他们都觉得原因不明不白。工人们怀疑经理用摄像机非法监视他们的活动，但是经理坚决否认。只有在证据确凿的情况下，工会才可以采取有效措施对付经理的不法行为。于是,两个工人撬开经理的办公室,偷走了作为证据的录像带。

医生的困境

一个妇女得了癌症,没有任何治愈的希望。她浑身疼痛。她已经非常虚弱,一剂大量的止痛药就可以致她死亡。当她稍微有点力气的时候,她恳求医生给她够多的可以致命的止痛药。她说她再也忍受不了病痛的折磨了,无论如何都会死的。于是,医生就满足了她的要求。

从上面的两难故事不难看到,MJT中不像以往的道德测验那样,需要问被试故事中主人公应该如何去做,而是这样的行为已成定局,故事本身已经包含一个完整的两难任务。被试要做的是在一个从"完全错误"到"完全正确"的等级量表体上对故事中主人公的行为是否正确进行决策。例如:

您认为这两个工人做得对吗?

绝对错误　　　　　　　　　　　绝对正确
 −4　 −3　 −2　 −1　 0　 +1　 +2　 +3　 +4

被试对故事中主人公行为的对错判断并不对后面进行的判断能力的计算起作用,它仅仅为设计一种有效的道德判断能力测验提供了有效的信息(这在下面的测验指标计算中可以看到)。测验中最为重要的是下面的部分,即让被试对有关决策背后可能的原因的一些论点进行接受程度的判断。这些论点表示的是道德推理的不同水平,其中,有6个论点支持故事中主人公的行为,另外6个论点则持反对意见。

表6-7列举了"工厂风波"两难故事后面的12个两种不同立场的论点。

表6-7　"工厂风波"道德测验指标

假设某个人认为这两个工人做得"对",您在多大程度上同意他以下的看法?	
	绝对不同意　　　　　　绝对同意
1. 因为他们没有给工厂带来多少损失。	−4　−3　−2　−1　0　+1　+2　+3　+4
2. 因为工厂经理漠视法律,为了维护法律的尊严,这两个工人可以这么做。	−4　−3　−2　−1　0　+1　+2　+3　+4
3. 因为大多数工人支持他们的行为,而且许多人会很高兴他们这么做。	−4　−3　−2　−1　0　+1　+2　+3　+4
4. 因为人与人之间的相互信赖,以及员工的个人尊严,比工厂的法规更重要。	−4　−3　−2　−1　0　+1　+2　+3　+4
5. 因为在工厂经理先违法的情况下,工人的行为是正当的。	−4　−3　−2　−1　0　+1　+2　+3　+4
6. 因为这两个工人找不到揭露工厂经理不法行为的合法途径,因而选择了他们认为不是太坏的做法。	−4　−3　−2　−1　0　+1　+2　+3　+4

假设某个人认为这两个工人做得"不对",您在多大程度上同意他以下的看法?		
	绝对不同意	绝对同意
1. 因为如果每个人都像这两个工人这么做,法律的尊严和社会的秩序将受到威胁。	−4 −3 −2 −1 0	+1 +2 +3 +4
2. 因为财产所有权是人的最基本的权利之一,任何人都不能把法律玩弄于股掌之间并随意践踏,除非有更普遍的道德原则的允许。	−4 −3 −2 −1 0	+1 +2 +3 +4
3. 因为由于他人的缘故,而冒被公司解雇的风险是不明智的。	−4 −3 −2 −1 0	+1 +2 +3 +4
4. 因为这两个工人应该寻找合法的途径,而不应该做这么严重违反法律的事情。	−4 −3 −2 −1 0	+1 +2 +3 +4
5. 因为如果想被看作一个诚实正派的人,他就不能偷窃。	−4 −3 −2 −1 0	+1 +2 +3 +4
6. 因为解雇别人与自己无关,他们没有理由去偷录像带。	−4 −3 −2 −1 0	+1 +2 +3 +4

因此,对于每个两难故事被试必须进行12次判断,而在标准的MTJ中被试必须对24个论点进行接受程度的权重打分。

四、评价指标

MTJ是至今唯一一个可以同时测量道德认知和道德情感分数的道德判断测验,这是MJT的一大特色。

MTJ主要指标为道德判断能力分(认知分),分数的计算类似于多元方差分析。它能够用手工计算,但是对于大量的处理数据,提倡使用计算机。现有的各种统计软件中并没有完全符合的程序,但一般只要对已有程序改动就可以使用。下面以手工计算详细说明C分数的计算。

首先,计算总体方差的平均数。将所有的对24个论点进行打分评价的原始数据相加,后将总分相加并平方后除以项目数(在这里是24)。用公式表示为

$$SS_n = = (X_1 + X_2 + \cdots + X_z + \cdots + X_{24})^2 / 24$$

其次,计算总体离差平方和。用公式表示为

$$SS_{Dev} = = (X_1^2 + X_2^2 + \cdots + X_z^2 + \cdots + X_{24}^2)^2 / 24 - SS_n$$

再次,计算阶段总体平方和,将属于某一个阶段的四个项目的值进行相加(两个故事中,赞成和反对各一个,共四个),然后将总数平方,如第一阶段。

重复上面步骤,完成所有六个阶段的计算,然后将六个阶段相加并将结果除以4(每个阶段中重复测量的数目)。然后减去SS,得到SS_n。

最后,标准化为C分数。

在本次测评中,C 分数被划分为下面几个等级:1—9 分,较低;10—29 分,中等;30—49 分,较高;50 分以上,非常高。

讨论题:
1. 在本案例品德测评的操作中,应该注意哪些问题?
2. 结合案例资料,这种测评方法对于您来说有什么启示?

案例三 两败俱伤问题如何解决[①]

我国南方有家电子企业很重视员工的技能培训,几年下来便拥有一批得力的技工,成为生产骨干,很能解决问题,一时间订单不断,利润大增。老板欣喜若狂,对这批骨干宠爱有加,频频加薪宴请,嘘寒问暖,劳资双方如胶似漆,宛如蜜月情侣。老板颇为得意:一手抓金钱,一手抓酒瓶,还怕你们不卖命?

谁知好景不长,那个技工头目本是老实人,但几年下来满脑子只有钞票美酒,本分的他逐渐变得自私贪婪,眼珠子整天贼溜溜地转。和老板酒酣耳熟之际竟萌生了歪念:我有一批骨干,老板没我不行,何不敲他一杠?开始试着借意暗示,果然得手;继而便公开讨价还价,得寸进尺,私欲一发不可收拾。稍不遂意便带头怠工,再以集体跳槽相威胁,最后竟然在外商验货之际做了手脚,使企业损失惨重。老板怒不可遏,把这批技工全部炒掉,企业元气大伤。遭此一创,老板心中阴影难消,再招技工时竟颇为踌躇。而那批被炒的人今后要改邪归正,做个有技术、有品德的好员工,恐怕也不易了。经此一事,老板心中不爽,同公司人力资源经理研究有关公司技术工招工事宜。经理建议,一方面对所属重要部位技术人员做些细致调查工作,调查了解事件发生的相关情况;另一方面,对新入职或在职重要部位技术人员应该进行品德行为测评,以方便公司日后的人力资源管理。通过近一个月的情况调查,公司找到了事件发生的问题所在:一是没有及时对重要员工进行真实背景了解;二是没有注意员工归属培养;三是没有合理的员工成长空间;四是员工急功近利的心理未能及时发现,没有及时进行引导;五是管理粗犷。

讨论题:
1. 你从案例中得到的启示是什么?如何防止类似问题的发生?
2. 你认为案例中事件发生的主要原因是什么?进行品德测评是否为最有效的方法?如果你是人力资源经理,你认为应该如何防止同类问题的发生?

---

① 案例来源:根据上海某商务咨询事务所资料改编。

进一步阅读的文献

[1] 肖鸣政.品德测评的理论与方法[M].福州:福建教育出版社,1995.

[2] 刘芷含.中国公民道德品质测评指标体系的构建与实证研究[J].哲学动态,2018(07):92-100.

[3] 胡冰.关于公务员招录中品德评价问题的思考[J].特区实践与理论,2017(06):73-76.

[4] 张满,萧鸣政.公务员职业道德建设路径与创新研究——促进性品德评价模型对职业道德建设《意见》实施效果的价值分析[J].中国行政管理,2017(02):42-46.

[5] 曹伟晓.论党政干部品德测评的人力资源开发功能[J].福建行政学院学报,2016(03):69-75.

[6] 尤小波,孟华,吕联传.公务员道德素质的量化考评指标设计[J].中国人力资源开发,2016(12):34-39.

第七章

能力测评

【本章提要】

通过本章学习,应该掌握以下内容:
1. 能力的含义、特点及与相关概念的区别与联系;
2. 能力测评的历史发展;
3. 常用的一般能力(智力)和特殊能力测评方法;
4. 常用的创造力和学习能力测评方法;
5. 常用的能力倾向与领导能力测评方法。

任何人要在工作中取得一定成就，就必须具有相应的能力，能力不是万能的，但没有能力是万万不能的。然而，每个人具有的能力与其他人可能是不同的，体现着自己的水平和特点。正因为人与人之间在能力上存在着水平和类别的差异，所以，在人员选拔的过程中很有必要对候选人的能力进行测评，以便选贤举能，合理地配置和使用人才。

然而，古话说得好，"千里马常有，而伯乐不常有"，可见识别人的能力并不是简单的事情。为了能客观、定量地对人的能力进行测评，长期以来许多人致力于这方面的研究，取得了丰硕的研究成果，提出了许多关于能力测评方面的理论和测评方法。本章在介绍能力和能力测评有关理论的基础上，着重介绍一些常见的能力测验。

第一节 能力的概念

什么是能力？它与智力、知识、技能与个性有哪些联系与区别？这些问题成为我们这一节介绍的主要内容。

一、能力及其特点

在心理学上，能力是指顺利完成某种活动所应必备且直接影响活动效率的心理条件。它是在遗传的基础上，经过教育培训并在实践活动中汲取集体智慧和经验而发展起来的。以下三点可以帮助更加准确地理解能力的含义：

（1）人的自然素质（个体的生理特点和机能）是能力形成和发展的自然前提和基础，但这不意味着自然素质就等于能力。

（2）能力并不是完全随着人的生理条件自发形成和发展的，后天的环境和教育对能力的形成和发展有着十分重要的作用。

（3）人的能力是自然素质和环境、教育相互作用的结果，而这种作用是通过社会实践来实现的，并在实践中得以巩固和发展。

能力有其自身的特点。能力的最大特点首先在于它在一个人的活动中表现出来，同时又在所从事的活动中得到发展。没有一定的机会和舞台，任何人的能力都表现不出来。而有了一个表现自己能力的机会和舞台后，人们在表现自己能力的同时，能力也会得到发展和完善。其次，能力是指一个人的个性心理特征。换句话说，任何一个人的能力与其他人都是不同的，表现出自己的特点。比如，有的人操作能力很强，而有的人则是学习、记忆能力很好，正因如此，社会才拥有形形色色的人才，才会丰富多彩，全面进步。再次，能力是顺利完成某种活动所必须具备的心理特征，但活动中表现出来的心理特征并不都是能力，如活动中表现出的情绪、态度、意志等均非属能力的范畴。顺利完成某种复杂活动，通常需要几种心理特征的综合运用。最后，能力是保证取得成功的基本条件和必要条件，但不是唯一条件。任何活动能否成功,从个人角度来说,除能力外,还要取决于操作技能、态度情感、人际关系等因素。

二、能力的分类

能力通常分为一般能力与特殊能力。心理学上对能力有很多种划分方法:按能力的地位划分为优势能力和非优势能力;按能力的创造性水平划分为再造能力和创造能力。本章将按照一般能力与特殊能力的划分方式进行阐述。

一般能力通常指在不同种类的活动中表现出来的共同的能力,如观察力、注意力、想象力、思维能力、操作能力等。所有这些能力都是我们日常完成任何任务不可或缺的。

特殊能力是指在某些特殊专业活动中表现出来的能力。这些能力与特殊专业活动的内容联系在一起。例如,音乐家需要有乐感、把握旋律曲调的特殊能力;画家需要有良好的空间知觉能力及色彩辨别能力等。这些都是一些与特殊专业内容相联系的特殊能力。

三、能力与相关概念的比较

1. 能力与智力

在日常生活中,甚至在一些教科书中,经常把能力和智力当成一个意思。事实上,尽管这两个概念的含义非常接近,但是它们仍然是两个不同的概念。应该说,能力是一个更大的范畴,智力包含在能力这个概念中。

如果将能力分为一般能力和特殊能力,智力就属于一般能力的范畴。智力的高低常用智商(IQ)来表示,能力目前还没有一个一般意义上的、定量的衡量指标。

因此,在本书中,我们将智力作为能力的一个特例对待。

2. 能力与个性

人的能力不仅在水平上存在着差异,在表现形式上也有不同的风格。因为能力绝不只是一般的认识或操作特点的集合,而是与每个人所具有的个性相联系,是由个性将能力的各个特征有机地整合在一起,表现出个性的差异,成为其个性的某个侧面。

美国心理学家布鲁纳、古德诺和奥古斯丁等人围绕人们在认知和解决问题的过程中所采用的策略进行了探讨。从实验的结果中发现,在解决问题的过程中,每个人的看法并不完全相同,每个人都有一套自己的认知模式,但结果都能完成作业。在实验中,他们还归纳出四种策略,反映着被试者的不同认知风格,也反映了每个人各不相同的个性差异。

能力是组成个性结构的必要成分,因此,在考察能力时,既要注意能力本身的特点,也要放在个性的结构中,和个性联系起来考察,这样才更有现实意义。

3. 能力与知识、技能

知识是指人类社会历史经验的总结和科学概括,是通过学习获得的结果;技能是指在理论活动或实践活动中运用能力的基本活动方式,是一种通过训练而学习巩固了的动作方式,它是人们在长期实践活动中逐渐形成起来的。知识、技能与能力之间的区别和联系如下:

(1) 能力是掌握知识、技能的必要前提。例如,缺乏感受能力的人,就很难获得感性知识;缺乏抽象、概括、判断推理能力的人,也很难领会和掌握理性知识。

(2) 能力的高低直接影响着掌握知识技能的难易、速度和程度,也决定着对知识技能的运用及解决实际问题的程度。

(3) 知识和技能反过来也是形成能力的基础,任何能力的发展均是以知识手段螺旋式推进的。掌握更多的知识和技能也会促进能力的提高。

能力与知识、技能的关系虽然是如此地密切,但三者发展的路径可能并不完全一致。具有同等知识、技能水平的两个人,不一定具有同等水平的能力。由此可见,文凭只能反映一个人具备了一定的一般知识和技能或某种专业知识和技能,并不能反映其具备从事特定专业的特殊能力。因此,在人才测评中不能在文凭和能力之间画上等号。

4. 能力与资历

在日常的工作中,人们常常将能力与资历等同起来,"姜还是老的辣"就是这一看法的精辟表述。事实上,能力与资历的确有着密切的联系,但两者不可简单等同。

所谓资历,指的是个体接受某种专业知识以及从事某项工作(社会实践)的时间经历。教育和实践是形成能力的条件,因而,资历的深浅和能力的大小是相互关联的,一般来说,接受教育和实践活动的时间越长,人的能力就越强。所以,在人才选拔过程中,一般是要考虑候选人的资历的。然而,在选拔中僵化地搞论资排辈也是不可取的。因为一个人的能力不只受到资历的影响,还受到遗传素质和历史条件的影响,具有相同资历的两个人,他们的能力可能大不相同。

5. 能力与能力倾向

我们所说的能力,尤其是一般能力,更多地是指一种现有水平。能力倾向是一种介于智力(一般能力)与知识之间的心理特征,是一种未来的发展潜能。一个人的能力倾向将影响一个人未来在这方面的发展。例如,行政职业能力倾向的高低将影响一个人未来从事行政工作的成败。由于它是一个更加广泛意义上的心理特征,因而也就比知识更多地影响一个人的活动和成就水平。

能力倾向对于职业选择和人员招聘选拔有着非常重要的意义。国内外对于能力倾向都有一些比较好的测量方法。在国内,著名的能力倾向测验由我国人事部编制并运用于公务员录用考试中的"行政职业能力测验"。在国外,比较著名的能力倾向测验有美国大学生入学考试用的 SAT、研究生入学考试用的 GRE、美国就业服务中心编制的"一般能力倾向测验"(GATB)等。

第二节 一般能力测评

一般能力测验就是通常所说的智力测验,按照测验方式的不同,我们常将其分为个别智力测验和团体智力测验。本章第一节已经介绍过智力和智商的含义及表示方法,在此基础上,本节将分别介绍几种常见的个体和团体智力测验。

一、个别智力测验

个别智力测验是指一个主试在同一时间内只能对一个被试进行施测的测验。这类测验比较著名的是韦克斯勒智力量表,它是目前影响最大、应用最广泛的智力测验之一。我国的龚耀先等人对此进行了修订。

1. 韦克斯勒智力量表

韦克斯勒智力量表是世界上最有影响力的、应用最为广泛的智力测验。自 1939 年韦克斯勒发表第一个成人智力量表后,又陆续推出了儿童和幼儿智力量表,并进行了多次修订。韦氏的几个量表在结构上非常相似,下面以韦氏成人智力量表为例,来简单介绍该类量表。

韦克斯勒认为:"智力是个人有目的地行动、理智地思考以及有效地应付环境的整体或综合的能力。"基于这一定义,他在韦氏成人智力量表中设计了 11 个分测验,其中,第 1,3,5,7,9,11 个分测验组成言语量表,第 2,4,6,8,10 个分测验则组成操作量表。每个分测验的内容如表 7-1 所示。

表 7-1 韦氏成人智力量表的内容

	分测验名称	所欲测的内容
言语量表	常识	知识的广度、一般学习能力及对日常事物的认识能力
	背数	注意力和短时记忆能力
	词汇	言语理解能力
	算术	数字推理能力、计算和解决问题的能力
	理解	判断能力和理解能力
	类同	逻辑思维和抽象概括能力

续表

分测验名称		所欲测的内容
操作量表	填图	视觉记忆、辨别能力，视觉理解能力
	图片排列	知觉组织能力和对社会情境的理解能力
	积木图	分析综合能力、知觉组织及视动协调能力
	图形拼凑	概括思维能力与知觉组织能力
	数字符号	知觉辨别速度与灵活性

韦氏智力测验是典型的个别施测智力测验，它要求主试严格按照测验手册的说明对被试施测。如果在人员的选拔和招聘中使用类似的测验，无疑会加大工作量。由于该量表在提供结果时，不仅可以给出一个可与他人进行比较的总的智商分数，还可以给出每个分测验的分数及分量表的分数及智力的轮廓图，使我们得以知道被测者智力内部的情况。这在人员的选拔和培训时是非常有用的。

要说明的是，作为测试的主试人员，必须经过严格的培训。

2. 我国龚耀先等人修订的成人智力测验

较早将韦克斯勒智力测验引入我国，加以研究改造，进行本土化，并成功实施的是由湖南医学院龚耀先主持、全国56个单位协作完成、于1982年发表的成人智力测验中国修订本。中国修订本里保留了韦克斯勒智力测验的基本测试项目和评价方法，但是结合中国经济、文化、职业、教育、年龄等实际情况，根据测试结果，在五个方面进行了必要的调整，并且有的地方调整还比较大。

例如，我国城乡之间经济、文化和教育的发展十分不平衡，城乡差别与发达国家相比很大。龚耀先及其协作组在常模取样中设计了城市、农村两个量表，实际取样城市人口2 029人，农村人口992人，男性多于女性；凡长期工作、学习、生活在县属城镇以上的使用城市量表，长期工作、学习、生活在农村的使用农村量表。这种城乡分类测试是符合我国国情的。龚耀先等人还在修订中删去了不适合我国文化背景的题目，修改了算术的部分命题方式，改变了某些项目的测试序列，将16岁以上分为八个年龄组。

由于龚耀先等人修订的成人智力测验保留了韦氏测验的基本测试项目和评价方法，同时进行了必要的调整和变动，所以，该测验在我国的实践中保持了较好的信度和效度。据抽样统计，10个分项测试的分半信度在0.35—0.85，再测信度在0.82—0.89，高考名列前茅者与其他高中毕业生的智商平均数之差为12.38，存在显著差异。

按照设计，龚耀先及其协作组的成人智力测验先进行语言部分，再进行操作部分的测验，要求都依次作答完毕。施测前，工作人员检查各种测试材料和作答工具，主要熟悉测试手册，掌握有关的方法和技术。例如，测试手册中附有各项分测试原始分转换成标准分的表格，标准分同样以10为平均数，以3为标准差，它按不同的年龄组分别计算，不是与被试总体比较。例如，某被试城市人口，60岁，背数测试原始分数11，查得标准分9，与同龄组、总体平均水平相比，说明其成绩高于同年龄组的平均水平，低于被试总体的平均水平。要强调的是，尽管城乡两类测试分项和评价标准相同，仍然存在分项测试顺序、计算标准分与智商的区别，因此，要使用不同的分项排列和常模表。

二、团体智力测验

1. 瑞文标准推理测验

瑞文标准推理测验(Raven's Standard Progress Matrices, SPM)是英国心理学家瑞文(R. J. Raven)于1938年设计的一种非文字智力测验。1947年和1956年，瑞文又对该测验作了小规模的修订。另外，为了扩大该测验的使用范围，瑞文又于1947年编制了适用于更小年龄儿童和智力落后者的彩色推理测验(Raven's Color Progressive Matrices, CPM)和适用于高智力水平者的瑞文高级推理测验(Raven's Advance Progressive Matrices, APM)。这些测验自问世以来，许多国家对它作了修订，直至现在仍被广泛使用。

北京师范大学心理系张厚粲教授在瑞文标准推理测验的编制者的支持下，于1985年组织了全国协作组对该测验进行了修订，并建立了中国城市版的常模。

瑞文标准推理测验的编制在理论上依据斯皮尔曼的智力二因素论。人们认为瑞文测验是测量G因素的有效工具，尤其与被测者的问题解决、清晰知觉和思维、发现和利用自己所需信息，以及有效地适应社会生活的能力有关。

该测验共有60个题目，依次分为A、B、C、D、E五组，每组12题。从A组到E组，难度逐步增加，每组内部题目也是由易到难排列。每组题目所用解题思路基本一致，但各组之间则有差异。直观上看，A组题目主要测辨别力、图形比较、图形想象等；B组主要测类同、比较、图形组合等；C组主要测比较、推理、图形组合；D组主要测系列关系、图形套合；E组主要测套合、互换等抽象推理能力。

测验的构成是每个题目都有一定的主题图，但是每张大的主题图中都缺少一部分，主体图下有6—8张小图片，其中有一张小图片可以填补在主体图的缺失部分，从而使整个图案合理与完整。被测试者的任务就是从每题下面所给的小图片中找出适合填补大图案的一张，并把该小图片的序号填入答案纸内相应题号的下面。记分时对照标准答案标为被试者记分(满分各为12分)，然后再将五组测验的分数相加即可得测验总分(满分为60)。由于该测验已建立了中国城市常模，因此，对于所得到的分数还是原始分，必须根据测验手册将原始分转化为标准分，并对照常模对被试者的智力水平作出合理科学的评价。

瑞文测验主要有以下三个优点。

(1) 可适用的年龄范围特别宽。6岁以上的人都可以施测。

(2) 可适用各种文化背景的人和各种类型的人，利于作比较研究。由于该测验由一系列图形组成，是一种典型的非文字智力测验，因此，测验对象不受文化、种族与语言的限制，并可用于一些有声、哑等生理缺陷者，从而使得该测验可以进行各类比较性研究，尤其有利于进行跨文化研究,以及正常人、听障人士、智力迟滞者之间的比较研究。

(3) 使用方便,结果可靠。该测验既可个别施测,也可团体施测,施测时间短,结果解释直观简单;同时,该测验具有较高的信度和效度。

因此,瑞文标准推理测验经常被用于智能诊断和人才的选拔与培养。据了解,到目前为止,该测验是我国企业在人员选拔和招聘时所用能力(智力)测验中使用得最多的一种①。

2. 美国陆军甲种测试

第一次世界大战前,美国陆军的战斗力并不理想,面对德国的战争和威胁,美国不仅需要百万兵员,而且需要选拔身心健康的优秀军官,从而大大提高陆军的心理素质和战斗力,解决这一难题的任务就落到了当时美国心理学会主席耶克斯、桑代、推孟等一批著名心理学家的身上。推孟的研究生奥蒂斯研究团体测试较早,在奥蒂斯研究成果的基础上,这些心理学家从任务紧急、浩大的现状出发,舍弃了斯比量表个别测试的方法,提出了团体测试分类使用的观点,即用智力测试选择士兵,判断出能迅速有效地训练成军官的人才、能学会其他专长或一般需要的人才,从而研制出陆军甲种测试方法。

陆军甲种测试共有八个分项测验,共 145 个小项和题目。其中包括:指使测验,要求被试者按照规定的指导语划记,测试理解与应用能力;算术测验,并不复杂的算术题,测试基本的计算能力;常识测验,测试普通知识面;异同测验,区别同义词和反义词,测试判断能力;词句重组并辨真伪测验,测试逻辑思维能力;填数测验,在一系列数字后填上适当的数字,测试逻辑思维和计算能力;类比测验,依据所给的一对字词关系,选择与另一个字词相对应的字词,测试选择能力和速度;填空测验,在每个句子的空缺处填上一个最合适的字词,测试语言文字能力。

由于甲种测试的内容和对象有一定的局限性,心理学家不断地修订,曾修订过九次,而且推出乙种测试(又称非语言测试),把测试内容和对象进一步扩大,较好地完成了紧急浩大的任务。乙种测试由七个分测验组成,包括迷津、立体分析、补充数列、数目符号、数字配对、图画补缺、几何形状分析,主要测试数理能力和分析综合能力。

第二次世界大战后,陆军甲种和乙种测试演变为军人资格测验,主要测试词汇、算术、空间关系、机械能力等,仍属于团体智力测试的性质,为美国军队现在选拔士兵所采用。同时,这种测试经过改进后被广泛地应用于民间,以往个体智力测试的传统观念被陆军智力团体测试的成功所打破,心理学家的思想得到极大的解放,美国社会各界受到震动。所以,团体智力测试得到了长足发展和广泛应用,市场上出现了更多有效的智力团体测试方法和技术,为工商、教育、卫生、行政系统所普遍采用。在智力测试发展和提高的历史长河中,美国陆军甲种测试的地位与作用是不应被遗忘的。

---

① 刘远我,吴志明,章凯,等.现代实用人才测评技术[M].北京:经济科学出版社,1998:114.

第三节 特殊能力测评

特殊能力测评主要指对于某些行业、组织与岗位特定能力的测评,这种测评具有专业特色与要求。

一、文书能力测评

1. 一般文书能力测评

该测验主要包括文书速度和准确性(知觉速度和准确性)、言语流畅性和数字能力。可见,该测验既包括知觉运动任务,也包括一般智力测验的任务。

文书测验中的知觉速度和准确性测验是用来测查被试者对事物的细微特征进行快速准确识别和判断能力的一种测验,这是一种典型的速度测验。下面是两道例题。

例1:从所给出的每两组字符中找出相同字符的个数,这个数目就是答案。如果两组中没有相同的字符,答案为零。

(1) 王大土 MH　　　　N 三口 H 土大
(2) K7298B　　　　　　M720K5
(3) 日口石天示　　　　标日白六石

例2:核对题目中用汉字替换数字或字母时,替换得是否正确。数出替换正确的字符的个数,就是答案。如果替换得都不正确,答案就为零。

A　B　C　E　2　5　8　9
风　田　大　兰　又　平　少　公

(1) AB25　　　风田又平
(2) 98EC　　　少公兰大
(3) B89E　　　田少共兰

2. 明尼苏达办事员能力测试

明尼苏达办事员能力测验是比较著名的文书能力测验。该测验的两个分测验各有200题。第一个分测验是题目校对,每一对数字从3—12位不等,其中有些相同,有些不同,要求被试者比较异同,把不同的找出来;第二部分是人名校对,也是要求把不同的找出来。这种测验并不难,但要求迅速准确。主要测评知觉的广度、速度与正确性。

例3:如果两个数字或者名字完全相同,在它们中间的横线上打上核对过的标记"√":

66273894 ＿＿＿＿＿＿ 66273894
527384578 ＿＿＿＿＿＿ 527384587

New York Wortd _____ New York World
Cargill Grain Co _____ Cargil Grain Co

这种测验是一种速度测验,目的是确定在规定时间内一个人知觉的正确性。

二、操作能力测评

对某些工作,尤其是某些装配线或流水线上简单而又重复的工作,有的人比较适应,有的人则不然。为了更好地选出具有较好的适应能力并具有这方面潜力的人,心理学家编制出了操作能力测验,用于作为选拔工具。

下面介绍的是一些比较著名的操作能力测验。

1. 珀杜插板

该测验主要用来测量手指的灵活性以及手指、手和手臂的大幅度动作技巧,它模仿了装配线上的工作情况。测验内容主要是要求被试者尽快地把栓柱插进一系列的孔中,每只手插30秒钟,两只手交替进行。另外,还要求用双手把栓柱、环和垫圈装配到孔中。

2. 克劳福德灵活性测验

该测验主要测量眼和手的配合准确性,适用于测试电器和电子产品装配工的能力倾向。该测验的第一部分是要求被试者用镊子将栓柱插入孔中,然后将一个环套在栓柱上。第二部分是要求被试者用螺丝刀将螺栓旋进螺母里。尽管该测验的两部分都比较简单,但是由于它与实际工作比较接近,因此,在选拔时具有较好的预测效度。

3. 奥康纳测验

该测验主要用于测量手指的灵活性,适用于选拔缝纫机操作工和其他需要准确操作技能的工作人员。它只要求被试者以尽量快的速度用手和镊子把栓柱插入小孔里。研究表明,尽管这种测验比较简单,但它的预测效度比较好。

还有其他一些操作能力测验,这里就不一一介绍了。这些操作能力测验都大同小异,主要用于选拔流水线上需要一定操作技巧的员工。这类测验有一个共同的特点,即测验的情境与实际工作的情境比较接近,预测效度也比较高。它们在被单独使用时,主要用于人员的选拔;也可被整合到一般能力倾向测验中,作为一般能力倾向测验的一个分测验,已被用于职业指导和咨询。

三、机械能力测评

通常所指的机械能力有空间知觉、机械理解、动作敏捷性等,但不同的机械能力有时存在着性别差异。比如,男性在空间能力和机械能力上比较好,而女性在动作敏捷性上得分较高,这与我们一般的感觉和体会也是相符的。

1. 工具使用测验

工具使用测验,就是呈现一些机械方面的工具,要求被试者应用这些工具去进行若干规定的工作,然后根据被试者使用工具的灵活程度来评定其机械能力的高低。这类测验中比较著名的有贝内特手——工具灵巧测验(Bennett Hand-Tool Dexterity Text),克劳福小零件灵巧测验(Crauford Small Parts Dexterity Test)。

(1) 贝内特手——工具灵巧测验。

- 材料。主要材料是一个木架和3种不同尺寸的螺栓(12组,包括垫圈和螺帽)。在木架的左框和右框上,各有和螺栓直径大小相仿的孔位12个,用以装置那些螺栓。此外,还有大小不同的扳手和旋凿数个。
- 实施程序。开始测验时,将12组螺栓装在左框上。使被试者依照规定的顺序,用扳手或旋凿将装妥的螺帽、螺栓和螺垫一一卸下,再装到右框上去,装妥后,将木架调转方向,即可测验另一个被试者。被试者完成前后工作所需的时间,就是测验分数。这种测验的效度为 0.44—0.5,信度为 0.91。

(2) 克劳福小零件灵巧测验。

- 材料。所用的工具为镊子和小旋凿,所用的小零件是螺栓、插销和垫圈。此外,有一块 1/3 米长和 1/3 米宽的金属平板,上面穿有许多小孔。有些小孔是平滑的,用以放插销;有些小孔孔边是车成螺纹的,用以插螺栓。孔径的大小和插销及螺栓直径的大小刚好吻合。将所用的小零件分别放在一个圆盘里,测验开始。
- 实施程序。测验一的实施过程是:使被试者用镊子将插销一一插到平滑的孔里,并将小圈套在凸出的插销上。测验二的实施过程是:要被试者将小螺栓一一插入有螺纹的孔里,再用旋凿将它们往下旋,使螺栓穿透平板落到地下的盘子里。被试者完成这两项工作所需的时间,就是其测验成绩。普通被试者可在 15 分钟内完成测验。

2. 形板置放测验

形板置放测验,就是呈现若干形式相同或形式各异的木块,要求被试者将这些木块放到具有和这些木块形状相同的空洞的板里,然后要根据被试者置放形板的速度或正确程度,评定其机械能力的高低。例如,明尼苏达操作速度测验(Minnesota Rate of Manipulation Test)和空间关系测验(Minnesota Spatial Relations Test)。

(1) 明尼苏达操作速度测验。

- 材料。在 1/3 米宽和 7/6 米长的一块木板上,凿有圆孔 58 个,除首行与末行每行 3 孔外,其他各行均 4 孔,圆孔的直径是 1/20 米。此外,有小圆板 58 块,除木板略厚外,其大小和圆孔相等,都可以放进圆孔里去。
- 实施程序。测验前将小圆板按照圆孔的位置排列在桌上,大木板放在这些小木块和被试者的中间。被试者的工作是用一只手或两只手将圆板一一放进孔里,然后再将它们翻转过来。如此测验四次,第一次作为练习,后三次所需的时间就是受试者的测验分数。

(2)明尼苏达空间关系测验。
- **材料**。所用的材料是4块木板,每块木板上面挖有58个形式不同、大小各异的空洞,另有许多木板,其形式和大小都和空洞一一对应,可以放到木板空洞中去,但比木板稍高。A与B两板上面的空洞除位置不同外,其形式和大小是一样的,所以可合用一组木块。同样的情形,C与D两块模板也合用一组木块。
- **实施程序**。使用A与B板木块时,先将A板放在被试者面前,所有木块都放在空板的前面,其排列的位置和在B板中的位置一样,然后要求被试者将这些木块放到A板空洞里去。放好后,移去A板,再将B板放在被试者面前,要求被试者再将这些木块放到B板里去。主试者按时间及错误计分。时间分数就是放置全部木块所需的秒数,错误分数就是误用木板的次数。使用C与D板时,程序与此相仿。根据实验结果,A与B板的测验成绩之相关系数为0.86—0.91,所以,A与B两板和C与D两板可以替换使用。

3. 机件配合测验

机件配合测验,就是呈现若干种机械原件或其图形,要求被试者将这些实物或图形分别装配成一个完整的机件,然后根据被试者装配的正确程度,评定其机械能力的高低。例如,明尼苏达集合测验(Minnesota Assembly Test)和施坦奎斯机械性能测验(Stenquist Mechanical Aptitude Test)。

(1)明尼苏达集合测验。
- **材料**。所用材料分装在A、B、C三箱,每箱放置机件若干,均可拆为元件。A箱中有机件8种:扩大螺旋帽、水管夹、纸夹、发条衣钉、链环瓶塞、按铃、脚踏车铃、扁锁。B箱中有机件8种:剃刀、螺旋钳、架夹、玻璃管夹、发火塞、内弯脚规、塞子和电线、熨斗柄。C箱中有机件16种:小夹、绞板、钳子、电灯套、翼形螺旋盖、玻璃抽屉球、联绳器、壶盖球、螺旋锁帽、弗德磁石柱、龙头活嘴、皮带夹、无线电开关机、削笔器、气表开关、机械铅笔。
- **实施程序**。测验开始时,主试者先将各种机件拆散,分别放在规定的格子里,测验时,要求被试者将这些拆散了的元件逐件装配起来。每一机件的装配各有规定的时间限制。时限一到如尚未装好,必须停装本件并开始下一件的装配工作。每装完一种机件,即装对全部结构者可得10分;装对一部分者,也按比例分别给予相应的分数。

(2)施坦奎斯机械性能测验(测验一)。
- **材料**。所用材料为均分机械图画,分为第一、第二两部分。第一部分各图以1,2,3等数字加以标示;第二部分各图以A,B,C等字母加以标示。前者或是后者的部分、或是后者的附件,或在应用上与后者有不可分离的关系。此项图画,本测验中共有 95 对,分为 6 组。
- 实施程序。呈现测验材料后,要求被试者寻找第一部分与第二部分所有图画间的关系,按其关系分别加以配合。作答方法是在 1、2、3 等数字后面分别注上 H、D、A 等字母。测验时限为 45 分钟,答对一题给 1 分。此项分数的信度系数为 0.79,与施坦奎斯另一种机械实施配合测验成绩之相关系数为 0.69。

4. 机械理解测验

机械理解测验就是呈现若干物力和机械方面的图画,附以有关机械原理的问题,要求被试者根据他在日常生活中所获得的经验加以解答,然后,根据被试者答对的题数,评定其机械智力的高低。例如,贝内特机械理解测验 AA 式(Bennett Test of Mechanical Comprehension AA)就是适用于男性被试者的机械理解测验;贝内特-佛拉野机械理解测验 W1 式(Bennett-Fry Test of Mechanical Comprehension Form W1)是适用于女性被试者的机械理解测验。现分别介绍如下。

(1) 贝内特机械理解测验 AA。
- 材料。物理及机械理解方面的图画 60 幅,各附有关于机械原理方面的问题一则,印成测验册一本。此种图画中所表示的现象及问题,均是男性被试者在其生活中易接触到的。例如,用一把剪子剪金属片比较容易?
- 实施程序。测验时要求被试者根据图画内容,运用其生活经验解答问题。测验时间不限,受试者所有的答案都记在答案纸上,此项答案纸可用人力或机器计分。答对题的数目减去 1/2 答错题的数目,就是被试者的测验成绩。此项成绩第一半分数与第二半分数的相关系数为 0.84,与 66 名学习机器工具使用的学徒的测验成绩的相关系数为 0.64。

(2) 贝内特-佛拉野机械理解测验 W1。
- 材料。测验内容也为物理及机械方面的图画 60 幅,分别附以有关机械原理的问题一则。此种图画及问题均是女性被试者在生活中经常遇到的。例如,哪一个花瓶比较容易翻倒?
- 实施程序。本测验所有的施行办法、时间限制以及计分方式等,均与前项测验相同,唯被试者限于女性。测验成绩的相关系数经校正后为 0.77。与前一机械性能测验成绩的相关系数为 0.66。

第四节 创造力测评

创造力的重要性在当今这个竞争激烈的时代被提到一个前所未有的高度,在人才选拔尤其是选拔高层管理人才和技术型人才时,创新能力的高低更是一个重要的考虑因素。

其实，心理学家早在 20 世纪 50 年代就对创造力进行了系统的科学的研究，并编制了一系列的测验来测评创造力。下面简要介绍比较著名的三个创造力测验。

一、托兰斯创造性思维测验

该测验是托兰斯在吉尔福特关于创造性思维的三个特征的基础上编制的。它包括托兰斯图形创造性思维测验、托兰斯语文创造性思维测验、托兰斯声音和词的创造性思维测验。该测验测量的是表现于学校教育背景中的创造力，适用于包括从幼儿园到研究生在内的在校学生。

二、威廉斯创造力测验系统

这是著名心理学家威廉斯总结了不同专家从人格角度研究创造力所得结果的基础上编制的创造力测验。该测验系统包括发散性思维测验、发散性情意测验及威廉斯量表三个分测验。它是为适合认知情意互动教学模式而设计的，因而较多地适用于在校的学生，尤其是儿童。

三、南加利福尼亚大学测验

该测验是吉尔福特及其同事在大规模的能力倾向研究计划中发展起来的，主要用于测量发散性思维。主要内涵包括词语流畅性、观念流畅性、联想流畅性、表达流畅性、非常用途、解释比喻、用途测验、故事命题、推断结果、职业象征、组成对象、略图、火柴问题、装饰。这些测验是比较典型的创造力测验。

第五节 学习能力测评

在现在这个瞬息万变的时代，知识的更新速度极快，只有具有良好的学习能力，才能跟上时代的步伐，不被时代所抛弃。正是基于学习能力在这个大时代背景下的重要性，这一节将介绍学习能力测评的相关问题。

学习能力测评可以有多种方式，如心理测验、面试、情境测验、试用等，其中最简单有效的是心理测验，具体的应用形式是笔试。用笔试测评学习能力，可以从三个不同层次上进行。

一、记忆

记忆是人脑对过去经历过的事物的反映。个体经历过的事物，包括感知过、思维过、体验过和操作过的事物,都可以经过识记、保持、再认和重现几个环节。

知识作为个体一种有意识认知活动的成果,人们显然会用记忆去保持、去再现。保持和再现得越多,说明人的学习能力越强;保持得越清楚,再现得越准确,说明人的记忆力越强。因此,对于学习能力记忆测评可以从记忆的广度、准确性与持久性等方面进行衡量。

记忆广度又叫记忆范围,指对某方面知识所能正确复现的数量;记忆的准确性指对某方面知识的再现没有任何歪曲、遗漏和附会;记忆的持久性是指对某方面知识保持时间的长短性。

记忆力的测评有两种基本方法:一是回忆法;二是再认法。

回忆法又叫复现法。它要求被试者把他所具有的知识以某种方式再现出来。例如,复述背诵、口答均是以口头语言再现的形式;笔答、画图等则是以书面语言再现的形式;造型、表演、示范则是以行动或实物再现的形式。

再认法要求被试者把特定的知识与其他知识加以区别。挑选、辨认、分类等均属于再认形式。

一般来说,人的知识量要大于回忆的知识量。回忆法比再认法更难一些。换句话说,能回忆的知识一定能再认,但能再认的知识不一定能回忆。

二、理解

理解是人认识事物的联系和关系,进而揭露其本质规律的一种思维活动。理解能力的表现在不同的场合具有不同的方式:有时是要把某一事物归入某一范畴,归入相应的概念,回答"这是什么";有时是要揭露现象的本质;有时是要分析事物之间的因果关系;有时是要确定事物的意义与作用;有时是要阐明逻辑的依据;有时是要确定物体内部的构造和组织。

从理解层次测评学习能力,应从理解广度、深度、复杂程度等不同角度进行衡量。广度体现在对知识点相关范围的了解,深度体现在知识点理解的系统性,复杂程度体现在对知识点与其他众多知识关系的理解。

从理解层次测评学习能力,有简单理解与复杂理解两种。简单理解是指单个概念的理解,复杂理解是指对两个以上相关概念及其关系的综合理解。这种综合理解仅从单方面的角度很难把握。

运用已学过的知识分析尚未出现过(遇到过)的例子,是衡量是否真正理解的标志。理解有三种不同的水平:直接理解、类同理解与迁移理解。直接理解是指只要熟悉了知识点就能理解;类同理解是指材料内容不同但关系结构相同的理解;迁移理解是指材料内容不同,关系结构也不同的理解,显然,迁移理解既有深度又有广度。

三、应用

应用是运用知识概念分析新情境、解决新问题的活动。从理论上来说,应用具有知觉、思维与操作三个层次,但笔试测验中的应用只涉及两个层次,这就是知觉水平上的应用与思维水平上的应用。

知觉水平上的应用方式主要是辨别与归类。思维水平上的应用则不同于知觉水平上的应用,它要求人们重新组织已有的知识概念,包括分析、评价与综合等思维活动,才能解决所遇到的新问题。

从应用层次上测评学习能力,有三种方式:第一种是要求被试者机械地模仿"套用",把已有知识直接套用到问题上;第二种是要求被试者正确地"运用",在理解的基础上正确应用已有的知识;第三种则是要求被试者创造性发挥"活用",打破现有的知识模式,解决新出现的问题。

第六节　职业能力倾向测评

要研究职业能力倾向测评,首先需要了解什么是能力倾向。

能力倾向是一种潜在的素质,是经过适当训练或被置于适当环境下完成某项任务的可能性。也就是说,能力倾向是指一个人能够获得新知识、新技能的潜力。从概念上可以看出能力倾向与能力的不同:能力是能够从事某种工作或完成某项任务的主观条件,它是当时就已经具备的,已成为现实;能力倾向只是一种成功的可能性,而不是已有的水平,还没有成为现实。在心理学中,能力倾向和能力是不相同但是有着密切联系的两个概念。

能力倾向是相对稳定的,它影响人在某一部分活动中的效率,对其他活动则影响甚少。不同的能力影响人在职业上的成就,而能力倾向影响的是人在职业上的选择。

这其实非常容易理解,不同的职业对各种不同能力倾向的人的要求是不一样的,例如,从事秘书工作需要有较强的字词知识、知觉速度和手指灵活性,而微机操作员只需要在后一项上特点突出即可;从事工程设计的人员需要具有良好的空间想象力和数学计算能力;从事律师职业的人员则要求具有良好的推理、言语、字词知识、知觉速度及准确性等。在职业选择时要充分考虑职业对人的要求,根据自己的能力倾向,选择适合自己的职业。同样,在人员选拔时,也要充分考虑到候选人的能力倾向,因为一个人的能力倾向可能不利于其在某些职业领域中的发展,但完全可能使其在另外一些职业领域中获得其他人难以企及的成功。因此,能力倾向测评对于求职者和选拔人才的部门来说都是十分必要的。

职业能力倾向测验就是了解人在职业领域中具有哪些潜力的有效手段。它可以帮助我们认识和选拔在某职业领域中最可能获得成功的个体,或者不录用在某职业领域中不可能获得成功的个体。标准化了的能力倾向测验需要考虑两个方面的问题或者说具有两种功能:一是判断求职者具有什么样的职业能力倾向,即所谓的诊断功能;二是判断该职业需要什么样的能力倾向,一个人在该职业中成功与适应的可能性有多大,即所谓的预测功能。从心理学的角度考虑,这是为了做到人事相宜。

对职业能力倾向测验的研究工作已经开展了几十年。1934年,美国劳工部就业保险局编制了一套一般能力倾向成套测验(GATB)试题。自问世以来,多次被其他国家引进和修订。在测验性质的考试中,美国大学的学术能力测验(SAT)以及研究生入学考试(GRE)中都含有对能力倾向的测验。英国的文官制度中的考试程序也包含能力倾向测验的内容。在加拿大的公务员选拔考试中,有关一般行政能力倾向方面的测验用于考查完成基本行政任务的潜在能力,如规划、决策、分析问题、解决问题的能力。在我国,人们普遍对职业能力倾向测验的认识是在1997年国家公务员录用招考中。实际上,早在1989年,在作为公务员制度试点的国家统计局第六部门的录用考试中,就尝试使用了行政职业能力倾向测验,此后,许多部门和地方也在各自组织的考试中不同程度地使用了职业能力倾向测验。

一、一般职业能力倾向测验

我国的一般职业能力倾向测验已有不少成果。已有人通过考察被试者的文字运用、言语推理、数字理解、推理能力、机械工作能力、适应环境、想象力、判断能力、领导能力等方面因素,借以确定被试者的能力倾向,用于人员的选拔录用工作,也为被录用员工的培训、提拔和晋升提供依据。测试的内容包括文字、数字、图形、表格等,采用了心理学研究的一些复杂技术如投射技术等,具备一定的信度。目前我国应用较广、具有较高水平的是BEC职业能力测验。

BEC职业能力测验分Ⅰ型和Ⅱ型两种。Ⅰ型是一般职业能力倾向测试,Ⅱ型是特殊职业能力倾向测试。BEC职业能力测验(Ⅰ型)是北京人才评价与考试中心(BEC)于1988年制定的,它参照了美国教育与工业测验服务中心编制的"职业能力安置量表"(CAPS),是结合我国国情开发出来的我国第一个成套职业能力倾向测验。

BEC职业能力测验(Ⅰ型)包括八个分测验,这份试题测验被试人的机械推理、空间关系、言语推理、数学能力、言语运用、字词知识、知觉速度和准确性、手指速度和灵活性八个能力倾向因素。各个分测验都有时间限制,前六个分测验的时限均为5分钟,后两个分测验的时限均为3分钟,共有36分钟时间,实际测试时间约需100分钟。Ⅰ型的题目并不难,只是有一定的数量,但因为时间限制,想答对所有题目是不可能的。前六个分测验总计120题,可以采用机器阅卷评分;第七个分测验有100道题,可采用套板判分;第八个分测验有400组箭头,要求正确连接,只能采用人工判断。

得到八个分测验的分数后,需要进行数据处理。先按照不同职业、不同的权重,按照一定的公式进行组合,得出在各个职业上获得成功的潜力分数,再给出最可能获得成功的职业类别和比较容易获得成功的职业类别。

BEC职业能力测验(Ⅰ型)区分的职业类别有14个:

(1)科学理论研究与组织;

（2）科学实验研究；

（3）工程设计；

（4）熟练技术工作；

（5）服务行业；

（6）野外工作；

（7）企事业管理工作；

（8）商业性经营工作；

（9）文秘工作；

（10）新闻传播；

（11）艺术创造；

（12）工艺美术；

（13）行政管理；

（14）行政或公益事务。

二、特殊职业能力倾向测验

BEC职业能力测验（Ⅱ型）是由北京人才评价与考试中心和北京师范大学心理测量咨询中心联合开发的，参照了美国的特殊能力倾向测验（DAT）版本，主要用于职业定向。它的理论依据如下。

（1）在某一特定的职业领域中，DAT相关测验的成绩与工作成就之间有明显相关性。例如，在数学能力、机械推理和空间关系这三项分测验中，工程师的成绩最好，技术专科学校的毕业生成绩次之，非技术工人的成绩最低。

（2）攻读学位的大学生的平均DAT成绩好于未攻读学位的大学生，未攻读学位的大学生又好于未读大学而就业的人。

（3）在某些课程上表现突出的大学生，他们在相应分测验上的DAT分数也较高。

（4）大学生的言语运用和词汇测验的平均DAT成绩高于未读大学的人。

BEC职业能力测验（Ⅱ型）包括八个分测验，分别是言语推理、运算能力、抽象推理、文书速度与准确性、机械推理、空间关系、词汇测验和言语运用，分测验也有一定的时间限制。

三、专门职业能力倾向测验

从一般能力倾向测验到特殊职业能力倾向测验，成套的测验为就业咨询和就业指导提供了依据。专门的职业能力倾向测验则用来考察被试者某一具体职业的发展潜力，因此它的功能是选拔人员。常用的专门职业能力测验有飞行员素质测验、行政职业能力测验、文书测验、推销人员测验，我们以行政职业能力倾向测验（AAT）为例介绍。

行政职业能力倾向测验主要用于国家行政机关招考担任主任科员以下非领导职务的公务员，它是公务员录用考试的一个重要组成部分，其成绩的优劣在很大程度上影响到能否被录用为公务员。AAT 的编制有着一套严格的程序，以保证试题的质量。经过大量的探索与实践，目前我国的 AAT 已有了长足的进步。有资料显示，其信度和效度都已经达到了国内外优秀测验的水平，保证了在人员甄选、选拔上的有效性。

1. 行政职业能力倾向测验的内容结构

国内外多年的研究和经验表明，在行政职业能力倾向方面要求有知觉速度与准确性、言语理解与运用、数量关系理解与运算以及推理能力等最基础的能力素质。只有当这些基本素质达到一定程度并得到一定的知识和经验支持后，才能形成综合判断、组织与人际协调能力等较高层次的职业能力。考虑到实际操作的可行性，命题者选择了上述能力要素中最基本、最主要和最便于实际测查的方面，作为行政职业能力倾向测验的内容，即知觉速度与准确性、言语理解、数量关系、判断推理、资料分析五大部分，这五大部分只体现了对国家公务员的最低要求，并不代表行政机关职业能力的所有方面。因此，能够通过测验只能说明应试者具备了做好行政工作的必要条件，而非充分条件。

表 7-2 是 AAT 测验的试卷构成、各部分内容分配的题量和时间以及各部分内容测量的目标。

表7-2　行政职业能力倾向测验内容结构

部分	内　容	题量(道)	时限(分钟)	测 试 目 标
一	知觉速度与准确性	60	10(单独计时)	各种中英文文字及数字、图形、符号的知觉加工速度及准确性
二	数量关系	15	10	基本数量关系的快速理解和计算能力
三	言语理解	20	25	中文词句含义理解能力、文章段落的准确理解、掌握运用能力程度
四	判断推理	40	30	图形关系、文章段落和社会生活等常识性问题的推理判断能力
五	资料分析	15	15	较简单的图、表及文字资料的阅读和分析能力
合计		150	90	

2. 知觉速度与准确性测验

知觉速度与准确性测验旨在测查应试者对事物细微特征进行快速、准确地识别和判断能力的一种测验。所谓知觉速度，是指人们从客观事物作用于人脑到人脑作出反应这一过程所经历时间的长短。这种测验采用了汉字、数字、英文字母三种符号，要求应试者综合运用自己的感觉、知觉、短时记忆等心理过程，并运用自己的经验进行识别、比较、判断，是一种典型的速度测验。

这项测验采用词类对照、字符替换、同符查找、数字字位、数字核对等题型,对应试者加以考核。在国家公务员录用考试中,每次只使用其中的两道题型,每种题型 30 道题目,并分成两组,考试时混合排列,即排列为如下顺序:第一种题型前 15 道题、第二种题型前 15 道题、第二种题型后 15 道题、第一种题型后 15 道题。知觉速度与准确性测验不设置很高的难度,每一个题目都比较容易,只要认真仔细就可以答对。这项测验为了区分个体的差异,对应试者有严格的时间限制,单独计时,要求在 10 分钟以内完成 60 道题。测验的判分采用答错题倒扣分的计分方法,即得分等于答对数减去答错数,这就要求考生做得又快又准,从而增加了测验的难度,也在一定程度上消除了猜测的成分,提高了测验的信度。

3. 数量关系测验

数量关系测验是测查应试者对数量关系的理解与计算能力的一种测验。对数量关系的理解与计算能力,体现了一个人抽象思维的发展水平,专家们把它作为预测人们在事业上能否获得成功的标准之一。

现代信息社会中,国家公务员必须对大量的信息及时、迅速、准确地处理,这些信息中的很大一部分是用数字表达或是与数字相关的,因此,公务员必须能够迅速准确地理解和发现数量之间蕴含的规律,并有进行快速数字运算的能力,这是行政职业能力倾向测验设置数量关系测验的目的所在。

数量关系在行政职业能力倾向测验中主要是从数字推理和数学运算两个角度来测查的,含有速度测验和难度测验的双重性质。在速度方面,要求应试者反应灵活,思维敏捷;在难度方面,也借用了知觉速度和准确性测验的方法。题目本身并不难,所涉及的数学原理、知识和材料只限于初中甚至小学水平,如果时间充足,获得正确答案是很容易的,但在一定的时间限制下,要求考生答题既快又准,个体之间的差异就显现出来了。这项测验并不是考察应试者的数字知觉能力,而是测查应试者发现规律、认识规律、利用规律的能力,实际上测查个体的抽象思维能力。

例 4:仔细观察数列的排列规律,从供选择的四个答案中找到最合理的一个填补空缺项。

3,9,27,81,( )

A. 243   B. 342   C. 433   D. 135

例 5:84.78 元、59.50 元、121.61 元、12.43 元以及 66.50 元的总和是( )。

A. 343.73 元   B. 343.83 元   C. 344.74 元   D. 344.82 元

4. 资料分析测验

资料分析测验主要测查应试者对各种资料(主要是统计资料,包括图表和文字资料)进行准确理解、转换与综合分析能力的一种测验形式,它是随着社会高度信息化及管理科学化的发展以及对人的素质要求越来越高而逐步从其他测验中分离出来的。

图表是现代行政管理资料的主要表现方式。测验的基本方式是：首先提供给应试者一些图表或文字资料，要求应试者根据资料提供的信息，回答资料之后所附的一些问题。试题所提供的资料一般包括统计表、统计图和文字分析三种形式，要求应试者不但要读懂图表，准确地把握各项数据的含义和相互之间的关系，而且要通过简单的数学运算把握数据的规律。

资料分析测验目的在于考察应试人员对图表等资料的理解、加工及综合分析能力，有适当比例的难度。应试者应当依据资料提供的信息答题，不要凭个人或资料以外的同类信息作出判断。另外，由于图表具有一定的专业性，应试者应当具备一定的图表基础知识。

例6：根据表7-3回答问题。

表7-3　1994年我国主要经济区生产力布局

地区名称	面积（万平方公里）	人口数量（亿）	地区生产总值占各区总和的比重
长江三角洲地区	33	1.68	20%
环渤海地区	112	2.40	22%
中部地区	87.1	3.08	14%
珠江三角洲地区	29.9	0.98	13%
西南地区	142	2.43	11%
东北地区	124	1.13	15%
西部地区	307	0.82	5%

（1）各地区中，人口密度最大的是（　　）。
A. 西南地区　　　　　　　　B. 中部地区
C. 长江三角洲地区　　　　　D. 珠江三角洲地区
（2）各地区中，人均地区生产总值最高的是（　　）。
A. 长江三角洲地区　　　　　B. 珠江三角洲地区
C. 环渤海地区　　　　　　　D. 东北地区
（3）长江三角洲地区生产总值是西部地区的_____倍。
A. 4　　　　　　B. 5　　　　　　C. 6　　　　　　D. 7

5. 言语理解与表达测验

言语理解和表达测验反映了一个人在现代社会中运用语言文字信息进行交流与沟通的重要能力，是行政机关日常文字工作涉及的最基础的能力成分。这项测验涉及词语运用、句子表达、阅读理解等方面，只限汉语，不涉及古代汉语和其他民族语言，也不考察应试者对口头语言表达的理解和运用能力。

言语理解与表达测验主要侧重考察应试者在言语理解的正确性和言语表达的规范性

等方面的能力。

例7:从所给的四个词语中选择一个合适的填入空格,从而使句子的意思表达更完整。只要方向正确,任何一点积极性都应当得到_____和支持。

A. 尊重　　　　B. 肯定　　　　C. 表彰　　　　D. 重视

例8:从给出的几句话中找出有歧义的一句(　　)。

A. 新来的老张的助手登台唱了一支歌
B. 他父亲最近到云南去考察工作
C. 房管所的门外停着一辆大卡车
D. 汽车在高速公路上一辆接一辆地驰过

6. 判断推理能力

判断推理能力是测查应试者逻辑推理判断能力的一种测验形式。判断推理能力的强弱,反映了一个人对事物的本质及事物间本质联系能力的高低,这项测验在行政职业能力测验中占有重要的地位。

判断推理是根据已知的判断(事实),经过分析与综合,得出新的判断(事实)的过程。根据推理的内容载体方式的不同,可把推理分为语言推理、数字推理、图形推理等;按照推理过程中思维方式的差异,可把推理分为归纳推理、演绎推理、类比推理和等递推理。在行政职业能力倾向测验中,这项测验所考察的主要是类比推理、等递推理和演绎推理等形式,所用的材料主要有图形和语言文字两大类。

试题分为事件排序(考察应试者在未掌握全部必要事实的情况下解决问题的能力)、常识判断(考察对事物产生的因果关系归纳推理的能力)、图形推理(考察抽象推理能力)、演绎推理(考察逻辑推理能力)、定义判断(考查运用标准进行判断的能力)五大类,现在考试中采用前四类,下面的例题是事件排序的题型。

例9:对以下事件排序正确的是(　　)。
(1)庙宇被遗弃;(2)画上壁画;(3)建造庙宇;(4)挖掘庙宇;(5)壁画被移到博物馆。

A. 3—1—2—5—4　　　　　　B. 3—2—1—4—5
C. 3—4—1—2—5　　　　　　D. 5—4—2—3—1

第七节　领导能力测评

首先,从领导者个人发展的角度而言,可以通过测评了解自身潜在素质,寻求个人职业发展道路,有利于个体对自身职业发展道路和未来事业发展规划有一个清晰的把握和认识,在某种程度上也可使领导者个人在事业发展上少走"弯路";从组织发展而言,"如何保持基业长青"永远是一个被持久关注的命题。那么,到底是什么成就了那些伟大的基业?著名的管理学大师彼得·德鲁克曾经说过,领导者是组织中最昂贵的资源,而且也是折旧最快、最需要经常补充的一种资源。组织的目标能否达到,取决于领导者管理的好坏,也取决于如何管理领导者。正如大师所言,领导者的能力水平和个性特质决定了组织当前状况和未来发展前景,领导能力测评已经成为企业发掘、评价和发展领导人才的常用方式。

其次,领导能力测评是选拔任用领导的科学依据。在我国,领导者的选拔任用常常坚持"四化"方针,在体现德才兼备原则的前提下,领导者必须具备强烈的领导愿望,具备良好的个人素质和知识结构,更必须具备在认识问题、分析问题和综合处理问题中的领导能力。然而,如何评价领导能力的有无和高低,传统的组织人事制度存在着重定性轻定量、重经验和印象轻客观测量、重历史表现轻发展潜力、重个体评价轻群体分析的倾向。这往往导致选拔任用领导干部的标准不够科学、选拔任用的人员不够准确等问题。领导能力的定量化研究即领导能力测评便应运而生。

最后,领导能力测评是推进干部能上能下、能进能出的重要途径。实行干部能上能下、能进能出,是适应社会主义市场经济的本质要求。但是,现在往往是干部只能上不能下、只能进不能出。析其因由,一方面,官本位思想严重制约着干部的合理流动和正常的上下;另一方面,体制和政策上的弊端也不容忽视。例如,现行的干部考核标准和方法不够科学和民主,考核的结论往往受人为因素影响较大;对一些不称职干部的调整,也往往取决于领导层的意见和决心,而没有确定的、规范性的程序和测评记录。因此,从机制上保证干部能上能下就显得尤为迫切。领导能力的科学测评加上严格客观的考核,就能为干部能上能下确立客观标尺和科学依据。

一、领导能力的内涵

领导能力,简言之,就是领导者的个体素质、思维方式、实践经验以及对领导方法等的把握程度等影响具体领导活动效果的个性心理特性的总和,它是领导素质的核心,按照不同的标准可以对能力进行不同的分类。按其适应性程度,能力可以分为一般能力和专门能力。相应地,领导能力就有领导者的一般能力和领导者的专门能力之分。

1. 领导者的一般能力

领导者的一般能力是指以思维活动为中心,包括认知、机械、体能三个方面的能力。其中,认知能力是指包括数字、推理、记忆、空间、知觉等方面的能力;机械能力包括机械关系的理解能力和空间关系的认知能力;体能则重在衡量身体反应和灵活程度。这三者又可概括为智力和体力两大类。同时,已有研究证实,领导者必须具备洞察力、注意力、记忆力、想象力、思维能力等一些智力品质。此外,领导者具有良好的体魄也至为重要。

2. 领导者的专门能力

这是指领导者区别于普通工作者的能力。社会系统学派的代表人物贝尔电话公司前任经理、管理学家巴纳德认为,为使主管人员能够理解一个复杂的组织结构的各个部门,能分析各组织之间正式的相互关系,把技术、经济、财务、社会以及法律等学识恰当地结合起来,把这些问题向别人解释清楚,这就要求他有精确的识别、分类、逻辑推理能力。这种能力便是主管人员在工作中认识问题、分析问题以及综合处理问题时表现出来的领导能力。

通常而言,领导者的专门能力主要包括:

(1) 自我监控能力。它是领导在自我表现方面的心理特征,也是领导根据外界情境的变化而调整自己行为的一种能力。

(2) 决策能力。它主要体现在制定战略、确定目标、拟订计划、组织指挥和调配人员中作出果断的科学的决定。领导者决策能力的大小,直接决定着领导活动的绩效,它是衡量领导水平的一个重要标志。对决策而言,由于需要领导者决策的事情大多具有参变量多、结构不稳定、综合性强、信息量大的特征,因此,创造力、领导者的实践经验、领导者及时发现错误的能力以及领导者与人合作的能力均对决策质量起着决定性的作用。

(3) 组织沟通和协调能力。它是指领导者为了组织的利益和实现组织制定的目标,运用一定的方法和技巧,把来自不同地区、不同系统、不同职业、不同文化背景以及民族、性别、年龄等均不相同的人组织在一个团结向上的集体中,使大家朝着一个共同方向和目标去努力、去奋斗。组织、沟通和协调能力包括合理选择下属的能力、黏合能力、架构能力、沟通能力、协调能力、激励下属的能力、授权能力、应变能力和合理分配资源(人力、财力、物力)的能力等。

(4) 创新能力。它是领导以感知、记忆、判断、想象能力为基础,由抽象统摄能力、分析批判能力、逆向思维能力、灵感知觉能力、假设创建能力等多种综合构成的创造性思维能力和创造性技能。其中主要包括领导的信息获取能力、洞察力、预见力、把握机会能力、决断力和推动力等。

(5) 应变能力。领导运用正当的手段对变化及时作出恰当有效的反应,以取得成功或作出有益于组织或个人的行为,主要包括敏锐的洞察力、敏捷的反应能力、准确的判断能力和科学的思维能力和超常的镇定能力等[1],常常表现为一般情况下的应变能力和特殊场合或危机关头的应变能力等。

(6) 预见能力。由于领导者的社会地位和其所肩负的重大责任,他们必须具备比较高的预见能力,这种预见能力既包括宏观层面上的预见能力,也包括对所在行业、岗位等微观层面的预见与把握。

在归纳分析领导者专门能力时,值得注意的是,不同职务、不同性质的组织、不同层次中的领导者所应具备的业务能力是不相同的,这一点可以通过职务分析来获取。同时,由于领导者所处位置的差异,各种能力对领导者要求的重要性和程度也不尽相同。对高层领导者(正职)而言,决策能力、应变和创新能力相对重要一些;对低层领导者(副手)而言,则应具备较强的沟通、自我监控能力。

---

[1] 郑日昌.领导素质测评[M].上海:华东师范大学出版社,2008:241-259.

3. 领导者胜任能力

国内部分学者将领导能力解读为胜任能力，并进行了一些理论和实践的研究与探讨。领导者胜任能力可以归纳为：较高的成就动机，包括主动性、捕捉机遇、坚持性、信息搜寻、关注质量、守信、关注效率；创造性思维和问题解决，包括系统计划、问题解决；个人成熟，包括专长、自信、敏感性；影响力，包括说服、沟通能力、运用影响策略；指导和控制，包括果断、监控、团队领导；体贴他人，包括诚实、人际洞察力、关注员工福利、发展员工[①]。

二、领导能力测评的方法

领导能力测评方法的研究首先需要建立在对领导能力定义明晰的基础上，领导能力概念的混乱也使得关于它的测评方法的研究受到了极大的制约和限制。目前，专注于研究领导能力测评方法的文章数量十分有限，过去存在的领导能力测评方法也比较单一。然而，随着近年的不断实践和理论发展，测评方法也更加丰富，综合性正在逐渐增强，测评可信度也渐渐提高。本节根据领导能力的演变特点对其测评方法的研究进行了总结和梳理。

1. 传统领导能力测评法

传统的领导能力研究主要探讨领导应具有的特质禀赋，这使得早期的领导能力测评方法也集中于对领导特质的测评。传统测评主要侧重测试知识、技能等可见和易于改进的素质，而对于内部的核心品质和素质因素较为忽视。胜任能力模型理论主张通过对业绩优秀领导者所具备的个体素质进行实践分析和总结，作为领导人才筛选和评价的标准。

哈格斯（Hughes）等人（1993）总结了对领导者能力进行测评的不同方法，并且讨论了衡量领导者有效性的方法，其核心内容主要包括以下三个方面。

（1）关键事件法。这是让被测评者的下属、同级或上司指出被测评者做得非常好或非常差的一项工作。这种方法能够测出领导者的行为及其对周围人的影响，但需要投入很多时间和财力；同时，不同的人提供的事件会大不一样，这就难以直接对领导者作出评价。

（2）面谈法。这是测评领导者能力的常用工具，可以结构化，也可以非结构化。在访谈的过程中，领导者被问及一系列事先准备好的问题，从而根据其回答情况评价其领导能力。

（3）观察法。这是另一种可以结构化或非结构化的常用的测评工具。观察法可以得到关于领导者行为的信息，但是系统化地观察以及记录工作中的行为是很困难的，并且很

---

① 参考本书第五章第四节胜任能力模型理论的相关内容。

耗费时间。

2. 360 度反馈测评法

360 度反馈（360° Feed-Back）也称全视角考核（Full-Circle Appraisal）或多个考评者（Multi-Rater Assessment），是一种从多个角度获取组织成员行为观察资料从而进行评价的方法。该测评是由被测评者及其下属、同级、上级以及外部人员（如客户）填写由 65 个问题组成的标准问卷，从而对被测评者的行为和能力进行测评。通过此测评，被测评者可以看到自评和他评结果之间的差距，进而考虑是否改变自己的领导行为模式[①]。

360 度反馈与传统自上而下反馈的本质区别就是其信息来源的多样性，体现了组织员工满意度调查、全面质量管理、发展反馈、绩效考评、多元测评系统等组织绩效管理理念，符合"公开、公平、公正"的管理精神，因此受到很多组织的青睐。

传统的领导能力测评方法不可避免地掺杂了考评者的个人偏好和主观意见。360 度反馈方法与传统测评方式最大的不同，就在于它提供了更多完整、正确、客观和有效的考评结果，它不但容易为本部门成员所接受，更是改进领导者绩效的基础所在。有关学者对这一测评方法的设计思想进行了分析，并提出了有效运用该方法所必须坚持的四大原则[②]。

（1）准确测评和预测原则。在实施方法变革之前，必须充分认识到测评和预测方法变革和改进所带来的风险。

（2）全员参与原则。有必要以单位人事主管领导为主组成绩效考核工作小组，参与 360 度反馈测评体系的设计和实施，因为他们需要知道重要的决策和决策的合理性，并能够参与决策和提供建议与帮助。

（3）客观原则。测评结果能否达到最后改善被评价者的业绩，在很大程度上取决于评价结果的反馈，因此，结果应当体现客观、公正，应杜绝平均主义和个人偏见。

（4）信息畅通原则。特别是在如何分配、实施研究工具和如何将信息有效地反馈给当事人，并且作出明确的决策和清晰的交流方面是非常重要的。

一项针对我国 600 多家企业进行的调查结果显示，只有 1/3 的企业认为通过该测评方法获得了绩效改善的效果，有的学者对这种方法在实践中产生的问题进行了分析总结。第一，不同于西方开放性的文化，我国的传统文化强调含蓄、保守，人际关系尽量以礼来维系平衡，不愿真正地自我剖析，也较难接受他人的剖析。这使得建立在信任、坦诚及持续改善基础上的 360 度反馈测评法失去了基本意义和预期效果。第二，该方法在运用中由于部分测评还不客观、不公正，导致了测评效果不理想的结果。第三，由于国内一般采用测评问卷和开放式自我评价两种方式，从而无法与企业自身战略目标、组织结构、组织文化相联系，很难对领导者作出准确的测评。第四，由于这种测评方法较为新颖，许多企业

---

① 贾建锋,赵希男,张惠燕.基于个性化考核与民主评价的领导力评估方法研究[J].管理评论,2006(5).
② 李华,任荣伟,蒋小鹏.360 度绩效评估法的运用及有效性分析[J].现代管理科学,2004(8).

尤其是员工在缺乏正确培训指导的情况下容易产生低效甚至错误的测评结果。第五,沟通的不充分和保密工作的不彻底也会大大降低测评应有的效果[①]。

针对360度反馈在实践过程中出现的种种问题,我们应当建立明确的测评标准,度身定制测评工具,适当增加定量测评,阐明实施目的和方法,培育信任和坦诚的文化,制定严格的实施进程表。

3. 自我测评法

自我测评法盛行于互联网时代,它拥有很多定义,根据亨德森(Henderson)的定义,自我测评能对领导者的活动作全面的、综合的、系统的评审,并最终产生有计划的改进措施。自我测评能帮助领导者识别自身的优势和弱势,以及在何处存在最佳实践。随着目标具有共同的方向及一致性的提高,自我测评能为领导者提供效率和绩效改进的机会,并在测评活动中提高和谐性。

测评不是目的,改进提高才是目的,所以,自我测评的目的是为了领导者持续改进,追求卓越,不断提高管理水平,最终全面提高组织管理绩效。

自我测评实质上是一种非正式的测评,它为测评者提供了一种衡量自己是否已成为有效领导者或具有相应能力的方法。这些自我测评工具或者由一系列问题组成,或者由清单组成,但缺乏被评者周围的人(如同事)对被评者的评价,主观色彩较浓。

有的学者总结有以下三种典型的领导者自我测评工具。

(1)培养训练环中的测评(Interlink Training and Coaching)。它为企业领导能力提供了一种测评工具,可以测量25个关于成功领导者的关键指标,并且为测评者提供衡量其领导水平的机会。

(2)新英格兰地区领导能力项目的测评(The New England Regional Leadership Program)。它提供了对领导能力特质和技能进行自我测评的问卷。该问卷分为两部分:第一部分测评领导特质,包括领导者是否了解自己的价值观、优点、缺点,是否有信心迎接挑战,对团队和组织的目标是否清晰,专业知识是否丰富,是否能利用所拥有的丰富知识进行创新等;第二部分则是对领导者的技能进行自我测评,包括处理人际关系的技能和完成任务的技能。

(3)创新领导能力测评(Innovative Leadership Assessment)。随着外界环境的变化,过去测评领导能力的标准可能已经不适用了,当今的商业挑战源于环境的变化和人类的创新,因此,研究者们又提出了创新领导能力测评方法。在这种测评表中,领导者需要就过程管理、顾客导向、信息管理、变革管理、创新、持续改进、障碍消除、规划路径、激励下属、建立信任和提供目标进行自我测评。得分越高,创新领导能力就越强。此测评表还可用于组织中的同级人员对领导者进行评价[②]。

[①] 叶星宇.360度绩效评价在我国企业实施中的问题及对策[J].中国集体经济,2008(10).
[②] 丁栋虹,朱菲.领导力评估理论研究述评[J].河南社会科学,2006(2).

4. 评价中心技术

评价中心技术(Assessment Center)被认为是当代人力资源管理中识别有才能的领导者最有效的工具。它起源于1929年德国心理学家建立的一套用于挑选军官的多项评价程序。开创在工业组织中使用评价中心技术先河的是美国电话电报公司。此后，许多大公司都采用这项技术，并建立了相应的评价中心机构来评价管理人员。国内学者对评价中心的研究始于20世纪80年代后期。评价中心技术主要有以下五种形式。

(1) 无角色小组讨论(又称无主持人讨论、无领导小组讨论)。将评价者按一定的人数编为一个小组，不确定会议主持人，不指定重点发言，不布置会议议程，不提出具体要求。测评活动中要求被测评者根据评价者提供的真实或假设的材料，就某一个指定题目进行自由讨论，要求小组能形成一致意见，并以书面形式汇报。

(2) 文件筐测验(也称公文处理、公文测验)。该方法的特点在于将被测评者置于特定职位或管理的模拟环境中，由评价者提供各类与拟任职位相关的各种材料，它们是根据该职位经常会遇到的组织内部与外部的各种典型问题而设计的。所有公文都要求在一定时间和规定的条件下处理完毕。

(3) 角色扮演。被测评者扮演上一级领导者，评价辅助人员扮演下一级工作人员。根据不同内容，也可以扮演不同的角色。题目就是让被测评者把一些工作交给下级去做。这个评价项目可以测出被测评者的管理能力，可以考察他的思维敏捷性及工作作风的优劣等。

(4) 管理游戏。是将被测评者置身于一个模拟的环境中，面临一些管理中常常遇到的各种现实问题，要求他们想方设法去解决。它能够突破实际工作情景的时间和空间，使测评领导者的实际管理能力变得更简便易行。

(5) 案例分析。提供给被测评者一些实际工作中常发生问题的有关书面案例材料，要求解答案例中的问题并写出案例分析报告，或者要求他们准备在小组讨论会上作口头发言。评价者根据被测评者分析问题和解决问题的能力、观点的组织表达能力、语言和书面传递信息的技巧等给予评价[①]。

5. 领导能力测评的相关模型研究

在领导能力测评既有的理论文献中，几乎所有关于领导能力测评的工具都有其限制条件，都基于某种对领导能力的定义，例如，一些测试关注领导特质；一些则关注有效领导者展现的具体领导行为；一些关注领导者使用权力的方法，其他的测试则假定领导能力随情境的变化而变化。因此，必须对上述领导能力的定义有清楚的界定，这样才能正确地理解测评结果。同时，在既有的研究中，大多数研究者是依据领导者行为对追随者和其他组织利益相关者的后果来评价的。他们使用了不同类型的成果，包括领导者团体或组织的

---

① 魏红艳，郑昉. 人才测评新方法：评价中心技术[J]. 法制与社会，2008(26).

绩效增长、应对挑战或危机的准备情况、追随者对领导者的满意度、追随者对团体目标的支持、追随者的心理健康状况及发展、领导者在团体中高层职位上的任期即领导者在组织中的晋升等。由此造成的突出问题是评价尺度过多,使后续研究者不清楚哪些尺度更加重要,因此使得对领导能力的测评成为一个理论和现实难点。目前,从因素测评发展到模型测评是领导能力测评的基本趋势。

关于测评模型,备受关注的是纽约州立大学领导学教授加里·尤克尔(Gary Yukl)提出的三变量模型。加里·尤克尔认为,在对领导者进行评价时,如何选择合适的标准取决于作这种评价的人的目的和价值观。为解决标准的不相容、滞后效果以及不同相关者的倾向等问题,最好的办法是评价中包括许多不同的标准。加里·尤克尔提出了评价领导能力的三种类型的变量:领导者的特性(品质、自信和乐观主义、技能和专长、行为、正直和道德、影响技巧和追随者的属性),追随者的特性(品质、自信和乐观主义、技能和专长、领导者的属性、对领导者的忠诚、任务承诺和努力以及对领导者和工作的满意),情境的特性(组织单位的类型、单位的规模、职位权力和权威、任务的结构和复杂性、任务的相互依存、环境的不确定性和外部的依赖性)[①]。

三、领导能力测评方法的示例

当前,对领导能力的测评主要包括问卷、图形题和情境题等形式,下面针对六种主要领导能力测评方法和技术逐一介绍。

1. 自我监控能力测评

自我监控能力测评主要反映个体在社会情境中积极监督和控制自己的行为和外在表现的水平如何,对于自我监控能力测量目前主要有 Snyder 自我监控力量表和自我呈现量表。

Snyder 自我监控力问卷

指导语:以下问题问的是你在不同情况下是如何反应的。每个句子都与其他句子有所不同,请你仔细考虑每一个问题并作答。如果某个句子对你来说是适合或基本适合的,就在句子后面的"是"处划圈;如果某个句子对你来说是不适合或基本不适合的,就圈"否"字。回答务必真实,答案严格保密。

1. 我发现模仿别人的行为是很难的。　　　　　　　　　　　　　　是　否
2. 我的行为通常是我内心思想感情的真实表露。　　　　　　　　　是　否
3. 在宴会和其他社交聚会中,我并不试图按照别人的喜好说话做事。是　否

---

① 丁栋虹,朱菲. 领导力评估理论研究述评[J]. 河南社会科学,2006(2).

4. 只能为自己已经相信的观点而辩护。　　　　　　　　　　　　是　否
5. 我能够对几乎一无所知的问题作即席讲话。　　　　　　　　是　否
6. 我想我会做出一些样子来以给人留下深刻印象或让人高兴。　是　否
7. 当我在某种社交场合中拿不准该怎么做时，我就以别人的行为作为样板。
　　　　　　　　　　　　　　　　　　　　　　　　　　　　是　否
8. 我或许能够成为好演员。　　　　　　　　　　　　　　　　是　否
9. 在选择电影、书籍和音乐时，我很少需要朋友们的建议。　　是　否
10. 有时我在别人面前表现的情感超出了实际程度。　　　　　　是　否
11. 我和别人一起看喜剧时，比自己一个人看时笑得多。　　　　是　否
12. 在一群人中我很少成为注意的中心。　　　　　　　　　　　是　否
13. 在不同场合，面对不同的人，我常常有不同的行为表现，就像变了一个人一样。
　　　　　　　　　　　　　　　　　　　　　　　　　　　　是　否
14. 我不是特别善于让别人喜欢我。　　　　　　　　　　　　　是　否
15. 即使玩得并不好，我也常常装出玩得很愉快。　　　　　　　是　否
16. 我并不总是我所表现出来的那种人。　　　　　　　　　　　是　否
17. 我不会为了取悦他人而改变观点或行为方式。　　　　　　　是　否
18. 我曾考虑过当一名演员。　　　　　　　　　　　　　　　　是　否
19. 为了与人相处并让人喜欢，如何符合人们的期望往往是我首先考虑的问题。
　　　　　　　　　　　　　　　　　　　　　　　　　　　　是　否
20. 我从来不擅长玩即兴表演这类游艺活动。　　　　　　　　　是　否
21. 我难以改变自己的行为去适应不同的人和不同的场合。　　　是　否
22. 在晚会上，说笑话、讲故事一般都是别人的事。　　　　　　是　否
23. 与别人在一起我有点不知所措，不能自然地表现自己。　　　是　否
24. 我能够面不改色地说假话（如果目的正当）。　　　　　　　是　否
25. 对于实际上不喜欢的人，我可能装得很友好。　　　　　　　是　否

2. 决策能力测评

在现代社会中，对时机的把握是非常重要的。领导者应该具备在各种决策方案中作出决定的能力。决策能力是领导认知能力和意志品质的综合体现。决策能力的评价可以从三个方面来考虑，即决策的准确性、及时性和风险性。决策能力的测评可以采用情境测验、角色扮演等评价手段。情境测验可以假设领导者遇到特定情况，要求其选择可能采用的处理方法。例如：

（1）假定经过几个月的准备工作，你负责的一个大项目终于要上马了，可是在即将开始之际，上级领导告知你需要削减预算，你会（　　）。
  A. 马上反驳消减预算的计划，同时宣布你不能再保证该项目的成功
  B. 要求有关部门给予解释，力争收回消减预算的计划
  C. 一方面提出抗议，一方面同意执行新计划

（2）假定部门要购买一套设备，你在报纸上看到一个公司正在销售这种设备，而且价格也比同类产品要低很多，但要在最近几天确定，这时你将怎么办？（　　）
  A. 打电话要详情，或许确实物美价廉。
  B. 从不相信有这样的好事，这种产品不可能会这么便宜。
  C. 我将尽快找人调查一下，但要十分小心，以前被骗过，因此不敢说这次情况会怎样。
  D. 先了解情况，或许还能从中了解一点内部消息。

3. 组织沟通与协调能力测评

组织协调能力是指领导者对各种相关要素的合理规划、有效管理，使管理过程成为一个有机的整体，同时善于协调和解决实施过程中出现的各种具体问题，并根据调整目标修正和完善方案。它是领导者有效完成某种活动的基本条件，也是领导者不同于被领导者的一种独特的心理特征。

组织领导能力可以采用无领导小组的方法进行测评。例如：

各位董事，今天我们将就财务总监人选问题进行讨论。董事长今天不在，但他要求大家就这个问题充分发表意见，能形成统一的意见，但不强求，也不进行表决。最后麻烦各位起草一份会议纪要。现由工作人员将财务总监候选人的有关材料发给大家，请大家讨论①。

在小组讨论的进程中，我们可以根据事先制定好的"无领导小组的评分表"对所有测评人员进行评分。

同时，为了更好地让决策得以实施，改善人际关系，提高领导的权威和影响力，领导者必须具备善于说服别人的能力，其核心在于领导者换位思考的能力，从领导者的内心深处进行真诚的交换，在形式和方法上也要注意是否适合对象的具体情况。说服能力的测评可以由被测者对不同的说服方式进行选择，以此看出其常用的说服方式并作出评价。例如：

---

① 郑日昌. 领导素质测评[M]. 上海：华东师范大学出版社，2008：295.

(1) 你的秘书今天有个约会,你却不得不请他加班,这时你会说:(　　)

A. 上司吩咐,今天非把这份报告发出去不可。

B. 我明知这是不情之请,可是事非得已,拜托拜托吧。

C. 必须打完这份报告,不然你就回到过去的打字部。

D. 我相信这项工作只有你做得好。

(2) 你高升了,却需要与比你资格更老的原来的同事携手合作,这时就会说:(　　)

A. 这份工作只有靠你的协助才能完成。

B. 上司快退休了,我接了他的空缺之后,就升你为科长。

C. 真惭愧,他们把我提升了,其实你才是最合适的一位。

D. 现在我是你的上司,今后听我的命令行事。

4. 创新能力测评

领导者必须具备一定的创新能力。创新能力中的关键因素是发散思维能力。吉尔福特创造力测验就是一个比较好的测量发散性思维的工具。下面以其中六个维度为例来说明[①]。

(1) 观念流畅性测验。要求被试者迅速写出属于某种特殊类别的事物,如"半圆结构的物体"。答案可能有拱形桥、降落伞、泳帽……

(2) 联想流畅性测验。要求被试者列举某一词的近义词,例如"承担"。答案可能为担负、承受、承当等。

(3) 表达流畅性测验。要求被试者写出具有四个词的一句话,这四个词的词头都指定某一个字母。如"k-u-y-i",答案可能有 keep up your interest, kill useless yellow insects 等。

(4) 比喻解释测验。要求被试者填充意义相似的几个句子,如"这个妇女的美貌已是秋天,她……"。答案可能有:"……已经度过了最动人的时光","……在还没有来得及充分享受生活就步入了徐娘半老的岁月"。再比如解释"沧海一粟""一箭双雕"等。

(5) 故事命题测验。要求被试者写出一个短故事情节的所有合适的标题。例如:"冬天到了,一个百货商店的新售货员忙着销售手套,但他忘记了手套应该配对出售,结果商店最终剩下 100 只左手手套。"答案可能有:"新售货员""100 只左手手套""左撇子的福音"等。

---

① 郑日昌. 领导素质测评[M]. 上海:华东师范大学出版社,2008:253.

(6) 后果推断测验。要求被试者列举某种假设事件的所有不同的结果。例如:"如果每周再多一天休息,那么会发生什么结果?"答案可能有:"旅游的人更多""胖子更多"等。

说明:每回答出一个答案得 1 分,分数越高,说明发散思维能力越强。

除了吉尔福特创造力测验之外,有名的创造力测验还有托伦斯创造性思维测验和威廉斯创造力测验等。托伦斯创造性思维测验包括 12 个分测验,分为语言、图画和听力成套测验。威廉斯创造力测验是一个测验组合,包括发散性思维测验、发散性情意测验及威廉斯创造力倾向测验。

5. 应变能力测评

应变能力是指领导者根据不断变化发展的实际情况,灵活机动、从容不迫、随时调整领导行为的能力。当决策中出现意外事件的时候,不能按照原先设定的计划进行,领导者的应变能力就体现出来了。我们以基本应变能力和危急时刻应变能力测评为例,具体如下。

(1) 基本应变能力。

以下问题有一定的代表性,通过你对它的判断,可以测出你对于某些发生情况的反应能力。假如你的得分高,很能说明你的自信能力,相信你在关键时候泰然自若;反之,你可以找出弱点在哪里,并进行纠正,以适应复杂多变的未来生活。

1. 你是否有一定的急救知识——哪怕最起码的急救知识?(　　) 〈1〉是〈2〉否
2. 你是否见血就晕,一时不能恢复常态?(　　) 〈1〉是〈2〉否
3. 你看护过病人吗?(　　) 〈1〉是〈2〉否
4. 在街上遇到事变时,你的反应怎样?(　　)
〈1〉退避三舍　〈2〉好奇而走近围观　〈3〉看看自己是否能助一臂之力
5. 假如你是事件的见证者,你是否积极配合有关部门陈述经过的情形?(　　)
〈1〉是〈2〉否
6. 假如有人衣服偶然着火,你会(　　)。
〈1〉拿水浇灭它　〈2〉替他把着火的衣服脱掉　〈3〉用毯子把他裹起来
7. 你是否有适量的运动,如户外运动、步行、种花、家务劳动及正常的娱乐活动?
(　　) 〈1〉是〈2〉否
8. 假如你遭到意外的打击,你会(　　)。
〈1〉感觉头昏眼花,不过几秒钟后就恢复　〈2〉不知所措,以至数分钟之久
〈3〉一段时间内都处于伤感、悲痛之中

9. 当他人叙述以往经历或者说笑话时,你记忆的速度是否与他人相同或略胜一筹?
(   )   〈1〉是 〈2〉否
10. 你到了一个陌生的地方,以后能否作相当正确的叙述?(   ) 〈1〉是 〈2〉否
11. 你对陌生人的第一次印象是否比较准确?(   )   〈1〉是 〈2〉否
12. 你是否有丰富的想象力?(   )   〈1〉是 〈2〉否
13. 你对下列各物是否有害怕的感觉?(   )
〈1〉老鼠和蛇 〈2〉黑暗和传说中的鬼怪神物 〈3〉大象
14. 有些人在遇到危急时刻(不论急病或意外)会很镇静,你有这种情况吗?
(   )   〈1〉是 〈2〉否
15. 如果友人在匆忙中告诉你一件事,你能(   )。
〈1〉记住一部分 〈2〉忙乱之中,一点也记不住 〈3〉完全记住
16. 假如你有痛感,你会(   )。
〈1〉马上告诉别人 〈2〉忍着痛
17. 你相信自己想得到的东西一定能够得到吗?(   )   〈1〉是 〈2〉否
18. 过马路时如果你被夹在中间,你会(   )。
〈1〉退回原处 〈2〉仍然跑过去 〈3〉站立不动
19. 如果你是班长,你觉得很难让他人听从你的意见吗?(   )   〈1〉是 〈2〉否
20. 肉体上的痛苦你能忍受吗?(   )   〈1〉是 〈2〉否
21. 当你知道将要遭到不幸的事情时,你会(   )。
〈1〉自我进入恐怖状态 〈2〉相信事实并不会比预料中的更坏
22. 如果有人给你介绍工作,你会选择(   )。
〈1〉工资中等而不需要负责任 〈2〉工资高,但责任重的
23. 当你要作出一项决定时,你会(   )。
〈1〉犹豫不决 〈2〉审慎但果断
24. 你对自己所做的一切肯负责任吗?(   )   〈1〉是 〈2〉否
25. 假如你的友人突然带来一个你最不喜欢的人到你家里,你会(   )。
〈1〉表示惊奇 〈2〉暂时忍耐,以后再把实情告诉你的朋友 〈3〉把你的感觉完全隐藏

应变能力测试题评分标准:
① 第1、3、5、7、9、11、14、17、20、24各题答案是肯定的,各得5分。
② 第2、12、19各题答案是肯定的,各得5分;第4题的〈3〉和第8题〈1〉答案是肯定的,得5分;第13题的〈1〉〈2〉〈3〉如果答案是肯定的,各得2分;第15题〈3〉、第16题〈2〉、第18题〈3〉、第21题〈2〉、第22题〈2〉的答案是肯定的,得5分;第23题〈2〉、第25题〈3〉如果答案是正确的,各得10分;总分是136分。

如果你得了75—136分,说明你对应付事物很有把握,而且你的自制力、勇气和机智都是超人的,你可以有很强的自信力。如果你得了30—75分,你对于一般的事变都能应付,你神经系统的反应平衡。学急救也许对你有益,可以增加你的自信心。如果你得了30分以下,你必须要留心自己,同时应该努力学习一些应变的常识和培养自己的自信力。

（2）应变——危机管理能力。

对于领导者而言,危机既是危险又是机会,危机管理被称为"刀尖上的舞蹈",危机管理绝不是危机出现以后才开始管理,而是要在危机发生之前或之后,根据环境状况,迅速反应并作出决策的能力。如果一个领导不具备这种能力或处理不好危机问题,就会产生恶劣的后果。

作为管理者,你不妨通过下面的测试来看看自己是否善于危机管理。

1. 以往的成功经验让你陶醉,认为危机离你还很远,等危机到了再说？（　　）

    A. 就这样。

    B. 不,你保持了一定的清醒。

    C. 你十分注意居安危思危,危机意识强。

2. 危机出现,你是否会迅速组织企业成员为决策提供咨询？（　　）

    A. 这是公关部门的事。

    B. 偶尔过问、组织一下。

    C. 是的,一个人的力量有限,你会组织相关人员作为智囊。

3. 当智囊团意见不一致时,你会如何处置？（　　）

    A. 不知所从,左右摇摆。

    B. 听从主流意见。

    C. 在危机压力的影响下,团体思维会有一定局限,你会找出大家想法中的遗漏,在全面审核的基础上作出决策。

4. 你是否会很快查明并面对危机事实？（　　）

    A. 问题棘手,选择逃避。

    B. 偶尔过问、催促一下。

    C. 你会直面事实,尽快澄清事实。

5. 你是否会尽快成立危机新闻中心？（　　）

    A. 没有注意到这方面。

    B. 发布部分消息。

    C. 你会尽快公开、坦诚、准确地告诉媒体实情,以免媒体从其他渠道探听不确实的消息。

6. 你是否会动员民间力量协助处理危机？（　　）
   A. 没有注意到这方面。
   B. 偶尔会借助他们的力量。
   C. 民间力量是一种潜在资源，对舆论有很大说服力，你会运用这方面的资源。
7. 你是否会与政府官员、消费者、利益关系人直接沟通？（　　）
   A. 很少如此。
   B. 偶尔如此。
   C. 你会及时告诉他们危机处理中的进展。
8. 你是否会通过内部渠道与员工沟通，尽量做到与发言人口径一致？（　　）
   A. 没想到这一点。
   B. 偶尔如此。
   C. 你会组织员工一起共度危机，让每个人的发言都能代表公司立场。
9. 你是否会采取相应的补救措施？（　　）
   A. 很少如此。
   B. 偶尔为之。
   C. 你会付诸补救行动，挽回声誉。
10. 你是否会注意事后沟通与改造？（　　）
    A. 没有注意到这方面。
    B. 有这个意识，但很少付诸行动。
    C. 是的，你从危机中吸取经验教训，从而推出更完善的产品和服务。

评分标准：选 A 得 1 分，选 B 得 2 分，选 C 得 3 分，然后将各题所得的分数相加。

测试结果：

① 总得分为 24—30 分：你的危机应变能力较强，尽管形势十分紧急，但你心里已经有了一套清晰的处理方案。不过，你应该清楚居安思危、防范危机更加重要。

② 总得分为 17—23 分：你的危机应变能力一般，在危机应变处理中，虽然你并没有逃避或者反应不及时，但不明朗的态度令你被动。记注：必须全力以赴地处理危机，这关系到你和公司的未来。

③ 总得分为 10—16 分：你的危机应变能力较差，危机频发所造成的损失也日益严重，这是企业管理者无法避免的现实。因此，你需要提升危机管理的意识和敏感性，建立预防机制，在危机发生时敢于站出来积极应对。

6. 预见能力测评

预见能力就是领导者预料事情发生发展和对一些潜在事物的认识和未来结果的语言能力。由于领导者的社会地位高，肩负的社会责任大，因此，他们必须具有高过一般人的预见能力,这既包括政治、经济、文化、社会发展的综合预见能力,也包括对国家和地区形势发展的预见能力,还包括对自己的岗位或行业发展及可能出现的问题的预见能力。预见能力的高低不仅决定领导者工作的成败,而且预见的精确度关系到领导职能实现的程度,最后也决定领导工作探索的成功与否。

预见能力测评主要采用问卷的方法,通常对一些预见性较强的行为表现描述,要求被测者作出是否符合的判断。例如:

(1) 不论组织什么活动,你是否尽量考虑到每个细节?
(2) 别人的反应是否常在你的预料之中?
(3) 取得决策成功后,你是否经常努力寻求成功的原因?
(4) 你是否在作出反应之前常爱思考一会儿?

本 章 小 结

本章主要介绍了能力、能力倾向与领导能力的相关概念及主要的测评方法。在心理学上,能力是指顺利完成某种活动所应必备且直接影响活动效率的心理条件。它是在遗传的基础上,经过教育培训并在实践活动中汲取集体智慧和经验而发展起来的。能力通常分为一般能力与特殊能力。能力与智力、个性、知识和技能、资历、能力倾向既有联系又有区别。

所有的能力测验的兴起都是由于对一般能力测量即对智力测量的需要,也正是由于智力测验的发展和兴起,才促进了其他测验类型的发展和繁荣。智力测验的兴起和发展有其理论基础与时代背景。

一般能力通常指在不同种类的活动中表现出来的共同的能力,如观察力、注意力、想象力、思维能力、操作能力等。所有这些能力都是我们日常完成任何任务都不可或缺的。智力测评的常用方法分为个别智力测验和团体智力测验,具体有韦克斯勒智力量表、我国龚耀先等人修订的成人智力测验、瑞文标准推理测验、美国陆军甲种测试等。

特殊能力指在某些特殊专业活动中表现出来的能力。这些能力与特殊专业活动的内容联系在一起。本章主要介绍了文书能力、操作能力、机械能力的一些常用测评方法。

鉴于在当今时代创造力和学习能力的重要性,本章将它们提出来作了个别介绍。能力倾向是一种潜在的素质,是经过适当训练或被置于适当环境下完成某项任务的可能性。能力倾向测评对于求职者和选拔人才的部门来说都是十分必要的。职业能力倾向测验就是了解人在职业领域中具有某些潜力的有效手段。在一般职业能力倾向测验中介绍了 BEC 职业能力测验（Ⅰ型）。在特殊职业能力倾向测验中介绍了 BEC 职业能力测验（Ⅱ型）。在专门职业能力倾向测验中介绍了行政职业能力倾向测验（AAT）。

领导能力就是领导者的个体素质、思维方式、实践经验以及对领导方法等的把握程度等影响具体领导活动效果的个性心理特性的总和，可以分为一般领导能力和专门领导能力。领导能力的测评除传统的方法外，还有360度反馈测评、评价中心与自我测评等方法。

复习思考题

一、填空题

1. 我国古代人力资源测评的方法主要包括_____。
2. 人力资源测评的两大理论基石为_____。
3. 人格测量的方法主要有_____。
4. _____是指个体或群体在完成一定活动与任务时所具备的基本条件和基本特点，是行为的基础与根本因素。
5. _____是指一种建立在对品德特征信息的"测量"基础上的分析与判断活动。
6. _____是一个人在现实的、稳定的态度和习惯化了的行为方式中所表现出来的个性特征。
7. _____是一种潜在的素质，是经过适当训练或被置于适当环境下完成某项任务的可能性。
8. 明尼苏达操作速度测验主要用来测验人的_____能力。
9. 记忆的_____是指对某方面知识的再现没有任何歪曲、遗漏和附会。
10. _____是指人认识世界并运用知识解决实际问题的起基础作用或保障作用的能力总和，包括观察能力、记忆能力、注意能力、思维能力等。

二、单选题

1. 素质所表现出的持续性与一致性，可以总括为（　　）。
   A. 基础性　　　　B. 稳定性　　　　C. 可塑性　　　　D. 表出性
2. 人们在不同种类的活动中表现出来的共同的能力是（　　）。
   A. 技能技巧　　　B. 一般能力　　　C. 专业能力　　　D. 能力倾向

3. 个体所具有的独特的、稳定的心理特征的总和是(　　)。
   A. 性格　　　　B. 气质　　　　C. 人格　　　　D. 能力
4. 个体为了一定的目的,运用已知信息,展开思维想象,产生独特、新颖的思想,并有创造新产品的能力叫作(　　)。
   A. 思维力　　　B. 机械能力　　C. 操作能力　　D. 创造力
5. 能力倾向测试主要用于(　　)。
   A. 人员诊断　　　　　　　　　B. 绩效考评
   C. 人才选拔与配置　　　　　　D. 人力开发
6. (　　)是指个体在完成一定活动与任务时所具备的基本条件和基本特点,是行为的基础与根本因素。
   A. 能力　　　　B. 素质　　　　C. 潜能　　　　D. 情商
7. 个体的素质是在遗传、环境、个体能动性三个因素共同作用下形成和发展的,并非天生不变,因而具有一定的(　　)。
   A. 基础性　　　B. 内在性　　　C. 可塑性　　　D. 差异性
8. 经过适当训练或被置于适当环境下完成某种任务的可能性是(　　)。
   A. 一般能力　　B. 专业能力　　C. 特殊能力　　D. 能力倾向
9. 为了实现一个目标,给自己或者他人制订计划,作出适当的人员派遣和资源配置的能力指的是(　　)。
   A. 规划和组织能力　　　　　　B. 分析能力
   C. 判断能力　　　　　　　　　D. 决断能力
10. 专业能力测验一般是针对被测者掌握的基本知识和(　　)进行的测评。
    A. 非基本知识　B. 专业知识　　C. 实践知识　　D. 一般知识
11. (　　)是指个体接受某种专业知识以及从事某项工作(社会实践)的实践经历。
    A. 能力　　　　B. 资历　　　　C. 智力　　　　D. 技能
12. 我国龚耀先等人修订的成人智力测验是在(　　)基础上加以研究改造,进行本土化,并成功实施的中国修订本。
    A. 韦克斯勒智力量表　　　　　B. 瑞文标准推理测验
    C. 奥康纳测验　　　　　　　　D. 威廉斯创造力测验系统
13. 以下不属于操作能力测评的是(　　)。
    A. 珀杜插板　　　　　　　　　B. 克劳福德灵活性测验
    C. 奥康纳测验　　　　　　　　D. 明尼苏达办事员能力测试

三、多选题

1. 差异情况分析包括(　　)差异分析。
   A. 理论　　　　B. 实际　　　　C. 整体　　　　D. 个体

E. 水平
2. 智能素质包括( )。
   A. 思想智能素质　　　　　　　B. 科学智能素质
   C. 社会智能素质　　　　　　　D. 心理智能素质
   E. 身体智能素质
3. 社会能力包括( )。
   A. 人际交往能力　　　　　　　B. 人际问题处理能力
   C. 社会适应能力　　　　　　　D. 团队合作精神
   E. 矛盾解决能力
4. 素质的特征包括( )。
   A. 勘探性　　　B. 稳定性　　　C. 配合性　　　D. 准备性
   E. 可分解性
5. 从心理学维度看,品德结构有( )。
   A. 思维　　　B. 情感　　　C. 动作　　　D. 认知
   E. 信任
6. 关于职业能力结构的理论有( )。
   A. 特性—因素理论　　　　　　B. 二因素结构理论
   C. 群因素结构理论　　　　　　D. 能力结构理论
   E. 多元智力理论
7. 一般职业能力测验分为( )。
   A. 人际关系处理能力　　　　　B. 空间感知能力
   C. 注意力稳定性　　　　　　　D. 图形操作能力
   E. 数字运算能力　　　　　　　F. 阅读理解能力
   G. 手眼协调能力
8. 个性心理特征是指个人身上表现出来的本质的、经常的、稳定的特征,包括( )等。
   A. 能力　　　B. 态度　　　C. 兴趣　　　D. 气质
   E. 性格
9. 个性是指个人具有的各种比较重要的和稳定的心理特征总和,它包括( )等。
   A. 能力　　　B. 知识　　　C. 心理　　　D. 倾向
   E. 素质
10. 人格测评按其具体对象,可以分为( )与品德测验。
    A. 气质　　　B. 态度　　　C. 兴趣　　　D. 个性
    E. 理想
11. 下列关于能力倾向表述正确的有( )。
    A. 能力倾向是一种潜在的素质,指一个人能够获得新知识、新技能的潜力

B. 能力倾向是相对稳定的,影响人在某一部分活动中的效率

C. 能力倾向既是成功的可能性,也是已有的水平

D. 能力倾向有利于人员选拔,但不能影响个人的职业选择

12. 专门职业能力倾向测验的具体形式包括(　　)。

A. 行政职业能力倾向测验的内容结构

B. 知觉速度与准确性测验

C. 数量关系测验

D. 资料分析测验

13. 领导者的专门能力包括(　　)。

A. 自我监控能力　　　　　　B. 决策能力

C. 认知能力　　　　　　　　D. 创新能力

四、简答与论述

1. 怎样理解能力的含义和特点?其与智力、个性、知识和技能、资历和能力倾向的区别联系如何?

2. 怎样理解智商的含义?怎样表示智商?

3. 怎样理解一般能力的含义?列举几种常见的一般能力的测评方法。

4. 怎样理解特殊能力的含义?列举几种常见的特殊能力的测评方法。

5. 领导能力、创造力和学习能力的测评方法有哪些?

6. 怎样理解能力倾向与领导能力的含义?能力倾向测评对于选拔人才有什么意义?

本章复习思考题的答案,可通过扫描如下二维码获得。

案例一 江苏城乡建设职业学院的 KOMET 职业能力测评

一、KOMET 职业能力测评介绍

我国学者对职业能力及职业能力测评已进行了大量的研究工作,并取得了一定的成果。KOMET 职业能力测评是职业能力测评方法的一种,在国内已被应用于一些职业院校的职业能力测评,并反馈较好。KOMET 测评技术起源于德国的国际职业教育比较研究项目,相当于职业教育中的 PISA。它是由德国不莱梅大学和德国科委发起的,主要目的是对职业学校学生的职业能力、职业能力发展和职业承诺进行评价。

KOMET 职业能力模型在符合当代心理学和情境学习理论的基础上,按照"从初学者到专家"的职业能力发展规律,确定不同职业的典型工作任务,然后进行分类,以期对被试者的综合职业能力进行测评。KOMET 职业能力模型包括两个维度:一个维度表示能力级别,包括名义的、功能性的、过程性的及设计导向的能力级别;另一个维度表示任务范围/学习范围,包括初学者、提高者、能手、专家(图7-1)。

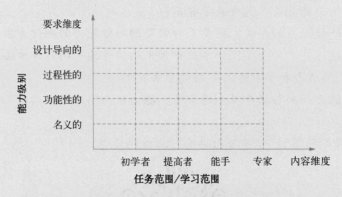

图 7-1 KOMET 职业能力模型

KOMET 职业能力测评中,把职业能力分为三个水平级别,共有 8 个评价指标(表7-4)。在根据能力指标对量值进行解释时,主要采取实用主义的方法,因为对两个相邻的不同能力级别之间的过渡,必须确定一个量化标准,才能判断一名被试者到底属于哪个能力级别。这是 KOMET 测评法与其他通行的能力测评方法的区别,后者一般通过复杂程度和难度不同的测试题目区分能力级别。

职业能力水平级别分为功能性能力、过程性能力、整体设计能力。第一,功能性能力。在这一能力水平上,学生掌握了本专业所需的基本知识和技能,但是对于理解它们之间的关系不作要求,也不要求学生理解它们对实际工作的意义。第二,过程性能力。在这一能力水平上,学生完成本专业的典型工作任务时,需要兼顾经济性、顾客导向、过程导向等方面的要求。另外,学生还需具备职业的质量意识。第三,整体设计能力。在这一能力水平上,学生在完成本专业的典型工作任务时,不仅考虑到工作内容的复杂性,还要考虑企业和社会环境条件的多变性以及社会和可持续发展对工作过程及成果的要求。

表7-4 高职学生职业能力测评指标结构体系

测评对象	职业能力水平级别	测评指标
五年制高职物业管理专业五年级学生	功能性能力	直观性
		功能性
	过程性能力	使用价值导向
		经济性
		工作过程导向和企业流程导向
	设计能力	社会接受度
		环保性
		创造性

二、KOMET 职业能力测评实施

本研究的测评对象是江苏城乡建设职业学院五年制物业管理专业毕业班,即五年级学生,该班共40名学生,实际测评40名学生。测试前,对学生进行动机测试,并强调作答纪律及要求,安排了两名监考老师,大部分学生认真作答。共收到有效测评问卷40份。从参评学生的性别结构来看,男生4人(10%),女生36人(90%)。

KOMET 评测技术中所建立的测评指标结构体系如表7-4所示。测试题目由物业管理专业教师共同开发,基于物业管理专业情境教学的典型工作任务的1道开放式题目,答题期间允许学生运用的辅助工具有专业书籍、袖珍计算机、网络以及自己的笔记等。为保证测试结果的准确性,要求学生独立作答,不讨论交流,作答时间大约两小时。

对于学生提交上来的问卷,由经过培训的评分者进行评价,每道题由两位评分者共同打分。

三、KOMET 职业能力测评结果分析

1. 被测学生在校学习情况

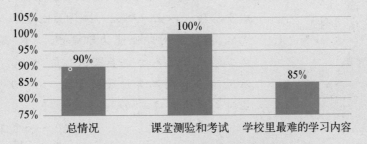

图7-2 受测学生之前在校学习情况

图7-2所示的测试结果显示,90%学生认为自己基本掌握学校里所学的内容,每一

位学生都认为自己能在课堂测验和考试中取得好成绩,85%的学生认为自己能掌握最难的学习内容。这说明学生对自己在校的学习情况普遍比较自信,而且应该是在前几年的学习中确实取得了不错的成绩,才会如此自信。

2. 对学校及专业的认同感

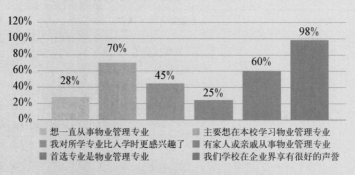

图7-3 受测学生对学校及专业的认同感

图7-3所示的测试结果显示,28%的学生想一直从事物业管理行业,60%的学生首选专业是物业管理专业。这反映了超过一半的学生在最初选专业时,首选专业是物业管理专业,但是到毕业时,大部分学生不想一直从事该行业。总体上,专业和职业的认同感不高,这一现象值得院校重视。测试结果还显示,45%的学生对所学专业比入学时更感兴趣了,70%的学生主要想在目前所在学校学习物业管理专业,98%的学生认为所在学校在企业界享有很好的声誉。这说明学生对于所在学校及所学专业比较认可。

3. 职业能力整体分布分析

通过对测试结果的分析统计,受测学生的职业能力水平情况如图7-4所示,5%的学生处于名义性能力水平阶段,即不具备职业能力,为风险者人群;35%的学生达到功能性能力,基本掌握所需专业技能,处于提高者阶段;47.5%学生达到过程性能力,已经能很好地胜任技能岗位工作,处于能手阶段;12.5%学生达到设计能力,已经达到职业技能专家水平阶段。以上说明大部分学生已能很好地适应岗位工作,有较高的职业能力水平,培养效果良好,这与本校工学结合的人才培养模式密不可分。当然,还需关注风险者和提高者阶段的学生,力争让每一位学生毕业时都能达到应有的职业能力水平。

资料来源:陈党.基于KOMET的高职物业管理专业学生职业能力分析——以江苏城乡建设职业学院为例[J].现代物业(中旬刊),2019(08):254-256.

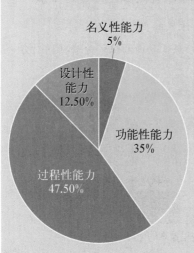

图7-4 受测学生的职业能力水平分布图

讨论题：
1. 你认为本案例中的职业能力测评内容与方法是否科学？为什么？
2. 你认为能力测评在人员招聘中的价值与作用是什么？你认为本案例中的职业能力测评可能存在哪些问题？为什么？可以作出哪些方面的改进工作？

案例二　能力测验的困境与出路[①]

某知名大型通信公司（以下简称 A 公司）成立于 20 世纪 80 年代。A 公司为确保自己在技术研发上的领先性，使公司站在通信技术的前沿、不断推出具有领先水平的通信产品，公司每年都会从国内著名高校中招聘大量对口专业的应届毕业生，网罗优秀人才。由于近年来毕业生人数快速增加，为了提升招聘的成功率及效率，A 公司从 2005 年起从某测评公司引入基本能力测验，借以筛选应聘者。在 2005 年的招聘过程中取得了一定效果，但多数应聘者得分偏高，且比较集中，区分起来有些困难。

在 2006 年的校园招聘过程中，A 公司对新一届毕业生开展了能力测验，但 HR 人员在整理结果时发现，90% 以上的应聘者的成绩都在 93 分以上，根本无从区分开应聘者之间的能力差距。事后调查发现，在 2005 年测试完成之后，就有多名应聘者凭借记忆将该知名企业在招聘时应用的能力测试题及答案都发布到某大学的校园 BBS 上，试题已经完全泄漏，测试结果根本无法用于鉴别应聘者的基本能力水平，HR 只能凭借面试重新对应聘者进行筛选，招聘工作的效率大大降低。

2007 年的校园招聘旺季即将到来，为了网罗到更多优秀的人才，A 公司决定提前到各高校展开招聘工作，因该公司在业内属于国内乃至国际上知名的企业，有着非常好的声誉与福利待遇，专业内的发展空间也非常大，势必将有大量毕业生前来应聘。鉴于在 2005 年应用能力测验中的良好效果，A 公司 HR 人员决定再次尝试使用能力测验。

通过对 A 公司招聘现状的分析，测评专家发现主要存在以下三方面的问题。

1. 试题难度不适合招聘对象，难以达到良好的区分度

由于应聘者多出自名校，学历较高，所以，在一般难度的能力测试中，他们的表现都比较好，出现了"天花板效应"，即由于题目过于简单，致使大部分应聘者的得分集中在较高的一小段区间内，难以区分不同水平的应聘者。

[①] 资料来源：http://www.hroot.com/article/html/2008-11-4/2008114160441.htm。

我们知道，试题的难度是保证良好区分度的根本，而难度是根据常模人群来确定的，因此，一套确定的试题只适用于与该常模类似的群体。目前市面上的能力测试题目基本上是成套的试题，试卷的总体难度已经确定，一旦招聘对象与常模人群有较大差别时，试卷的区分效度将非常不理想，容易出现心理测量学中的"天花板效应"或"地板效应"。

2. 试题安全性无法保证

现在高校中透露企业招聘考试题、面试题的现状非常严重，已经成为名企招聘工作人员比较头疼的一个问题。到目前为止，国内测评市场上能找到的大多数为单套的能力测试题，个别企业有多套能力题集，非常缺乏专门针对企业招聘开发的能力题库系统。当有限的试题被大规模地应用到各企业中进行招聘时，题目的曝光率非常高，甚至有两家企业用同一套能力测试题到同一所高校中进行招聘的尴尬场面。

3. 要求考察一些全新的素质

除了以上问题，经过与 A 公司 HR 人员的深入沟通，测评专家们发现 A 公司对测试的内容方面也有一定的需求，由于是对口专业的通信技术研发人员，通过对工作内容的深入分析与沟通，基本确定下考察逻辑推理、学习能力、创新思维三个方面的内容。而这在以往的能力测验中也是无法满足的，因为目前的能力测验，不论是单套的试题，还是多套的试题，它们在题目数量、考察维度上都是固定的，企业无法根据自身需求设定所要考察的维度。如果企业要使用能力测验来开展招聘工作，则必须让应聘者完成全部测试题目，而测试题基本上都需要两个小时以上，测试时间过长，这不仅增加了企业组织招聘测试的成本，而且无法聚焦到企业最关注的考察点上。

通过以上分析，测评专家为 A 公司推荐了一种新的能力测评系统，这是一套测验生成系统（Test Generator），可以在近 3 000 题的题库中根据一定规则抽取出符合企业需求的试卷。根据 A 公司的实际招聘需要，测评专家从该系统九大维度（言语理解、言语推理、数学运算、数字推理、图形推理、空间能力、抽象推理、资料分析、思维策略）中选取了五个维度，即言语推理、数字推理、图形推理、抽象推理、思维策略；其中，言语推理、数字推理和图形推理主要考察应聘者的逻辑推理能力，抽象推理主要考察应聘者学习新知识、并利用新知识解决问题的能力，而思维策略主要考察应聘者打破传统思维定式、灵活解决问题的能力。

由于应聘者主要来自著名高校，能力水平普遍较高，为了达到最佳区分效果，测评专家为其选择了"较难"难度（共五种难度：非常容易、比较容易、中等、较难、非常难）的测试题。另外，考虑到作答时间，若采用完整版试题，五个维度的作答时间为 100 分钟，时间较长，企业操作成本较大，且学生容易产生应答疲劳。因此，测评专家为其定制了精简版的试题，将作答时间减至 75 分钟。根据这些参数，测评专家为 A 公司生成了一套专属于该公司的招聘试题。由于试题库庞大，即使使用相同的参数设置，每次随机抽取的试题在保证达到相同测量目的的同时,选取的具体题目都会有很大的不同,这样很好地控制了试题的曝光率,试题的安全性得到大大提高。

目前,A公司已经完成了两所大学的招聘工作。测试结果能够很好地将应聘者区分开来,测试者的得分分布在63—97分,分布范围广泛。根据测试结果的分布,HR将录取参考线定在85分,在前来应聘的84人中,有22人的测试结果在85分以上,能力测试结果对HR筛查应聘者起到了很好的辅助作用。考虑到此套招聘试题已经使用过,为了保证在下一所学校使用时不致出现2006年的情形,A公司决定采用相同的参数在选择的能力测评系统中重新生成一套能力测试题。

讨论题:
1. 结合案例思考在招聘选拔中进行能力测评需要经过哪几个重要步骤?
2. 结合案例谈谈如何设计能力测评系统?能力测评报告的作用有哪些?

进一步阅读的文献

[1] 罗庆朗,蔡跃洲,沈梓鑫.创新认知、创新理论与创新能力测度[J].技术经济,2020,39(02):185-191.

[2] 赵志群,黄方慧.职业能力测评方法的质量控制——以COMET为例[J].上海教育评估研究,2019,8(01):14-18.

[3] 淡晶晶,陈光春,马尊武,等.基于冰山理论的科研机构管理人员能力结构模型构建[J].管理现代化,2019,39(06):52-55.

[4] 迟琳琳,游浚,王泽.国际化创新型人才能力素质模型研究[J].现代商贸工业,2019,40(23):48.

[5] 高帆,赵志群,黄方慧.职业能力测评方法的发展[J].中国职业技术教育,2017(35):9-16.

[6] 韩嵩,王福森,谢明.构建基于企业战略的领导力模型 为企业健康持续发展提供强力支撑[J].中国电力企业管理,2017(S1):44-49.

[7] 马庆霞,王雪.中层管理者领导能力测试及其分析研究[J].企业改革与管理,2016(01):61-63.

第八章

人员测评与选拔质量检验与分析

【本章提要】

通过本章学习,应该掌握以下内容:
1. 测评信度及其分析;
2. 测评效度及其分析;
3. 测评项目的适合度、区分度、独立性及其分析;
4. 测评的客观性、变异性与总体水平及其分析。

人员素质测评与人才选拔的质量越来越受到人们的关注。一次测评、选拔过后，人们不禁要问这次测评、选拔科学可信吗？质量能保证吗？本章所讨论的便是人员测评与选拔的质量问题，将对测评与选拔的可靠性、有效性及测评项目质量分析等问题进行阐述。由于选拔的客观依据主要是测评结果，因此，本章中主要以测评结果的质量分析进行说明。

第一节　人员测评与选拔结果的可靠性分析

在一次体检中你的体重为 50 千克，第二天后复检时体重变为 55 千克，说明什么问题呢？人们可能会对这台秤或者检测人的可靠性产生怀疑。素质测评与人才选拔也是这样，如果时间相隔半个月，同一测评量表对某人实施了两次技能测评，如果两次测评得分基本接近，人们会认为这次技能测评是可靠的；如果两次测评分数相差甚远，人们则会认为这次技能测评不可靠。在人员测评与选拔中，结果的可靠性是由测评信度来鉴定，而信度的大小又由信度系数来衡量。

一、测评信度的含义及其分类

1. 测评信度的概念

所谓信度，是指人员测评与选拔结果的准确性或一致性程度[1]。

信度是用来检验人员测评与选拔质量的重要指标，从测评与选拔指标体系的制定，到测评与选拔的整个实施过程，始终都要考虑测评与选拔的信度问题。

2. 信度的分类

按照衡量测评信度程度的方法不同，信度可分为再测信度、复本信度、内在一致性信度、评分者信度等。

（1）再测信度。以同样的测评与选拔工具，按照同样的方法，对相同的对象再次进行测评与选拔，所得先后结果间的一致性程度。实质上，这是一种跨时间的一致性，一般用稳定系数来揭示前后两次测评与选拔结果的一致性程度。

再测信度的两次测评与选拔，使用的是同一个测评工具、同一种测评方式，单从测评的组织实施角度来看，再测信度的鉴定是较方便的，但较难把握的是两次测评间隔的时间长短。时间间隔过长，被测的特征将随时间的增加而发展变化，如时隔三个月再测被测的技能，被测的技能可能随着学习、训练等渠道而发展变化，由此计算的稳定系数将失去意义；若时间间隔过短，又可能产生记忆与练习效应，这也将影响稳定系数。究竟再测时间间隔多长合适呢？时间间隔不应是固定不变的，不同性质的人员测评时间间隔应有区别，

---

[1] 萧鸣政.现代人员素质测评[M].北京:北京语言学院出版社,1995:397.

一般为 1—3 个月。在进行测评结果报告时,应报告两次测评的间隔时间,以及在此期间内被测的相关经历。

（2）复本信度。测评与选拔结果与另一个等值测评与选拔结果的一致性程度。所谓等值,是指在测评内容、效度、要求、形式上都与原测评一样,其中的一个测评可以看作另一个测评的近似复写,即复本。复本信度实质上是一种跨维度、跨形式的一致性,用等值系数来揭示两次测评与选拔结果的一致性程度。如果两个复本测评相距一段时间分两次实施,则在鉴定复本信度的同时还可鉴定再测信度,可见它的应用范围的广泛。

鉴定复本信度,首先是要编制等值的复本。编制严格平行的复本难度较大,这也是制约复本信度的主要因素。此外,复本信度虽能较好地克服再测信度的练习、记忆效应,但原测评中的一些技巧也会产生迁移效应。

（3）内在一致性信度。所测素质相同的各测评项目分数间的一致性程度。若被测在第一个项目的分数高于他人,在第二个项目的分数还高于他人,在第三个项目的分数仍高于他人……且这些测评项目所测评的是同一素质,就有理由认为测评与选拔结果较可靠。内在一致性信度是通过分析同一测评中各测评项目之间的一致性来分析测评信度,它实质上是一种跨测评项目的一致性。内在一致性信度分析的前提是各测评项目必须是同质的,都是测评同一种素质的项目,可用内在一致性系数来揭示测评信度。

再测信度与复本信度都需要组织两次测评,而内在一致性信度只要进行一次测评,既增加了人员测评的可操作性,也为实际工作带来了极大方便。

（4）评分者信度。多个测评者给同一组被测样组进行评分的一致性程度。测评与选拔结果的差异程度来自两方面:一是被测者自身,二是测评者及其测评。信度主要是对后者的度量,测评者及其测评的无关差异越小,测评与选拔结果就越可靠。测评者的评分是引起主观性测评结果差异的主要原因。客观性测评是利用计算机评分,不受主观因素影响,不存在评分误差。例如,面试与观察评定等主观性测评方法,其评分无法计算机化,要靠评分者通过主观判断来评定。评分者的知识水平、对测评标准的把握、因心理效应而产生的各种心理误差等,都会使不同的评分者对同一被测的评分产生差异,评分者信度就是用来分析这种差异程度的指标,它实质上是一种跨测评者的一致性,一般通过肯德尔和谐系数来衡量评分者信度的大小。

二、信度系数的估计

信度系数是衡量信度大小的指标,信度系数越大,说明信度越高,即测评与选拔的可靠程度越高。

信度系数是一组测评中真分数的变异数与实得分数变异数之比,即 $\gamma_{xx} = \dfrac{S_T^2}{S_x^2}$。由于真分数不可能测到,真分数的变异数 S_T^2 只是一个理论上的推测值,因此,信度系数 γ_{xx} 也只是一个估计值。

按照上述信度的分类,信度系数可分为稳定系数、等值系级、内在一致性系数、评分者信度系数等。

1. 稳定系数

稳定系数是用来估计再测信度前后两次测评与选拔结果的一致性程度,通常采用积差相关法求得。计算公式为

$$\gamma = \frac{N\Sigma xy - \Sigma x \cdot \Sigma y}{\sqrt{[N\Sigma x^2 - (\Sigma x)^2][N\Sigma y^2 - (\Sigma y)^2]}}$$

式中,γ 为稳定系数;N 为测评结果数据的个数;x 为被分析的测评结果数据;y 为重复测评结果数据。

γ 越接近1,说明测评结果的可靠程度越高;反之,测评结果的可靠程度越低。

例1:一次品德测评后,随机抽取了其中10名被测者,其测评分数如下:74,71,80,85,76,77,77,68,74,74;再次测评后,10名被测者的分数依次是:82,75,81,89,82,89,88,84,80,87。请对这次品德测评结果的可靠性进行分析。

用积差相关法求出稳定系数,再对测评结果的可靠性进行分析。由抽样结果可得
$\Sigma x = 756$,$\Sigma y = 837$,$\Sigma x^2 = 57\,352$,$\Sigma y^2 = 70\,245$,$\Sigma xy = 63\,369$,$N = 10$
代入公式,得

$$\gamma = \frac{10 \times 63\,369 - 756 \times 837}{\sqrt{(10 \times 57\,352 - 756^2)(10 \times 70\,245 - 837^2)}}$$

$$= \frac{918}{1\,931.81} = 0.48$$

经统计检验,相关系数未达到显著水平,因此,这次品德测评的结果的信度不高,可靠性不够。

2. 等值系数

等值系数是用来估计复本信度两次等值测评结果的一致性程度,它的计算与稳定系数相似,通过计算两次测评数据之间的相关系数来求得等值系数。当测评结果是分数形式时,用积差相关法计算;当测评结果为等级或名次时,用等级相关法计算。其计算公式为

$$\gamma = 1 - \frac{6\Sigma D^2}{N(N^2 - 1)}$$

式中,γ 为等值系数;N 为测评结果的个数(被测人数);D 为同一被测两次评定等级之差。

例2:10个被测者接受了一次技能水平的观察评定,名次分别为
1 2 3 4 5 6 7 8 9 10
为了检验这次测评结果的可靠性,同时进行了另一次等值的技能观察评定,10名被测者的名次依次对应为
2 3 1 4 7 6 10 9 8 5

请分析这次技能测评结果的可靠性。

可以通过计算两次等值测评的等值系数来分析技能测评结果的可靠性,由于两次测评的结果都是名次的形式,所以,选择等级相关计算等值系数。

$$\gamma = 1 - \frac{6 \times [(-1)^2 + (-1)^2 + \cdots + 5^2]}{10 \times (10^2 - 1)}$$

$$= 1 - \frac{6 \times 46}{10 \times 99} = 0.72$$

经统计检验,相关系数达到显著水平,所以,这次技能测评结果较可靠。

3. 内在一致性系数

内在一致性系数是用来估计不同测评项目测评数据的一致性程度,且这些项目都是测评同一种素质。

内在一致性系数的估计方法通常有两种:一种是项目折半分析,另一种是 α 系数分析。

所谓项目折半分析,是把一个测评分成等值的两半,得到两组测评分数,计算两组之间的相关系数,再代入下列公式得到整个测评内在一致性系数。

$$\gamma_t = \frac{2\gamma}{1 + \gamma}$$

这一公式被称作斯皮尔曼-布朗(Spearman-Brown)公式,式中,γ 为两半项目分数的相关系数,γ_t 越大,测评结果越可靠。

采用这种方法分析内在一致性程度的关键,在于把一个测评一分为二不是随意的,而应分成尽量等值的两半。通常的做法是把题号为奇数的分作一半,而题号为偶数的作为另一半。

例3:某公司对销售部门的 10 名营销人员进行市场开拓能力测评。采用评定量表,由 12 个问题构成。将测评数据按奇偶项分成两半,整理过的测评分数如表8-1 所示。可通过项目折半分析来评定 10 名营销员的市场开拓能力测评的信度。

表8-1 营销员市场开拓能力评定结果分析

姓 名	A	B	C	D	E	F	G	H	I	J
单项题得分和(x)	5	6	4	6	3	6	4	5	3	4
双项题得分和(y)	6	6	5	4	4	5	6	5	4	5
测评总分	11	12	9	10	7	11	10	10	7	9

由表中数据,可得:

$$\Sigma x = 46,\ \Sigma y = 50,\ \Sigma xy = 233,\ \Sigma x^2 = 224,\ \Sigma y^2 = 256$$

由积差相关法求两半测评数据的相关系数:

$$\gamma = \frac{10 \times 233 - 46 \times 50}{\sqrt{(10 \times 224 - 46^2)(10 \times 256 - 50^2)}}$$

$$= \frac{30}{86.26} = 0.35$$

由斯皮尔曼-布朗公式求该测评的内在一致性系数：

$$\gamma_t = \frac{2 \times 0.35}{1 + 0.35} = 0.52$$

相关系数为 0.52，未达到显著水平，说明这次营销人员市场开拓能力测评的信度不高，可靠程度不够。

当一次测评无法分成对等的两半时，折半信度不宜使用。此时，可考虑通过 α 系数分析信度，α 系数是目前计算信度较常用的一种方法。

α 系数分析是通过克朗巴赫（L. Cronbach）提出的公式计算内在一致性系数。

$$\gamma_t = \left(\frac{n}{n-1}\right)\left(\frac{s_t^2 - \Sigma v_i^2}{s_t^2}\right)$$

式中，n 为测评项目数；s_t^2 为测评结果的方差；v_i^2 为第 i 个项目的方差。

例4：对一组被测的管理能力进行测评，评价中心对其实施了六项测试，统计结果如表8-2所示。可通过 α 系数分析来评定这次管理能力测评的信度。

表8-2 评价中心测评结果统计表

项目 统计量	总测评	心理测验（一）	心理测验（二）	心理测验（三）	心理测验（四）	面试	观察评定
平均数	91.52	13.82	11.32	23.18	10.14	20.53	12.53
方差	484	9.61	12.96	51.84	8.41	43.56	14.14

将表中数据代入上述公式，可得：

$$\gamma_t = \frac{6}{5} \times \left(1 - \frac{9.61 + 12.96 + \cdots + 14.14}{484}\right)$$

$$= \frac{6}{5} \times \left(1 - \frac{140.52}{484}\right) = 0.85$$

相关系数为 0.85，经统计检验为显著相关。这说明这次管理能力的测评结果是较可靠的。

4. 评分者信度系数

当评分者为两人时，评分者信度是通过两个评分者对同一组被测测评分数之间的相关系数来鉴定，可使用积差相关或等级相关来计算相关系数。

当评分者为两人以上，并用等级记分时（其他形式的分数要转化成等级），则用肯德尔和谐系数来分析评分者信度，其计算公式为

$$W = \frac{\Sigma R_t^2 - \frac{(\Sigma R_i)^2}{N}}{\frac{1}{12}K^2(N^3 - N)}$$

式中，K 为评分者人数；N 为被测评的对象数（被测人数或答卷数）；R_i 为第 i 个被测对象

等级之和或分数之和。W 越大,评分者信度越高,测评结果越可靠。

例5:五位面试考官对六名被测的综合素质进行了测评,其评定的等级结果如表8-3所示,试分析评分者信度。

表8-3 面试测评结果统计表

评分者\被测	一	二	三	四	五	六
A	6	5	1	4	2	3
B	6	3	1	5	2	4
C	5	6	2	3	1	4
D	4	5	2	6	1	3
E	5	6	1	4	2	3
R_i	26	25	7	22	8	17

由表中数据,可得

$$\Sigma R_i = 26 + 25 + 7 + 22 + 8 + 17 = 105$$

$$\Sigma R_i^2 = 26^2 + 25^2 + 7^2 + 22^2 + 8^2 + 17^2 = 2187$$

代入公式,可得

$$W = \frac{2187 - \frac{105^2}{6}}{\frac{1}{12} \times 5^2 \times (6^3 - 6)} = 0.80$$

经统计检验,相关系数达到显著水平,这说明此次面试的评分者信度较高,测评结果较可靠。

若同一评分者对被评对象的评定出现了相同等级,则需采用下列公式计算 W 值。

$$W = \frac{\Sigma R_i^2 - \frac{(\Sigma R_i)^2}{N}}{\frac{1}{12}[K(N^2 - N)] - \frac{K\Sigma\Sigma(n^3 - n)}{12}}$$

式中,n 为相同等级的个数,其他符号的含义同上。

三、影响信度的因素分析[1][2]

测评误差分两种:一种是由与测评目的无关的偶然因素引起的随机误差;另一种是由与测评目的无关的变因引起的恒定而有规律的系统误差。系统误差影响测评结果的准确性,即测评效度。随机误差既影响测评结果的准确性,又影响测评结果的一致性,即随机误差同时影响测评的效度和信度。

---

[1] 唐宁玉.人事测评理论与方法[M].大连:东北财经大学出版社,2002:274.
[2] 戴海崎.心理与教育测量[M].广州:暨南大学出版社,1999:82.

测评信度实际上就是测评过程中随机误差大小的反映。影响随机误差的因素——测评者、被测者、测评工具及施测环境等就是影响测评信度的主要因素。

1. 测评者因素

测评者不良的言行举止对被测的心理状态有意无意的干扰、暗示、误导，会造成测评误差，大大降低测评信度。

测评者掌握标准不一，或紧或松，忽高忽低，都会引起测评误差，影响测评信度。

2. 被测者因素

被测者的生理因素、心理因素、受教育程度、相关经验、测评态度等都将影响被测个体心理特质水平的稳定性，引起测评误差，影响测评信度。

被测者总体内部水平的离散程度将影响测评信度。在相同条件下，被测者总体分数分布范围越大，即离散程度越高，则测评信度越高。因大部分信度系数都是采用相关系数求得，而相关系数的大小受数据变异程度影响。数据分布的范围越大，变异程度越高，相关系数的越大，即信度系数越大，从而测评信度越高。

被测者总体的平均水平也将影响测评信度。平均水平过高或过低，都会降低测评的可靠性。因为被测者总体的平均水平可以反映测评项目的难度与区分度，而项目难度与区分度会影响测评信度。当项目难度过大时，多数被测者被题目难住了，只好猜答，测评的可靠性显然要降低；当测评项目难度过低时，绝大多数被测者都能答对，测评项目根本区分不出被测者的实际水平，这种测评项目毫无实际意义，更谈不上可靠性。此外，被测者总体的平均水平也会影响测评得分的分布范围，平均水平过高或过低，会使测评得分分布范围小，从而降低测评信度。测评项目难度适中，项目区分度较高，即被测者总体平均水平适中时，对测评信度的提高非常有效。

3. 测评工具因素

测评工具是否性能稳定对保证测评结果的质量至关重要。影响测评稳定性的主要因素有测题的取样、测题之间的同质性程度、测题的难度与区分度等。

当一测评的测题取样不当，或测题太少，或考察的面太窄，就难以测出被测某一素质的全面情况。在其他条件不变时，增加同质的、难度相当的测评项目，可以提高测评的可靠性。因为测评项目增加，能降低被测猜答、误答、押题及相关经验迁移等随机因素影响的比率，降低随机误差，提高测评信度。这也可由斯皮尔曼-布朗公式做定量分析。

$$\gamma_{nn} = \frac{n\gamma_{11}}{1+(n-1)\gamma_{11}}$$

式中，n 是增加后的测题数为原测题数的倍数；γ_{11} 是原测评的信度系数；γ_{nn} 是增加测题后的信度系数。

假设某一素质测评有 20 道题，其信度系数为 0.65，未达到要求。若增加同质且难度

大体相同的题目至60道,则信度系数可提高到

$$\gamma_{nn} = \frac{\frac{60}{20} \times 0.65}{1 + \left(\frac{60}{20} - 1\right) \times 0.65} = 0.85$$

由斯皮尔曼-布朗公式不难推出,信度系数由 γ_{11} 提高到 γ_{nn} 所要增加的测评项目数为原项目的倍数 n,其计算公式为

$$n = \frac{\gamma_{nn}(1 - \gamma_{11})}{\gamma_{11}(1 - \gamma_{nn})}$$

理论上已经验证,大幅增加测评项目可大大提高其测评信度,但在实际操作中并不容易做到。大量符合要求的测题的编制,因测验长度的增加而牵涉的测评时间与过程的控制等都不是简单的事。即便如此,我们在设计某一测评时应重视并尽可能考虑这一影响因素,并在实际操作中还可积极寻求一些变通替代的办法。如进行面试、观察评定等主观性测评时,可通过增加测评者人数来获得与增加测评项目同等的功效。

测题之间同质性程度对测评信度的影响,在对内在一致性信度的分析中已有清晰的认识。测评难度与区分度对测评信度的影响在上述第二点中也已作过分析。

4. 测评环境因素

实测时的环境也会引发一些不可预期的偶然因素影响。例如,亮度、温度、噪声、通风、测评纪律的控制以及测评者对指导语的误读、误解、误答等,都会产生测评误差,影响测评信度。这就要求全面做好实测时的组织工作,减少偶发事件,保证测评顺利进行,从而提高测评信度。

第二节 人员测评与选拔结果的有效性分析

上一节对测评信度进行了分析阐述。测评效度是人员测评与选拔质量检验的另一个重要问题。这一节将对测评效度的含义及分类、效度分析以及影响效度的因素进行分析。

一、效度的含义及分类

1. 测评效度的概念

所谓测评效度,是指测评结果对所测素质反映的真实程度,也即实际测评结果所能够达到测评对象的实际程度有多少。

以下三点能帮助我们对效度的概念更进一步理解。

(1)效度是个相对的概念。任何一个人员测评方案都是为特定的目的而设计的,不存在一种对任何目的都有效的测评方案。例如,对技能测评有高效度的结果,相对品德测

评就不一定能达到这样高的效度。又如,用于选拔高级技术人才而设计的有效测评项目,用在选拔高级管理人才上就不一定那么有效了。

(2) 效度是个程度的概念。任何一种素质测评的效度都不是"全有"或"全无",只是程度上的差别而已。评价某素质测评结果"有效"或"无效"是不妥的,用"高效度""中等效度""低效度"才是合适的。如用测评教师素质的项目来测评运动员,其效度肯定低,但不至于一点特征都不能测出,只是能测出的程度低而已。

(3) 效度是测评误差的综合反映。上一节我们已经分析,测评的随机误差影响测评信度,而测评的系统误差与随机误差均影响测评效度。可见,效度是测评的随机误差与系统误差的综合反映。测评过程中只要存在误差,无论是哪种,都必定影响测评效度。

2. 效度的分类

效度的分类有多种,目前较常见和公认的是将其分为三类:从内容性质方面分析的内容效度,从同构程度方面分析的结构效度,从效标相关性方面分析的关联效度。

(1) 内容效度。

所谓内容效度,是指实际测评到的内容与期望测评的内容的一致性程度。当实际测评到的内容与事先所想测评的内容越保持一致时,说明测评结果的内容效度越高,测评结果越有效。

这里的内容实际是一个内容范围的概念,它兼有内涵与结构双层含义。内涵指它包含了一些相关内容,同时又排除了一些不相关成分。例如,对歌唱演员的演唱技能的测评,若设计内容为发声、音高、音量、表演、弹跳、速度等,显然前四项属于演唱技能的测评范围,而弹跳与速度实际是运动技能的测评范围,它是演唱技能排除在外的不相关内容。这里的结构是指内容范围具有一定的比例结构性。如进行素质测评时,某一素质测评的内容在一份测评量表中所占的比例要严格按照测评指标的权重规定。可见,内容范围与测评指标设计密切相关。

(2) 结构效度。

结构效度又称作构想效度、构思效度、建构效度等,是人们最为关注的一种测评效度。

在测评实践中,人们经常会遇到诸如智力、动机、态度、品德、善良、诚实等一些抽象概念,对这些素质实际上是无法直接测评的,需要建构一些具体的行为测评来推断实际的素质水平。例如,对"善良"我们虽不能直接对其测评,但如果某人每次在公交车上都主动为老弱病残者让座,或某人几十年如一日收养孤残儿童,我们就有足够的理由推断他具有"善良"的品性。把抽象素质构建成具体行为特征,是否抓住了该素质的本质特征进行构建是最关键的,即所测评的结果能否代表欲测的素质,观察到的行为是否就是被测者真实的素质水平。这是人们关注的焦点,其实这就是结构效度问题。

所谓结构效度,就是实际所测评的结果与所想测评素质的同构程度。它表明了在多大的程度上,实际的测评结果能够被看作所要测评的素质在结构上的替代物。

(3) 关联效度。

所谓关联效度,是指测评结果与效标的一致性程度。效标是一种用来衡量测评有效性的外在参照标准,它可以是一种测评的结果,也可以是标准测评的分数。

根据效标是否与测评结果同时获得,可将关联效度分成同时效度与预测效度。作为效标的结果与测评结果同时获得,这种效度称为同时效度。同时效度很高的测评,不仅说明测评结果客观、公正、准确,而且还启示人们可用一个相对简单的测评代替另一个较为复杂的测评。如果采用观察评定与问卷测验两种方法测评同一人的工作态度,若两个测评结果的相关系数高达 0.86,这说明对这人的工作态度测评效度较高。今后类似于样本的其他团体或个体的工作态度测评,我们可用问卷测验代替工作量大的行为观察法。当作为效标的结果是由后来测评中获得,这种效度称为预测效度。它反映了现在的测评结果对未来素质发展的预测程度。

不同的测评目的,对于效度的要求也不尽相同。通过测评来评定员工绩效或晋升技术职称,则希望测评有较高的同时效度;通过测评来选拔人才或进行人事调配,则希望测评有较高的预测效度;通过测评来开发培训人才,则希望测评兼备较高的同时效度与预测效度[1]。

二、测评效度的分析

1. 内容效度的分析

内容效度的分析,主要是对被包括在测评范围之内的所有被测行为样本(测评项目)是否具有代表性、代表性程度如何的分析。可以从两方面进行具体分析:

(1) 是否包括了欲测素质中的各种成分;
(2) 测评范围内的行为样本的比例结构是否与工作分析的结果一致。

如果包含于素质测评范围内的行为样本,没有遗漏任何重要的成分,欲测素质中的每一种基本成分都没有被忽略或过分强调,则可评定测评结果在内容上与所欲测评的素质是相一致的,测评结果具有较高的内容效度。

内容效度的鉴定目前主要采用定性分析的方法,有蓝图对照分析法与专家比较判断法。

蓝图对照分析法是将测评内容与设计蓝图对照,从内容范围的内涵和结构与蓝图逐一对比检查,再作出分析判断。如对知识测评的效度鉴定,是把试题涵盖的知识内容、各部分内容在试卷中的比例、测评目标层次结构等与试卷蓝图或双向细目表逐一对照检查,从而鉴定测评效度。

专家比较判断法是由一组独立的专家组成专家评定组,对测评量表内容取样的充分性、必要性、适合性进行评定;对实际测评到的内容与所要测素质特征的符合程度作出判断。专家评定组可由测评专家、测评单位领导、主管测评人员、被测人员等组成。内容效

---

[1] 陆红军.人员测评与人事管理[M].郑州:河南人民出版社,1987:400.

度实际是一种内在的经验效度,由各方专家相结合鉴定效度是目前一种较为有效的方法。

但是,专家比较判断法也有其不足,主要是这种评定受一定的主观因素影响。不同的专家所具有的知识背景不同,所处的社会角色也不同,他们对同一评价目标所应包含的指标内容会有不同的理解,对同一套指标内容与该目标下应包括的指标内容间的符合程度也会有不同的判断。因此,各位专家分析评判后,可由下列公式计算内容效度比来鉴定内容效度。

$$C = \frac{n_e - \frac{N}{2}}{\frac{N}{2}}$$

式中,n_e 为持肯定评判意见的人数;N 为评判总人数。C 的值从 -1 到 1：当 C 为 -1 时,表示所有的专家都认为测评项目内容不当,此时,内容效度最低；当 C 为 1 时,表示所有的专家都认为测评项目内容较好地表现了测量内容范畴,此时,内容效度最高；C 的取值越高,说明内容效度越高。

2. 结构效度的分析

结构效度的高低往往与分析效度的人对素质结构的理解把握有直接关系。例如,某人对"忠诚"的理解是对本企业的忠心耿耿,另一人则认为"忠诚"应是实事求是的态度,对于"如实向其他企业说明本企业产品所存在的问题"这一行为,显然两人会把它归到不同的素质成分中并给予不同的评价。可见,结构效度的分析鉴定也受到主观因素的影响。重要的是如何采取有力措施,把这种影响控制到最低。

结构效度的分析鉴定,通常按下列两个步骤进行：

(1) 给所测评的素质的结构模式下一操作化定义。

结构效度考评的是抽象素质测评的有效性问题,首先,应对抽象素质的结构模式下一具体操作化定义,至少可防止诸如上述两人对"忠诚"这一素质理解的仁者见仁、智者见智。对抽象素质结构模式的建构,是由观念向具体行为的建构。应抓住所测素质的本质特征,确立一个可感觉与可操作的结构模式,由这种具体的结构模式作为抽象观念建构的替代物。这种替代物的内容当然应该是人们实际能够看到、听到和感觉到的东西,如外显行为、客观性生理反应等。素质测评的目标体系实际上就是所测素质的一个行为建构模型,它由项目、指标、权重、标度等组成。这种模型的建构,很大程度上取决于所测素质本身的特征及其抽象程度,如技能的模型建构要比品德的模型建构更容易一些。建构一个素质结构模型,可从以下三方面着手：

第一,进行工作分析。对所测评的素质进行结构分析与行为分析,确定各种素质结构成分及其代表行为。还可查找历史资料或参考人们对该素质因素的反映,补充和丰富工作分析结果。

第二,将工作分析得到的素质因素及其特征行为用图表形式表示。图表中要表明结构模型中的全部成分及其相互关系,要包括具备模型中大部分成分或具备其中一点成分的人的行为描述。图表描述可用图形面积比例方式,也可用数字比例形式。

第三,准备与所建构的模型容易引起混淆的其他模型图表。以便进一步说明为什么所测素质的结构模型是这种建构而非其他建构。

(2) 根据事实资料评判结构效度。

结构效度的分析鉴定一般采用实证法,即找到足够的事实证据,证明测评结果的结构模型是所测素质结构的一个很好的替代物。收集事实资料是重要和关键的,接下来的评判有定性分析与定量分析,其具体方法有五种。

① 排除法。依据测评结果能完全排除所对应素质结构模型的其他解释,以此证明所获得的测评结果具有较高的结构效度;反之,结构效度不够。

② 咨询法。组织一些有经验的专家,就所获得的测评结果、所对应的素质结构进行判断或推测该测评结果实际测评的素质。若专家们的判断与欲测评的素质结构几乎一致,说明该测评有较高的结构效度;否则,结构效度较低。

③ 相关法。找出一个具有较高结构效度的测评工具或测评结果,与所要评判的测评结果进行相关性分析,若两者高度相关,说明该测评结果同样具有较高的结构效度,并以该相关系数作为结构效度大小的估计值。例如,一个"自尊"结构效度的测评量表,其测评结果应该与自信、社交能力、领导作用等测评量表的测表结果呈正相关,而与自卑、内向、孤独等测评量表测评的结果呈负相关。

④ 逻辑分析法。当对所测素质的结构模型有一致公认时,只要能判断测评内容或工具选择正确,整个测评过程公正规范,就可推断该测评结果具有较高的结构效度。如测评时间足以保证被测评者完成所有的工作,被测评者没有受到催促因素的影响,操作测评工具的指导语十分明确,被测操作准确等都可作为判断测评工具或测评过程的因素。

⑤ 多元分析。采用聚类分析与主成分分析等数学工具,对测评结构进行量化分析。找出主要因素与分类结果,与所测评素质的结构作比较,如果一致,说明测评结构具有较高的结构信度。这种方法使用较复杂,有一定难度,需要具备一定的数学基础,才能作出较准确的分析。

3. 关联效度的分析

关联效度的分析是通过效度系数进行的。所谓效度系数,是指测评结果与标准结果的相关系数。相关系数越高,表明关联效度越高。同时,效度是以两种测评结果的相关系数来估计;对于预测效度,因效标的结果是后来获得,如人员选拔或人员调配后的实际工作成效等,因此,预测效度的鉴定要在测评结束一段时间后才能进行。

例6:为分析某一品德测验的效度,决定采用效标关联中的同时效度分析法,即让被测者同时接受品德测验中卡特尔16种人格因素测验。测评后,随机抽取15名被测作为一组样本,其测评结果如表8-4所示。试分析鉴定该品德测评的效度。

表8-4　15名被测测评分数统计表

被测姓名	A	B	C	D	E	F	G	H	I	J	K	L	M	N	O
品德测验得分(x)	61	53	70	49	90	45	76	56	62	60	88	68	65	50	63
卡特尔测验得分(y)	52	38	89	41	85	61	70	37	76	57	85	47	61	52	60

可用积差相关法求出品德测验与卡特尔测验数据的相关系数。

根据表8-4中的数据,可得

$\Sigma x = 956$,$\Sigma y = 911$,$\Sigma x^2 = 63\,374$,$\Sigma y^2 = 59\,449$,$\Sigma xy = 60\,365$

代入公式,

$$\gamma = \frac{15 \times 60\,365 - 956 \times 911}{\sqrt{(15 \times 63\,374 - 956^2)(15 \times 59\,449 - 911^2)}}$$

$$= \frac{34\,559}{47\,612.67} = 0.726$$

查相关系数检验表 $\alpha = 0.01$ 的临界值,$\gamma = 0.726 > 0.6226$,由此可知在0.01水平上显著相关。

故该品德测验具有较高的效度。

例7:某公司准备从技校毕业生中录用一批新工人,所招工种是一个高温、高险、高强度而且要求具备一定技能的工种。公司人力资源部对65名报名者进行了工作责任心、灵活性、安全知识、专业基础知识等项目的综合素质测评,最后录用了10名新工人。六个月后,车间主要依据平均产量与产品质量对这10名新技工进行了绩效考核。10名新技工综合素质测评与绩效考核的数据如表8-5所示,试以绩效考核数据为效标,对公司人力资源部招聘技工的综合素质测评的效度进行分析。

这是个预测效度问题,仍可通过积差相关法求得综合素质测评与绩效考核得分的相关系数,来鉴定该综合素质测评的效度。

表8-5　综合素质测评与绩效考核结果统计表

技工姓名	A	B	C	D	E	F	G	H	I	J
素质测评得分(x)	90	85	92	75	80	72	95	70	86	88
绩效考核得分(y)	8.8	9.0	9.1	8.6	8.5	8.0	9.3	7.8	8.7	8.0

由表8-5中的数据,可得

$\Sigma x = 833$,$\Sigma y = 85.8$,$\Sigma x^2 = 70\,063$,$\Sigma y^2 = 738.48$,$\Sigma xy = 7\,176.9$

代入公式,

$$\gamma = \frac{10 \times 7\,176.9 - 833 \times 85.8}{\sqrt{(10 \times 70\,063 - 833^2)(10 \times 738.48 - 85.8^2)}}$$

$$= \frac{297.6}{395.12} = 0.753$$

经统计检验,两组数据达到显著相关。

故这次新工人录用的综合素质测评具有较高的预测效度。

通过相关系数来估计效度,不一定都是用积差相关法求相关系数,主要是看数据的类型,针对不同的数据类型可分别采用等级相关、点二列相关、二列相关等方法求得相关系数。

进行关联效度分析时,对效标的选择是至关重要且有一定难度的。效标选择不当,将导致错误的效度鉴定。效标作为衡量测评结果有效性的参照标准,必须是可直接测评到且独立于所分析的测评结果的行为结果。

效标可分为概念效标与行为效标。

概念效标必须进行具体化、操作化定义,最终转化为行为效标,这与前面所讨论的结构效度中的抽象素质的具体化、操作化定义是相类似的。如果一个理想的概念效标找不到合适的行为效标来将其具体化、操作化,那是无用的。

行为效标的选择以客观实用为准则。常见的行为效标通常有以下七种。

(1) 学术成就。如作品的数量、质量、发行量、学历、奖励、荣誉、专家评定、考试成绩等。

(2) 特殊训练成绩。如机械能力倾向测验的效标可以用技术培训学习中的考试成绩等。

(3) 工作业绩。如一般工人可以产品产量、产品质量以及产品单位成本为效标;科技人员可以技术成果的数量、质量以及所产生的经济效益为效标;管理人员可以工作效率、经济效益为效标。效度的效标可选择近期的工作业绩,预测效度的效标则为今后工作的业绩。

(4) 评定评比结果。如专家与主管部门的评定、单位年终评比、领导与群众的评定结果等都可作为效标。

(5) 综合性标准。将工作业绩与评定结果加权综合处理,得出综合性标准作为效标。这类效标较科学合理,但必须掌握统计学综合处理数据的方法,有一定难度。

(6) 团体特征。选择在效标上有明显差异特征的两个团体作对比,用以分析测评结果的效度。如社交素质测评结果的效度分析,就可以分别与推销员的测评结果和工程技术人员的测评结果相比较,当差异显著时,即与推销员的测评结果呈正相关,而与工程技术人员的测评结果呈负相关或微弱相关时,则说明所分析的社交素质测评结果有较高的效度。

(7) 已被证明是有效的测评结果。如用明尼苏达机械性向测验得到的结果等。

以上分别对内容效度、结构效度、关联效度的鉴定问题作了较为深入的分析。它们之间不是孤立的,而是相互联系、相互影响的。往往采用单一的效度分析还不全面,需要分析各类效度后,综合起来才能把握测评结果的有效性。

测评效度的评价问题,目前各家说法不一,无统一标准。效度高低的评价应视测评的性质目的和所采用的分析方法而定。国内有的专家学者对效度的评价问题作过较深入的

研究,得出以下参考标准[①]:

高效度:效度系数应高于0.70或$\alpha \leq 0.01$;
中等效度:效度系数在0.30—0.70或$0.01 \leq \alpha < 0.10$;
低效度:效度系数低于0.30或$\alpha > 0.10$。

三、影响效度的因素分析[②]

前面已经作过分析,随机误差与系统误差都会影响测评结果的准确性,也即与测评目的无关的恒定与非恒定的所有变异因素都会影响测评效度。这些变异因素来自测评本身的构成、测评的实施过程、测评者素质、被测评者状态等。效标的选择恰当与否,虽然与测评误差无关,但它却影响效度分析。以下就影响效度的五种主要因素加以简要分析。

1. 测评工具因素

测评项目是否能较好地代表所测素质的内容与结构,直接影响测评的内容效度与结构效度。测评的内容范围与测评指标设计密切相关,测评指标的制定或测评工具的选择是否恰当,以及对抽象素质的测评能否抓住测评素质的本质特征来构建测评项目,都是影响效度的主要原因。

前面已分析,增加测评长度可以提高测评信度。其实,它也为提高测评效度提供了可能。有些学者总结了测评长度与效度的关系。即

$$\gamma_{(kx)y} = \frac{k \cdot \gamma_{xy}}{\sqrt{k(1 - r_{xx} + k \cdot \gamma_{xx})}}$$

式中,k为测评增长的倍数;$\gamma_{(kx)y}$为新测评的效度系数;γ_{xx}为原测评的信度系数;γ_{xy}为原测评的效度系数。

2. 测评过程及测评者因素

测评的实施过程主要发生的是随机误差,如实测时的环境因素的影响、测评者未能按指导语严格操作或对指导语理解的偏差等。这些不可预期的偶然因素引发的随机误差如果失控,对测评效度的影响也是极大的。

3. 被测评者状态

被测的心理、生理、动机、情绪、态度等因素都会影响心理特质水平的稳定性,造成随机误差,影响测评结果的可靠性与准确性,即测评的信度与效度。被测团体内部的同质性

---

① 萧鸣政,库克.人员素质测评[M].北京:高等教育出版社,2003:288.
② 戴海崎.心理与教育测量[M].广州:暨南大学出版社,1999:103.

也是影响效度的一个不可忽视的重要因素。

4. 效标因素

效标对于一个测评来说,它属于外在因素,不引起测评误差。但是,作为衡量测评结果有效性的标准,效标本身应能够有效测评人们所想检验的特征,这样才能真正反映出预测指标的有效程度。测评时间与效标取得时间的间隔长短,也会影响效度大小。间隔时间越长,测评结果与效标的关系受到无关因素的影响会越大,所求得的效度越低。

5. 信度因素

由真分数理论可推出测评信度与测评效度的关系是:高信度是高效度的必要条件,但非充分条件。信度高不一定其效度就高,但想获得较高的测评效度,其信度必定要高。可见,测评信度影响测评效度。信度不高的测评,不可能会有很高的效度。

第三节　人员测评与选拔项目的质量分析

测评的信度与效度是对测评结果的质量检验与分析。测评结果基本上都是由组成测评的各项目得分相加而成。项目质量的好坏,直接影响测评结果的可靠性与有效性。可见,进行项目质量分析是非常必要的,它与信度分析和效度分析同等重要,实际上是对测评结果更微观层次的分析。本节将对项目的适合度、区分度、独立性等主要指标进行分析。

一、项目的适合度

教育测评与心理测量中的项目分析指标主要是难度与区分度。教育测评与心理测量的项目主要由试题组成,试题自然有难易之分,难度是试题的一个主要特征。对人员素质测评来说,项目除包括试题外,更多的是一些咨询问题与观察指标,它们不存在难易。如果继续沿用"难度"一词,则无法准确地反映素质测评项目的质量特征。

有专家提出以"适合度"[①]取代"难度"来反映素质测评项目的特征属性。所谓适合度,是特指被测者行为符合项目测评标准的程度。这里的被测者行为包括回答问题与实际表现。当项目是试题时,被测者的行为是口头回答或选项回答与主观作答,项目测评标准是正确答案,符合程度即难度;当项目是问卷中的问题时,被测者的行为是选项回答,项目标准是问题所揭示的素质特征,符合程度即指选对人数与总人数之比;当项目为观察评

---

① 萧鸣政,库克.人员素质测评[M].北京:高等教育出版社,2003:294.

定量表中的指标时,被测行为是其实际表现,项目测评标准是量表中规定的评分标准,符合程度即指全体被测者平均分值与指标满分值之比。适合度可通过下列公式计算:

$$P = \frac{\bar{R}}{W}$$

式中,W 为项目满分值;$\bar{R}$ 为全体被测者得分的平均值;P 为适合度。

P 的取值在 0—1;P 值越接近 1,说明项目越适合被测;P 值接近 0,说明项目很不适合被测。

例 8:在营销素质测评中,应变能力指标的满分为 15 分,10 个被测者在该项目测试中的平均得分为 9 分,该项目的适合度为

$$P = \frac{9}{15} = 0.6$$

在机械性向测验中,某单项选择题有 20 人做对,22 人做错,该项目的适合度应为

$$P = \frac{20}{20 + 22} = 0.476$$

类似这种两值记分项目,适合度实际是通过率。通过人数越多,P 值越大,难度越小(对能力测验来说)。

由 P 值定义的适合度存在一个问题:P 值属于顺序变量,表示各项目的相对适合度,同一测评中的各项目的 P 值并非呈线性关系,它们不可比,不能直接相加求平均。合理的做法应先将 P 值转换成标准分 Z 值后再求平均值。因求出的 Z 值有小数与负数,美国教育考试服务中心提出按公式

$$\triangle = 13 + 4Z$$

作进一步修正。式中,$\triangle$ 为适合度;Z 为 P 对应的标准分,可查正态曲线分布表。

在能力测验中,$\triangle$ 为难度值,$\triangle$ 越大说明试题难度越大。一般项目的难度控制在 5.27—20.28,平均难度为 13 左右。P 与 $\triangle$,Z 的关系换算,可以查项目分析表。

在能力测验中,当项目是单项选择题时,还要使用公式

$$CP = \frac{PK - 1}{K - 1} \quad (K 为选项数)$$

校正难度。

二、项目的区分度

1. 区分度的含义

所谓区分度,是指测评项目对被测者素质水平差异的区分能力。具有较高区分度的项目,能将素质水平不同的被测者区分开来,即在项目测试中,水平高的被测者得分高,水平低的被测者得分低。区分度低的项目,高素质水平与低素质水平在项目测试中的得分无多大区别,甚至会出现与事实相反的结果。

区分度对人员选拔录用这类选择性测评有非常重要的意义。区分度高的测评项目可

以很明显地把优秀人才与一般人员区分开来,确保人员测评与选拔的质量。

2. 区分度的计算

区分度的计算方法有多种,主要是根据测评项目记分与测评总分的性质来选择相应的方法计算区分度。

(1)两端分组法。

这种方法适合不同性质记分的测评项目,更适合于二值记分项目。分析步骤如下:

① 将所有的测评总分从高到低排序,从最高开始往下取 27% 的测评结果作为高分组,从最低分开始往上取 27% 的测评结果作为低分组;

② 分别求出高分组适合度 P_H 与低分组适合度 P_L;

③ 计算项目适合度 $P = \dfrac{P_H + P_L}{2}$;

④ 计算项目区分度 $D = P_H - P_L$。

D 值越大,说明项目区分度越高。有关专家根据相关资料与实践,总结出评价标准(表8-6)[1]。

表8-6 项目区分度评价标准

区 分 度 值	评 价
0.40 以上	优良
0.30—0.39	良好、修改会更好
0.20—0.29	尚可、需修改
0.20 以下	差、应淘汰

(2)相关法。

所谓相关法,即求项目得分与测评总分的相关系数,以此来衡量项目区分度。相关系数越大,说明项目区分度越高。

相关系数的计算,在前面章节已作详细介绍。在此,结合区分度理论,重点介绍点二列相关系数的运用。

当项目是二值积分变量且测评结果为连续变量时,需采用点二列相关系数分析项目区分度。计算公式为

$$D = \frac{\bar{x}_p - \bar{x}_q}{s_t} \sqrt{pq}$$

式中,D 为区分度;p 为项目通过率;$q = 1 - p$;$\bar{x}_p$ 为通过该项目的被测者的总分平均值;$\bar{x}_q$ 为未通过该项目的被测者的总分平均值;s_t 为全体被测者总分标准差。

例9:16 名被测者在某测试的第三题的得分与该测试总分情况见表8-7,试分析该测

---

[1] 萧鸣政.试卷编制的方法与技巧[M].南昌:江西教育出版社,1989:162.

试第 3 题的区分度。

表 8-7　第 3 题得分与测试总分统计表

被测姓名	A	B	C	D	E	F	G	H	I	J	K	L	M	N	O	P
第 3 题得分	1	1	0	1	1	0	1	0	1	0	0	1	0	0	1	1
测试总分	55	78	66	72	35	18	85	65	90	45	82	53	62	45	70	36

由表 8-7 中测评结果，可得

$$p = \frac{9}{16} = 0.5625, \quad q = 1 - 0.5625 = 0.4375$$

$$\bar{x}_p = \frac{55 + 78 + 72 + \cdots + 36}{9} = 63.78$$

$$\bar{x}_q = \frac{66 + 18 + 65 + \cdots + 45}{7} = 54.71$$

$$\bar{x} = \frac{55 + 78 + 66 + \cdots + 36}{16} = 59.81$$

$$s_t = \sqrt{\frac{\sum(x_i - \bar{x})^2}{N}}$$

$$= \sqrt{\frac{(55 - 59.81)^2 + (78 - 59.81)^2 + \cdots + (36 - 59.81)^2}{16}} = 19.57$$

代入公式，

$$D = \frac{63.78 - 54.71}{19.57} \times \sqrt{0.5625 \times 0.4375} = 0.2297$$

经统计检验，相关系数未达到显著水平。
故该测试第三题的区分度较低。

当项目得分与测评结果都是连续变量时，可通过积差相关系数分析项目区分度。

当项目得分与测评结果都是连续变量，但其中一个变量因某种原因被人为分成两类时，如项目得分被人为分成通过与未通过，或测评总分被分成及格与不及格，此时，需采用点二列相关系数分析项目区分度，其计算分成为

$$D = \frac{\bar{x}_p - \bar{x}_q}{s_t} \cdot \frac{pq}{y}$$

式中，y 为正态曲线下把面积分成 P 和 q 两部分的纵轴高度（查正态分布表）；其余各项含义与点二列相关系数公式是一致的。

当项目得分与测评结果都是二值分配变量，需要通过 φ 相关系数分析项目的区分度。φ 相关系数的计算将在下面结合项目的独立性问题作详细介绍。

三、项目的独立性

所谓项目的独立性，是指项目之间的不相关或低度相关。

在能力测评中,项目之间需要保持一定的独立性,如一个测验有 15 个项目,每个项目都是中等难度($p=q=0.5$),而且 15 个项目之间完全相关($\gamma=1$),那么会出现这样一种结果:在一个项目上答对的人在其他 14 个项目上必然答对,在一个项目上答错的人则在其他 14 个项目也必然错。最终测评结果只有 0 分或满分两种可能。可见,这个测验只能区分两种极端情况,而无法把中等水平的人区分开来,这种能力测评没有实际意义。

项目的独立性分析,通常也是借助相关系数,通过分析项目分数之间的相关系数来评定项目的独立性程度。当相关系数越小时,说明项目独立性越大;反之,项目独立性越小。

当项目的满分值较大(10 分以上),为连续分值且项目得分分布均匀时,可采用积差相关法分析项目独立性;当项目得分分布非均匀(集中在五个分数点以下时),或者为二值记分时,需采取下面两种方法分析项目独立性。

1. φ 系数法

计算公式为

$$\gamma_\varphi = \frac{bc - ad}{\sqrt{(a+b)(c+d)(a+c)(b+d)}}$$

式中,γ_φ 为 φ 相关系数;a,b,c,d 分别为四格表中的人次数。

以下结合实例来介绍 φ 相关系数的计算。

例 10:某测验第 12 题与第 15 题同时做对的人有 16 人;同时做错的有 20 人;做对第 15 题而做错第 12 题的有 25 人;做对第 12 题而做错第 15 题的有 30 人。试分析第 12 题与第 15 题间的相互独立性。

首先将两题作答情况列成四格表,即表 8-8。

表 8-8 答题情况统计表

第 15 题 \ 第 12 题	做 错	做 对	总 计
做 错	20(a)	30(b)	50($a+b$)
做 对	25(c)	16(d)	41($c+d$)
总 计	45($a+c$)	46($b+d$)	91($a+b+c+d$)

再把表中统计数据代入计算公式,

$$\gamma_\varphi = \frac{30 \times 25 - 20 \times 16}{\sqrt{50 \times 41 \times 45 \times 46}} = \frac{430}{2\,060} = 0.21$$

经统计检验,γ_φ 为低度相关,因此判定第 12 题与第 15 题具有较好的独立性。

2. χ^2 检验法

运用 χ^2 检验来分析项目之间的独立性,通常借助 $\gamma \times R$ 列联表,即用表格列出两变量各种类型在每一结合点上的次数。χ^2 检验法的步骤如下：
(1) 假设两变量相互独立；
(2) 计算理论次数 fe 值，求出

$$\chi^2 = \Sigma \Sigma \frac{\left(n_{ij} - \frac{n_{i.}n_{.j}}{n_{..}}\right)^2}{\frac{n_{i.}n_{.j}}{n_{..}}}$$

(3) 通过比较 χ^2 与 $\chi^2_\alpha(df)$，判断是否接受假设。

例 11：在某一测评中，项目 A 为 15 分，项目 B 为 10 分，153 名被测者在项目 A 与项目 B 上的得分人数分布如表 8-9（3×4 式列联表）所示，试分析项目 A 与项目 B 相互间的独立性。

表 8-9 项目 A 与项目 B 测评得分统计表

项目 B \ 项目 A	4 分以下	4—8 分	8—12 分	12 分以上	总计
3 分以下	6(n_{11})	10(n_{12})	0(n_{13})	2(n_{14})	18($n_{1.}$)
3—7 分	26(n_{21})	46(n_{22})	15(n_{23})	7(n_{24})	94($n_{2.}$)
7 分以上	13(n_{31})	17(n_{32})	6(n_{33})	5(n_{34})	41($n_{3.}$)
总计	45($n_{.1}$)	73($n_{.2}$)	21($n_{.3}$)	14($n_{.4}$)	153($n_{..}$)

假设项目 A 与项目 B 相互独立，
计算理论次数 fe 值：

$$\frac{n_{1.} \times n_{.1}}{n_{..}} = \frac{18 \times 45}{153} = 5.29$$

$$\frac{n_{2.} \times n_{.1}}{n_{..}} = \frac{94 \times 45}{153} = 27.65$$

$$\vdots$$

$$\frac{n_{3.} \times n_{.4}}{n_{..}} = \frac{41 \times 14}{153} = 3.75$$

计算 χ^2 值：

$$\chi^2 = \frac{(6-5.29)^2}{5.29} + \frac{(26-27.65)^2}{27.65} + \cdots + \frac{(5-3.75)^2}{3.75} = 4.488$$

因 $df = (r-1) \times (k-1) = (3-1) \times (4-1) = 6$
选择检验水平 $\alpha = 0.05$，查表得：$\chi^2_{0.05}(6) = 12.59$

$$\chi^2 = 4.488 < \chi^2_{0.05}(6) = 12.59$$

因为 $p > 0.05$
所以可接受原假设，即项目 A 与项目 B 相互独立。

第四节 其他质量指标的分析

我们已经对信度与效度,测评项目的适合度、区分度、独立性等测评与选拔质量检验的主要指标作了较为深入的分析。本节将对测评结果的客观性、总体分布与总体水平、变异性等测评与选拔质量的其他方面作一简要分析。

一、客观性

测评结果的客观性由测评方法的客观性与测评者的客观性共同形成,只有同时保证测评方法与测评者的客观性,才能确保测评结果的客观性。

测评方法的客观性指测评工具对测评者主观影响的控制程度,如检核表通常比评定量表的客观性更强一些。测评方法的客观性可以通过测评实施过程的控制情况来分析。如果客观的测评方法对操作者的经验没有多少特别要求,操作越简单,就越容易把握,测评结果就越客观;如果测评内容或每次判断不太复杂,判断的内容越单一,测评结果就越准确。此外,还可进一步通过比较不同测评者测评同一组被测的结果的一致性,来分析测评方法的客观性。可使用相关系数或 α 系数来分析测评结果的一致性程度。

测评者的客观性可通过比较其测评结果与其他测评者测评结果的差异程度来分析。可分析该测评者测评结果与其他测评结果的平均数之差,可分析该测评者测评结果与其他测评结果的平均数间的相关系数,来评价该测评者的客观性。

二、总体分布与总体水平

总体分布是指测评结果在各水平层次上的分布情况,包括各个分数段的人数分布,最高分、最低分、偏态与峰态等情况分析。总体分布通常用次数分布表与次数分布图来描述。

总体水平分析一般是指对总体平均水平即测评结果的集中趋势的分析,包括对测评结果的算术平均数、众数、中位数等平均指标的分析。算术平均数称为数值平均数,是根据数值大小计算而来;众数与中位数称为位置平均数,是根据数值出现的次数与排列顺序确定的。针对测评结果数据特征的不同,应选择不同类型的平均数来描述其总体水平。如当测评结果出现零分与满分等极端数据时,用算术平均数来描述总体水平会降低准确性,此时,采用众数或中位数来描述总体水平会更准确,因为位置平均数不受极端数据大小的影响。

三、变异性

仅对测评数据分布的集中趋势的分析是不够的,它不能全面反映测评结果的数量特征。例如,有 A、B 两名被测者,其在 16 个项目测评中的平均分均为 80 分,其中,被测者 A 在这 16 项测试中的最高分为 88 分,最低分为 75 分,而被测者 B 的最高分为 95 分,最低分为 60 分。如果仅凭两名被测者的测评平均分相同而判断他们的素质水平一样,显然是不合理、不准确的。原因就在于未考虑测评数据分布的变异性,变异性反映的是数据分布的离中趋势。变异程度越大,其平均水平的代表性则越小,上例被测者 A 的 80 分反映其素质水平的可靠性比被测者 B 更大。

测评结果的变异性分析包括对两极差、四分差、平均差、方差、标准差、变异系数等指标的分析,其中最常用的是标准差、方差及标准差系数。当测评数据水平相当时,可以直接用标准差或方差来比较其变异程度;当其水平相差较大时,则要消除水平因素的影响,需用标准差系数来比较变异程度的大小。标准差系数就是标准差与平均数之比,是相对化的变异指标。它不仅能用来比较不同水平测评结果的变异程度,还能用来分析不同内容测评结果的变异程度。

本 章 小 结

本章所讨论的是人员测评与选拔的质量检验问题,对测评与选拔的可靠性、有效性及测评项目质量等进行了分析阐述。测评结果的可靠性与有效性检验即是测评信度与效度的分析鉴定问题。

测评信度是指人员测评结果的可靠性或一致性程度。按照衡量测评信度程度的方法不同,测评信度可分为再测信度、复本信度、内在一致性信度、评分者信度等。再测信度是指测评结果与以同样的测评工具、测评方式和测评对象再次测评的结果间的一致性程度;实质上是一种跨时间的一致性,用稳定系数来揭示前后两次测评结果的一致性程度,稳定系数通常采用积差相关系数求得。复本信度是指测评结果与另一个等值测评结果的一致性程度;实质上是一种跨形式的一致性,用等值系数来揭示两次测评结果的一致性程度,等值系数的计算与稳定系数相似,通过计算两次测评数据之间的相关系数来求得。内在一致性信度是指所测素质相同的各测评项目分数间的一致性程度;实质上是一种跨测评项目的一致性,可用内在一致性系数来揭示测评信度。内在一致性系数的估计方法通常有两种,一种是项目折半分析,另一种是 α 系数分析。评分者信度是指多个测评者给同一组被测样组进行评分的一致性程度;实质上是一种跨测评者的一致性，通常用肯德尔和谐系数来分析鉴定评分者信度。

测评效度是指测评结果对所测素质反映的真实程度。通常分为内容效度、结构效度与关联效度三种类型。内容效度是指实际测评到的内容与期望测评的内容的一致性程度；内容效度主要采用蓝图对照分析法与专家比较判断法来鉴定。结构效度就是实际所测评的结果与所想测评素质的同构程度；结构效度的分析鉴定一般采用实证法，即找到足够的事实证据，证明测评结果的结构模型是所测素质结构的一个很好的替代物。关联效度是指测评结果与效标的一致性程度，根据效标是否与测评结果同时获得，分为同时效度与预测效度；关联效度的分析鉴定是通过效度系数来估计的，效度系数是指测评结果与标准结果的相关系数。

信度与效度是直接对测评结果的质量分析，而项目分析则是间接对测评结果更微观层次的分析，主要包括项目适合度、区分度、独立性的分析。项目的适合度是特指被测评者行为符合项目测评标准的程度。项目的区分度是指测评项目对被测评者素质水平差异的区分能力；区分度对选拔性测评非常重要，区分度高的项目，可以很明显地把优秀人才与一般人员区分开来；区分度的大小主要通过两端分组法与相关系数法来计算。项目的独立性是指能力测评中不同项目之间的不相关或低度相关；项目的独立性分析，通常也是借助相关系数，通过分析项目分数之间的相关系数来评定项目的独立性程度；相关系数越小时，说明项目独立性越大。

除对测评信度、效度与测评项目的质量分析外，测评的质量检验还包括对客观性、总体分布与总体水平、变异性等指标的分析检验。

复习思考题

一、填空题

1. 信度的估计方法有_____。
2. 一般可以将效度分为_____。
3. _____是指测评结果的稳定性、可靠性程度，即在相似的情境下，用同一测评工具对相同个体重复施测，所得结果的一致性程度。
4. _____是指项目把具有不同素质水平的被测适当区分开来的能力。
5. 1890 年，美国个性心理学家_____发表了《心理测验与测量》的论文，介绍了他编制的第一套心理测验试题，并用这套试题测量了哥伦比亚大学的学生，使测验走出实验室直接应用于实际。

6. ＿＿＿＿＿是指测评结果对所测素质反映的真实程度。

7. 比例量化要求素质测评对象的排列有顺序等距关系，而且还要存在＿＿＿＿＿关系。

8. 工作中为达到某一目的的要素组合是＿＿＿＿＿。

9. 默里和摩根提出了＿＿＿＿＿测验。

10. 明尼苏达的多项人格调查的主要方式是使用＿＿＿＿＿来确定测评对象是否弄虚作假。

二、单选题

1. 素质测评的（　　）原则，要求素质测评既要以差异为依据，又要能够反映被测评者素质的真实差异，这是保证选拔结果正确性的前提。
   A. 公正性　　　　B. 差异性　　　　C. 准确性　　　　D. 可比性

2. （　　）误差，是指测评者不是实事求是地对每个素质独立测评，而是依据其是否具有相关性特点而进行逻辑上的推断。
   A. 哈罗效应　　　B. 对比效应　　　C. 趋中心理效应　　D. 逻辑效应

3. 复本信度是指测评结果相对于另一个非常相同的测评结果的（　　）程度。
   A. 吻合　　　　　B. 变异　　　　　C. 准确　　　　　D. 满意

4. 素质测评目标体系是指有内在联系的一系列素质测评（　　）。
   A. 标准　　　　　B. 方法　　　　　C. 目标　　　　　D. 工具

5. 主考官往往因应聘人某一方面十分好或坏的表现而产生对应聘人的整体判断，结果导致录用误差，这种误差称为（　　）。
   A. 第一印象效应　B. 近因效应　　　C. 戴明效应　　　D. 晕轮效应

6. 所谓效度，是指测评结果对所测素质反映的真实程度。其中，实际测评到的内容与我们所想测评内容的一致性，反映的是（　　）。
   A. 结构效度　　　　　　　　　　　B. 内容效度
   C. 关联效度　　　　　　　　　　　D. 项目分数效度

7. 项目的独立性分析，一般是采用项目间分数的相关系数来揭示。当相关系数越大时，说明独立性越（　　）。
   A. 高　　　　　　B. 低　　　　　　C. 大　　　　　　D. 小

8. 确定测评指标权重的德尔菲法，又称（　　）。
   A. 专家咨询法　　　　　　　　　　B. 文献查阅法
   C. 主管人员分析法　　　　　　　　D. 关键事例法

9. （　　）指标是指测评结果相对于另一个非常相同的测评结果的变异程度。
   A. 再测信度　　　　　　　　　　　B. 复本信度
   C. 一致性信度　　　　　　　　　　D. 评分者信度

10. 用来反映被测者行为符合项目测评标准程度的指标是（　　）。
    A. 效度　　　　　B. 信度　　　　　C. 再测信度　　　D. 适合度
11. （　　）是指所测素质相同的各测评项目分数间的一致性程度。
    A. 再测信度　　　　　　　　　　　B. 复本信度
    C. 内在一致性信度　　　　　　　　D. 评分者信度
12. （　　）是指测评结果与效标的一致性程度。
    A. 内容效度　　　B. 结构效度　　　C. 关联效度　　　D. 适合度
13. 项目的（　　）是指项目之间的不相关或低度相关。
    A. 适合度　　　　B. 区分度　　　　C. 独立性　　　　D. 变异性

三、多选题

1. 考查测评结果的真实性一般可用三种方法，一是从内容性质方面分析其（　　），二是从效标相关性方面分析其（　　），三是从实证方面分析其（　　）。
   A. 内容效度　　　B. 复本效度　　　C. 关联效度　　　D. 结构效度
   E. 项目效度
2. 权重是指测评指标在测评体系中的重要性或测评指标在总分中应占的比重，其数量表示即为权数。加权的类型有（　　）。
   A. 简单加权　　　B. 综合加权　　　C. 纵向加权　　　D. 横向加权
   E. 回归加权
3. 确定测评指标权重的方法通常有（　　）。
   A. 专家加权法　　B. 德尔菲咨询法　C. 简单比较加权法
   D. 对偶比较法　　E. 回归分析法
4. 人员测评指标体系的设计应遵循的原则有（　　）。
   A. 针对性原则　　B. 明确性原则　　C. 科学性原则　　D. 创新原则
   E. 精炼性原则
5. 下列属于二次量化的是（　　）。
   A. 类别量化　　　B. 模糊量化　　　C. 顺序量化　　　D. 等距量化
   E. 比例量化
6. 下列属于分数形式的有（　　）。
   A. 目标参照性分数　　　　　　　　B. 常模参照性分数
   C. 原始分数　　　　　　　　　　　D. 导出分数
   E. 评语报告
7. 为提高非结构化面试的信度，在设计面试试题时要（　　）。
   A. 选择与招聘岗位的工作内容和可能遇到的实际问题作为测试的内容
   B. 选择那些与招聘岗位的工作内容和可能遇到的实际问题无关的问题作为测试的内容

C. 选择那些对岗位工作绩效有直接影响的能力因素作为测试的因素

D. 选择那些对岗位工作绩效没有直接影响的能力因素作为测试的因素

E. 试题内容要明确化,尽量要选择规范的题目

8. 下列有关对素质测评表述不正确的是（　　）。
   A. 素质测评必须以某一行为事实为依据
   B. 素质测评是对主体工作前条件的分析与确定
   C. 素质测评实质上就是素质测量
   D. 素质测评与绩效考评是等同的
   E. 素质测评可以为人事配置提供科学依据

9. 在收集事实资料、评判结构效度时,常用的评判方法有（　　）。
   A. 排除法　　　B. 咨询法　　　C. 相关法　　　D. 逻辑分析法
   E. 多元分析

10. 在进行人员素质测评笔试测验题目命题时,首先要考虑的问题是（　　）。
    A. 题目命制是在全编题计划的基础上进行的
    B. 题目的覆盖
    C. 题目的公平性
    D. 题目的效度
    E. 测验的形式

11. 信度系数包括（　　）。
    A. 稳定系数　　　　　　　　B. 等值系数
    C. 内在一致性系数　　　　　D. 评分者信度系数

12. 以下用于内容效度分析的定性分析方法有（　　）。
    A. 蓝图对照分析法　　　　　B. 专家比较判断法
    C. 逻辑分析法　　　　　　　D. 多元分析

13. 测评结果的变异性分析包括对（　　）等指标的分析。
    A. 平均数　　　B. 平均差　　　C. 中位数　　　D. 两极差

四、简答与论述

1. 什么是测评信度?信度包括哪几种类型?
2. 如何分析再测信度与复本信度?它们与内在一致性信度有何区别?
3. 什么是测评效度?效度包括哪几种类型?
4. 如何分析内容效度与结构效度?
5. 效标选择有何要求?常见的测评效标是怎样选择的?
6. 某单位对初试合格的七位应聘者进行了面试,六位面试考官对其评定的成绩如下表,试分析评分者信度。

面试成绩统计表

被测者\评分者	一	二	三	四	五	六	七
A	6	7	1	5	2	3	4
B	7	3	1	6	2	4	5
C	5	6	2	4	3	1	7
D	6	5	2	7	1	3	4
E	5	6	1	7	2	3	4
F	7	4	3	6	1	2	5

7. 什么是项目区分度？如何分析项目区分度？

本章复习思考题的答案，可通过扫描如下二维码获得。

案例 低碳物流人才意识特质测评量表质量的分析

一、低碳物流人才意识特质测评量表的构建

首先，界定低碳物流人才意识特质的概念。低碳物流人才的意识特质是指在物流的运输、仓储、包装等环节中，具备低碳物流的理念、知识技术和管理能力的人才，在物流企业的运营中形成的自动自发的低碳内生力。

其次，确定低碳物流人才意识特质的内涵。选取本地有代表性的物流企业十余家进行深度访谈，被访对象包括企业高管、部门经理、技术专家、基层操作人员等，收集物流企业所列举低碳物流人才应有的表现状态，形成原始访谈记录，并对当前内容进行归纳、提炼，形成条目。然后，对总条目进行分析比较，挑选与合并，最后形成了低碳物流人才特质的总条目，共计30项。随后，专家小组对这30项条目进行归类，最终形成具有代表性的 5 个低碳物流人才的意识特质,分别为责任感、自律性、正义感、主动性、创新性。具体见表 8-10。

表 8-10　低碳物流人才的意识特质表

序号	意识特质	说明	归入条目	备注
1	责任感	指低碳物流人才不单纯地以经济发展为目标,有将低碳的意识行为融入经济发展中的责任意识	行动、立场、意识、传播、观念、规划	归入不同意识特质的条目有相同的名称,但它是由访谈中不同的内容归纳出来的,其代表的意义由于归属于不同意识特质而不同
2	自律性	指低碳物流人才需要树立以自身的低碳意识行为感染他人的态度,不可约束他人,放纵自己	规范、坚持、目的、习惯、行为、独立	
3	正义感	指低碳物流人才勇于维护企业低碳发展的目标,形成鲜明的低碳发展立场	忧虑、倡导、勇敢、管控、支持、行动	
4	主动性	指低碳物流人才的低碳意识需要突破企业安排的藩篱,是自动自发地进行思考和实施的行为过程	习惯、传播、自发、态度、行动、自信	
5	创新性	指低碳物流人才能够具备创新的思想,在技术发展、生产控制、运营管理等方面提供创新的思路和实践	思考、兴趣、能力、习惯、学习、尝试	

专家小组根据前期工作的成果,参照国内外关于人才特质测评的量表项目,逐条根据低碳物流人才意识特质所归入的条目进行测评量表题项的编制,每个条目设计 2 个题项,共计完成 60 个题项。在完善测评量表的过程中,为了让被测者不要形成思维定式,本文针对低碳物流人才意识特质测评量表的题项采用了部分逆向题,最终答题结果需要进行分数转换。另外,本文还采用了更换题项、修改表述等办法使低碳物流人才意识特质测试量表题项的表达更清晰、更准确。题项的选择采用了李克特五级计分法,分别为"非常同意""同意""不确定""不同意""非常不同意"来进行度量,得分为 1—5 分。由于篇幅限制,本文仅以"责任感"为例,展示其题项内容,具体见表 8-11。

表 8-11　低碳物流人才责任感的各条目对应题项表

意识特质	归入条目	设计题项
责任感	行动	你在进行物流生产作业时,通常会分类处理生产过程中产生的垃圾
		你会用户外有氧锻炼代替健身房器械锻炼
	立场	当你发现身边的同事在包装货物时乱扔垃圾,你会制止
		如果你看到公司洗手间里面的水龙头不断滴水,你一般不会管它
	意识	当你出外旅行,找不到垃圾桶时,你会把垃圾随身带着,直到找到可丢弃垃圾的地方为止
		你觉得在物流作业过程中垃圾分不分类都无所谓
	传播	你在仓储管理中提倡少用内燃机、碳排放过高和其他对环境污染大的物流设施设备
		在你工作生活之余,你会向身边的家人、朋友、同事宣传低碳环保的相关知识

		续表
责任感	观念	你的家居生活(如家电的使用)均是将低碳环保列为优先,再考虑经济、实用性等因素
		每当你最后离开仓库或者办公室时,你会观察留意是否有不必要的灯光光源,并只会保留必要光源,切断其他不必要的灯光电源
	规划	你会定期观看或了解联合国气候大会和一些国际组织的环保会议内容
		你会在你职业生涯规划中加入低碳绿色的人生发展理念

二、测评量表信度与效度的分析

信度是指多次测量结果的一致性程度,其反映了一种测量方法或工具的稳定性或一致性。一般情况下会采用再测信度、复本信度、折半信度、克朗巴赫 α 系数信度来进行分析。效度则是指测评结果是否达到测评设计的目的,即实际测评结果与被测的真实性是否一致,真实性越高,效度就越好,通常情况下,效度分析会采用预测效度、结构效度和同测效度来进行分析。

在建立了低碳物流人才意识特质的各条目对应题项表之后,完善了测评量表,随即开展了试验性测试工作。根据研究的需要,从创源、京东、顺丰等企业中随机选择了 20 名志愿测试对象,包括基层操作员工,中、基层管理人员以及实习大学生等,间隔 1 个月时间共测试 2 次,其测试数据用于再测信度分析,而第一次测试的数据用于折半信度、内容效度等其他信度和效度的分析。

1. 测评量表的信度分析

(1)再测信度检验。再测信度是反映测试量表的稳定性问题,本文根据再测信度检验的要求,在间隔 1 个月的时间里,对 20 名物流行业的志愿者进行了低碳物流人才特质测评量表的测试,分别得到 2 次测试的总分,具体见表 8-12。

表 8-12 20 名被测者用于再测信度检验总分的原始数据表

编号	1	2	3	4	5	6	7	8	9	10
第一次测试得分	253	205	212	205	185	205	265	271	213	226
第二次测试得分	247	212	219	198	196	215	255	265	202	218
编号	11	12	13	14	15	16	17	18	19	20
第一次测试得分	202	226	261	224	210	211	213	203	196	226
第二次测试得分	198	233	245	230	217	204	207	213	190	235

运行 SPSS16.0 软件,输入表 8-12 的原始数据,选择"Analyze-Correlate-Bivariate"来进行计算,相关系数选择 Pearson,显著性检验类型选择 Twotailed,标记显著性相关选择 Flag significant correlations。运行后输出结果为二次测试的相关系数为 0.934,双侧检验的显著性概率(Sig)为 0.00,$p < 0.01$,再测信度检验的相关性很显著,说明低碳物流人才意识特质测评量表的再测信度很好。

(2)折半信度检验。本文针对低碳物流人才意识特质设计的测评量表中,每个条目均对应了 2 个题项,见表 8-13。但是,由于 2 个题项很难做到在内容、难度、提问等方面的完全一致,也就是不能解决实现互为复本的测试题项的等价问题。本文设计了每个条目对应 2 个题项的结构,而且这 2 个题项符合内容相关、总体对等的要求,由此可以根据本文的设计采用折半信度检验的方式对测评量表进行信度检验。根据 20 名被测者所测试的结果数据,按 1 个条目对应的 2 个题项,将 2 个题项的测试数据分别随机分配到题本 A 和题本 B 中,再对其求和,得到被测者题本 A 和题本 B 的总分,具体见表 8-13。

表 8-13 20 名被测者用于折半信度检验总分的原始数据表

编号	1	2	3	4	5	6	7	8	9	10
题本 A 得分	123	98	106	106	91	100	128	137	103	116
题本 B 得分	130	107	106	99	94	105	137	134	110	110
编号	11	12	13	14	15	16	17	18	19	20
题本 A 得分	103	116	129	114	108	105	107	102	97	112
题本 B 得分	99	110	132	110	102	106	106	101	99	114

运行 SPSS16.0 软件,输入表 8-13 的原始数据,选择"Analyze-Correlate-Bivariate"来进行计算,同样选择 Pearson,Two-tailed 和 Flag significant correlations。运行后输出结果可以看出,题本 A 与题本 B 的相关系数为 0.913,双侧检验的显著性概率(Sig)为 0.00,显著性小于 0.01,本文进行的折半信度检验的相关性非常显著,说明设计的低碳物流人才意识特质测评量表在折半信度检验中取得了理想的结果。

(3) α 系数信度检验。低碳物流人才意识特质测评量表分为 5 个维度因子,分别是责任感、自律性、正义感、主动性、创新性。α 系数信度检验又被称为内在一致性检验,可以作为测评量表同质性的指标,通过 α 系数信度检验来确定测评量表的内在一致性。本文根据 20 名被测者所测试的结果数据进行统计,得到分别以责任感、自律性、正义感、主动性、创新性 5 个因子的统计数据,具体见表 8-14。

表 8-14 20 名被测者用于 α 系数信度检验的五因子统计得分数据原始表

编号	责任感	自律性	正义感	主动性	创新性	编号	责任感	自律性	正义感	主动性	创新性
1	52	50	53	49	49	11	40	36	43	40	43
2	35	40	46	40	44	12	45	43	46	44	48
3	47	43	43	40	39	13	56	49	52	56	48
4	43	45	43	37	37	14	44	42	46	44	48
5	37	39	37	36	36	15	40	39	43	44	44
6	45	43	38	41	38	16	40	39	43	44	45
7	51	47	58	57	52	17	45	40	42	43	43
8	59	54	51	52	55	18	41	41	39	40	42
9	43	44	42	42	42	19	40	35	41	39	41
10	44	43	46	44	49	20	46	45	48	42	45

运行 SPSS16.0 软件,输入表 8-14 的原始数据,选择"Analyze-Scale-Reliability Analysis"来计算 Cronbach α 系数,得到可靠性统计量,Cronbach's Alpha 值为 0.937,Cronbach's Alpha Based on Standardized Items 值为 0.938,可以得出测试量表测试结果的信度较好。5 个因子的项总计统计量表结果如表 8-15 所示。

表 8-15　α 系数信度检验的五因子 Item-Total Statistics

因 子	Scale Mean if Item Deleted	Scale Variance if Item Deleted	Corrected Item-Total Correlation	Squared Multiple Correlation	Cronbach's Alpha if Item Deleted
责任感	175.95	349.734	0.839	0.865	0.923
自律性	177.75	405.776	0.789	0.813	0.931
正义感	175.60	371.937	0.861	0.818	0.917
主动性	176.90	351.358	0.897	0.863	0.910
创新性	176.20	393.432	0.795	0.735	0.930

根据表 8-15,"Corrected Item-Total Correlation"项中最大数为主动性 0.897,最小数为自律性 0.789,而"Squared Multiple Correlation"项中最大数为责任感 0.865,最小数为创新性 0.735,数据结果均在高信度范围内,说明测试量表中 5 个分类因子的内部一致性高,测试量表的 α 系数信度好。

2. 测评量表的效度分析

在效度分析中,预测效度是确定测试量表的预测能力,一般情况下是将被测者测试后的结果与其未来在实际环境中的状况进行比较,如果相关性较高,说明测试量表的预测效度较好。同测效度则是将已有实际结果的人员纳入被测试对象,将测试结果与其实际结果相比较,其实质与预测效度类似。由于缺乏这 2 种效度分析的条件,因此仅能实施结构效度的分析,结构效度主要是用于分析测试量表构思的有效性。通过采用较为简单的效度分析,即采用各条目与意识特质、意识特质与总测评结果之间的关系展开分析。20 名被测者所测试的结果数据按效度分析要求进行统计,由于篇幅限制,仅展示"责任感"归入条目的原始数据,具体见表 8-16 和表 8-17。

表 8-16　责任感归入条目与责任感得分数据原始表

编号	行动	立场	意识	传播	观念	规划	责任感	编号	行动	立场	意识	传播	观念	规划	责任感
1	8	9	10	10	8	7	52	11	6	7	7	6	7	7	40
2	6	6	6	6	6	5	35	12	9	6	6	8	8	8	45
3	8	10	8	8	7	6	47	13	9	9	8	10	10	10	56
4	6	8	8	6	8	7	43	14	8	6	8	6	8	8	44
5	6	6	6	6	6	7	37	15	7	5	7	7	8	6	40
6	8	7	8	7	8	7	45	16	7	6	6	6	8	7	40
7	7	8	10	9	10	7	51	17	8	8	8	7	7	7	45
8	10	8	10	10	10	10	59	18	8	7	6	8	6	6	41
9	8	8	8	8	6	7	43	19	7	6	6	7	7	7	40
10	8	6	6	8	8	8	44	20	9	7	6	8	7	9	46

表 8-17　分类因子与总评结果统计得分数据原始表

编号	责任感	自律性	正义感	主动性	创新性	总测评结果	编号	责任感	自律性	正义感	主动性	创新性	总测评结果
1	52	50	53	49	49	253	11	40	36	43	40	43	202
2	35	40	46	40	44	205	12	45	43	46	44	48	226
3	47	43	43	40	39	212	13	56	49	52	56	48	261
4	43	45	43	37	37	205	14	44	42	46	44	48	224
5	37	39	37	36	36	185	15	40	39	43	44	44	210
6	45	43	38	41	38	205	16	40	39	43	44	45	211
7	51	47	58	57	52	265	17	45	40	42	43	43	213
8	59	54	51	52	55	271	18	41	41	39	40	42	203
9	43	44	42	42	42	213	19	40	35	41	39	41	196
10	44	43	46	44	49	226	20	46	45	48	42	45	226

运行 SPSS16.0 软件,以各条目与意识特质、意识特质与总测评结果数据为原始数据,选择"Analyze-Correlate-Bivariate"来进行计算,仍然选择 Pearson、Two-tailed 和 Flag significant correlations。运行后得到各条目与意识特质的相关系数以及各意识特质与总测评结果的相关系数,整理结果如表 8-18 所示。

表 8-18　各条目与意识特质,意识特质与总测评结果相关系数整理表

责任感 0.906		自律性 0.857		正义感 0.912		主动性 0.938		创新性 0.865	
行动	0.709	规范	0.780	忧虑	0.756	习惯	0.819	思考	0.716
立场	0.727	坚持	0.759	倡导	0.747	传播	0.660	兴趣	0.841
意识	0.719	目的	0.746	勇敢	0.705	自发	0.920	能力	0.654
传播	0.905	习惯	0.733	管控	0.878	态度	0.695	习惯	0.823
观念	0.785	行动	0.733	支持	0.789	行动	0.744	学习	0.817
规划	0.688	独立	0.689	行动	0.737	自信	0.682	尝试	0.799

根据表 8-18,责任感、自律性、正义感、主动性和创新性 5 个维度因子与其各自的 6 个条目间形成了各自的相关系数,其中,最大的为责任感和观念这个条目形成的相关系数 0.905,最小的是创新性和能力这个条目形成的相关系数 0.654,说明 5 个因子与各自 6 个条目形成了良好的效度。低碳物流人才意识特质测评的总评数据与责任感、自律性、正义感、主动性和创新性 5 个维度因子的相关系数为 0.857—0.938,说明了总评数据与 5 个维度因子也形成了良好的效度。整体上可以确定本文设计的低碳物流人才意识特质测评量表的结构效度检验结果达到预期要求。

资料来源:潘小东,杨晶,蔡凌曦.低碳物流人才意识特质测评量表的研究与构建

[J].成都工业学院学报,2019,22(02):87-93.

讨论题:

1. 你认为本案例中对于测评信度、效度等质量分析的方法是否科学？为什么？
2. 你认为信度、效度等质量指标分析在人员素质测评中的价值与作用是什么？你认为本案例的分析可能存在哪些问题？为什么？可以作出哪些方面的改进工作？

进一步阅读的文献

[1] 安哲锋.多元概化理论在评定量表编制中的作用[J].心理科学,2008(5):1192-1194.

[2] 徐辉.企业人才测评与选拔的质量研究:信度与效度分析[J].内蒙古农业大学学报(社会科学版),2007(5):124-125,135.

[3] 吴承祯.试卷质量分析方法及其应用[J].中国林业教育,2008(3):26-30.

[4] 张寒.持续验证,优化人才评价效度[J].人力资源,2018(11):74-75.

[5] 姚若松.评价中心无领导小组讨论测评效度的实证研究[J].领导科学,2011(10):39-41.

[6] 吕智宇,孙海法.基于多侧面Rasch模型分析的公文筐测评研究[J].中山大学学报(社会科学版),2017,57(03):170-176.

第九章

人员测评与选拔结果的报告与运用

【本章提要】
　　通过本章学习,应该掌握以下内容:
　　1. 人员测评与选拔结果报告的形式与特点;
　　2. 数据分析的技术方法;
　　3. 人员测评与选拔结果运用应注意的问题;
　　4. 对人员测评与选拔结果进行跟踪分析的意义。

测评与选拔结果报告是人员测评与选拔的最终产品，所有严谨周密的标准设计、测评与选拔工具选择、测评与选拔实施、测评与选拔质量检验，都是为最后报告的准确性和有效性服务的。做好一份全面与简洁、详细与明确兼备的优秀报告，是人员测评与选拔的点睛之笔。

第一节　测评与选拔结果报告

从信息论的观点来看，人员测评与选拔实际上是一个搜集信息、处理信息、输出信息或反馈信息的过程。因此，人员测评与选拔结果的报告作为素质测评信息的输出或反馈，是素质测评过程中的一个重要环节。

一、报告形式

按形式分，人员测评与选拔结果报告可分为分数报告、等级报告、评语报告。这三种形式并不是完全独立的，它们之间存在递进关系。一般来说，分数报告是等级报告的基础，而评语报告也是综合考虑分数和等级的结果而做出的。

1. 分数报告

所谓分数报告，即以分数的形式反馈测评与选拔结果。

分数的形式有多种，依据其形式可划分为四种基本形式：目标参照性分数、常模参照性分数、原始分数和导出分数。目标参照性分数即按照测评指标要求而给出的分数；常模参照性分数即根据被测者总体的一般水平而给出的相对分数；原始分数即在测评活动中直接得到的分数；导出分数是通过一定转换后得到的分数。

上述分数形式之间存在交叉关系。测评指标的目标分数的确定往往要参照常模的水平。目标参照性分数和常模参照性分数的确定既可以直接根据原始分数，也可以根据导出分数。事实上，目标参照性分数和常模参照性分数的得出本身就是一种分数转换的过程。

下面介绍五种导出分数。

（1）名次。

名次是一种原始分数的转换形式，即根据被测评者得分多少的顺序排位的一种自然分数形式。其优点是简单直观，缺点是相邻名次间差距不一，悬殊较大。例如，可能第一名与第二名相差1分，而第二名与第三名相差10分。

在面对大量候选者的初步选拔中，名次作为一种简单直观的分数发挥作用，决策者可以根据综合性总分的名次很方便地淘汰一定比率的候选者。然而，由于名次无法反映出相邻名次间的差距，使得不同指标的名次分数之间、不同团体的名次分数之间很难进行综合比较，它无法满足更加细致的选拔活动的要求。

（2）百分位数。

百分位数是一种标准分数，当两个被测评团体总体水平结构相当但个体总数不等时，其个体的百分位可以相互比较，而名次数做不到这一点。例如，公司中某部门有25人，另一个部门有20人，两个部门中排名第10位的人的水平显然不一样，他们的差距仅从名次是无法知道的。如果通过下列公式转化为百分位数后，就可以知道其具体差异了。

$$p_R = 100 - \frac{100R - 50}{N}$$

式中，N 为被测团体中个体的总数；R 为名次数。

第一个部门中排名为10的人的百分位是

$$P_{10} = 100 - \frac{100 \times 10 - 50}{25} = 62$$

第二个部门中排名为10的人的百分位是

$$P_{10} = 100 - \frac{100 \times 10 - 50}{20} = 52.5$$

两个百分位数表明：第一个部门排名为10的人位于该部门62%的职员之上，而第二个部门排名为10的人位于该部门52.5%的职员之上。由此看来，虽然两个人在各自的部门中排名相同，但水平存在差异，其中，第一个部门中排名为10的那个人优于第二个部门排名为10的人。

（3）Z分数。

Z分数是一种标准分数，它是百分位分数的一种转换分数，其转换公式为

$$Z = \frac{x - \bar{x}}{S}$$

式中，x 为原始分数；$\bar{x}$ 为所有原始分数的算术平均数；S 为所有原始分数的标准差，$S = \sqrt{\frac{\sum(x - \bar{x})^2}{N}}$，其中，$N$ 为原始分数的个数。

这种分数的优点是含义明了。当Z分数在0左右时，即为中等水平；当Z分数在2.5以上时，即为优秀水平；当Z分数在-2.5以下时，即为十分差的水平。这种分数带有负号与小数，使用不便，因此常把它进一步转换为下面的T分数。

（4）T分数。

T分数也是一种标准分数，它是通过公式 $T = 10Z + 50$ 进行转换而得到的一种分数。经过转换得到的T分数消除了原来Z分数的负号。若进行四舍五入（T分数进行这种数学处理对于原测评与选拔结果影响不大，而在Z分数中则影响很大），则T分数还可以消去原Z分数的小数点。T分数与Z分数、百分位数一样，意义明确，可比性强。T分数（包括Z分数）能够进行加减乘除、开方、乘方等数学运算，而百分位数不能。

（5）其他标准分数。

① 标准九分。

把整个素质测评的原始分数顺序排列划分九段。从最高分数开始逐个往下划段,取开头的4%(显然是最高分数段)分段为9分,其次的7%分段为8分,再次的12%分段为7分,接着的17%分段为6分,中间的20%分段为5分,之后的17%分段为4分,再之后的12%分段为3分,接下去的7%分段为2分,最低的4%分段为1分,具体见表9-1。

表9-1 标准九分分布表

分数	1	2	3	4	5	6	7	8	9
分布比率	4%(最低)	7%	12%	17%	20%(中间)	17%	12%	7%	4%(最高)

② C量表分数。

C量表分数是一种类似于标准九分的分数,也是从高分到低分排列,按原始分的分布比率来划分但分段不同,见表9-2。

表9-2 C量表分数分布表

分数	0	1	2	3	4	5	6	7	8	9	10
分布比率	1%	3%	7%	12%	17%	20%	17%	12%	7%	3%	1%

③ 斯坦分数。

斯坦分数首先把所有的原始测评分分成两半,与上述两种分数相比,它没有最中间的分数,但按分布比率划段定分的做法与前面相同,具体见表9-3。

表9-3 斯坦分数分布表

分数	0	1	2	3	4	5	6	7	8	9
分布比率	2%	5%	9%	15%	19%	19%	15%	9%	5%	2%

某个具体指标上的分数可以直观地反映出不同被测者在这一项素质上的差异。通过加权综合的总分数,也能很明确地为选拔决策提供参考。

2. 等级报告

等级报告与分数报告本质上是一致的,都是通过某种明确的形式反映被测者在团体中的位置。很多时候,等级的划分是直接根据测评的分数结果。

然而,两者也有明显的区别。分数报告的优点是简洁、可加、可比性强。与分数报告相比,等级报告不便于数学上的统计处理,但它往往具有更加明确的意义,与管理措施直接地联系起来。例如,对一项职业技能指标的结果,已经划分出了标准9分。再将9—8分的划入"优秀"等级,用S表示;7—6分的划入"良好"等级,用A表示;5—4分为"有待改进",用B表示;3分及以下为"亟须改进",用C表示。不同的等级也许直接和薪酬水平、晋升机会和培训需求联系起来,例如,规定连续两年被评为"优秀"者可以提高一级职称等级,连续两年被评为"良好"者可以提高一级基本工资,而最低的C等级者必须接受业务培训,连续两年C级则被视为不能胜任工作,将被强制调换岗位或辞退等。一位员工也许不能明确了解分数报告代表的意义,但等级报告就能让他更清楚地知道自己的素质水平和相应的后果。

3. 评语报告

人员选拔的决策是十分复杂的,并不仅仅是择优录取的问题,还要考虑到职位的特点、发展的需要、人员的相互配合等问题。分数报告和等级报告能够清晰地反映被测者素质的差异,但它们并不能直接对选拔决策做出指导。因此,测评专家需要在测评报告中以书面语言的形式来表达和解释测评的结果。这是一种最原始也最常用的测评报告形式。它的优点是信息详细准确,但可比性差,而且对测评报告人员的专业水平和经验要求很高。

我国有关学者[①]总结出了对人员测评与选拔结果进行解释时应注意的三个方面。

(1) 一般来说,由于人员测评是同时采用多种评价方法进行的,所以,很难获得单一的结果。常用的方法是,同时使用多个指标来描述员工的优缺点,并对每一指标给出规范的文字说明。在建立了关键测评指标体系——类似于目前比较流行的职位胜任特征模型——的情况下,可以根据加权后得到的总分和各指标分数形成的素质"轮廓"与胜任特征的匹配程度,来对所有员工的素质评价结果进行排序。

(2) 对任何员工的评价,都是员工遗传特征、测评前的学习与经历以及测评情境三方面因素共同影响的结果。对员工素质测评与选拔结果进行解释时,应该综合员工以前的工作表现或自传资料,采用定性和定量相结合的方法对测评与选拔结果进行解释,也就是分数报告、等级报告和评语报告的综合使用。同时,要注意让员工本人积极参加结果的解释过程。只有这样,测评与选拔结果才能更真实地反映员工的实际水平。

(3) 测评只是工具,不是目的。不可否认,素质测评能给我们提供很多有用的信息,但不能仅依据测评与选拔结果对员工盖棺定论,应该把测评与选拔结果作为更好地了解员工的手段。在此基础上,一方面,根据员工的优缺点安排工作,并根据员工特点采取最合适的管理方法;另一方面,寻找员工特征和职位胜任特征的差距,并根据这个差距和员工的职业生涯规划,有意识地在工作中对员工进行培养,同时给员工制定相应的培训计划,这样才能推动员工素质的提高,实现组织发展的目标。

素质测评的结果将会用于多种用途。例如,反馈给被测者的报告、提供给决策者的报告、用于存档建立员工素质数据的报告应该采用不同的形式。反馈给被测者的报告应该详细、客观,措辞富有建设性。提供给决策者的报告应该重点突出,描述准确简洁,有很强的针对性。用于存档的报告要保留原始分数,并附有相应的测评工具、测评的时间、地点等情境因素的记录,便于将来的比较研究。因此,同一个测评与选拔结果可能会产生多份结果报告,用于特定的用途。

---

① 李超平,时勘. 员工素质测评系统建立中的几个问题[J]. 中国人力资源开发,2000(3).

二、报告内容

人员测评与选拔结果报告按照内容,可分为分项报告与综合报告。

所谓分项报告,是按主要测评指标逐项测评并直接报告,不再作进一步的综合。其特点是全面详细,但缺乏总体可比性,只能作出单项比较。

例如,一份高中生的职业发展测评报告中包括了以下一段有关能力测评的结果[①]。

"……

1. 言语能力:对词及其含义的理解和使用能力,对词、句子、段落、篇章的理解能力,以及善于清楚而正确地表达自己的观念向别人介绍信息的能力。你在此项的得分为6.1分。

2. 数理运算能力:迅速而准确地运算以及在快速准确地进行计算的同时,能进行推理、解决应用问题的能力。你在此项的得分为4.1分。

3. 空间判断能力:对立体图形以及平面图形与立体图形之间的关系的理解能力,包括能看懂几何图形,对立体图形的三个面的理解力,识别物体在空间运动中的联系,解决几何问题。你在此项的得分为3.7分。

4. 察觉细节能力:对物体或图形的有关细节具有正确的知觉能力,对于图形的明暗、线的宽度和长度作出视觉的区别和比较,看出其细微的差异。你在此项的得分为4.6分。

5. 运动协调能力:眼、手、脚,身体迅速准确地做出精确的动作和运动反应,手能跟随着眼所看到的东西迅速行动,进行正确控制的能力。你在此项的得分为3.9分。

6. 动手能力:手、手指、手腕能迅速而准确地活动和操作小的物体。在拿取、放置、调换、翻转物体时手能做出精巧运动和腕的自由运动能力。你在此项的得分为4.3分。

7. 社会交往能力:善于进行人与人之间的相互交往、相互联系、相互帮助、相互作用和影响,从而协同工作或建立良好的人际关系。你在此项的得分为7.2分。

8. 组织管理能力:擅长于组织和安排各种活动,以及协调参加活动者之间的人际关系的能力。你在此项的得分为6.7分。

9. 逻辑推理能力:能准确地理解众多事物之间的纷繁多样的关系。你在此项的得分为6.1分。

职业匹配:根据你的能力特点,适合你选择的专业有管理、新闻、教育、中文、外国文学。

……"

[①] 北京市人才素质测评考试中心.中学生职业发展测评结果报告[R].2002-3-21.

这是一段典型的分项报告，每一个单项分数都罗列出来，并给出相应的专业选择建议。

所谓综合报告，是先分项测评，最后根据各测评指标的具体测评与选拔结果，报告一个总分数、总等级或总评价。其优点是总体上具有可比性，但有"削峰填谷"之弊，看不出具体优缺点。

在上面这份高中生职业发展报告的末尾，给出了如下的综合结果。

> "……
> 四、综合职业匹配
> 综合你的性格、能力、兴趣因素情况，你最适合选择的5种专业为管理、新闻、教育、中文、心理学。
> 五、文理学科倾向
> 根据对你的个人素质结构与文理各专业最佳素质结构的匹配结果的综合统计，你的文科倾向得分为72.4，理科倾向得分为27.6。相比而言，你更适合学习文科专业。"

分项报告和综合报告都是必要的。综合报告把纷繁复杂的分项结果整合起来，得出一个明确的结论，给测评与选拔结果用于管理决策提供了直接的参考。分项报告为综合结果提供了依据，能够帮助决策者进行更加细致的权衡，帮助员工有针对性地改进自己。

三、报告技术

前面已经提到，等级报告、评语报告往往都是根据分数报告的结果做出的。因此，分数报告是测评与选拔结果报告的基础。这里简要介绍对测评与选拔结果分数进行综合和分析的技术。

1. 数据综合

数据综合指把零散的项目（指标）分数综合为一个总分数。常见的方法有以下五种。

（1）累加法。把各指标上的得分直接相加。其公式为

$$S = \sum_{i=1}^{n} x_i = x_1 + x_2 + \cdots + x_n$$

式中，S 为总分；x_i 为第 i 个指标得分。

累加法要求各指标同质并且各指标的单位大致相近，否则，要考虑采取加权综合法。

（2）平均综合法。把各项指标得分作算术平均数运算求出一个总分。计算公式为

$$S = \frac{1}{n} \sum_{i=1}^{n} x_i$$

式中，S 为总分；n 为测评指标总数；x_i 为第 i 个指标得分。

（3）加权综合法。根据各个指标间的差异，对每个指标得分适当地扩大或缩小若干倍后再累加的一种方法。其计算公式如下：

$$S = \sum_{i=1}^{n} w_i x_i = w_1 x_1 + w_2 x_2 + \cdots + w_n x_n$$

式中，S 为总分；w_i 为第 i 个指标的权数；x_i 为第 i 个指标得分。

加权综合法是对累加法的一种改进，它不仅综合了被测者在各项指标上的得分，而且体现了各个指标在整体中的重要程度，因而显得更加合理。但是也有缺点与不足，有"削峰填谷"之弊，不便于拉开档次。

在比较复杂的素质测评中，权重还可以随着不同被测者得分的情况而变化，即权重 w 不是常数而是 x_i 的函数，即

$$w_i = f(x_i), \quad S = \sum_{i=1}^{n} f(x_i) \cdot x_i$$

例如，当要求综合时素质 A 的分数重要性应该是素质 B 的 2 倍，按照 $k = \dfrac{w_A S_A}{w_B S_B}$ 来确定具体的权重系数。w_A 与 w_B 对应素质 A 与 B 的权重，$w_A + w_B = 1$，S_A 与 S_B 分别为被测评者在素质 A 与 B 上的得分标准差。

因为 $k = 2$，假设 $S_A = 0.55$，$S_B = 11$，则有

$$2 = \frac{w_A \times 0.55}{w_B \times 11}$$

有 $w_A : w_B = 40 : 1$，取 $w_A = \dfrac{40}{41}$，$w_B = \dfrac{1}{41}$，则 $S = \dfrac{40}{41} x_A + \dfrac{1}{41} x_B$。

显然，这里的 w_A 与 w_B 会随着被测者得分的变化而变化。

（4）连乘综合法。该法是直接相乘得到一个总分。其计算公式为

$$S = \prod_{i=1}^{n} x_i = x_1 \cdot x_2 \cdot x_3 \cdots x_n$$

式中，S 为总分；x_i 为第 i 个指标得分。

这种综合方法的优点是便于拉开档次、"灵敏"度高，但容易产生晕轮效应。当一个指标上得分很小或为零时，整个测评的总分因此也非常小或为零。

（5）指数连乘法。该法不但考虑了各指标上的得分，还考虑了指标的相对重要性。其计算公式如下：

$$S = \prod_{i=1}^{n} (x_i)^{w_i} = (x_1)^{w_1} \cdot (x_2)^{w_2} \cdots (x_n)^{w_n}$$

若两边取对数，则有

$$S' = \sum_{i=1}^{n} w_i x_i'$$

式中，S' 为 $\ln S$；x_i' 为 $\ln x_i$。

显然，指数连乘法转化为加权综合法了。

2. 内容分析

测评后,所获得的结果仅仅是个体性的,其意义常常不很清楚。例如,某次素质测评中某人得了80分,也许你会说这个人不错,但在公司他究竟算优秀职员还是中等职员呢?我们并不明白。因此,获得个体测评与选拔结果后,还应从整体上分析。只有从总体中、从个体与个体的相互关系中,才能真正把握与认识个体的素质水平。

测评与选拔结果的总体分析,主要包括整体分步分析、总体水平分析、差异情况分析等。

(1) 整体分步分析。

这是通过图表的形式来分析测评与选拔结果的一种方法。

频数分布表也称次数分布表。常见的有简单频数分布表、累积频数分布表和累积百分比分布表等不同形式。

编制简单频数分布表的步骤如下。

① 求全距。全距 $R = A - B$,A,B 分别是测评分数中的最大值和最小值。

② 决定组数与组距。组数一般以10—15个为宜。组数确定后,可以利用公式来求:$i=$ 全距/组数。组距一般以3、5、7等奇数单位为好。有时也可以先定组距,再求组数。

③ 决定组限。组限就是每组的起止范围。每组的最低值为下限,最高值为上限,组中值为上下限的平均值。

④ 等级频数。分好组后,就可将每个数据归入相应的组内。每组内的总数就称为频数或次数。

制作好简单频数分布表后,可在此基础上制作累积频数分布表,只要把表中的频数按由上向下或由下向上的次序逐个累加,并把所得结果填写在累积频数列中。在累积频数表完成后,将"累积频数"列中的各个数值除以总频数,将相应结果填入"累积百分比"列中,就完成了累积百分比表。最后得到的分布表如表9-4所示。

表9-4 频数分布表

组 限	频 数	累积频数	累积百分比(%)
115	1	1	1.25
118	2	4	5.00
121	8	12	15.00
124	10	22	27.50
127	20	42	52.50
130	19	61	76.25
133	12	73	91.25
136	4	77	96.25
139	2	79	98.75
142	1	80	100.00
总和	80		

频数分布表还可以图形化为频数分布图,常见的有直方图与多边图两种。直方图是以面积来表示频数的分布,即作用于横轴上各组上下限之间的矩形面积表示各组频数分布的情形。多边图是以相应纵轴上的高度点来表示频数的分布情况的图形,它以各组的组中值点为横坐标,以各组的频数为纵坐标,描出相应的代表点来,用直线段加以连接。用 Excel 和 SPSS 等统计软件可以很方便地产生这类图表。

(2) 总体水平分析。

整体分步分析的目的在于通过频数分布表或分布图,了解在各分数段上的人数分布、最高分与最低分及其差距、偏态与峰态等情况,以使人们能够从直观上迅速地把握总体情况。总体水平分析则是通过众数或平均数分析,把握全部被测评者的一般水平。

所谓众数,即人数最多的那个素质特征、分数或等级,它代表整体水平结构自然群中最大的典型群水平。当剔除的一个众数典型群后,类似又可在总体中找到第二个众数,对应这个众数,可以找到第二个自然典型群。由此下去,可以找出所有整体中的水平结构自然群。所有这些自然群就组成了整体的主要结构。

平均数即所有测评与选拔结果在理论上的代表值。在众多的素质测评分数中,相互间可能各不相同。从所有测评分数中很难找到一个真实的分数来代表总体水平,众数也仅仅具有局部代表性。我们必须设法找一个比较理想的分数来代表整个总体的一般情况,这时就需要进行平均数的计算了。平均数中有调和平均数、几何平均数与算术平均数等形式,其中最常用的是算术平均数。

(3) 差异情况分析。

差异情况分析包括整体差异分析与个体差异分析。

整体差异分析有两极差、平均差、标准差、方差与差异系数等不同形式。

两极差即最大值与最大值之差,它反映全部测评与选拔结果分布的范围。

平均差反映了所有被测评者得分与平均数的差异的一般情况,计算公式为

$$\bar{D} = \frac{\sum |x_i - \bar{x}|}{N}$$

式中,N 为所有被测评者的个数;$\bar{x}$ 为平均分数。

方差即每个被测评者得分与其算术平均差的平方和与总个数之商,以符号 σ^2 表示,即

$$\sigma^2 = \frac{\sum (x_i - \bar{x})^2}{N}$$

标准差 σ 是方差的算术平方根,即

$$\sigma = \sqrt{\frac{\sum (x_i - \bar{x})^2}{N}}$$

差异系数又称变异系数或变差系数,是标准差与平均数的比率,即

$$C_v = \frac{\sigma}{\bar{x}}$$

式中,C_v 为差异系数;σ 为标准差;$\bar{x}$ 为平均数。

第二节　测评与选拔结果的运用

在人力资源管理实践中，人员测评与选拔的结果究竟运用在哪些方面？不同的测评技术和测评与选拔结果在运用时应注意哪些问题？国内目前在这方面的研究并不充分，有一些研究者进行了探索。

一、测评的运用范围

在我国，人员测评与选拔总的来说还没有得到推广，而且在不同企业发展不平衡，工作人员水平和测评工具质量良莠不齐。

南京大学教授杨东涛等曾在江苏省对不同性质的 145 家单位进行了"人才测评在人力资源管理中应用情况"的问卷调查①。这里的人才测评相当于人员测评与选拔，调查者将测评技术分为履历分析、面试、笔试、360 度反馈、心理素质测量、评价中心技术六种。调查显示，各单位使用素质测评最多的领域是员工招录，其次是人员选拔晋升。例如，面试在员工招录中的使用率为 66.9%，在选拔晋升中的使用率为 31.4%在人员内部调配中的使用率为 16.5%。心理素质测量在员工招录中的使用率为 2.5%，在选拔晋升和人员内部调配中都是 1.7%。然而，评价中心技术的情况有所不同，在员工绩效考核和确定薪酬奖惩中运用得最多，占 3.3%，其次是员工招录和内部调配，为 1.7%，然后是选拔晋升，为 0.8%。在这次调查中，对于人才测评未被社会广泛使用的原因，95.1% 的被调查者认为"符合国情的人才测评理论体系不够完善"和"人才测评工作者良莠不齐"。

更大规模的一次调查是由中国人才测评网站在 2003 年进行的。这份《中国企业人才测评现状调查》报告指出，绝大多数接受调查者都不同程度地了解人才测评，实施过人才测评的企业占全部调查企业的 36%，而实施过高端人才测评技术的企业更少，且绝大部分集中在民营企业和三资企业，国有企业在此方面的工作明显较弱。在测评的运用范围方面，招聘与选拔、培训与发展以及绩效考核是人才测评的最主要应用。中等规模的企业（员工数在 101 人到 399 人的企业）在团队诊断和员工心理辅导的使用频度明显高于其他企业。

从这些调查结果可以看出，人员测评与选拔已经被社会广泛了解，但尚未得到推广应用。主要原因有两个：一是因为各种技术往往从国外引进，存在和国情不相容的问题；二是现阶段素质测评行业缺乏规范和宏观管理，提供测评服务的机构和人员水平参差不齐。在已经得到运用的单位里，最主要用于招聘录用和选拔晋升，其次是培训与发展。

当前，西方国家的人员测评与选拔主要运用于招聘录用、职业生涯发展和培训开发，运用在这三方面的比例是相似的。随着我国企业对员工职业通道设计的完善和培训的加

---

① 杨东涛,朱武生.人才测评在人力资源管理中的运用研究[J].南京社会科学,2003(5).

强,很可能也会逐渐走向这样的格局。

二、测评与选拔结果的运用应注意的问题

国内许多研究者对此有过论述,比较公认的是,测评与选拔结果运用应该避免如下问题。

(1) 素质测评无用论[①]。尽管现代人员测评与选拔的影响越来越大,但仍有一些组织机构认为,现代人员测评与选拔并不比传统的选人用人办法高明,不用现代素质测评技术,企业照样能够很好地发展。事实上,这种看法是错误的。在过去,由于社会经济总体发展水平比较低,而且社会的竞争机制和人们的竞争意识还没有成型,在这种情况下没有现代人才测评技术和现代人力资源管理,企业确实也能正常发展。在市场竞争日益激烈的今天,企业需要客观有效地选用人才,充分发挥员工的作用,否则,就会处于越来越被动的位置。如果说在一定范围内对一般员工的误用还是可以弥补的话,对诸如关键技术人员和高级管理人员的误用造成的损失将是无法挽回的。

(2) 以人员测评与选拔代替人事决策。正确的观点是:人员测评与选拔是为人事决策提供参考信息,使得决策的正确率更高。但是,素质测评并不能取代人事决策。再先进的测评技术只能提供一些决策支持信息,最终的用人决策是必须有主观判断的,测评的准确性只是降低了这种主观判断的失误率。因此,用人单位不应该要求测评机构和专家作出用人决策,测评咨询机构更不能为了显示测评的"价值"而在测评与选拔结果报告中提出用人决策。

(3) 对测评与选拔结果的准确性期望过高。许多机构对人才测评的测量准确性期望过高,以至于把测评的每句话都当成真理,或者对测评要求过高,不能容忍测评的偏差。这都是不切实际的。尽管现代人才测评的测量结果要比传统的选人用人办法准确得多,但这种测量的准确性毕竟无法与物理测量相比:人的心理测量比物理测量复杂得多,受到的干扰也多得多。

因此,不能期望人才测评的准确性达到100%。事实上,即便利用现代人才测评使得人事决策正确率只提高10个百分点,它带来的经济效益或防止的经济损失也将是巨大的。

(4) 把人才测评软件看作测评是否科学的标志。当前,许多人一提起人才测评,就要问是不是某种软件,仿佛只有编成软件的测评工具才是科学、有效的。这其实是一种误解。测评软件固然有利于减少计算工作量,提高测评效率,但它与测评工具是否科学是两码事。某些非科学的东西如"算命术",也有人把它变成软件,它当然不是科学的;相反,某些设计合理、测量效果好的测评工具,即便没有编成软件,也是科学的人才测评工具,特别是当前比较先进的情境模拟测验,对测量管理人员素质非常有效,却很难编成软件。目前

---

① 李序蒙.人才素质测评及其在现代人力资源管理中的应用[J].湖南大学学报(社会科学版),2000(12).

国内许多研究和开发测评软件的公司为了迎合社会发展的需要,东拼西凑一些测验题目,在短时间内就能"研发"出一种测评工具并推向市场。从技术角度说,一个成熟的测评工具没有三五年甚至更长的时间是不可能开发成功的[1]。如果短期内就能推出一系列测评工具来,其技术指标之低不言而喻。判断一个测评工具是否科学有效,不应看它是不是一个软件,而应检查它的设计是否合理,各种测评质量指标(如信度、效度)是否达到,以及实际上是否有效果。

(5) 注意及时将测评与选拔结果反馈给被测者,使之了解自身,促进成长。如果被测员工对结果一无所知,可能会对测评产生不信任感;反之,及时地将测评与选拔结果进行反馈,不仅可以让员工更容易接受选拔决策的结果,还可以使之对自己具有更明确的认识,从而扬长避短,选择最适合自己的工作。

第三节 测评与选拔结果的跟踪分析

通过人员测评与选拔、指导进行了选拔等人事决策以后,工作并不是就结束了。选拔决策是否有效?选择出的人选是否正确?测评的结果对帮助进行正确的选择起了多大的作用?如果有决策失误的情况发生,是否是素质测评导致的?要解答这些问题,就要进行对测评与选拔结果的跟踪分析。

在第11章里已经讨论过测评工具的质量检验问题。然而,即使是具有很高信度、效度,也适合企事业组织情况的测评工具,得到了比较准确的测评与选拔结果,也未必就能保证人事决策的有效。如前所述,人才测评是为人事决策提供参考信息,以提高决策的正确率。从测评与选拔结果到选拔决策,可以说是一种管理艺术的体现,需要决策者从本组织的具体情况出发作出创造性的决定。然而,决策者总要根据一定的经验,遵循一定的规律来作出决定。对测评与选拔结果的跟踪分析,可以提供这种经验认识。而对人员素质与绩效结果的关联性研究,可以提供规律性的结论。

对于素质与绩效关联性的研究,国外起步较早,并且取得了大量成果,积累了丰富经验。我国在这方面的研究始于20世纪90年代,对象主要是政府职员或者企业高层管理人员,成果十分稀少[2]。我国企事业组织,尤其是国有企业,不能直接将西方的研究用于自身,因为与国外相比,在文化背景、经济环境、企业职能和劳动关系上都有很大差别。

因此,企事业组织应该注意对自身测评与选拔的结果进行跟踪,以检验测评系统运用的合理性和测评机构的水平,从而改进未来的测评工作与选拔决策。具体要做好以下四个环节的工作:

(1) 系统地记录测评与选拔结果,建立本组织员工素质的常模数据。

---

[1] 王淑范.人才素质测评中的误区及对策[J].学术交流,2003(7).
[2] 吕红献.国有企业中层管理者素质与绩效关系研究[D].重庆:重庆大学,2001.

（2）建立与素质测评系统对接的绩效考评系统，即在绩效考评中设置与测评项目相对应的素质指标，以检验测评的准确性。定期将测评与选拔结果与实际绩效进行对比，考察两者的差异情况。

（3）在多次测评项目中可以尝试采用不同的测评工具，以比较其准确性。持续跟踪与实际绩效表现的差异，对准确性欠佳的测评工具和手段进行改进。

（4）由人力资源部门定期考察各素质指标与关键业绩指标（胜任特征）的相关关系，向部门主管提交分析报告，以指导未来的选拔任用决策。

让我们来看看以下的案例。

凯迪电力的三次人员测评[①]

武汉凯迪电力股份有限公司是一家以环保产业为主的上市公司。2001年年初，由于业务的迅速扩展，凯迪急需大量的高级技术、管理人员，如项目经理、事业部主管、部门经理和技术人员等。经过董事会讨论，决定面向全国招聘高级管理人员。

通过媒体发布招聘信息后，全国各地共3 000余人报名竞聘。经过面谈和材料审查，凯迪筛选出300多位应聘者作为候选人。但是，公司发现如此多的应聘人数，如果继续使用传统的招聘方式，将很难达到预期的目的，而决策层又必须对这些人的基本素质和特征了解清楚，因为这些招聘岗位都肩负着重大责任。因此，他们决定聘请中国四达上海测评咨询中心，采用专业的人才测评技术，用更科学的方式完成这一项目。

针对凯迪公司的情况，中国四达上海测评咨询中心设计了一个系统的测评解决方案，应用了多套自己开发的测评软件，并使用无领导小组讨论技术、情境模拟技术、专家面试等多项综合评价技术。测评自2001年5月1日开始至7日结束。紧接着，四达的专家们又用一个多星期的时间整理数据，并根据每个应聘者的测评与选拔结果，按照其应聘岗位，做出1—5级推荐，做出测评报告，为凯迪公司录用决策提供了重要的参考依据，前后共用了半个月的时间，完成了对这300名应聘者的素质测评工作。

由于测评项目多，测评手段比较全面，因此，准确率相当高。凯迪公司在肯定第一次测评项目的成效后，又于当年6月下旬委托四达给公司内部中高层管理人员进行素质测评，目的是了解公司内部管理人员的素质状况。这一次，四达改变了测评方式，使用了"文件筐作业"、投射测验等评价中心技术。

由于前两次测评提供的结果报告和实际工作中的情况相当符合，凯迪公司更加了解和信任四达的人才测评技术。在2002年1月，凯迪再次面向全国招聘人才时，第三次聘请四达利用人才测评技术为录用把关。四达专家组随着该公司部分高级管理人员

---

① 潘小燕.人才测评提供一份真实档案——凯迪电力的三次人员测评[J].企业研究,2002(10).

远赴长春、武汉等招聘地点现场测评。这次测评主要采用了基本潜能测验、核心能力测验、个性测验、管理能力测验等人机测试系统,无领导小组讨论、情境模拟等评价中心技术以及投射测验等,综合、全面地对343名应聘者进行了评定。

在凯迪公司的案例中,企业与测评机构的合作是循序渐进的。在肯定测评项目的成效后,企业继续提出进一步的合作。测评机构在三次测评中尝试采用了不同的测评技术,这就为分析比较不同工具对该企业的使用性提供了可能。如果凯迪公司能够对历次的测评与选拔结果进行系统地记录,并对相应的绩效考评体系进行相关研究,必然能对企业未来的人事决策提供有益的参考。

本章小结

素质测评实际上是一个搜集信息、处理信息、输出信息或反馈信息的过程。人员测评与选拔结果的报告作为素质测评信息的输出或反馈,是素质测评过程中的一个重要环节。

按形式分,人员测评与选拔结果报告可分为分数报告、等级报告、评语报告。分数报告以分数的形式反馈测评与选拔结果。分数的形式有多种,依据其形式可划分为四种基本形式:目标参照性分数、常模参照性分数、原始分数与导出分数。本章详细介绍了五种导出分数:名次、百分位数、Z分数、T分数和其他标准分数。等级报告和分数报告本质上是一样的,它不便于数学上的统计处理,但往往具有更加明确的管理意义。评语报告是用书面语言来表达和解释测评的结果,它的优点是信息详细准确,但可比性差。

按内容分,人员测评与选拔结果报告可分为分项报告与综合报告。分项报告即按主要测评指标逐项测评并直接报告,不再作进一步的综合。其特点是全面详细,但缺乏总体可比性,只能作出单项比较。综合报告先分项测评,最后根据各测评指标的具体测评与选拔结果,报告一个总分数、总等级或总评价。其优点是总体上具有可比性,但有"削峰填谷"之弊,看不出具体优缺点。两者应该综合使用,优势互补。

分数报告是各种形式的基础,其中要用到一些数据处理的技术。数据综合是指将零散的指标分数综合为一个总分数。经常使用的有累加法、平均综合法、加权综合法、连乘综合法和指数综合法五种方法。内容分析是整体分析,主要包括整体分布分析、总体水平分析、差异情况分析三种类型。

在我国,人员测评与选拔已经被社会广泛了解,但尚未得到推广应用。测评技术的中国化问题和测评行业的发展不成熟是主要原因。在已经得到运用的单位里,最主要用于招聘录用和选拔晋升,其次是培训与发展。在运用测评与选拔结果时,要反对素质测评无用论,也不能以测评来代替人事决策;同时,对测评与选拔结果的准确性不应过于苛求,也不应把软件化看作测评是否科学的标志;还要注意将测评与选拔结果对被测者及时进行反馈。此外,企事业组织应该对测评与选拔的结果进行跟踪,以检验测评系统运用的合理性和测评机构的水平,从而改进未来的测评工作与选拔决策。需要做到的工作有系统记录测评与选拔结果、让素质测评与绩效考评系统对接、比较和改进测评手段、定期考察素质与绩效相关性以指导未来的决策。

复习思考题

一、填空题

1. 一个完整的测评体系应该包括_____三部分。
2. 特质理论包括_____。
3. 人力资源测评结果的表示方法有_____。
4. _____指根据人力资源管理工作的需要,评估员工的工作结果及其影响性行为、表现和个人特征的活动。
5. 项目的_____分析,一般是采用项目间分数的相关系数来揭示。
6. 人们完成各类专业性活动所具备的能力是测评_____指标体系的结构。
7. 在工作中所从事的具体活动和承担的责任与个人所期望从事的活动和承担的责任相符的程度,是测评_____指标的表现。
8. _____属于按照测评技术与手段对人员素质测评类型的分类。
9. 确定测评指标权重的德尔菲法,又称_____。
10. 管理与组织型是以_____为对象的职业。

二、单选题

1. 人员晋升属于(　　)。
   A. 诊断性测评　　B. 无目标测评　　C. 常模参照性测评　　D. 效标参照性测评
2. 飞行员录用与考核主要属于(　　)。
   A. 诊断性测评　　B. 无目标测评　　C. 常模参照性测评　　D. 效标参照性测评

3. 对管理成果加以严格考核,以目标管理内容为基础构建的测评标准属于(　　)。
   A. 期望行为式标准　　　　　　B. 目标管理式标准
   C. 行为特征式标准　　　　　　D. 隶属度标准
4. 以最理想的期望要求和可见行为为上限,以最不理想的预期可能和可见行为为下限,把要素分为若干等级,从而制定的评价标准属于(　　)。
   A. 期望行为式标准　　　　　　B. 目标管理式标准
   C. 行为特征式标准　　　　　　D. 隶属度标准
5. 人员录用与招聘属于(　　)。
   A. 诊断性测评　　　　　　　　B. 无目标测评
   C. 常模参照性测评　　　　　　D. 效标参照性测评
6. 以记录直接影响工作绩效优劣的关键行为为基础的绩效考评方法是(　　)。
   A. 关键事件法　　　　　　　　B. 核查表法
   C. 评价量表法　　　　　　　　D. 行为锚定评价量表法
7. 在建构测评标准体系时,将测评要素层层分解成测评目标、测评项目、测评指标,可以形成测评标准体系的(　　)结构。
   A. 纵向　　　B. 横向　　　C. 混合　　　D. 网络
8. 较高的稳定性,较高的有恒性,较高的自律性,较低的怀疑性等,是(　　)应具备的素质特征。
   A. 财会人员　　　　　　　　　B. 人力资源管理者
   C. 企业管理人才　　　　　　　D. 发明创新人才
9. (　　)属于按照测评技术与手段对人员素质测评类型的分类。
   A. 他人测评　　　　　　　　　B. 上级测评
   C. 中性测评　　　　　　　　　D. 单项测评
10. 题目的覆盖面问题主要体现在(　　)。
    A. 看题目的标准化　　　　　　B. 看所出试题是否具有代表性
    C. 看题目的公平性　　　　　　D. 看题目的正确性
    E. 看题目的规范性
11. (　　)是指按照测评指标要求而给出的分数。
    A. 目标参照性分数　　　　　　B. 常模参照性分数
    C. 原始分数　　　　　　　　　D. 导出分数
12. 下列不符合评语报告特点的表述是(　　)。
    A. 信息详细准确
    B. 简洁、可加、可比性强
    C. 对测评报告人员的专业水平和经验要求很高
    D. 是一种最原始也最常用的测评报告形式
13. 在数据综合的各种方法中,不仅考虑各指标得分,还考虑各指标相对重要性的方法是(　　)。
A. 平均综合法　　　　　　　　B. 加权综合法
C. 连乘综合法　　　　　　　　D. 指数连乘法

三、多选题

1. 下列有关素质测评的表述不正确的是(　　)。
   A. 素质测评必须以某一行为事实为依据
   B. 素质测评是对主体工作前条件的分析与确定
   C. 素质测评实质上就是素质测量
   D. 素质测评与绩效考评是等同的
   E. 素质测评可以为人事配置提供科学依据

2. 人员素质测评量化就是通过测量手段来揭示素质的(　　)特征,使人们对素质有更深入、更本质的认识。
   A. 数量　　　B. 质量　　　C. 心理　　　D. 个性
   E. 多维

3. 下列属于日本学者对职业价值观的分类的是(　　)。
   A. 自尊型　　　B. 志愿型　　　C. 家庭型　　　D. 社会型
   E. 自由型

4. 素质的特征包括(　　)。
   A. 勘探性　　　B. 稳定性　　　C. 配合性　　　D. 准备性
   E. 可分解性

5. 关于职业能力结构的理论有(　　)。
   A. 特性—因素理论　　　　　　B. 二因素结构理论
   C. 群因素结构理论　　　　　　D. 能力结构理论
   E. 多元智力理论

6. 霍兰德职业兴趣测验共分两大部分,它们是(　　)。
   A. 组织测查和评审　　　　　　B. 测查和自评
   C. 专家测评　　　　　　　　　D. 职业价值观
   E. 职业内容

7. 从广义上说,下列属于人员测评的是(　　)。
   A. 举止相貌　　　　　　　　　B. 身体状况
   C. 智慧才能　　　　　　　　　D. 品德素质
   E. 命运前途

8. 下列属于分数形式的有(　　)。
   A. 目标参照性分数　　　　　　B. 常模参照性分数

C. 原始分数　　　　　　　　　D. 导出分数
E. 评语报告

9. 人员素质测评的类型按不同的标准有不同的划分,从测评范围来看,可分为( )测评。
   A. 定期　　　B. 不定期　　　C. 日常　　　D. 单项
   E. 综合

10. 素质测评虽然离不开素质的测量与评价,但并不是素质测量与素质评价的机械相加,而是指一种建立在对素质特性信息( )基础上的分析判断。
    A. 测　　　B. 量　　　C. 评　　　D. 算
    E. 析

11. 测评与选拔结果的内容分析包括( )。
    A. 整体分步分析　　　　　　B. 总体水平分析
    C. 差异情况分析　　　　　　D. 累加法分析

12. 测评与选拔结果的运用应避免( )。
    A. 素质测评无用论
    B. 以人员测评与选拔代替人事决策
    C. 对测评与选拔结果的准确性期望过高
    D. 把人才测评软件看作测评是否科学的标志

13. 测评与选拔结果的跟踪分析应做到( )。
    A. 系统地记录测评与选拔结果,建立本组织员工素质的常模数据
    B. 建立与素质测评系统对接的绩效考评系统,以检验测评的准确性
    C. 在多次测评项目中使用相同的测评工具,以保持其准确性
    D. 由人力资源部门定期考察各素质指标与关键业绩指标(胜任特征)的相关关系

四、简答与论述

1. 结合实际情况,总结编写人员测评与选拔结果报告的思路。
2. 试述名次、百分位数、Z 分数、T 分数、标准九分、C 量表分数和斯坦分数的计算方法。
3. 分析并比较数据综合的五种方法。
4. 试述众数、平均数、两极差、平均差、方差、标准差、差异系数的计算方法。
5. 在运用测评与选拔结果时往往存在哪些误区?怎样加以避免?
6. 怎样进行测评与选拔结果的跟踪分析?

本章复习思考题的答案，可通过扫描如下二维码获得。

案例　北京某移动通信运营商中层管理人员选拔测评

一、选拔背景

2002年3月，北京某移动通信运营商公开招聘M部总经理、F部总经理、副总经理，为了提高中层管理干部选拔的科学性和有效性，希望改进评估方式，委托博思智联承担测评方案的设计和执行工作，以期能够全面、科学、客观地考察应聘者的能力和发展潜力。

二、测评方案设计

博思智联在充分理解目标职位能力要求的基础上，确定了系统规划能力、商业意识、团队领导力、环境适应性、沟通与协作、运作执行能力等几个主要的考察和评估维度，各维度的权重因职位特点和要求的不同而异：M部总经理更强调其系统规划能力、商业意识和复杂情境下的沟通能力，F部总经理更强调其系统规划能力、全面管理能力和领导力，副总经理则更强调具体的运作执行能力。

基于上述对目标职位的理解，评估方案的设计以评价中心技术为框架，利用心理测验、无领导小组讨论、团队协作练习、个人简报、面试等方法，从多个角度对应聘者进行系统全面地考察。心理测验可以较好地避免表面效度过高的问题，解释并把握应聘者的个性、态度偏好等方面的深层因素。无领导小组讨论和团队协作练习模拟某种管理的情境和人际互动的情境，对应聘者在与管理和领导密切相关的特质上的表现，进行动态、细致的观察与评估。个人简报是要求应聘者做个人工作规划演讲，之后由主考官提问，可以了解其对目标职位的理解、系统规划能力和商业意识。面谈可以了解应聘者不适合在集体场合下展现的内容。这些测评方法互相补充、互为印证，保证了评估的完整性和准确性。此外,由于入围的参评者人数较多,为了提高选拔工作的效能,采用了分层筛选的方式。

三、测评与选拔结果分析

现场测评工作结束后,博思智联根据企业目前的发展战略、对目标职位的要求和期望及企业文化特征,结合目标职位的能力要求,对评估结果进行整理,系统、深入地分析相关推荐人选与目标职位的匹配度、与企业环境的适合程度、对企业可能的价值和贡献、可能的不足、任用风险及发展潜力,并就其任用、管理及发展等方面的问题提出咨询性建议。

结果分析表明,M部的几位候选人各有千秋,其对企业的贡献体现在不同的方面,同时各有各的不足。候选人Z具备丰富的跨行业经验、较强的商业敏感度和较宽的沟通适应面,处事灵活、有策略,对体系建设和机制改进工作有贡献,但对工作的投入程度、与企业文化的融合度和对企业忠诚度方面可能有疑问,在管理上需要有较高的管理艺术和较强的管理力度。候选人H在商业意识和职业素养上与Z相仿,并有良好的团队协作和沟通意识,对企业的贡献体现在系统分析和规划方面,但缺乏对国内经济环境和国企的了解,对复杂局面的掌控能力不足。候选人S的综合素质较高,具备良好的职业素养、专业基础和实践经验,在实际的运作方面有贡献,但在复杂环境中领导较大规模团队的能力、企业文化融合度和稳定性上有疑问。候选人L具有良好的分析能力和较强的学习能力,熟悉企业环境,但视野不够开阔,商业意识和系统推进能力有欠缺,可以考虑与Z配合。候选人T做事沉稳踏实,认真负责,执行能力较强,亲和力较高,但对整体和全局的把握能力不足,商业意识较弱,处事不够灵活。候选人J的基本素质比较出色,能够站在战略层面上思考问题,但缺乏系统的管理经验,在人员管理和协调方面有问题,更适合从事战略规划方面的工作。

在F部总经理的候选人中,G和W都比较贴近岗位的要求,都具备良好的领导意识、管理经验和较强的执行能力,而且两个人的弱点也很相似,表现为对人际因素不够敏感,人际协作性和合作意识不足;不同之处在于,G的视野比W更开阔,领导力度和影响力更强,从长远角度看,能给企业带来更多的价值。Q属于技术专家,受过良好的职业训练,具备良好的商业意识和现代管理理念,但实际管理经验不足,对工作的投入程度有问题。R对计费业务的客户界面和与市场的接口方面有较好的理解,对业务流程和技术有创见,更适合系统规划方面的技术支持工作。L的优势集中在分析能力和战略思考方面,实际的管理和运作执行能力不足。

在F部副总经理的候选人中,C比较贴近岗位要求,做事稳重踏实,注重规范管理,但贯彻执行的力度和坚持性不足,需要与领导和监控力度较强的上级相配合。X具备良好的基本素质,有较强的执行力度,但缺乏大企业的管理经验,视野不够开阔,管理的柔韧度不足。

四、结果沟通与咨询

博思智联的专家组织了现场报告会,向企业的高层领导汇报了本次评估工作的执行情况和评估结果,进一步明确了高层领导对两个部门的定位和发展期望,并在此基础上与相关推荐人选进行了充分的沟通和讨论,为企业的人事决策提供了有价值的信息。

讨论题:

1. 博思智联在对北京某移动运营商中层管理人员进行选拔测评后,所作结果报告采用的是哪一种报告方式?有何特点?

2. 人员测评与选拔可用于多种用途,针对不同用途,试说明测评与选拔结果报告分别采用何种方式。

进一步阅读的文献

[1] 刘琳.人才素质测评报告的撰写与结果反馈[J].成都行政学院学报,2011(4):8.

[2] 彭移风.人员测评的分析与反馈[J].企业管理,2006(12):88-90.

[3] 陈建宝.大学生综合测评成绩的统计分析[J].云南大学学报(自然科学版),1996(4):363-366.

[4] 庞巍巍.我国人才测评技术的应用和发展[J].管理观察,2019(17):39-40.

[5] 曹晓岚.人才素质测评与现代人力资源管理的应用分析[J].企业改革与管理,2018(05):90+92.

参考文献

1. 张厚粲.教育评价与心理测量[J].教育研究,1987(3).
2. 戴忠恒.心理与教育测量[M].上海:华东师范大学出版社,1987.
3. 萧鸣政.现代人员素质测评[M].北京:北京语言学院出版社,1995.
4. 彭剑锋.现代管理制度程序方法范例全集(人事考核卷)[M].北京:中国人民大学出版社,1995.
5. 王垒.人事测量[M].北京:经济科学出版社,1999.
6. 孙彤.组织行为学[M].北京:高等教育出版社,2000.
7. 廖泉文.人力资源招聘系统[M].济南:山东人民出版社,1999.
8. 雷蒙德·诺依.人力资源管理(第3版)[M].刘昕,译.北京:中国人民大学出版社,2001.
9. 凌文辁,方俐洛.心理与行为测量[M].北京:机械工业出版社,2003.
10. Lewis R. Aiken.心理测量与评估[M].张厚粲,黎坚,译.北京:北京师范大学出版社,2006.
11. 帕金森.人格测试——实用人才测评系列[M].邹智敏,译.北京:中国轻工业出版社,2007.
12. 肖鸣政.人员素质测评[M].北京:高等教育出版社,2007.
13. 肖鸣政.人才品德测评的理论与方法[M].北京:中国劳动社会保障出版社,2008.
14. Mark Cook. Personnel Selection (Third Edition)[M]. Hoboken, NJ: John Wiley & Sons,

1998.
15. Talya N. Bauer. International Handbook of Selection and Assessment[M]. Hoboken, NJ: John Wiley & Sons, 1997.
16. Robin Kessler, Linda A. Strasburg. Competency-based Resumes: How to Bring Your Resume to The Top of The Pile[M]. NJ: Career Press, 2005.
17. Susan W. Gray. Psychopathology: A Competency-based Assessment Model for Social Workers[M]. Belmont, CA : Wadsworth, 2007.

第一版后记

2002年下半年就接到过中国人民大学劳动人事学院与复旦大学出版社的邀请,希望能够承担《人员测评与选拔》一书的编写,但是我一直犹豫不决。因为我当时正在与英国人才测评与选拔研究专家 Mark Cook 博士共同主编高等教育出版社的《人员素质测评》一书,后来,中国劳动社会保障出版社又催促我尽快完成1997年出版的《人员测评理论与方法》一书的修订。因此,我一直不断地反问自己两个问题:我能编写出有别于前两本书的教材吗? 我已经出版了几本类似的教材,还有必要再写吗? 最后,在同事们的鼓励下,我还是愉快地认领了编写任务。这主要是出于两点考虑:第一,自中国人民大学劳动人事学院人力资源管理专业1994年招生以来,学院是第一次组织老师编写人力资源管理专业丛书,1993年我博士毕业来到劳动人事学院后,一直从事"人员素质测评"课程的教学,理应积极响应并尽力承担编写任务;第二,我在劳动人事学院工作多年,上了许多课,带过许多博士生、硕士生、本科生、高级访问学者与博士后,也为其他丛书写过几本教材,但是没有为劳动人事学院组织编写的丛书写过教材。我虽然已经在北京大学任教一段时间了,但是在劳动人事学院生活过多年,觉得自己应该尽一份力,尽力完成这本教材的编写任务。

为了使这本教材尽量与我刚刚出版的两本教材区别开来,我在章节结构上做了不同的设计。前两本教材主要按照心理测验、面试与评价中心技术等测评方法展开编写,而这本教材是按照知识、品德、能力等测评对象展开阐述。这样做的目的,主要是为了与2003年12月全国人才工作会议的精神保持一致。不唯学历、不唯职称、不唯资历、不唯身份,不拘一格选人才,把品德、知识、能力和业绩作为衡量人才的主要标准;其他章节虽然标题上有些类似,但是内容都有一定的增减与修改。做到这一点并不容易,我邀请了相当多的人来参与编写,只要是他们能找到、能看到与能想到的新的观点、新的内容与新的结构,都充分吸收到教材中来。具体地说,谢玲凌参加了第二章的编写,饶伟国与郭春潮参加了第三章的编写,张一名参加了第四章的编写,安真真参加了第五章的编写,王明杰参加了第六章的编写,吴生志参加了第七章与第十二章的编写,宋丽群参加了第八章与第十一章的编写,陈胜军参加了第九章的编写,王慧颖参加了第十章的编写,孙泽斌、张玉霞与刘李豫参加了附录部分的编写。任文硕与谢玲凌协助对第二、四、六、七等章进行了统稿工作,白静、安真真、吴琼与马芝兰对全书进行了通读与校正。没有大家的努力,我是难以完成本书的编写任务的,在此谨向所有帮助过本书写作的同事与编辑表示衷心的感谢!

由于水平有限,书中难免有不当之处,谨请广大读者批评指正!

电子信箱:xmingzh@ pku. edu. cn
　　　　　xmingzh@ 263. net

北京大学政府管理学院人才与人力资源研究所
北京大学人力资源开发与管理研究中心
萧鸣政
2004 年 9 月 6 日于北京大学

图书在版编目(CIP)数据

人员测评与选拔/萧鸣政主编.—4版.—上海：复旦大学出版社,2021.12(2023.6重印)
(复旦博学.21世纪人力资源管理丛书)
ISBN 978-7-309-15920-2

Ⅰ.①人… Ⅱ.①萧… Ⅲ.①企业管理-人员测评工程-高等学校-教材②企业管理-人事管理-高等学校-教材 Ⅳ.①F272.92

中国版本图书馆 CIP 数据核字(2021)第 180331 号

人员测评与选拔(第四版)
RENYUAN CEPING YU XUANBA (DI SI BAN)
萧鸣政　主编
责任编辑/宋朝阳

复旦大学出版社有限公司出版发行
上海市国权路 579 号　邮编：200433
网址：fupnet@fudanpress.com　http://www.fudanpress.com
门市零售：86-21-65102580　团体订购：86-21-65104505
出版部电话：86-21-65642845
上海崇明裕安印刷厂

开本 787×1092　1/16　印张 21.75　字数 489 千
2021 年 12 月第 4 版
2023 年 6 月第 4 版第 2 次印刷

ISBN 978-7-309-15920-2/F·2828
定价：59.00 元

如有印装质量问题，请向复旦大学出版社有限公司出版部调换。
版权所有　侵权必究